Conoce todo sobre
UML
Aplicaciones en Java y C++

Conoce todo sobre UML

Aplicaciones en Java y C++

Carlos Jiménez de Parga

Ingeniero Informático / Ingeniero de Software

Revisión Técnica:

Dr. Manuel Arias Calleja

La ley prohíbe fotocopiar este libro

Conoce todo sobre UML. Aplicaciones en Java y C++
© Carlos Jiménez de Parga
© De la edición: Ra-Ma 2015
© De la edición: ABG Colecciones 2020

MARCAS COMERCIALES. Las designaciones utilizadas por las empresas para distinguir sus productos (hardware, software, sistemas operativos, etc.) suelen ser marcas registradas. RA-MA ha intentado a lo largo de este libro distinguir las marcas comerciales de los términos descriptivos, siguiendo el estilo que utiliza el fabricante, sin intención de infringir la marca y solo en beneficio del propietario de la misma. Los datos de los ejemplos y pantallas son ficticios a no ser que se especifique lo contrario.

RA-MA es marca comercial registrada.

Se ha puesto el máximo empeño en ofrecer al lector una información completa y precisa. Sin embargo, RA-MA Editorial no asume ninguna responsabilidad derivada de su uso ni tampoco de cualquier violación de patentes ni otros derechos de terceras partes que pudieran ocurrir. Esta publicación tiene por objeto proporcionar unos conocimientos precisos y acreditados sobre el tema tratado. Su venta no supone para el editor ninguna forma de asistencia legal, administrativa o de ningún otro tipo. En caso de precisarse asesoría legal u otra forma de ayuda experta, deben buscarse los servicios de un profesional competente.

Reservados todos los derechos de publicación en cualquier idioma.

Según lo dispuesto en el Código Penal vigente, ninguna parte de este libro puede ser reproducida, grabada en sistema de almacenamiento o transmitida en forma alguna ni por cualquier procedimiento, ya sea electrónico, mecánico, reprográfico, magnético o cualquier otro sin autorización previa y por escrito de RA-MA; su contenido está protegido por la ley vigente, que establece penas de prisión y/o multas a quienes, intencionadamente, reprodujeren o plagiaren, en todo o en parte, una obra literaria, artística o científica.

Editado por:
RA-MA Editorial
Código para acceder al contenido adicional en línea: 9788499645162
Colección American Book Group - Informática y Computación - Volumen 45.
ISBN No. 978-168-165-753-0
Biblioteca del Congreso de los Estados Unidos de América: Número de control 2019935093
www.americanbookgroup.com/publishing.php"

Maquetación: Antonio García Tomé
Diseño de portada: Antonio García Tomé
Arte: Pressfoto / Freepik

*A mis padres, a mi familia y a mi hermano
por iniciarme en el desafiante universo
de la Informática.*

*A la memoria de mi abuela
Carolina y mi tía Victoria.*

*A ella, que en aquel verano creó
estructuras de amor con su mirada.*

ÍNDICE

PRÓLOGO 15

CAPÍTULO 1. UML EN EL CONTEXTO DE LA INGENIERÍA DEL SOFTWARE 19
    1.1   LA NECESIDAD DE UN MODELO UNIFICADO 19
    1.2   ¿POR QUÉ MODELAR? 20
    1.3   MODELOS DE PROCESO SOFTWARE 21
        1.3.1   Modelo en cascada 22
        1.3.2   Modelo en espiral 23
        1.3.3   Relación de las fases con los diagramas UML 24
    1.4   MDA 27
        1.4.1   Introducción 27
        1.4.2   Características de MDA 28

CAPÍTULO 2. DIAGRAMAS DE CASOS DE USO 31
    2.1   INTRODUCCIÓN 31
    2.2   ACTORES 32
    2.3   CASOS DE USO 32
    2.4   ESPECIFICACIÓN DE LOS CASOS DE USO 34
    2.5   FLUJO PRINCIPAL 35
        2.5.1   Sentencia condicional "si" 35
        2.5.2   Sentencia de control "para" 36
        2.5.3   Sentencia de control "mientras" 37
    2.6   USO DE <<INCLUDE>> Y <<EXTEND>> 38
    2.7   CASO DE ESTUDIO: MERCURIAL 42

CAPÍTULO 3. DIAGRAMAS DE ROBUSTEZ 47
3.1 CONCEPTOS BÁSICOS 47
3.2 IMPORTANCIA DE LOS DIAGRAMAS DE ROBUSTEZ 51
3.3 CASO DE ESTUDIO: AJEDREZ 52
3.3.1 Caso de uso "Hacer jugada" 52
3.3.2 Caso de uso "Configurar parámetros" 55
3.3.3 Caso de uso "Validar usuario" 56
3.4 CASO DE ESTUDIO: MERCURIAL 56
3.4.1 Caso de uso "Listar ficheros" 56
3.4.2 Caso de uso "Clonar repositorio" 57

CAPÍTULO 4. MODELO DEL DOMINIO 59
4.1 EXTRACCIÓN DE CONCEPTOS 59
4.2 IDENTIFICAR ASOCIACIONES 60
4.3 ESTABLECER LOS ATRIBUTOS 62
4.4 HERENCIA 63
4.5 AGREGACIÓN Y COMPOSICIÓN 64
4.6 EJEMPLO DE MODELADO: SPINDIZZY 65
4.7 CASO DE ESTUDIO: AJEDREZ 69
4.8 CASO DE ESTUDIO: MERCURIAL 71

CAPÍTULO 5. DIAGRAMAS ORIENTADOS A LA ARQUITECTURA 75
5.1 TAXONOMÍA DE ESTILOS ARQUITECTÓNICOS 76
5.1.1 Tuberías y filtros 76
5.1.2 Por capas 77
5.1.3 Repositorios 78
5.1.4 Intérprete 78
5.1.5 Distribuidas 79
5.1.6 Programa principal/subprograma 79
5.2 DIAGRAMAS DE COMPONENTES 79
5.2.1 Interfaces 80
5.2.2 Componentes 80
5.2.3 Puertos 82
5.2.4 Dependencias 83
5.2.5 Caso de estudio: Ajedrez 84
5.2.6 Caso de estudio: Mercurial 85
5.3 DIAGRAMAS DE DESPLIEGUE 86
5.3.1 Nodos 86
5.3.2 Artefactos 88
5.3.3 Caso de estudio: Ajedrez 88
5.3.4 Caso de estudio: Mercurial 88

5.4	DIAGRAMAS DE PAQUETES		89
	5.4.1	Paquetes	89
	5.4.2	Generalización	91
	5.4.3	Relaciones de dependencia	92
	5.4.4	Caso de estudio: Ajedrez	93
	5.4.5	Caso de estudio: Mercurial	94

CAPÍTULO 6. DIAGRAMAS DE CLASES 95

6.1	CLASES		96
6.2	ASOCIACIONES		100
	6.2.1	Multiplicidad	103
	6.2.2	Agregación y composición	104
6.3	HERENCIA		105
6.4	INTERFACES		107
6.5	DEPENDENCIAS		108
6.6	EXCEPCIONES		109
6.7	CLASES PARAMETRIZABLES		110
6.8	EJEMPLO DE MODELADO: SPINDIZZY		111
6.9	CASO DE ESTUDIO: AJEDREZ		114
6.10	CASO DE ESTUDIO: MERCURIAL		116

CAPÍTULO 7. DIAGRAMAS DE SECUENCIAS 119

7.1	CONCEPTOS PRELIMINARES		120
7.2	ESTRUCTURA BÁSICA		121
	7.2.1	Línea de vida	121
	7.2.2	Activación	122
	7.2.3	Mensajes síncronos y asíncronos	123
	7.2.4	Creación, destrucción e invocación recursiva	125
7.3	EJEMPLO DE MODELADO: "SERVIDOR FTP"		126
	7.3.1	Un solo cliente	126
	7.3.2	Dos clientes	127
7.4	FRAGMENTOS COMBINADOS		128
	7.4.1	Saltos condicionales	128
	7.4.2	Iteraciones	130
	7.4.3	Paralelismo	132
7.5	PARAMETRIZACIÓN		133
7.6	CASO DE ESTUDIO: AJEDREZ		135
	7.6.1	Turno del jugador humano	135
	7.6.2	Turno de la IA	137
7.7	CASO DE ESTUDIO: MERCURIAL		139

CAPÍTULO 8. DIAGRAMAS DE COMUNICACIÓN 141
    8.1   ESTRUCTURA BÁSICA 142
    8.2   SALTOS CONDICIONALES 144
    8.3   ITERACIONES 146
    8.4   CASO DE ESTUDIO: AJEDREZ 147
    8.5   CASO DE ESTUDIO: MERCURIAL 148

CAPÍTULO 9. PATRONES DE DISEÑO 151
    9.1   ¿POR QUÉ PATRONES? 152
    9.2   TIPOS DE PATRONES 153
    9.3   PATRONES ARQUITECTÓNICOS 153
        9.3.1   Sistemas genéricos 154
        9.3.2   Sistemas distribuidos 155
        9.3.3   Sistemas interactivos 156
    9.4   PATRONES DE DISEÑO 157
        9.4.1   Descripción de un patrón de diseño 157
        9.4.2   Patrones de creación 158
        9.4.3   Patrones estructurales 165
        9.4.4   Patrones de comportamiento 167
    9.5   CASO DE ESTUDIO: AJEDREZ 177
        9.5.1   Patrón Facade 177
        9.5.2   Patrón Observer 178
        9.5.3   Patrón Strategy 179
    9.6   CASO DE ESTUDIO: MERCURIAL 179
        9.6.1   Patrones Facade e Interpreter 180
        9.6.2   Patrón Composite 180

CAPÍTULO 10. DIAGRAMAS DE ESTADO 183
    10.1   CONCEPTOS BÁSICOS 184
    10.2   ESTRUCTURA DE UN ESTADO 185
    10.3   ESTRUCTURA DE LAS TRANSICIONES 186
    10.4   TIPOS DE NODOS 187
        10.4.1   Nodos inicial y final 187
        10.4.2   Nodos de interconexión 188
        10.4.3   Nodos condicionales 189
    10.5   EVENTOS 190
        10.5.1   Eventos de llamada 190
        10.5.2   Eventos de tiempo 191
    10.6   ESTADOS COMPUESTOS 192
        10.6.1   Estados compuestos simples 192
        10.6.2   Estados compuestos ortogonales 194

10.7 SINCRONIZACIÓN DE SUBMÁQUINAS 196
10.8 SIMPLIFICACIÓN DEL DIAGRAMA DE ESTADOS 197
10.9 HISTORIAL 198
    10.9.1 Historia superficial 198
    10.9.2 Historia profunda 199
10.10 CASO DE ESTUDIO: AJEDREZ 200
10.11 CASO DE ESTUDIO: MERCURIAL 202

CAPÍTULO 11. DIAGRAMAS DE ACTIVIDAD 203
11.1 ESTRUCTURA BÁSICA 203
11.2 ESTRUCTURAS DE CONTROL 206
    11.2.1 Nodos de decisión 206
    11.2.2 Nodos de concurrencia y paralelismo 208
11.3 EVENTOS DE TIEMPO 209
11.4 NODOS OBJETO 210
11.5 NODOS DE DATOS 210
11.6 PARTICIONES 211
11.7 PARAMETRIZACIÓN 212
11.8 REGIONES 214
    11.8.1 Regiones de expansión 214
    11.8.2 Regiones interrumpibles 216
    11.8.3 Regiones if 217
    11.8.4 Regiones loop 218
11.9 MANEJO DE EXCEPCIONES 219
11.10 CONECTORES 220
11.11 SEÑALES Y EVENTOS 220
11.12 MÚLTIPLES FLUJOS 222
11.13 STREAMING 223
11.14 MULTICASTING 224
11.15 CASO DE ESTUDIO: AJEDREZ 225
11.16 CASO DE ESTUDIO: MERCURIAL 226

CAPÍTULO 12. DIAGRAMAS DE ESTRUCTURA COMPUESTA 229
12.1 ESTRUCTURA BÁSICA 230
    12.1.1 Puertos 233
12.2 COLABORACIONES 235
12.3 USO DE LA COLABORACIÓN 236
12.4 CASO DE ESTUDIO: AJEDREZ 236
    12.4.1 Diagrama de estructura compuesta 236
    12.4.2 Colaboración 238

	12.4.3	Uso de la colaboración	238
12.5	CASO DE ESTUDIO: MERCURIAL		239
	12.5.1	Diagrama de estructura compuesta	239
	12.5.2	Colaboración	239
	12.5.3	Uso de la colaboración	240

CAPÍTULO 13. OCL (OBJECT CONSTRAINT LANGUAGE) 241

13.1	ESTRUCTURA BÁSICA		242
13.2	TIPOS Y OPERADORES		242
13.3	MODELO DE REFERENCIA: "ACADEMIA"		244
13.4	EXPRESIONES DE RESTRICCIÓN		245
	13.4.1	Expresión inv:	245
	13.4.2	Expresión pre:	246
	13.4.3	Expresión post:	246
	13.4.4	Operador @pre	247
13.5	EXPRESIONES DE DEFINICIÓN		247
	13.5.1	Expresión body:	247
	13.5.2	Expresión init:	248
	13.5.3	Expresión def:	248
	13.5.4	Expresión let:	249
	13.5.5	Expresión derive:	249
13.6	COLECCIONES		250
	13.6.1	Nociones básicas	250
	13.6.2	Operaciones básicas	251
13.7	NAVEGACIÓN		260
13.8	OCL EN LOS DIAGRAMAS DE ESTADO		262
13.9	CASO DE ESTUDIO: AJEDREZ		263
13.10	CASO DE ESTUDIO: MERCURIAL		264

CAPÍTULO 14. INGENIERÍA DIRECTA EN JAVA 265

14.1	DIAGRAMAS DE CLASES		266
	14.1.1	Representación de una clase	266
	14.1.2	Asociaciones	267
	14.1.3	Herencia	268
	14.1.4	Agregación	269
	14.1.5	Composición	270
	14.1.6	Clases abstractas	272
	14.1.7	Clases internas	274
	14.1.8	Clases asociación	274
	14.1.9	Asociación calificada	279

14.2 DIAGRAMAS DE SECUENCIAS 280
    14.2.1 Interacción básica 280
    14.2.2 Creación, destrucción, automensajes y recursividad 281
    14.2.3 Saltos condicionales 283
    14.2.4 Iteraciones 285
14.3 DIAGRAMAS DE ESTADO 286
14.4 CASO DE ESTUDIO: MERCURIAL 293

CAPÍTULO 15. INGENIERÍA DIRECTA EN C++ 305
15.1 DIAGRAMAS DE CLASES 306
    15.1.1 Representación de una clase 306
    15.1.2 Asociaciones 308
    15.1.3 Herencia simple 310
    15.1.4 Herencia múltiple 310
    15.1.5 Agregación 311
    15.1.6 Composición 311
    15.1.7 Clases abstractas e interfaces 315
    15.1.8 Clases asociación 317
    15.1.9 Asociación calificada 323
15.2 DIAGRAMAS DE SECUENCIAS 325
    15.2.1 Interacción básica 325
    15.2.2 Creación, destrucción, automensajes y recursividad 326
    15.2.3 Saltos condicionales 328
    15.2.4 Iteraciones 331
15.3 DIAGRAMAS DE ESTADO 333
15.4 CASO DE ESTUDIO: AJEDREZ 343

ANEXO A. PROGRAMACIÓN ORIENTADA A OBJETOS 361
A.1 BREVE RESEÑA HISTÓRICA 361
A.2 CARACTERÍSTICAS DE LA POO 362
A.3 CLASES Y OBJETOS 363
A.4 PROGRAMACIÓN ORIENTADA A OBJETOS EN C++ 363
    A.4.1 Clases y objetos 363
    A.4.2 Herencia 366
    A.4.3 Polimorfismo 370
A.5 PROGRAMACIÓN ORIENTADA A OBJETOS EN JAVA 376
    A.5.1 Clases y objetos 376
    A.5.2 Paquetes 379
    A.5.3 Herencia 380
    A.5.4 Interfaces 382
    A.5.5 Polimorfismo 382

ANEXO B. RESUMEN DE NOTACIÓN UML **387**
    B.1   DIAGRAMA DE CASOS DE USO 387
    B.2   DIAGRAMA DE ROBUSTEZ 388
    B.3   DIAGRAMA DE COMPONENTES 388
    B.4   DIAGRAMA DE DESPLIEGUE 388
    B.5   DIAGRAMA DE PAQUETES 389
    B.6   DIAGRAMA DE CLASES 389
    B.7   DIAGRAMA DE SECUENCIAS 390
    B.8   DIAGRAMA DE COMUNICACIÓN 391
    B.9   DIAGRAMA DE ESTADOS 391
    B.10 DIAGRAMA DE ACTIVIDADES 392
    B.11 DIAGRAMA DE ESTRUCTURA COMPUESTA 393

BIBLIOGRAFÍA **395**
    REFERENCIAS WEB 397

MATERIAL ADICIONAL **399**

ÍNDICE ALFABÉTICO **401**

PRÓLOGO

¿A QUIÉN VA DIRIGIDO ESTE LIBRO?

La edición del ejemplar que tiene en sus manos ha sido fruto de tres años de trabajo y de investigación en el campo de la *Ingeniería del Software* y *del Lenguaje Unificado de Modelado* (UML). Como especialista en esta disciplina, y después de una larga trayectoria de desarrollos en diversos lenguajes de programación, he intentado aplicar todos mis conocimientos a esta obra, otorgándole cierto rigor académico y sobre todo un aspecto atractivo para el lector. Para ello me he servido de ejemplos basados en desarrollos multimedia, de sistemas y como no, de software de gestión. El presente libro no intenta ser una obra de referencia en el campo, sino más bien un libro de ayuda al estudiante y profesional de UML, con el firme propósito de transmitir la importancia que tiene la formación arquitectónica del software después de la algorítmica.

La lectura de los contenidos le será más amena si posee ciertos conocimientos a nivel de *Ingeniería Técnica* o *Ciclo Superior de FP en Informática*. De esta forma, las nociones de *Sistemas Operativos*, *Algorítmica*, *Redes*, *Bases de Datos*, *Autómatas* y *Programación Orientada a Objetos* serán de una valiosa utilidad para seguir las indicaciones dadas en los capítulos.

Finalmente, si usted posee conocimientos avanzados de los lenguajes Java y/o C++ le resultará más fácil el aprendizaje de los conceptos aquí explicados. En caso contrario le podrá ser de utilidad el anexo A y las referencias bibliográficas sobre el tema que podrá encontrar al final del volumen. Es por tanto importante que revise estos contenidos antes de comenzar a leer.

ESTRUCTURA DEL LIBRO

Los contenidos de la presente obra se han estructurado de acuerdo a un ciclo de vida secuencial de un desarrollo software. La sucesión de las explicaciones teóricas de los capítulos están acordes al avance de un proyecto real.

Con la idea de explicar la asociación existente entre UML y un desarrollo real, se presentan dos proyectos que van evolucionando al ritmo del ciclo de vida, es decir, desde la adquisición de requisitos hasta la implementación. Dichos ejemplos nos irán guiando en los diferentes diagramas UML del proyecto y sus fases de construcción. De esta forma el libro se ha estructurado en el siguiente orden metodológico:

- Parte I: Introducción teórica.
- Parte II: Análisis de requisitos.
- Parte III: Diseño arquitectónico.
- Parte IV: Diseño detallado.
- Parte V: Implementación.

Se ha intentado no descuidar los aspectos teóricos ni los prácticos, pretendiendo así conjugar a lo largo del libro ambos matices.

ESTILOS DE PROGRAMACIÓN

Como corresponde a cualquier proyecto informático basado en programación, un buen código fuente no es solo el que realiza sus funciones correctamente, sino también el que es legible y mantenible a lo largo del tiempo. Por este motivo, en el libro se ha intentado seguir ciertos criterios estilísticos en relación a cada lenguaje. Así para el código Java se ha utilizado las guías de estilo oficiales de *Sun/Oracle* publicadas en su sitio Web, mientras que para C++ el estándar elegido ha sido el *Joint Strike Fighter - Air Vehicle - C++ Coding Standards* recomendado por *Bjarne Stroustrup*.

DIAGRAMAS Y PROGRAMAS DE EJEMPLO

Para diseñar los diagramas de ejemplo del libro se han utilizado las aplicaciones *StarUML* y *MagicDraw* 15.0. La primera de ellas es una aplicación gratuita escrita en Object-Pascal (*Delphi*) que puede ser descargada en la siguiente URL: http://staruml.sourceforge.net. La segunda es una aplicación comercial, pero puede descargarse una versión de prueba en: http://www.nomagic.com con el fin de evaluar los proyectos propuestos en el libro.

Las aplicaciones y ejemplos de Java aquí descritos han sido compilados y ejecutados directamente desde la línea de comandos en Windows, mientras que los ejemplos de C++ han sido programados sobre Visual C++ 2010 Express Edition. Esta versión puede descargarse gratuitamente desde la Web de Microsoft.

Finalmente, si desea descargar tanto los diagramas UML como los códigos fuente puede acceder a la ficha del libro en *www.ra-ma.es*.

Le recomiendo que lea primeramente el fichero leame.txt que se encuentra en el directorio con las indicaciones. Este fichero le guiará en la instalación de los ejemplos y le informará de la estructura de los archivos.

FEEDBACK

Cualquier crítica constructiva será siempre bienvenida. Éstas me servirán para mejorar mi trabajo de cara a una futura edición; por lo que cualquier errata, error, inconsistencia o fallo de presentación serán bien recibidas por su parte.

Para cualquier consulta o informe de fallos puede contactarme por e-mail:

cjimenezuml@gmail.com

AGRADECIMIENTOS ACADÉMICOS

Quisiera expresar mi agradecimiento al profesor *Dr. Manuel Arias Calleja* por su amabilidad al revisar y dirigir algunos contenidos vía e-mail y telefónica desde Madrid; al *Departamento de Ingeniería de Software y Sistemas Informáticos* de la UNED por los conocimientos transmitidos en su Máster en Investigación y al profesor *Dr. Jesús García Molina*, de la *Universidad de Murcia*, por su segunda revisión y sabios consejos.

Murcia
Septiembre de 2014

El autor

1

UML EN EL CONTEXTO DE LA INGENIERÍA DEL SOFTWARE

«Siempre imaginé que el Paraíso sería algún tipo de biblioteca».

(Jorge Luis Borges)

Comenzamos la explicación de los conceptos relacionados con el mundo de la construcción del software haciendo una breve síntesis de la historia y evolución de las técnicas de modelado y cómo ha sido posible la llegada de UML (*Unified Modeling Language*) al mundo de la IS (*Ingeniería del Software*). En este capítulo también se hará una reseña a los diferentes diagramas que se tratarán a lo largo del libro y la relación que tienen con los diferentes ciclos de vida del software. Para finalizar se introducirá la última tendencia en el desarrollo automático de software mediante modelado con las técnicas de MDA (*Model Driven Architecture*).

1.1 LA NECESIDAD DE UN MODELO UNIFICADO

UML comienza a gestarse cuando la empresa de software *Rational*, fundada por *Grady Booch,* contrata a *James Rumbaugh* en 1994 que por entonces trabajaba en la *General Electric.* UML nació como la fusión de la metodología OMT (*Object-Modeling Technique*) de *Rumbaugh* y el método de *Grady Booch*. Al poco tiempo (1995) se unió a Rational *Ivar Jacobson*, inventor del método OOSE (*Object-Oriented Software Engineering*) y de algunos conceptos de otros lenguajes de modelado. Al grupo de los tres inventores se le llamó familiarmente como los "*Tres Amigos*" a causa de sus frecuentes debates sobre UML. En enero de 1997 fue propuesto el primer borrador de UML 1.0 a la OMG[1] (*Object-Management Group*) a través de un consorcio llamado *UML Partners*. Más tarde, en noviembre de 1997, y después de la creación de la *Semantic Task Force* por *UML Partners* para estandarizar UML y dotarla de contenido semántico, UML 1.1 fue adoptada por la OMG. Desde la versión 1.1 hasta hoy han existido varias revisiones menores de la especificación como la 1.2, 1.3 y 1.4. La versión 2.4.1 de UML, lanzada en agosto de 2011, es la última a fecha de escritura del presente libro.

Actualmente UML goza de un reconocido prestigio en el campo de la IS, aplicándose de forma extensa en una gran variedad de campos del desarrollo de software (incluidos la Inteligencia Artificial) y con un éxito sin precedentes en los proyectos de software. La versión de UML utilizada en este libro es la 2.0 y data de 2001.

1.2 ¿POR QUÉ MODELAR?

Un modelo es una abstracción de un problema de la realidad. Con esta idea surge el concepto de modelar, que consiste en abstraer las características esenciales de un problema real a una representación útil para un propósito determinado. En el caso de la ingeniería convencional como la aeronáutica o la mecánica, los ingenieros construyen modelos para asegurarse que el producto final funcionará. La implicación directa del modelo es que es posible su validación y comprobación, por lo que no tiene sentido construir modelos para luego no realizar pruebas. Obviamente los modelos son más baratos que los productos acabados y además permiten verificar su correcto funcionamiento.

En el mundo del software, el ingeniero construye modelos para probar si sus proyectos tendrán éxito y para comunicar a otros ingenieros y programadores las ideas de lo que intenta modelar. En el campo de la IS predomina el uso de UML y no sería lógico utilizar otra técnica para organizar la estructura estática o dinámica de una aplicación, ya que el lenguaje de modelado UML es bastante maduro para este fin. Con el uso de UML el ingeniero puede crear un modelo más factible e inteligible que el código fuente complejo, intercambiable entre expertos y que permite probar fácilmente la aplicación. Las pruebas desde UML son un campo todavía en experimentación al que se dirige la tecnología MDA (*Model Driven Architecture*) y que aún no es fidedigna del todo. Actualmente ya es posible la conversión directa

---

1 La OMG es un consorcio sin ánimo de lucro formado por varias empresas tecnológicas. Su finalidad es la gestión y estandarización de tecnologías orientadas a objetos como metodologías, bases de datos, CORBA, etc.

de un modelo UML a una aplicación ejecutable y distribuible, aunque cuenta con la desventaja del excesivo coste económico de estas herramientas.

Es siempre más factible dedicar un tiempo prudencial a analizar y diseñar la aplicación para comprobar que funciona, ya que el hecho de realizar esta acción nos asegura evitar muchos errores de diseño y la construcción de programas erróneos. En este sentido, nuestro trabajo siempre podrá ser entendido, discutido y comunicado con otros colegas de otras compañías o nacionalidades de una manera estándar, lo que implica también una forma de documentar productos de software para terceros desarrolladores.

En resumen, UML no se utilizará para probar si nuestro programa funcionará correctamente, sino para discutir con otros, documentar, aplicar la ingeniería directa o simplemente representar una idea. Por último, UML no es adecuado para sistemas en tiempo real, para tales sistemas existen notaciones específicas que no están dentro del ámbito de este libro.

1.3 MODELOS DE PROCESO SOFTWARE

De igual forma que sucede en otras actividades de ingeniería, en la que existe un ciclo de vida desde que se detecta la necesidad de construir el producto hasta que está en uso, la IS también requiere de tiempo y esfuerzo para su desarrollo y debe permanecer en uso durante un tiempo mucho mayor. Por este motivo se requiere de un ciclo de construcción y mantenimiento del software que se repita de forma secuencial o de otras maneras y permita el establecimiento de fases de desarrollo. Al conjunto de fases delimitadas con sus entradas y salidas se les denomina comúnmente "ciclo de vida" y permiten la elaboración de software de una manera metódica y ordenada.

Las fases principales son comunes en todos los ciclos de vida y se repiten de manera secuencial, incremental o en espiral. Las fases principales en cualquier ciclo de vida son:

1. *Análisis*: Es el proceso de reunión de requisitos para construir el software. El analista del software debe comprender el dominio de información del software y construir el modelo de análisis.

2. *Diseño*: Esta fase se compone de muchos pasos en los que se encuentran la deducción de estructuras de datos, la arquitectura del software, la interfaz de usuario y el diseño algorítmico. Algunos autores dividen esta etapa en el *diseño global o arquitectónico* y *diseño detallado*. El primero consiste en transformar los requisitos en una arquitectura de alto nivel, definir las

pruebas, generar la documentación y planificar la integración. El diseño detallado consiste en refinar el diseño para cada módulo, definiendo sus requisitos y la documentación.

3. *Codificación*: Se transforma el diseño en código ejecutable para la construcción del sistema. Las herramientas CASE actuales permiten la conversión de un modelo UML para generar una parte esquemática del código de la aplicación, aunque no toda completamente.

4. *Pruebas*: Después de generar el código se procede a probar el programa. El proceso de pruebas consiste en el análisis de los procesos lógicos internos del software (comprobando que las sentencias y las bifurcaciones se cumplen), o en el análisis de los procesos externos funcionales (se ejecuta el programa con una serie de entradas y condiciones para comprobar que se ejecuta correctamente). A las primeras se les denomina pruebas de "caja blanca", mientras que a las últimas se les denomina pruebas de "caja negra", por la opacidad de la visión del código fuente.

5. *Mantenimiento*: Se produce después de entregar el producto al cliente. Es la parte que más tiempo consume. Se debe comprobar que el software sigue funcionando correctamente, y que se adapta a los nuevos requisitos y condiciones externas. Por ejemplo, un cambio de sistema operativo o de un dispositivo o periférico.

Estas etapas o fases se dividen en tareas. La *documentación* es una tarea importante que se realiza en todas las fases y donde UML cumple un papel excelente para los desarrolladores.

1.3.1 Modelo en cascada

El ciclo de vida en cascada fue propuesto por *Winston W. Royce* en 1970 y posteriormente revisada por *Barry Boehm* en 1980 e *Ian Sommerville* en 1985. Se basa en una serie de etapas o fases que se ejecutan en el proyecto de forma iterativa. Es decir, partiendo del *análisis de requisitos* se transita por el resto de las fases secuencialmente hasta llegar al *mantenimiento*. Una característica de este ciclo de vida es que podemos volver hacia atrás en el ciclo si tuviéramos que realizar cambios en algunas de las etapas anteriores. Por ejemplo, si en la etapa de *pruebas* fuera necesario volver al *diseño*, tendríamos obligatoriamente que pasar de nuevo por la *codificación*.

Entre las ventajas de este modelo destacan la facilidad de utilización y la existencia de una gran cantidad de herramientas CASE que lo soportan. Entre las desventajas se incluye la exigencia de tener todos los requisitos al comienzo del proyecto y que no genera ningún producto hasta que se hayan finalizado todas las fases (ciclo). En general, este tipo de modelo se utilizará en proyectos de corta duración y fáciles que no requieran de cambios frecuentes en los requisitos.

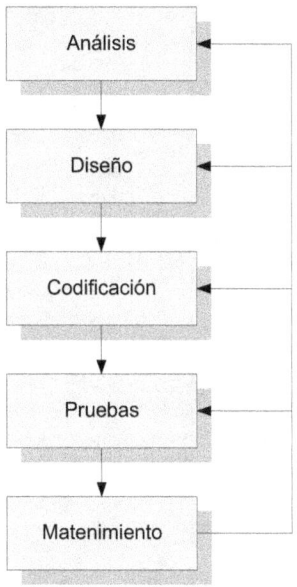

Figura 1.1. Ciclo de vida en cascada

1.3.2 Modelo en espiral

Este ciclo de vida fue propuesto inicialmente por *Barry Boehm* en 1986 y consiste en una serie de ciclos con hitos que se repiten un número determinado de veces propiciando una evolución del producto hasta su conclusión final. Una característica importante de este ciclo de vida es la introducción del análisis del riesgo en cada una de las evoluciones, intentando optar por el más asumible.

Entre las ventajas de este modelo se incluye la capacidad para reducir riesgos, mejorar la calidad y la no necesidad de tener todos los requisitos al principio. Entre las desventajas se incluye la dificultad de adopción de riesgos y su coste. Sin embargo, debido a su naturaleza evolutiva y recurrente permite ser utilizado en proyectos complejos, críticos y de larga duración.

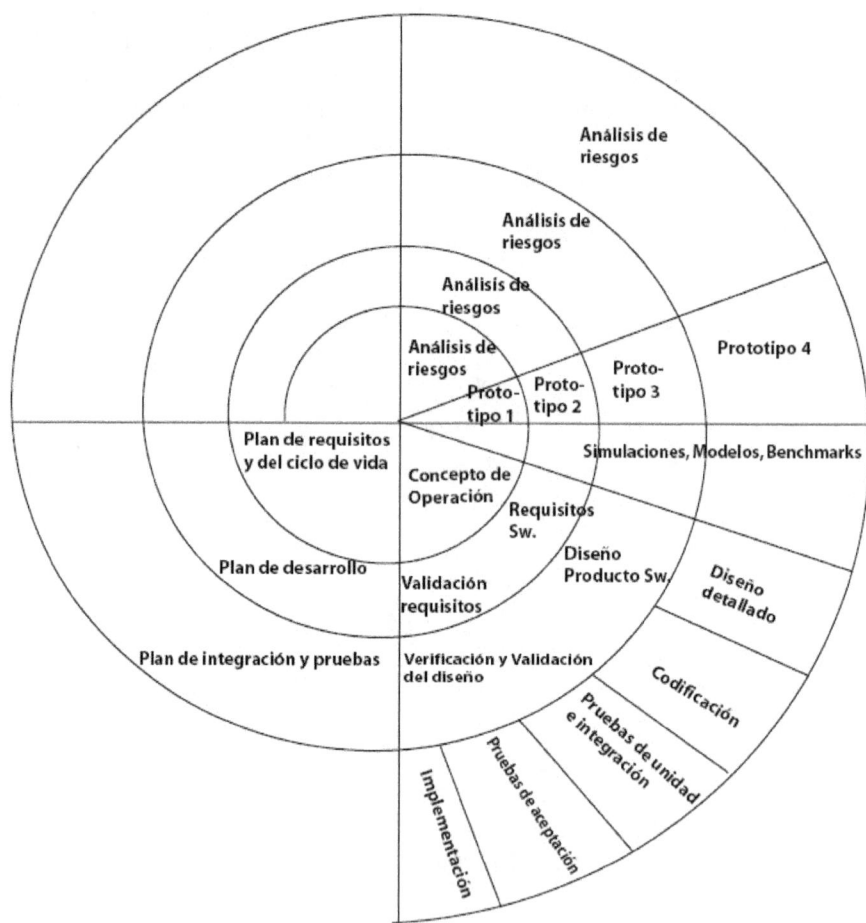

Figura 1.2. Ciclo de vida en espiral

1.3.3 Relación de las fases con los diagramas UML

En lo que respecta a los diferentes tipos de diagramas relacionados con el contenido del presente libro, se han estudiado aquellos que están involucrados en la parte de construcción de alto nivel donde se aplica la visión del ingeniero de software, es decir, los diagramas de representación de requisitos ya elicitados, análisis, diseño arquitectónico y diseño detallado. Cada diagrama se usa en una o más fases específicas del ciclo de vida.

Para comprender mejor esta relación se expone a continuación el siguiente esquema donde se desglosan los diferentes tipos de diagramas en relación a su fase dentro del ciclo de vida:

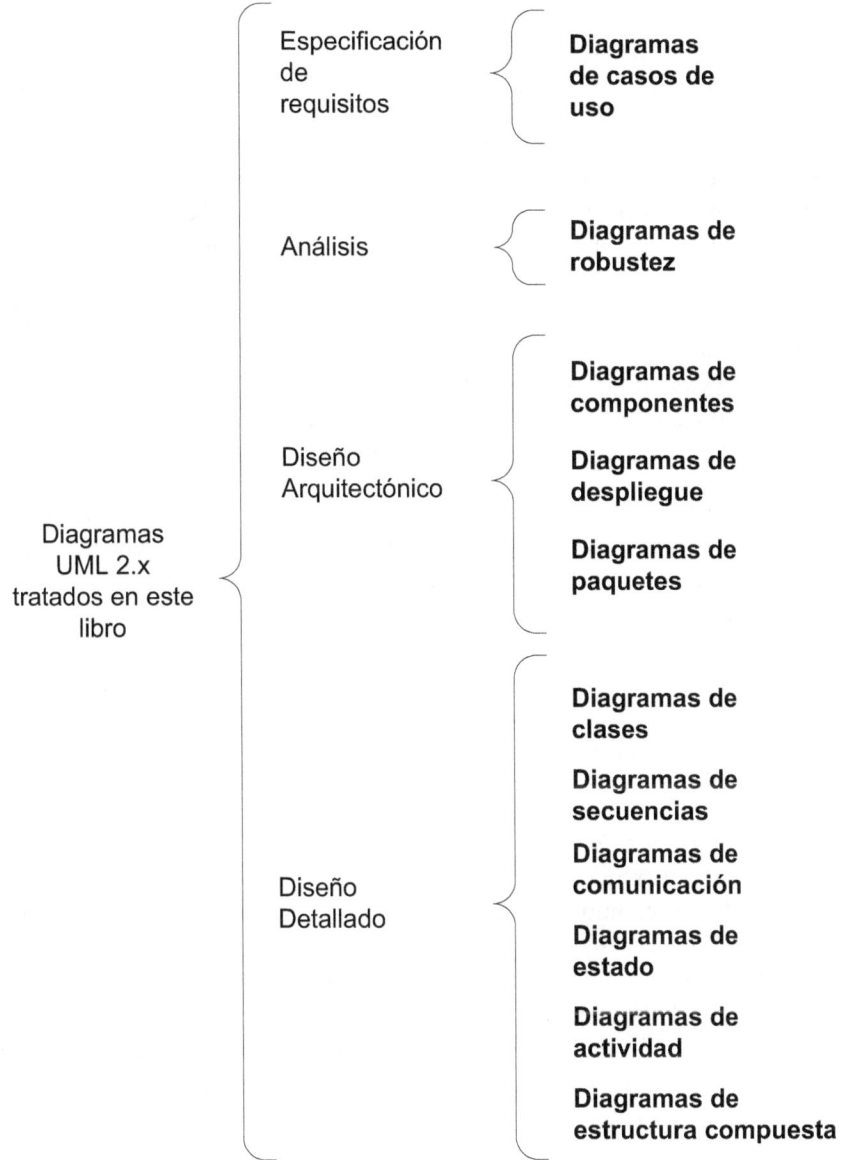

Figura 1.3. Esquema de los diferentes diagramas UML

En lo que respecta a la fase de Especificación de requisitos, nos encontramos con el *Diagrama de casos de uso*, que permiten representar el comportamiento del sistema desde el punto de vista del usuario y cómo éste interactúa con el sistema para llevar a cabo los requerimientos de la aplicación. En la fase de Análisis se hallan los *Diagramas de robustez* con el fin de analizar los pasos de un caso de uso para validar la lógica de negocio, en otras palabras — permiten comprobar la robustez de un caso de uso y su conformidad con los requerimiento del sistema en construcción —.

Dentro de la fase de *Diseño arquitectónico* hallamos los *Diagramas de componentes* que son los responsables de modelar la visión estática del sistema en el nivel de implementación. Muestran la organización y las dependencias entre componentes software: librerías, *frameworks*, interfaces de usuario, ficheros de cabecera, etc. También y dentro de esta fase se sitúa el *Diagrama de despliegue* con la idea de representar la organización del hardware y los principales artefactos de nuestro sistema. En el *Diagrama de paquetes* se muestra la división del sistema en unidades lógicas y muestra la dependencia entre ellas. Normalmente el paquete está representado como un directorio y es de gran utilidad especialmente en la organización de la aplicación tanto en C++ como en Java[2].

En la fase de *Diseño detallado* es donde se ubica el *Diagrama de clases* que permite representar estáticamente el sistema, indicando la relación entre las diferentes clases, su estructura jerárquica y cómo se organizan. Seguidamente estarán los *Diagramas de interacción* que permiten visualizar detalladamente cómo los diferentes objetos involucrados en el sistema interactúan para ejecutar una tarea. La aplicación principal de los diagramas de interacción es mostrar el funcionamiento de un caso de uso y los pasos para completarlo. Por ello, en los *Diagramas de secuencias* y *comunicación* se modelan las interacciones entre los objetos una vez han sido instanciados en el sistema.

Los *Diagramas de estados* son los que representan la vista dinámica del sistema en cuanto que modelan la evolución de un sistema a lo largo del tiempo. En UML representan el comportamiento de las instancias de las clases, componentes o casos de uso. De forma similar se encuentran los *Diagramas de actividad*, que están basados en las *redes de Petri* y modelan fundamentalmente el paralelismo y el comportamiento del sistema haciendo énfasis en la participación de los objetos en ese comportamiento. Finalmente, los *Diagramas de estructura compuesta* permiten representar una visión estructural de los principales clasificadores utilizados en el modelo estático del sistema.

---

2   En este último se le denomina paquete.

Como hemos podido observar, estos diagramas que se han explicado brevemente son de importancia capital en cualquier proyecto software basado en alguna metodología. A lo largo de los siguientes capítulos trataremos cada uno de ellos de forma más pausada.

1.4 MDA

En el año 2000 el *Object Management Group* (OMG) publicó su informe sobre la *Arquitectura Dirigida por Modelos* MDA (*Model-Driven Architecture*), un nuevo paradigma de construcción de aplicaciones que innovaría por completo el panorama actual de las herramientas CASE de última generación para el desarrollo de aplicaciones. La idea principal en la que se basa MDA es motivar a desarrollar principalmente con modelos, con el fin de independizarse de la plataforma y el lenguaje de implementación.

1.4.1 Introducción

Desde siempre, la construcción de software complejo se ha vuelto económicamente muy costosa. La demanda de software continúa en auge y en los últimos años ha habido un incremento muy significativo en la industria del software. Las técnicas tradicionales de programación se han quedado obsoletas para abordar la complejidad y el coste del desarrollo de los futuros sistemas informáticos. Esto ha suscitado la aparición de enfoques, como el MDA, orientados a aumentar el nivel de abstracción en el desarrollo.

En los años 50 el desarrollo se realizaba únicamente introduciendo los códigos binarios directamente a la máquina, posteriormente, en los años 60 se inventó el lenguaje ensamblador que permitiría asociar códigos nemotécnicos a un conjunto de bits que representaban una instrucción. Con la llegada de los primeros lenguajes de alto nivel (Algol, Fortran, C), se pudo dar un paso más en el aumento del nivel de abstracción, convirtiendo sentencias sintácticas complejas en instrucciones en ensamblador. Finalmente, en los 80 emergió la Programación Orientada a Objetos que agilizó enormemente la productividad del software. El último paso en la evolución del desarrollo de software ha sido convertir los modelos textuales o gráficos en código ejecutable gracias a compiladores basados en MDA.

Además del nivel de abstracción, otro de los objetivos que persigue MDA es la posibilidad de aumentar el nivel de reutilización, permitiendo la construcción de software con bloques de diseño reutilizables.La otra gran ventaja que permite esta tecnología es la *Interoperabilidad de Tiempo-Diseño*, o lo que es lo mismo, la facilidad de desarrollar una aplicación independiente de su implementación lo que permite recombinar tecnologías.

Aunque la reutilización ha conseguido un gran avance en el mundo de la computación, aún existe un problema: hay poca reutilización de aplicaciones. Las librerías y los *frameworks* han conseguido un desarrollo espectacular, aún así se los considera muy cercanos a nivel de la máquina.

1.4.2 Características de MDA

- **Modelos:** Con los modelos permitimos elaborar una descripción abstracta del mundo. MDA permite modelar la aplicación con entidades que representan objetos del mundo concreto o abstracto; instrumentos como la abstracción y la clasificación permiten jerarquizar y ordenar los conceptos componentes del sistema. Para conseguir todas estas cosas, MDA cuenta con el uso de UML que es el estándar oficial para el modelado de software; aunque últimamente se están imponiendo los DSL (*Domain Specific Languages* o Lenguajes específicos del dominio) que pronto serán una alternativa a UML.

- **Metamodelos:** Un metamodelo es simplemente un modelo de un lenguaje de modelado como UML. Así, por ejemplo, un metamodelo para UML describe cómo éste crea las clases, sus relaciones y jerarquías en otro modelo más completo que el anterior y que recoge detalladamente cada característica del modelo que describe.

    El metamodelo de UML se expresa mediante MOF (*Meta Object Facility*), una herramienta estandarizada por la OMG. Un ejemplo es XMI, que es el acrónimo de (XML Metadata Interchange) y permite definir cómo se describen e intercambian los modelos. Muchas de las herramientas CASE actuales como Rational Rose, MagicDraw o StarUML utilizan este formato XML para expresar sus metamodelos.

- **Transformaciones entre modelos:** La idea que se persigue con la transformación de modelos es poder convertir un modelo en otro similar, ya sea por refinamiento o abstracción. En este sentido sería posible transformar lo que se denomina PIM (*Platform Indepenent Model*) en un PSM (*Platform Specific Model*). Para ello se utilizan las denominadas reglas de transformación y las marcas que permiten asociar y ajustar el nivel de detalle en dichas transformaciones. Se puede concebir las marcas como una especie de filtro, en el que por un lado se introduce la transformación a realizar y por otro lado obtenemos la transformación realizada. El objetivo de estos es transformar un modelo de entrada en otro modelo de salida en el que, por ejemplo, se haya realizado una transformación para obtener un mayor nivel de refinamiento. Piense, por ejemplo, en una transformación entre un DSL para el lenguaje ensamblador al código específico de una determinada arquitectura hardware.

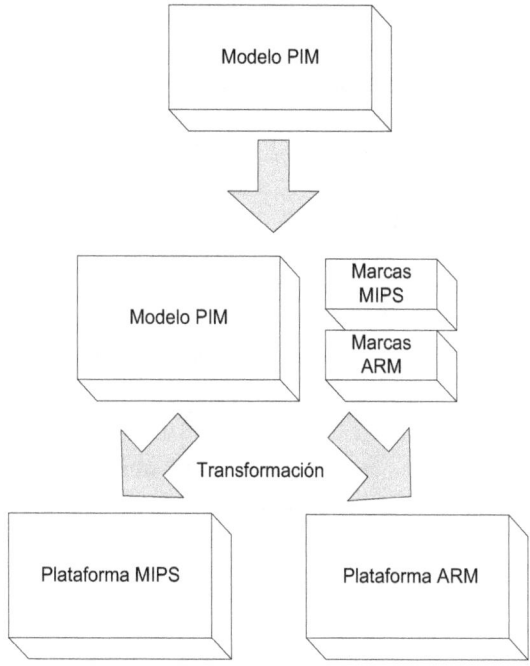

Figura 1.4. Transformación del PIM al PSM

▼ **Utilización de lenguajes:** Una de las características más interesantes de MDA es la posibilidad de extender las capacidades de UML por medio de los perfiles (profiles). Estos se adaptan *"ad-hoc"* a cualquier dominio, plataforma o método que se elija, proporcionando una versatilidad y una potencia que alcanza una gran variedad de lenguajes y tecnologías. De esta forma es posible encontrar herramientas MDA en el mercado que ofrecen perfiles tan variados como EJB, C++, Ruby, CORBA, etc. Una de las maneras de ampliar la potencialidad de los lenguajes ofrecidos por una herramienta de estas características es por medio de los *estereotipos*, los cuales permiten extender el vocabulario de UML, así como las *restricciones* (constraints) que especifican condiciones que deben cumplirse dentro de un modelo para su correcto funcionamiento.

▼ **Modelos ejecutables y MDA ágil:** La idea subyacente de los modelos ejecutables es que se comporten directamente como código, facilitando la interacción con el dominio del cliente. La finalidad de este objetivo MDA es la independencia de la plataforma consiguiendo, entre otros aspectos, que tanto los modelos como el código sean una única entidad y que puedan ser ejecutados tan pronto como finalice el diseño de los mismos, proporcionando una realimentación con los clientes y expertos del dominio.

Para entender estas ideas supongamos que tuviera que desarrollar una aplicación con tres posibles sistemas operativos, tres bases de datos y tres implementaciones de *Servicios Web* (SOA). Se tendría en total *3 x 3 x 3 = 27* implementaciones diferentes, lo que se concluye que la reutilización a nivel de código es multiplicativa, no aditiva.

Figura 1.5. Problema de la reutilización multiplicativa

En la figura 1.5 podemos observar el problema anteriormente citado. Para conseguir una solución aditiva que permita reutilizar una capa independientemente de las otras se deben interconectar con mecanismos que sean independientes de los contenidos de las otras capas. Esto supone un gran avance, pues MDA impone la arquitectura únicamente en el último momento. En general las ventajas que se consiguen son muchas, entre ella la posibilidad de no tener que modificar los modelos para generar el código final en caso de cambiar alguna capa, el coste bajo del desarrollo multiplataforma, una productividad y un mantenimiento barato.

2

DIAGRAMAS DE CASOS DE USO

«No olvides que es comedia nuestra vida y teatro de farsa el mundo todo que muda el aparato por instantes y que todos en él somos farsantes;».

(Franciso de Quevedo: *El Epicteto y Phocílide*s en español con consonantes)

Comenzamos este capítulo con el primero de los modelos dentro del ciclo de vida de un proyecto real. Los diagramas de casos de uso están determinados dentro de la fase de especificación de requisitos y permiten la representación del sistema desde el punto de vista del usuario o de agentes externos para así representar los requerimientos funcionales. Su utilización nos facilitará capturar mejor los requisitos del cliente.

2.1 INTRODUCCIÓN

Los modelos de casos de uso permiten tener una visión externa de cómo los usuarios interactúan con las funcionalidades del sistema. Permiten modelar los requisitos funcionales y los agentes involucrados en su uso para facilitar la validación del producto y la planificación de las fases del ciclo de vida. Dichos agentes (ya sean humanos o no) se les denomina "actores" y pueden ser por ejemplo: un usuario que solicita la compra de un producto, un estudiante que realiza un cuestionario, un dispositivo que envía un mensaje al sistema o un agente inteligente que genera acciones sobre la aplicación.

Los casos de uso se utilizarán en posteriores fases del proyecto para modelar el dominio y los diagramas de comportamiento (diagrama de secuencias y comunicación).

2.2 ACTORES

Un actor representa un rol de algo externo al sistema y que interactúa con él. La mayor parte de las veces son usuarios, y a veces otros sistemas, e incluso *timers* que generan eventos hacia el sistema como un reloj del hardware que consulte el estado de un periférico. La diferencia principal entre un *actor primario* y uno *secundario* estriba en el que el primario inicia o pide la funcionalidad al sistema, mientras que en el secundario es el sistema el que inicia la acción y el actor el que la recibe.

Un actor se representa en UML como un muñeco de palo:

Perfil usuario

Figura 2.1. Ejemplo de actor en UML

Ejemplos de actores: un cliente, un vendedor, un estudiante, un operador, un administrador del sistema, un jugador, una empresa virtual o real, un sistema, un servicio, un periférico, un agente, etc.

2.3 CASOS DE USO

Los casos de uso son normalmente implementados por un conjunto de sentencias de ejecución. Los actores son los que directamente interactúan con los casos de uso que se representan en UML con una elipse a la que se enlaza el actor.

Para identificar los casos de uso debemos averiguar qué funciones debe realizar el actor con el sistema, por ejemplo: iniciar una compra, apagar el sistema, enviar una señal a un periférico, mover un personaje en un laberinto, etc.

Para ello debemos tratar cuidadosamente los aspectos funcionales del sistema e intentar indagar qué funciones importantes deben realizarse por los actores principales de la aplicación.

La característica de modelado de casos de uso debe abstraer en gran medida lo fundamental del sistema, por muy grande que éste sea. Por tanto, cuando se modela un caso de uso debe asociarse con un conjunto de operaciones que a su vez serán implementadas en varias o muchas líneas de código.

Los casos de uso se representan con una elipse que enlaza con el actor o actores que interactúan con él mediante una línea llamada asociación.

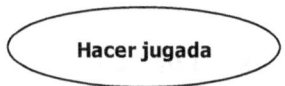

Figura 2.2. Ejemplo de caso de uso

Como hemos visto, en la figura 2.2 se representa el caso de uso *"Hacer jugada"* para un hipotético actor de un escenario de un videojuego de ajedrez. Los casos de uso mostrarán las situaciones en las que los actores externos al sistema, tales como usuarios, clientes, estudiantes, operadores, administradores, agentes software/hardware etc. interactúan con las funcionalidades básicas del sistema. Estas funcionalidades se describen a un alto nivel que luego se detallará y siempre contendrán otras tareas que debe realizar la aplicación a más bajo nivel de abstracción. Como veremos más adelante los casos de uso se especificarán descomponiéndolos en acciones más pequeñas y que explican de manera más elemental los pasos que lo definen más en detalle.

A modo de ejemplo se presenta una parte elemental del diagrama de casos de uso para el escenario del juego de ajedrez:

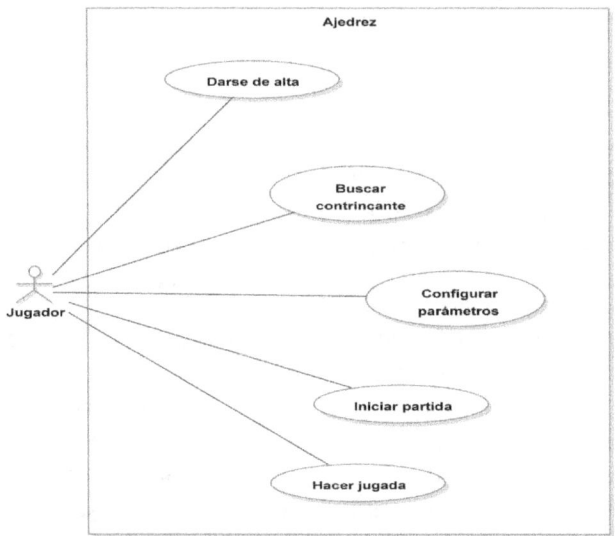

Figura 2.3. Ejemplo de diagrama de casos de uso para el juego de ajedrez

En el diagrama anterior se muestra el actor principal para un juego de ajedrez. El actor es "*Jugador*" que es el que inicia la partida y realiza los movimientos. El jugador representa al usuario humano y externo que interactúa con las funcionalidades del sistema. El rectángulo a modo de marco que rodea los casos de uso demuestra los límites del sistema con los actores externos.

2.4 ESPECIFICACIÓN DE LOS CASOS DE USO

Dado el ejemplo de la figura 2.3, los cuatro casos de uso representados se pueden especificar mediante una plantilla, basada en textos de referencia [Arlow07], en la que se debe recoger la siguiente información:

Caso de uso: Nombre
Identificador
Breve descripción
Actores primarios
Actores secundarios
Precondiciones
Flujo principal
Postcondiciones
Flujos alternativos

Tabla 2.1. Plantilla de especificación de un caso de uso

Donde el *identificador* identifica unívocamente el caso de uso mediante un número; la *descripción* resume de forma elemental el cometido del caso de uso en el contexto del sistema, mientras que la sección de *actores primarios* y *actores secundarios* especifican los actores involucrados en el sistema y que actúan directa o indirectamente con los casos de uso presentes. Las *precondiciones* indican las condiciones que se tienen que cumplir primeramente para que el caso de uso pueda comenzar, es decir, qué situación "a priori" es necesaria para ejecutarse la acción.

Una vez cumplidas las precondiciones se ejecuta la sección de *flujo principal* donde se ejecutan las acciones básicas asociadas al caso de uso. Ésta es considerada una parte troncal de la especificación y donde se definen las acciones fundamentales del caso de uso. Una vez finalizadas las sentencias básicas del caso de uso nos encontramos con las *postcondiciones* que indican los requisitos necesarios del estado del sistema cuando el caso de uso ha finalizado, es decir, la situación "a posteriori" necesaria para cumplir la terminación del caso de uso. La última sección es para los *flujos alternativos* al flujo principal, que son una ampliación de las posibles situaciones anómalas o variaciones con respecto al tronco principal de ejecución del caso de uso.

2.5 FLUJO PRINCIPAL

Para indicar el cauce de ejecución del caso de uso lo especificaremos con un número que representa un paso o macro-instrucción concreta. En el caso de que el paso se bifurque o se ramifique en pasos más pequeños debemos indicar la subdivisión mediante el uso de un punto y seguido.

2.5.1 Sentencia condicional "si"

Utilizaremos esta sentencia para indicar un salto condicional en la secuencia de ejecución. Para ello utilizaremos la palabra clave "si"[3] y posteriormente subdividiremos la numeración. En el ejemplo del caso de uso para mover pieza podemos apreciar la aplicación de "*si*":

```
              Caso de uso: Hacer jugada
Id: 4
Breve descripción:
El jugador mueve una pieza.
Actores primarios:
Jugador.
Precondiciones:
   1. El turno debe ser del jugador actual.
   2. Deben quedar piezas en el tablero.
   3. No ha terminado el juego por tablas o victoria del contrincante.
Flujo principal:
   1. El jugador selecciona una pieza con el cursor.
   2. Si el jugador selecciona una casilla de destino.
      2.1 Mueve la pieza determinada a esa casilla.
      2.2 Dibuja la pieza.
      2.3 Comprueba si hay mate.
      2.4 Comprueba si está amenazada.
   3. Si el jugador mueve el rey dos casillas, mover también la torre
      correspondiente (enroque).
Postcondiciones:
La casilla de destino está vacía u ocupada por una ficha enemiga.
Flujos alternativos:
PosiciónInválida.
```

Tabla 2.2. Especificación para Hacer jugada

---

[3] Con el fin de no mezclar el español y el inglés usaremos la palabra "si" en la descripción de los pasos condicionales.

Flujo alternativo: Hacer jugada:Posición Inválida
Id: 4.1
Breve descripción: El sistema informa que el usuario ha movido la pieza a una casilla ocupada por otra de su mismo color.
Actores primarios: Jugador.
Precondiciones: 1. El jugador ha posicionado la pieza en un lugar incorrecto.

Flujo alternativo:
   1. El flujo alternativo comienza en el punto 2.1 del flujo principal.
   2. El sistema informa de que el jugador debe reposicionar la pieza.

Postcondiciones: Ninguna.

Tabla 2.3. Flujo alternativo para el caso de uso Hacer jugada

Durante el flujo principal en la tabla 2.2 se produce una ejecución de una sentencia condicional "*si*" y la numeración se parte para volver a comenzar en una nueva rama. Otro aspecto a tener en cuenta en la especificación de un caso de uso son las condiciones de bifurcación en caso de excepción, fallo o interrupciones dentro del flujo principal. Estas situaciones se deben especificar en la sección de *flujos alternativos* e indicar detalladamente su descomposición en otra tabla especificativa (véase tabla 2.3). Durante la especificación del flujo alternativo debemos señalar el punto desde donde se produjo el fallo o la excepción, y posteriormente continuar la ejecución para el tratamiento del error siguiendo una determinada secuencia de pasos.

2.5.2 Sentencia de control "para"

La sentencia de control "*para*" permite definir una repetición de operaciones del caso de uso. Adicionalmente se añade una expresión condicional que se debe evaluar en cada iteración para finalizar la sentencia. A continuación se muestra un ejemplo con el caso de uso para configurar parámetros.

Caso de uso: Configurar parámetros
Id: 2
Breve descripción: Configura opciones del sistema.
Actores primarios: Jugador.

```
Precondiciones:
   1. No debe haber comenzado la partida.

Flujo principal:
   1. Preguntar tipo de control.
   2. Preguntar nivel de dificultad.
   3. Elegir color de las piezas.
   4. Elegir diseño piezas.
      4.1 Para cada pieza del tablero.
          4.1.1 Elegir modelo.
          4.1.2 Elegir material.

Postcondiciones:
Ninguna

Flujos alternativos:
Ninguno.
```

Tabla 2.4. Ejemplo de la sentencia "para"

2.5.3 Sentencia de control "mientras"

Esta sentencia realiza un bucle de iteraciones con las acciones del caso de uso hasta que la expresión *booleana* sea evaluada a `true`. A modo de ejemplo se muestra a continuación un caso de uso donde se implementa esta sentencia:

```
                  Caso de uso: Validar usuario

Id: 1

Breve descripción:
Comprueba que el usuario está registrado en el sistema.

Actores primarios:
Jugador.

Precondiciones:
Existe conexión.

Flujo principal:
   1. Mientras el usuario y/o la contraseña no sean correctos.
      1.1 Pedir nombre de usuario.
      1.2 Pedir contraseña
      1.3 Consultar en la base de datos.

Postcondiciones: Ninguna.

Flujos alternativos:
Ninguno.
```

Tabla 2.5. Sentencia "mientras"

2.6 USO DE <<INCLUDE>> Y <<EXTEND>>

El uso de <<*include*>> permite, en el contexto de los casos de uso, una llamada a subrutina, reutilizando un caso de uso sencillo en otro más complejo. El modo de uso implica la asociación entre el caso de uso base y el incluido. El caso de uso base debe indicar el punto exacto donde debe realizarse la llamada al caso de uso repetitivo. Cuando el caso de uso invocado finaliza su flujo principal devuelve el control al caso de uso invocador. En la figura 2.4 se muestran dos casos de utilización de <<*include*>> para el juego del ajedrez.

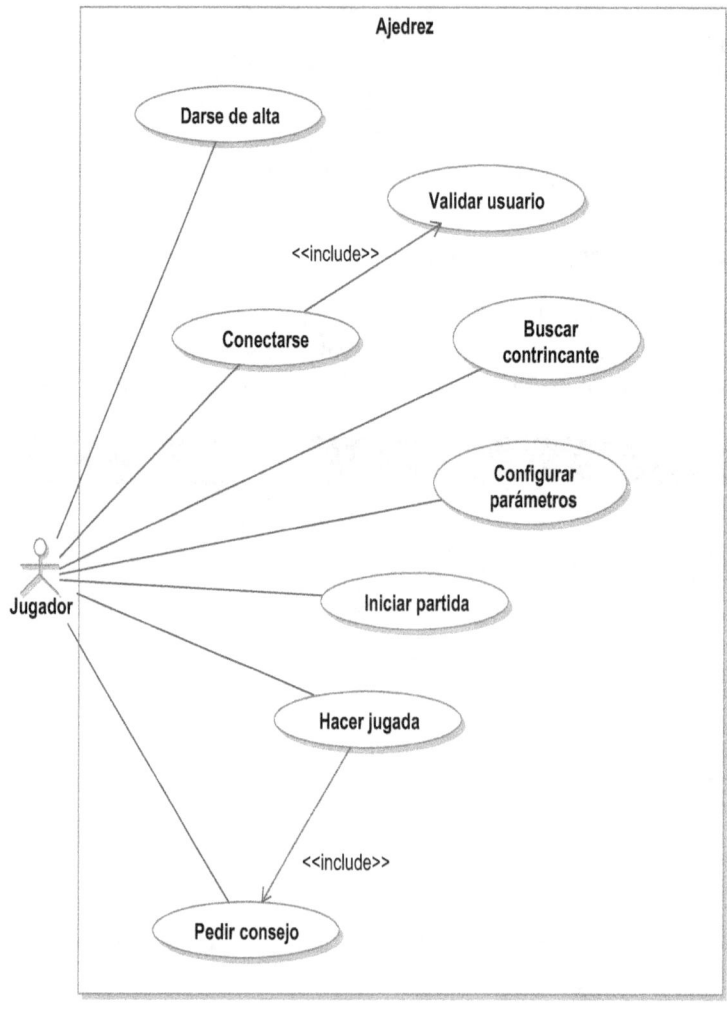

Figura 2.4. Diagrama ampliado para el juego del ajedrez

Caso de uso: Hacer jugada
Id: 4
Breve descripción: El jugador mueve una pieza.
Actores primarios: Jugador.

Precondiciones:
  1. El turno debe ser del jugador actual.
  2. Deben quedar piezas en el tablero.
  3. No ha terminado el juego por tablas o victoria del contrincante.

Flujo principal:
  1. El jugador selecciona una pieza con el cursor.
  2. **Si** el jugador selecciona una casilla de destino.
    2.1 Mueve la pieza determinada a esa casilla.
    2.2 Dibuja la pieza.
    2.3 Comprueba si hay mate.
    2.4 Comprueba si está amenazada.
  3. **Si** el jugador mueve el rey dos casillas, mover también la torre correspondiente (enroque).
  4. Si el usuario pide consejo
    4.1 Include (Pedir consejo)

Postcondiciones: La casilla de destino está vacía u ocupada por una ficha enemiga.
Flujos alternativos: PosiciónInválida.

Tabla 2.6. Utilización de «include» en el caso de uso Hacer jugada.

Caso de uso: Pedir consejo
Id: 5
Breve descripción: Calcula una posible jugada.
Actores primarios: Jugador.
Precondiciones: 1. El turno debe ser del jugador actual que pide consejo.

Flujo principal:
  1. **Mientras** no encontrada solución.
    1.1. Buscar alternativa óptima.

Postcondiciones: 1. El movimiento resultante debe ser óptimo.
Flujos alternativos: Ninguno.

Tabla 2.7. Caso de uso para Pedir consejo pieza.

En el caso de <<extend>> la situación difiere en cuanto a la relación entre el caso de uso que invoca y el caso de uso invocado. Un caso de uso "extiende" a otro cuando tiene un comportamiento muy similar pero con una pequeña diferencia (es parecida a la herencia entre clases). Es decir, el caso de uso que recibe el <<extend>> añade la nueva funcionalidad del otro caso de uso en una determinada situación excepcional. El caso de uso que es extendido indica en un "punto de extensión" (en inglés "extension point") el lugar del caso de uso en el que puede haber diferencias. Puesto que el caso de uso base no conoce nada sobre el caso que extiende, debe indicarlo mediante la cláusula: *extension point*, seguida del nombre del caso de uso extendido.

Con la finalidad de comprender mejor la utilización de estas características extendidas de los diagramas de casos de uso, mostramos a continuación el modelo completo para el diagrama del juego de ajedrez:

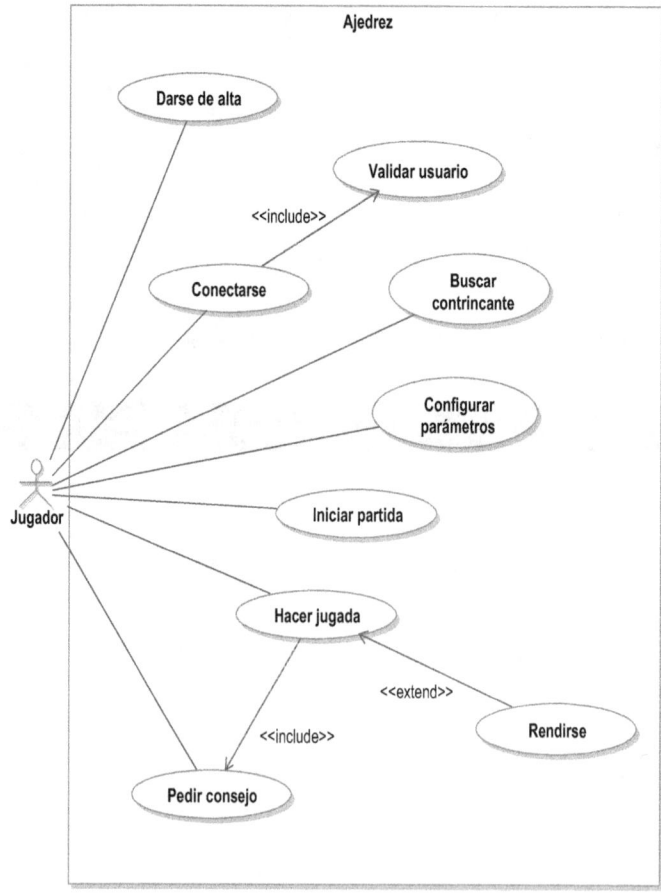

Figura 2.5. Diagrama completo con el uso de «extend»

Caso de uso: Hacer jugada
Id: 4
Breve descripción: El jugador (usuario) mueve una pieza en el tablero.
Actores primarios: Jugador.

Precondiciones:
  1. El turno debe ser del jugador actual.
  2. Deben quedar piezas en el tablero.
  3. No ha terminado el juego por tablas o victoria del contrincante.

Flujo principal:
  1. El jugador selecciona una pieza con el cursor.
  2. Si el jugador selecciona una casilla de destino.
    2.1 Mueve la pieza determinada a esa casilla.
    2.2 Dibuja la pieza.
    2.3 Comprueba si hay mate.
    2.4 Comprueba si está amenazada.
  3. **Si** el jugador mueve el rey dos casillas, mover también la torre correspondiente (enroque).
  4. **Si** el usuario pide consejo
    4.1 Include (Pedir consejo)
  5. Extension point: Rendirse

Postcondiciones: La casilla de destino está vacía u ocupada por una ficha enemiga.
Flujos alternativos: PosiciónInválida.

Tabla 2.8. Caso de uso invocador.

Caso de uso: Rendirse
Id: 6
Breve descripción: El usuario decide rendirse.
Actores primarios: Jugador.
Segmento 1 Precondiciones: Ninguna.

Segmento 1 Flujo:
  1. El usuario pulsa el botón de rendición.
  2. El sistema pregunta si realmente se da por vencido.
  3. **Si** el usuario confirma rendición, finalizar partida.

Segmento 1 Postcondiciones: Ninguna.

Tabla 2.9. Caso de uso a insertar

La posibilidad de utilizar varios segmentos es también válida para la opción de «*extend*». Ésta es útil cuando se requiere especificar detalladamente el caso de uso extendido y adicionalmente se pretende regresar al flujo principal del caso de uso base. La solución viene por ampliar el número de segmentos.

2.7 CASO DE ESTUDIO: MERCURIAL

Un programa de control de versiones es un repositorio donde se almacenan las diferentes versiones de los archivos de un proyecto en desarrollo. Dicho repositorio es creado y mantenido por el administrador del proyecto, mientras que los desarrolladores se encargan de actualizar el repositorio añadiendo, leyendo o borrando ficheros de código fuente. El administrador es el único que tiene privilegios para crear, clonar y borrar repositorios, además de ser la autoridad encargada de conceder los permisos al resto de usuarios del sistema de control de versiones. Los usuarios, es decir, los programadores, tendrán la posibilidad de actualizar el repositorio, en tiempo real y concurrentemente, con sus últimas versiones del programa, creando un árbol jerarquizado de números de versión de software. Además podrán comparar dos ramas de dicho árbol. El administrador, se encargará de fusionar varias ramas para crear un mismo tronco común de desarrollo. Finalmente, y puesto que es un programa distribuido en red, es necesaria la autenticación de los usuarios, al iniciarse el sistema, para poder registrarse en el proyecto actual y poder realizar operaciones dentro del repositorio.

El programa *Mercurial* es un buen ejemplo de estudio y especialmente adecuado para aplicar los conocimientos adquiridos en este capítulo. Este sistema de control de versiones de software permite el seguimiento por varios desarrolladores de las versiones que han sido utilizadas durante la construcción de un proyecto. La aplicación está disponible en Internet con licencia GPL y se encuentra implementada en varias plataformas como Linux, Windows y Mac OS X.

Finalmente, y aunque a lo largo de los siguientes capítulos continuaremos expandiendo los modelos hasta su implementación, no se pretende emular aquí el programa real de red, sino que más bien se crearán partes concretas que se encuentren estrechamente ligadas con el contenido teórico del libro.

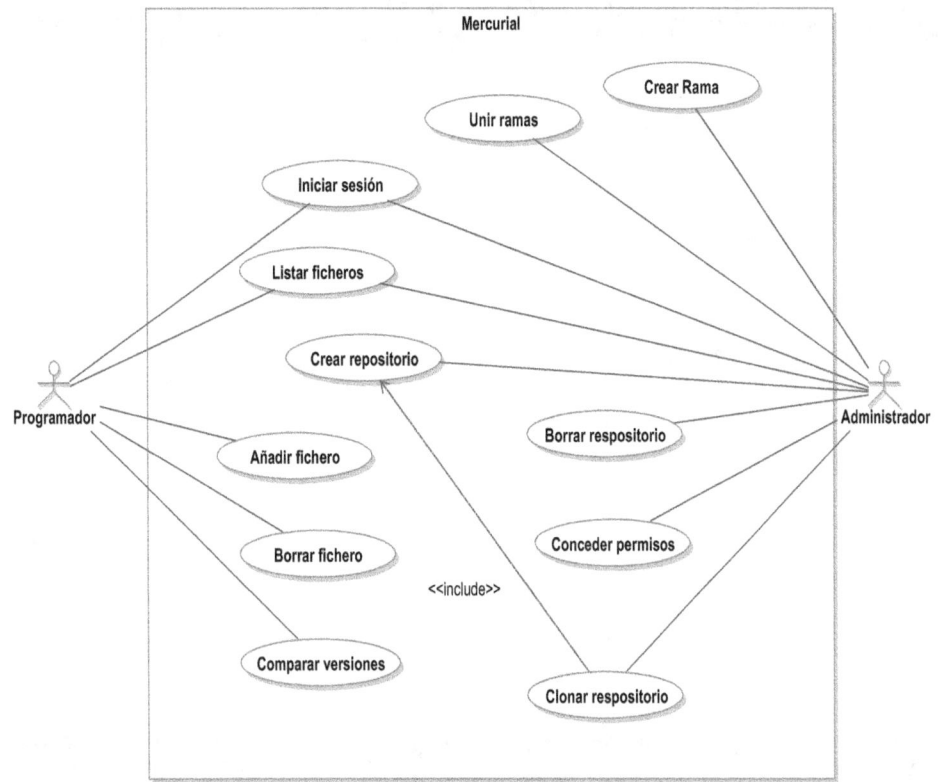

Figura 2.6. Diagrama de casos de uso del programa Mercurial

En el diagrama se pueden apreciar los dos actores principales que interactúan con el sistema. Son los dos perfiles de usuario, es decir, el *"Programador"* y el *"Administrador"*. El administrador realiza la acción *"Clonar repositorio"* que invocará implícitamente al caso de uso *"Crear repositorio"*, ya que clonar implica crear otro directorio con idéntica estructura que el objeto clonado.

Finalmente el programador será el responsable de realizar las acciones que se relacionan con añadir, borrar, listar y comparar versiones.

Para ampliar la semántica del diagrama de la figura 2.6 continuaremos el estudio realizando las especificaciones de tres de ellos que por sus características tienen cierta relevancia en el contexto de la aplicación. En primer lugar se especificará el caso de uso *"Clonar repositorio"* que incluye una llamada implícita a *"Crear repositorio"* y finalmente *"Listar ficheros"* cuyo caso de uso es compartido por los dos actores principales que intervienen en el sistema.

Caso de uso: Clonar repositorio
Id: 1
Breve descripción: El administrador realiza una copia exacta y duplicada del directorio de ficheros.
Actores primarios: Administrador.
Precondiciones: 1. Ningún fichero debe estar bloqueado.

Flujo principal:
   1. El administrador selecciona el directorio origen.
   2. **Include** (Crear repositorio)
   3. **Para** cada archivo en directorio origen.
      3.1 Copia archivo de directorio origen a directorio destino.

Postcondiciones: Ninguna.
Flujos alternativos: Ninguno.

Tabla 2.10. Caso de uso Clonar repositorio

Caso de uso: Crear repositorio
Id: 2
Breve descripción: Crea un directorio vacío.
Actores primarios: Administrador.
Precondiciones: 1. Debe quedar espacio de almacenamiento.
Flujo principal: 1. Crea directorio.
Postcondiciones: 1. No debe generarse ningún error del sistema.
Flujos alternativos: Ninguno.

Tabla 2.11. Caso de uso Crear repositorio

Caso de uso: Listar ficheros
Id: 3
Breve descripción: El usuario solicita una lista de archivos del repositorio.
Actores primarios: Administrador, Programador.
Actores secundarios: Ninguno.
Precondiciones: Ninguna.

Flujo principal:
  1. El usuario selecciona el repositorio.
  2. **Para** cada archivo en directorio seleccionado.
    2.1 Mostrar archivo en pantalla del cliente.

Postcondiciones: 1. Deben haberse listado todos los archivos sin errores.
Flujos alternativos: Ninguno.

Tabla 2.12. Caso de uso Listar ficheros

En las anteriores tablas se recogen de forma concreta las especificaciones de los casos de usos anteriormente citados (si bien son los que mejor describen el funcionamiento de Mercurial y su estructura conceptual).

En todos los diagramas se incluyen las notaciones vistas durante el capítulo. Así, por ejemplo, en la tabla 2.10 se muestra la utilización de la palabra reservada *include* para especificar el caso de inclusión de la *creación de repositorio* al clonar un repositorio por el administrador.

Cada una de las especificaciones ya vistas introduce las secciones correspondientes de precondiciones y postcondiciones de la misma forma que se indicó en la plantilla de la tabla 2.1. Dichas guardas nos servirán de advertencias a considerar en el diseño e implementación de los modelos UML.

A modo de ejemplo veamos continuación un caso real de creación de proyecto y uso del *commit* en Mercurial:

```
(1) $ hg init (project-directory)
(2) $ cd (project-directory)
(3) $ (add some files)
(4) $ hg add
(5) $ hg commit -m 'Initial commit'
```

(1) Inicia sesión creando un nuevo repositorio.
(2) Accede al repositorio.
(3) y (4) Añade ficheros al repositorio.
(5) Aplica los cambios mediante "commit".

Figura 2.7. Logotipo de Mercurial (GPLv2)

3

DIAGRAMAS DE ROBUSTEZ

"El análisis es el alma del pensamiento y el fantasma del ingenio".

(Raheel Farooq)

Entramos en la fase del modelo de análisis, justo después de haber realizado la captura de requisitos mediante los diagramas de casos de uso. En esta fase se comenzarán a extraer las primeras clases preliminares pertenecientes al modelo de dominio y las correspondientes a la interfaz de usuario. Desde esta perspectiva, iremos detallando cada caso de uso especificado en el capítulo anterior. En esta fase se crean un conjunto de diagramas que contendrán entidades cuyo origen está en los casos de uso vistos en el capítulo precedente.

3.1 CONCEPTOS BÁSICOS

Con el fin de relacionar cada caso de uso con un conjunto de objetos que participen en la descripción de los requisitos funcionales del mismo, es necesaria la ampliación de nuestro léxico dentro de la terminología UML con las siguientes nuevas notaciones:

1. **Objetos de frontera**: estos objetos representan entidades del sistema con las cuales el actor se relaciona directamente. Vienen a ser interfaces de usuario, ventanas, formularios, incluso botones. Se representan mediante la siguiente notación:

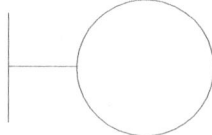

Figura 3.1. Objeto de frontera (Boundary)

2. **Objetos entidad**: representan objetos extraídos del modelo del dominio como por ejemplo: bases de datos, ficheros, tablas de bases de datos o clases que almacenan algún tipo de información. La notación que utilizaremos para representarlos será la siguiente:

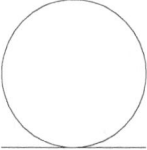

Figura 3.2. Objeto Entidad (Entity)

3. Objetos de control: las clases de control son, en definitiva, las que manejan a las anteriores, soportando lo que se ha venido en llamar *lógica de negocio*. Permiten la interconexión entre los objetos entidad y los de frontera.

Las situaciones que se ajustan a los objetos de control son, por ejemplo: las funciones de validación, algoritmos u operaciones que trabajan con datos. Se representa como:

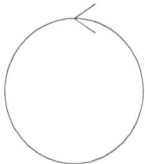

Figura 3.3. Objeto de control

Desde la perspectiva de la interconexión entre elementos de este modelo, es importante conocer las siguientes restricciones:

- Los actores solo pueden relacionarse con objetos de frontera:

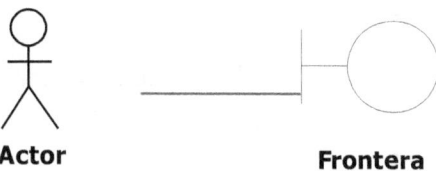

Actor — Frontera

- Los objetos de frontera pueden comunicarse únicamente con controladores en ambos sentidos:

Frontera — Controlador

- Los objetos de control pueden comunicarse entre ellos sin ninguna limitación:

Controlador — Controlador

- Los objetos de control se pueden relacionar con objetos de entidad en los dos sentidos:

Controlador — Entidad

▼ Los objetos de control y de entidad no pueden relacionarse con los actores:

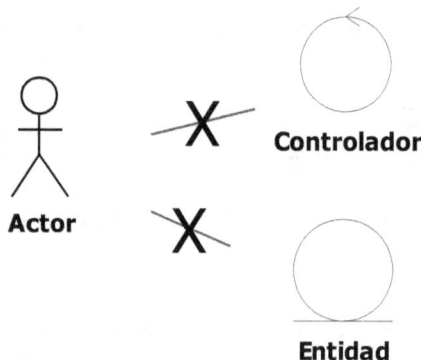

▼ Un objeto de frontera no puede relacionarse con otro de frontera, ni con uno de entidad:

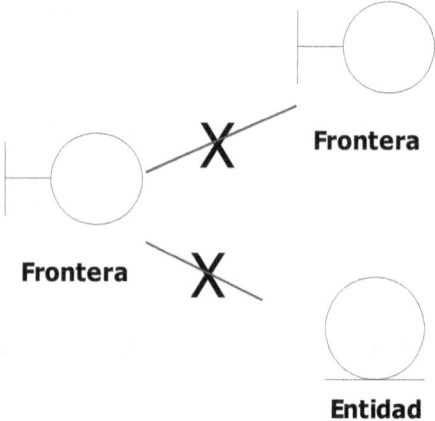

▼ Dos objetos de entidad no pueden interrelacionarse entre ellos:

3.2 IMPORTANCIA DE LOS DIAGRAMAS DE ROBUSTEZ

Los diagramas de robustez se encuentran ubicados entre las fases de especificación y la de diseño. Son una forma de representar los casos de uso de un modo homogéneo y permiten comprobar su corrección desde el punto de vista de la semántica del análisis. Entre las claves para la incorporación de los diagramas de robustez a nuestro proyecto destacan la ayuda para descubrir si hemos olvidado algún objeto del sistema que no hemos tenido en cuenta, y comprobar si el comportamiento del sistema es razonable y coherente dentro del modelo. Al realizar estos pasos con el diagrama siempre es posible encontrar entidades mal identificadas (clases o componentes del dominio) o que realizan indebidamente una determinada operación dentro del conjunto del sistema.

En general, las ventajas de estos diagramas es que son más sencillos que otros más detallados de UML como los de secuencias (interacción). Los símbolos propios de este diagrama están claramente basados en el patrón *Modelo-Vista-Controlador* (MVC) como veremos en el capítulo dedicado a los patrones de diseño. Entre otros beneficios, facilita una trazabilidad entre lo que el sistema hace (casos de uso) y el modo de funcionamiento (diagramas de secuencia). Obliga a escribir los casos de uso usando un estilo consistente y correcto.

Como se verá en este capítulo, existe una gran diferencia de facilidad de lectura de los diagramas de robustez frente a los diagramas de secuencias. Estos últimos requieren de una sintaxis más compleja, unida a un conjunto de símbolos más amplio y una semántica más extensa. Además de estas ventajas anteriormente enumeradas, se incluyen: la capacidad para separar y ordenar adecuadamente las capas de la lógica de negocio y la interfaz de usuario para aplicaciones cliente/servidor, y como conexión entre el hueco semántico existente entre el análisis de requerimientos (casos de uso) y el diseño (diagramas de secuencias).

Después de describir los diagramas de robustez a partir de las especificaciones de los diagramas de caso de uso, es conveniente realizar un modelo estático del dominio, que será el precedente del diagrama de clases. Con este fin es importante no emplear mucho tiempo en detallar este diagrama, pues esta función se realizará en el diseño.

3.3 CASO DE ESTUDIO: AJEDREZ

3.3.1 Caso de uso "Hacer jugada"

Comenzamos la explicación de cómo diseñar un diagrama de robustez partiendo del caso de uso del juego de ajedrez. Para ello partimos del diagrama de casos de uso, tal como se ilustró en la figura 2.5 y las especificaciones de las tablas 2.7, 2.8 y 2.9 del capítulo 2.

En la figura 3.5, puede verse el diagrama completo para el caso de uso "Hacer jugada" y sus casos relacionados a través de las cláusulas <<include>> y <<extend>>: "Pedir consejo" y "Rendirse", que implican dos situaciones diferentes presentadas en el transcurso funcional del caso de uso base.

Para proceder al diseño de robustez, es necesario en primera instancia examinar detenidamente las especificaciones de los casos de uso relacionados. En este caso son "Hacer jugada", "Pedir consejo" y "Rendirse". Debemos comenzar con la *identificación* de objetos que cumplan los criterios para los símbolos de este tipo de diagrama, tal como se mencionó en el apartado 3.1. Así para el caso de uso "Hacer jugada", en el que se incluyen los casos relacionados a través de <<include>> y <<extend>>, tenemos en primer lugar al actor "Jugador" que se relaciona con los cuatro objetos de frontera: "Mover ficha", "Enrocarse", "Pedir consejo" y "Rendirse". "Mover ficha" permite que el jugador (actor) interactúe con el sistema por medio de la interfaz de usuario gráfica representada por un tablero de ajedrez, y donde el usuario puede mover la correspondiente ficha a otra posición dentro del tablero. Este es, sin embargo, el punto de interacción entre el actor humano y el sistema o aplicación. Así mismo, como especialización o caso particular del objeto de frontera "Mover ficha" se encuentra el objeto "Enrocarse", el cual es un caso concreto que es utilizado cuando el rey debe cruzarse con la torre.

Estos objetos de frontera comentados se deben ahora relacionar con algún objeto de control para poder transitar desde la capa de interfaz de usuario a la capa de la lógica de negocio. De esta forma, los objetos "Mover ficha", "Enrocarse" y "Pedir consejo" se comunican con el objeto de control "Control juego". Este será el encargado de redirigir la petición y manejar una cierta parte de lógica relacionada con el control del juego. Por este motivo, "Control juego" se intercomunica con los objetos de entidad "Estado piezas humano/IA" (para verificar/consultar la posición de las piezas y el movimiento correcto dentro de las reglas del ajedrez). También se relaciona con "Control juego" "AlgoritmoIA" (que es el objeto de control que implementa el algoritmo de Inteligencia Artificial "minimax" o la "poda alfa-beta") y se encargará de las heurísticas y la estrategia de la computadora.

Como en cualquier aplicación profesional, el jugador también tiene la posibilidad de pedir un asesoramiento al motor de IA del sistema, mediante el objeto de frontera "Pedir consejo". Este objeto será un botón con el cual se indica la necesidad de ayuda. A esta llamada responderá el objeto "Control juego", que consultará al objeto "AlgoritmoIA" y este a "Parámetros juego" y "Estado piezas humano/IA" para el asesoramiento de la jugada más adecuada dependiendo del nivel de dificultad elegido. El objeto de entidad "Estado piezas humano/IA" se comunicará con el objeto de control "Dibujar piezas" con el fin de dibujar los *bitmaps* de las piezas del ajedrez una vez se haya decidido la jugada tanto por el jugador humano como por la IA.

Por último, se añade al diagrama el objeto de frontera "Rendirse", que en los casos de uso se representaba mediante la relación <<extend>> e indica la posibilidad del jugador de abandonar la partida. Este se comunicará con el objeto de control "Finalizar juego" que será el responsable de terminar la partida.

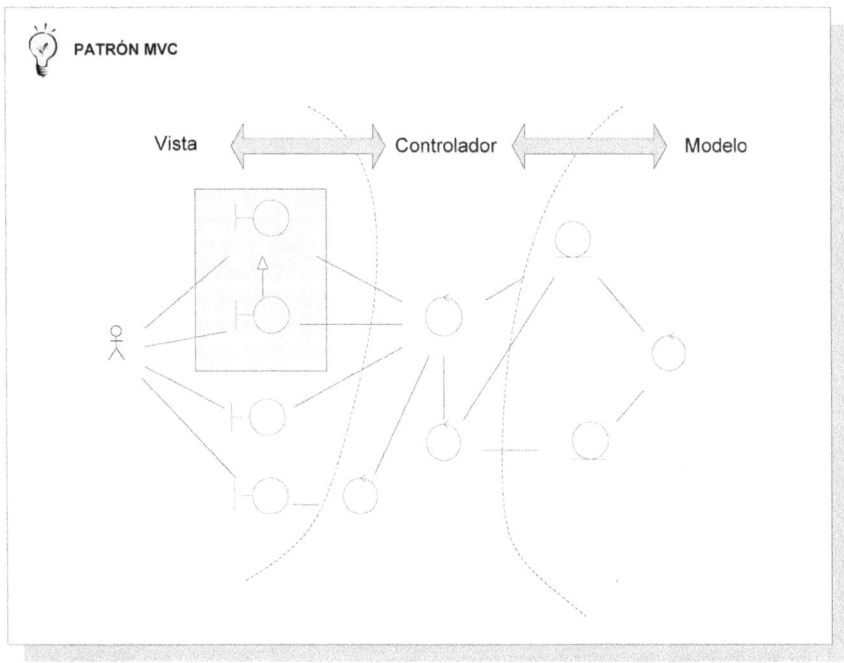

Figura 3.4. Los casos de uso de la aplicación ajedrez se adecuan al patrón MVC

La aplicación del juego de ajedrez se amolda perfectamente al patrón MVC (*Modelo-Vista-Controlador*) como es el caso de la distribución de los objetos del diagrama de robustez presentado en la figura 3.5 que refleja fielmente dicho patrón arquitectónico.

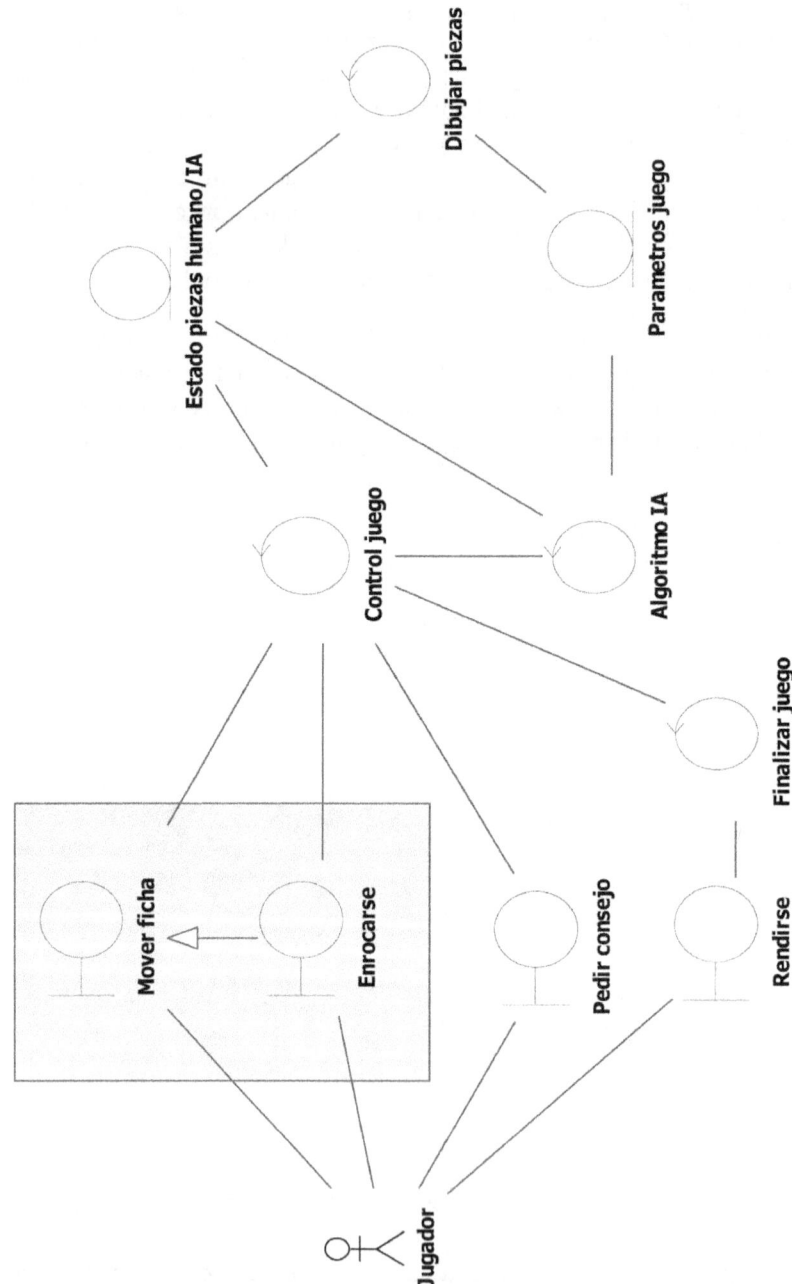

Figura 3.5. Diagrama de robustez del caso de uso "Hacer jugada"

En relación a los enlaces entre símbolos, algunos autores prefieren indicar las asociaciones mediante flechas dirigidas. Esto es una opción que depende de la semántica que el diseñador pretenda dar a su modelo. En nuestro caso, como puede apreciarse en la figura 3.5, hemos optado por asociaciones no dirigidas. Gracias a esto no se añade complejidad innecesaria al modelo de análisis, postergando ese tipo de decisiones al diseño detallado.

3.3.2 Caso de uso "Configurar parámetros"

Volviendo a la figura 2.5 y revisando la especificación del caso de uso "Configurar parámetros" indicada en la tabla 2.4, obtenemos el diagrama de robustez de la figura 3.6. Para obtener este diagrama se analizan en primer lugar los actores implicados en el sistema. Como bien indica la especificación, el actor principal del caso de uso es "Jugador" el cual es el responsable de iniciar la acción y comunicar al sistema su deseo de cambiar las opciones de la partida. En segundo lugar hemos de identificar los objetos de borde. En este caso existe únicamente el objeto "Opciones" que representa el menú de selección de preferencias del usuario. Puesto que las opciones seleccionadas por pantalla deben ser redirigidas a algún objeto de la capa de negocio que se encargue de gestionar la configuración de la partida, surge la necesidad de relacionar ambas partes mediante un objeto de control. En este caso el objeto "Configurador" será el responsable de enlazar la llamada del objeto de frontera con el objeto de entidad "Parámetros juego".

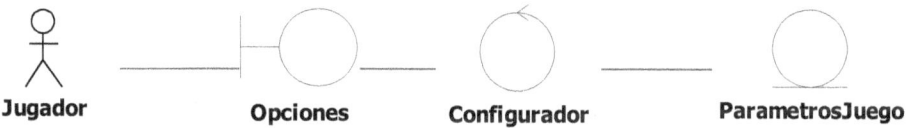

Figura 3.6. Diagrama de robustez del caso de uso "Configurar parámetros"

Como puede observar, este caso de uso es mucho más simple que el anterior, pero afortunadamente nos sirve como modelo para entender la filosofía de los tres símbolos básicos implicados en los diagramas de robustez. Sin ir más lejos, este ejemplo ilustra lo que podría ser una implementación UML del patrón *Modelo-Vista-Controlador* para una aplicación de tres capas.

Es importante que identifique correctamente cada uno de los objetos componentes del diagrama, y que siga el curso dentro del ciclo de vida elegido para su aplicación. Si antes ha realizado los diagramas de casos de uso, estos le facilitarán los pasos adecuados para identificar con claridad cada clase de objeto en este diagrama.

3.3.3 Caso de uso "Validar usuario"

Para el caso de uso "Validar usuario" se procede de la misma forma que para el ejemplo anterior. Si bien en este diagrama se aplica a una transacción cliente/servidor en Internet.

Figura 3.7. Ejemplo para el caso de uso "Validar usuario"

En este ejemplo existe de nuevo el actor "Jugador" que solicitará la petición para registrarse en el sistema de juego por medio de la interfaz de acceso. Después se remitirá la petición al servidor con el control "Validar usuario", para ser finalmente recibido en la base de datos de usuarios (representada en la figura como un objeto de entidad).

3.4 CASO DE ESTUDIO: MERCURIAL

3.4.1 Caso de uso "Listar ficheros"

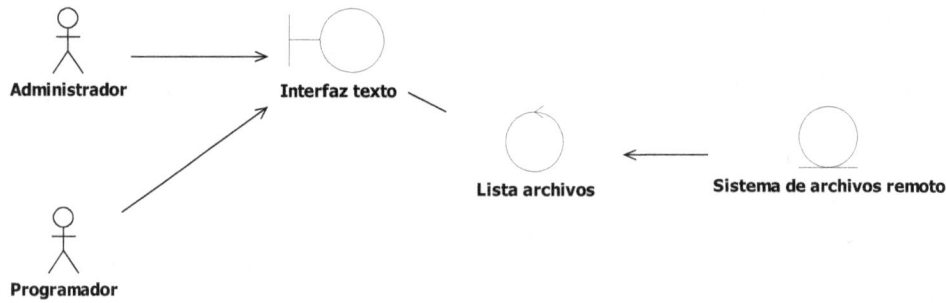

Figura 3.8. Diagrama de robustez para el caso de uso "Listar ficheros" de Mercurial

De igual forma que en el caso que hemos visto sobre el juego de ajedrez, el "Administrador" y el "Programador" son los actores principales que inician la interacción con el sistema invocando a los objetos de frontera en primer lugar. El objeto de frontera "Interfaz texto" será el responsable de iniciar el listado de ficheros invocando al objeto de control "Lista archivos" que extraerá los datos del objeto de entidad "Sistema de archivos remoto". El flujo de información con la lista de archivos realizará el camino de vuelta hacia el objeto de frontera "Interfaz texto" con la finalidad de mostrar los datos a los usuarios.

3.4.2 Caso de uso "Clonar repositorio"

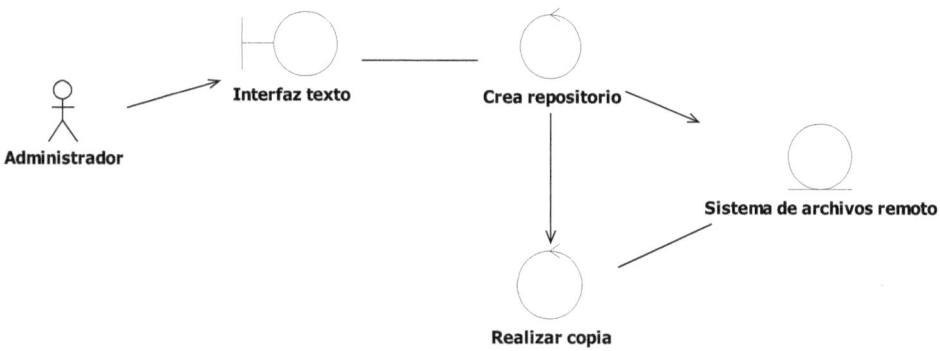

Figura 3.9. Diseño de robustez del caso de uso "Clonar repositorio" de Mercurial

En este caso la lógica de interacción es la misma. El actor principal "Administrador" que es el único responsable de replicar la estructura de directorios del sistema de archivos remoto, realizará una invocación al objeto de frontera "Interfaz texto" y este a su vez pedirá al objeto de control "Crea repositorio" que cree un nuevo directorio o realice una réplica del actual repositorio de archivos remotos, mediante la llamada a "Realizar copia". La invocación al objeto de entidad es evidente para ambos casos, por lo que no es necesario explicar su semántica.

4

MODELO DEL DOMINIO

"—Señor, una golondrina sola no hace verano".

(Miguel de Cervantes: *El ingenioso hidalgo don Quijote de la Mancha*, parte 1, capítulo 13)

Con la fase del modelo del dominio comenzamos a visualizar los primeros conceptos, asociaciones y atributos de los que consta nuestra aplicación. Para ello debemos realizar un esfuerzo de abstracción con el fin de reconocer las principales entidades en el terreno del dominio del problema. Con este modelado nos proveeremos de una potente herramienta para extraer conceptos que serán de gran utilidad en las posteriores fases del ciclo de vida, más concretamente en la fase de diseño detallado.

El trabajo fundamental en esta parte consistirá en centrarse únicamente en el dominio de la aplicación, dejando a un lado otros conceptos de más bajo nivel relacionados con los aspectos técnicos o del lenguaje de programación. Por este motivo, el resultado del *Modelado del dominio* consistirá siempre en una visión de alto nivel, abstracta y general que recoja únicamente los aspectos relevantes de la literatura del programa.

4.1 EXTRACCIÓN DE CONCEPTOS

Puesto que el modelo del dominio contiene principalmente las entidades que conforman el problema, comenzaremos por tanto a distinguir cada uno de estos componentes mediante su identificación en el propio contexto de los requisitos.

Un concepto es una entidad o un elemento que puede ser tanto concreto como abstracto. Por ejemplo: *Venta*, *Cliente*, *Pedido*, etc. Los conceptos suelen estar dentro de las categorías de cosas, ideas, eventos, agentes, organizaciones y generalmente sustantivos significativos dentro del texto del enunciado del problema.

Para la identificación de los mismos se puede recurrir al propio texto de los requisitos; aunque lo común es encontrar que el lenguaje natural suele ser ambiguo y por tanto una frecuente fuente de errores. Generalmente y según [Larman02] la estrategia común para identificar conceptos consiste en la utilización de una lista de sustantivos o en la identificación de frases nominales en las especificaciones de los casos de uso.

En la fase de identificación suele ser muy común omitir algún concepto y confundir los conceptos con los atributos. Por este motivo la mejor técnica para identificar las entidades principales del modelo del dominio consiste en aplicar una "visión global o de conjunto". Para ello es necesario realizar un esfuerzo de abstracción en el dominio del problema centrándonos en los conceptos que son propiamente del mismo y omitiendo los que puedan sugerirnos mayor nivel de detalle o complejidad.

Los conceptos los representaremos habitualmente por medio de un rectángulo dividido en dos partes: una superior para el nombre y la parte inferior para los atributos.

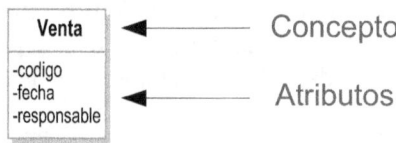

Figura 4.1. Concepto

4.2 IDENTIFICAR ASOCIACIONES

Previo paso a la extracción de atributos, nos encontramos con la necesidad de relacionar cada uno de los conceptos mediante enlaces, con la idea de unir acciones con entidades y/o partes continentes con sus respectivas partes de contenido. Típicamente las asociaciones indican relaciones semánticas entre conceptos.

Las asociaciones generalmente se representan mediante una línea continua que indica las dos partes relacionadas:

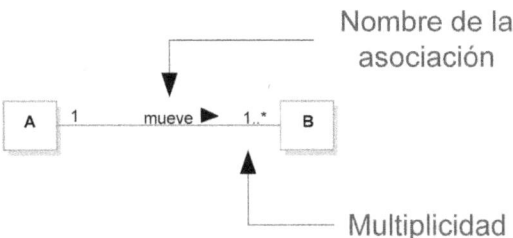

Figura 4.2. Asociación

En el ejemplo de la figura 4.2 se muestra la asociación de A con B mediante una línea que une ambos conceptos. Un triángulo relleno nos indica la dirección de lectura de la asociación, mientras que la línea continua nos indica la navegabilidad que es inherentemente bidireccional en este caso.

Otro aspecto importante en las asociaciones es la cardinalidad o multiplicidad, que indica las veces que una determinada instancia está relacionada o contenida con o en otras. Para representar multiplicidades recurriremos a la identificación en el texto de artículos indefinidos (un, una, unos, unas, muchos, muchas) y numerales (dos, cuatro, etc.). Así, en el ejemplo de la figura 4.2 se indica que la parte A está relacionada al menos una o más veces con la parte B, es decir, la entidad A mueve una o muchas entidades B.

Generalmente, las asociaciones suelen ser del tipo A contiene a B, A es una parte de B, A actúa con B o A se comunica con B, etc.

En la siguiente tabla se muestran las diferentes configuraciones que pueden surgir en los distintos tipos de asociaciones:

Símbolo	Cardinalidad
*	Cero o más
1..*	Al menos uno o más
0..1	Cero o uno
1	Exactamente uno
4	Exactamente cuatro
1, 3, 5	Exactamente uno, tres o cinco

Tabla 4.1. Multiplicidades

Las notaciones habituales en diseño de software suelen recaer en las cuatro primeras entradas, sin embargo UML permite un abanico mucho más amplio. Aunque las cardinalidades 0..* y * son ambas equivalentes y válidas, en diseño UML utilizaremos siempre la segunda opción.

4.3 ESTABLECER LOS ATRIBUTOS

Otra parte en el diseño del modelo del dominio es añadir los atributos o propiedades a las entidades anteriormente citadas. Por tanto, definiremos un *atributo* como propiedad descriptiva de un concepto o entidad.

Puesto que la idea principal es añadir atributos de forma que el modelo mantenga su consistencia y refleje fielmente la visión completa del dominio, debemos identificar aquellos atributos que cumplan con los requerimientos de la información proporcionada por el enunciado del problema. Es frecuente confundir en esta fase los atributos con los conceptos y por consiguiente asumir como atributo una entidad que se ajustaría mejor como un concepto y viceversa. Para evitar dicha confusión debemos recordar que los atributos siempre se ajustan mejor a tipos primitivos (*int, float, string*) o tipos de datos simples como *Vector3D, Coordenadas, Rectángulo, Dirección, Color, Códigos*, etc.

En la figura 4.3 se muestra un caso habitual de confusión entre atributo y concepto:

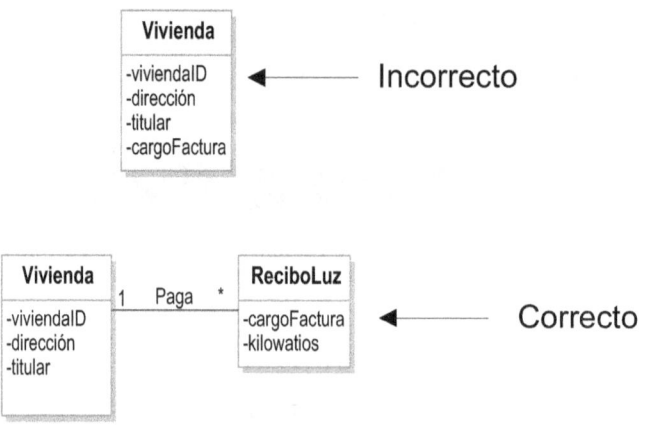

Figura 4.3. Un caso común de confusión

Cada *vivienda* tiene un *registro de luz* que se especificaría con un concepto nuevo en vez de un atributo, puesto que el registro de luz se adapta mejor a un concepto que a un atributo. El ejemplo anterior muestra que debemos siempre elegir el esquema de la parte inferior de la figura 4.3 cuando se nos presente esta situación; aunque en caso de duda, debemos representarlo siempre como un concepto antes que como un atributo.

4.4 HERENCIA

La generalización y especialización de conceptos en UML implica una relación entre entidades padre e hijo, donde la entidad hijo hereda[4] los atributos y métodos de su entidad padre. Las relaciones de herencia pueden ser múltiples, por lo que una entidad hijo puede heredar de varias entidades padre.

En UML la herencia se representa mediante un triángulo equilátero de color blanco:

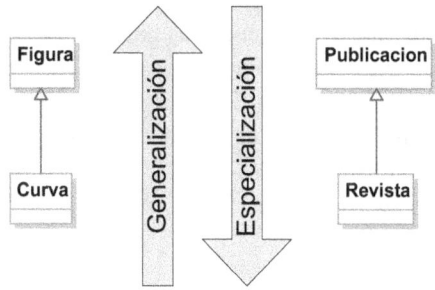

Figura 4.4. Ejemplo de herencia simple

En el ejemplo anterior una *Curva* es un tipo de *Figura* geométrica y hereda las propiedades de esta. De igual forma ocurre con el concepto *Revista*.

Según se interprete el sentido de la herencia se hablará de *especialización* o *generalización*. Una relación de generalización se produce cuando se lee en sentido ascendente, mientras que una relación de especialización se lee en sentido descendente.

---

4 En lenguajes como C++ puede restringirse la herencia de atributos y métodos.

4.5 AGREGACIÓN Y COMPOSICIÓN

Los últimos dos términos UML que necesitaremos para poder definir con más nitidez la relación entre los conceptos del dominio son la agregación y la composición. Ambas notaciones indican igualmente que una entidad está formada por una o varias entidades que la determinan. El uso de una u otra dependerá de la semántica que se desee añadir al propio diagrama.

Para el caso de la *agregación* el símbolo será un rombo o un diamante blanco tal como se muestra en la figura inferior:

Figura 4.5. Ejemplo de agregación

En este caso la agregación representa la parte que forma al todo pero sin la condición estricta de la inclusión de una de las partes. Por ejemplo, en el caso de la figura 4.5 una casa puede tener o no objetos, pero el hecho de que falte un objeto no pone en evidencia el concepto de casa. Los objetos podrían llevarse o compartirse con otra vivienda y no poner en cuestión el concepto de casa.

De manera diferente ocurre con el símbolo de *composición* que se representa mediante un rombo o diamante negro:

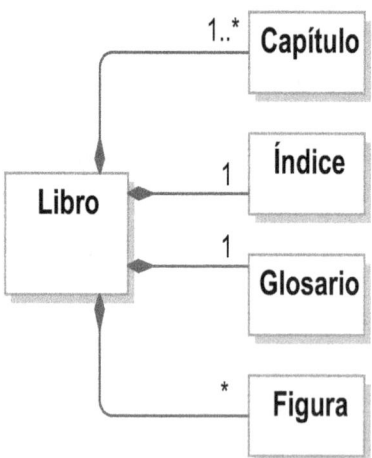

Figura 4.6. Ejemplo de composición

La diferencia fundamental de la *composición* con respecto a la agregación se basa en que todas las partes deben pertenecer estrictamente al todo para que este tenga suficiente sentido dentro del contexto del dominio de la aplicación. En el ejemplo anterior, un libro debe estar formado por la posibilidad estricta de capítulos, un índice, un glosario y cero o más imágenes. De no ser así el concepto libro quedaría incompleto dentro de la semántica que se le intenta aplicar. En general, en la composición, cuando la parte contenedora desaparece también desaparecen las partes contenidas, pues no tienen sentido sin esta.

4.6 EJEMPLO DE MODELADO: SPINDIZZY

Proponemos ahora un caso sencillo de modelado del dominio donde se representen las principales notaciones explicadas con anterioridad y las funciones que desempeñan dentro del modelo.

Suponga el siguiente ejemplo extraído del dominio de los videojuegos:

Un clásico juego en perspectiva isométrica de las plataformas de 8-bits consiste en mover una peonza por un laberinto formado por muchas habitaciones que contienen un conjunto de objetos similares. Cada habitación del laberinto conecta con al menos una habitación y a lo sumo con cuatro. Al comienzo del juego se selecciona una habitación al azar donde comenzará la aventura. Las habitaciones están formadas por unos bloques de ladrillos de varios tipos: de teletransporte a otra habitación del laberinto, movibles y desintegrables. En las habitaciones se encuentran varios objetos para recoger (diamantes y estrellas) para así completar la misión del juego. Además de los objetos recogibles, en la habitación pueden existir otros seres, como Torretas que se mantienen estáticas disparando al jugador; Robots y Octaedros que persiguen a la peonza a una determinada velocidad y alcance. Solo la Torreta puede disparar fuego o rayos, mientras que los Robots y los Octaedros persiguen a la peonza a una determinada velocidad y alcance. Todos los enemigos tienen un escudo de vulnerabilidad y también la peonza; pero esta última únicamente reduce en una unidad su escudo cuando recibe un disparo o golpe.

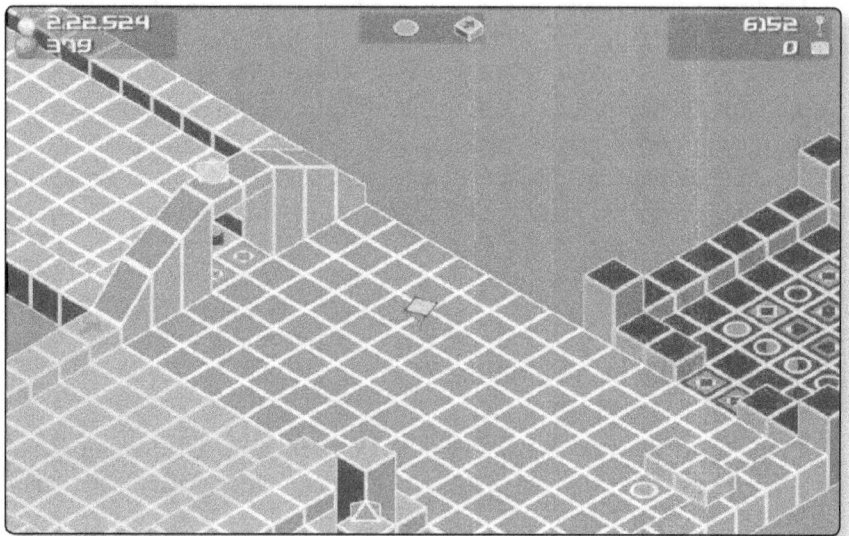

Figura 4.7. Vista del remake de Spindizzy GPLv3 (Sourceforge)

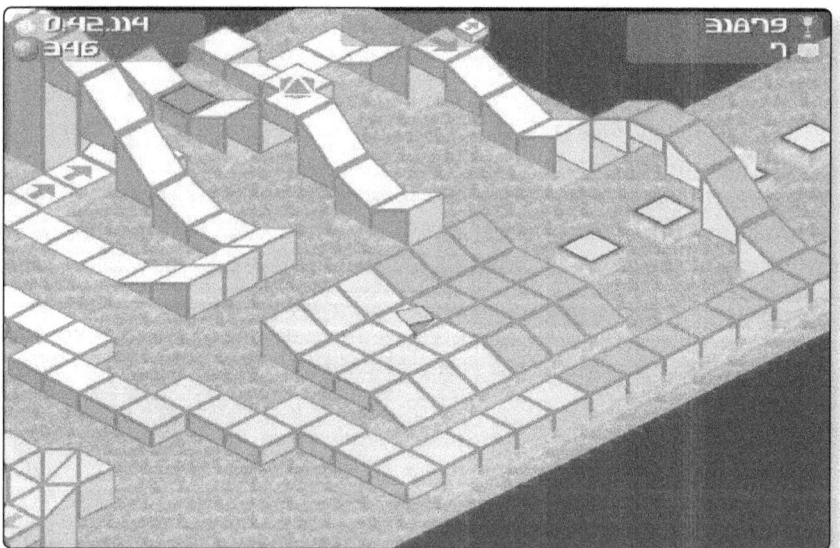

Figura 4.8. Vista del remake de Spindizzy GPLv3 (Sourceforge)

Con el enunciado y las imágenes proporcionadas anteriormente tenemos suficiente información para realizar el modelado del dominio (figura 4.9):

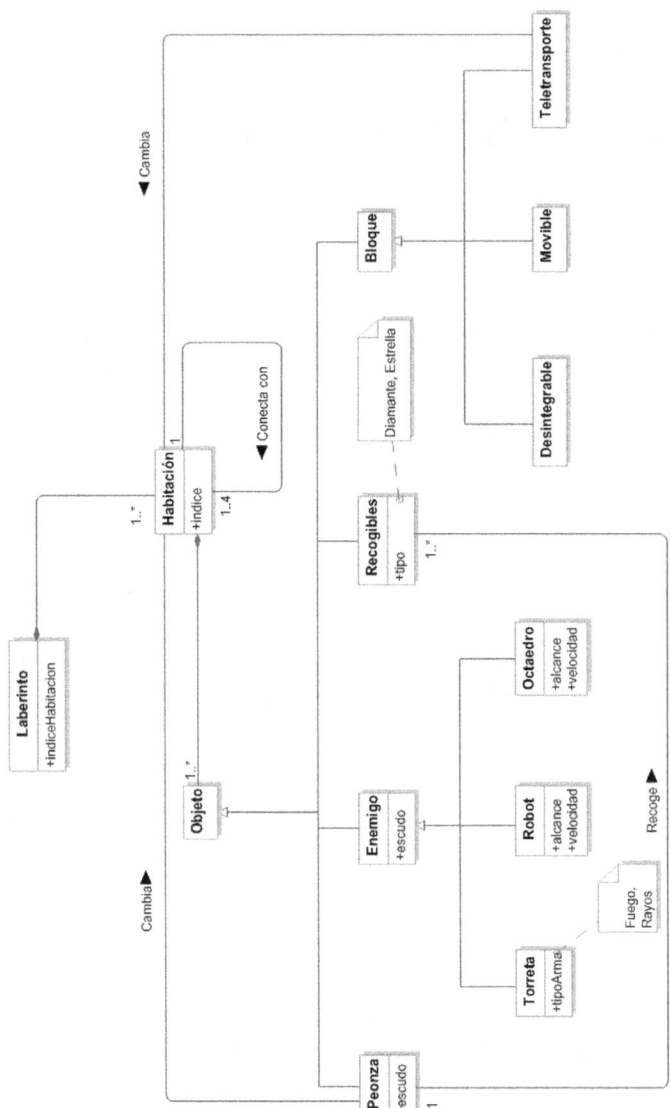

Figura 4.9. Modelo del dominio de Spindizzy

En el diagrama de la figura 4.9 se representa el modelo del dominio completo para el caso del juego *Spindizzy*. En él se muestran las principales entidades significativas del terreno del problema propuesto, pero sin llegar a ser demasiado exhaustivos. Por este motivo, del texto del enunciado del problema se han seleccionado los sinónimos candidatos para la representación de las principales entidades y atributos conceptuales desde el punto de vista de la literatura de los requisitos.

Después de una segunda lectura más detenida se llegó a la conclusión de elegir los siguientes sinónimos:

Entidades seleccionadas	Atributos seleccionados
Laberinto	Laberinto: *indiceHabitación*
Habitación	Habitación: *índice*
Objeto	Peonza: *escudo*
Peonza	Enemigo: *escudo*
Enemigo: Torreta, Robot y Octaedro	Torreta: *tipoArma*
Recogibles	Robot: *alcance y velocidad*
Bloque: Desintegrable, Movible y Teletransporte	Octaedro: *alcance y velocidad*
	Recogibles: *tipo*

Tabla 4.2. Sinónimos seleccionados como entidades o atributos

Por ejemplo, para el caso del nombre *Peonza* se ajusta mejor a un concepto, mientras que los sinónimos *alcance* y *velocidad* se adaptan mejor a un tipo de dato primitivo, debido a su simplicidad y a la lógica de conformación de las entidades *Robot* y *Octaedro*.

Por otro lado, con vistas a la identificación de *asociaciones* serán de utilidad las estructuras verbales, tales como: tiene, posee, conecta, recoge, etc. En una lectura pausada del texto es fácil detectar dichas relaciones semánticas a través de proposiciones como:

- ▼ "En las habitaciones se encuentran varios objetos para recoger (diamantes y estrellas) para así completar la misión del juego...".

- ▼ "Cada habitación del laberinto conecta con al menos una habitación y a lo sumo con cuatro…".

Para completar la semántica de la notación asociativa faltaría añadir las *multiplicidades*. Para tal propósito recurriremos de nuevo al texto del enunciado para identificar artículos indefinidos y numerales. De esta forma encontramos, por ejemplo, que:

- ▼ "Cada habitación del laberinto conecta con al menos **una** habitación y **a lo sumo cuatro**…".

- ▼ "En las habitaciones se encuentran **varios** objetos para recoger…".

En el primer caso se especifica que una habitación conecta al menos con "una" habitación y un máximo de "cuatro", mientras que el segundo ejemplo indica que se pueden recoger "varios" objetos, lógicamente por el protagonista (*Peonza*).

Dentro de la *composición* entre entidades observamos las siguientes proposiciones:

▼ "consiste en mover una peonza por **un laberinto formado por muchas habitaciones**...
▼ ...**que contienen un conjunto de objetos** similares...".

Donde se sobrentiende que dicha inclusión es prioritaria para la semántica conceptual del *Laberinto* y de las *Habitaciones*. De igual forma, se extrae de la sintaxis de la oración la cardinalidad de dichas asociaciones (*muchas* y *un conjunto*) para ambas entidades respectivamente.

Finalmente se identifican las *herencias*, donde se observa claramente el siguiente caso:

▼ "Las habitaciones están formadas por unos **bloques** de ladrillos **de varios tipos**: de teletransporte a otra habitación del laberinto, movibles y desintegrables...".

Aunque la sintaxis global del texto es clara para identificar sustantivos, verbos y artículos, también es posible extrapolar o intuir el significado general de las oraciones para identificar jerarquías y otros elementos del modelo, aun cuando no existan estructuras sintácticas evidentes en el lenguaje para su identificación. Así, en el caso de la jerarquía de *Objetos* del juego se puede extraer de la semántica del texto su existencia, como es el caso de la derivación para *Peonza, Enemigo, Recogibles* y *Bloque*. La misma regla intuitiva se puede aplicar para la jerarquía de *Enemigos*.

4.7 CASO DE ESTUDIO: AJEDREZ

Veamos a continuación la construcción del modelo del dominio para el juego de ajedrez. En primer lugar procederemos a la identificación de las entidades conceptuales que representarán las principales partes del modelo. Para este propósito las especificaciones de los casos de uso vistos en el capítulo dos serán de una magnífica utilidad para la identificación de conceptos.

Entidades seleccionadas	Atributos seleccionados
Jugador IA JugadorHumano Jugada Pieza Tablero ControlJuego Algoritmo Modelo Material	Jugador: *color* IA: *nivel* JugadorHumano: *nombre y password* Jugada: *fila y columna* Pieza: *posición y tipo*

Tabla 4.3. Entidades y atributos para el juego de ajedrez

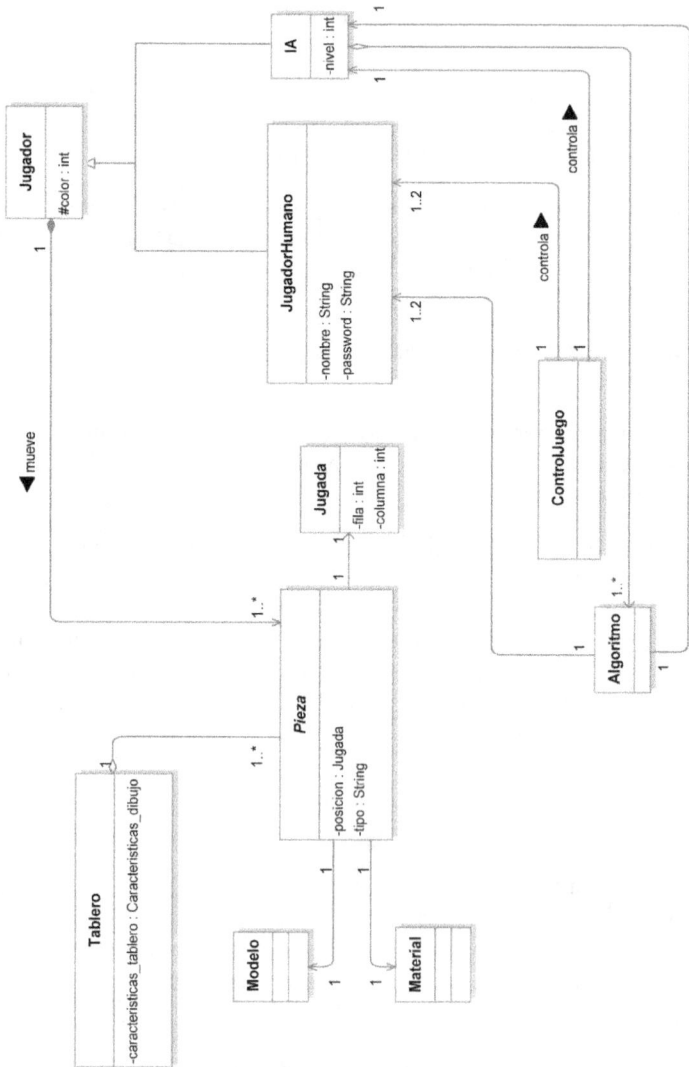

Figura 4.10. Modelo del dominio para ajedrez

Como se aprecia en el modelo de la figura 4.10, las principales entidades extraídas de las especificaciones de los casos de uso se representan mediante la notación UML de clase junto con el grupo de atributos identificados para cada concepto. En este modelo ya se anticipan los núcleos que conformarán los principales subsistemas de la aplicación. Uno de los principales núcleos es la entidad *Tablero* que se asocia con un conjunto de piezas de un jugador (IA o humano). La entidad *Jugador* contiene una composición de uno-a-muchos con la entidad *Pieza* que mantiene el conjunto de las piezas del ajedrez. La entidad *Pieza* tiene una referencia a la entidad *Jugada* que alberga la estructura de datos con la posición (fila, columna) de una pieza de ajedrez. Bajo la entidad generalizada *Jugador* se especializan *JugadorHumano* e *IA*, que son respectivamente el actor o actores humanos (a lo sumo dos jugadores) y la computadora. La IA se relaciona con los algoritmos que permiten aplicar estrategias de jugadas (*minimax*, *alfa-beta*) y que se representan mediante el concepto *Algoritmo*. Finalmente, la entidad *ControlJuego* será el corazón del sistema al encargarse de centralizar y gestionar la lógica del juego del ajedrez.

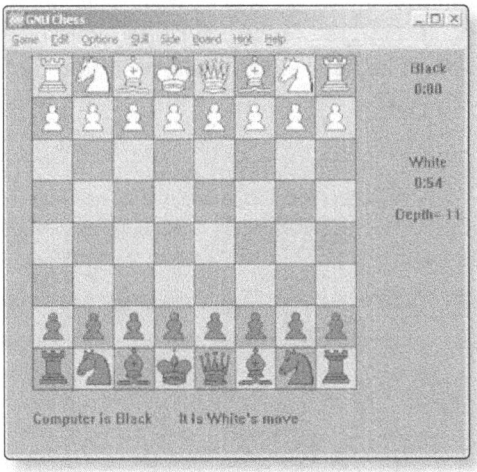

Figura 4.11. GNU Chess (versión equivalente a la implementada en este libro)

4.8 CASO DE ESTUDIO: MERCURIAL

Para el caso *Mercurial* nos encontramos con una situación parecida. Las especificaciones de casos de uso son una buena fuente para identificar las entidades y atributos a modelar.

Para ello elaboraremos la siguiente tabla con conceptos propios del terreno y sin bajar a nivel de software:

Entidades seleccionadas	Atributos seleccionados
Usuario ClienteProgramador Administrador Directorio Fichero	Usuario: *password* y *login* Directorio: *nombre* Fichero: *nombre*

Tabla 4.4. Entidades y atributos para la aplicación Mercurial

En la anterior tabla hemos identificado las principales entidades que conformarán la aplicación CVS. Principalmente encontramos la jerarquía de usuarios: *ClienteProgramador* y *Administrador*, que representan los dos actores principales vistos en la especificación del caso de uso "Listar ficheros". De la lectura de la especificación identificamos como atributos clave el *login* y el *password* para registro en el servidor y que formarán parte de la entidad base *Usuario*. De igual forma se representa mediante asociación la relación uno-a-muchos existente entre un programador y su jerarquía de ficheros, representada aquí mediante una asociación reflexiva. Esta asociación reflexiva invita a la definición de una estructura de datos recursiva para albergar la jerarquía de directorios y ficheros. Como veremos en el capítulo nueve, esta estructura será identificada posteriormente como un patrón de diseño.

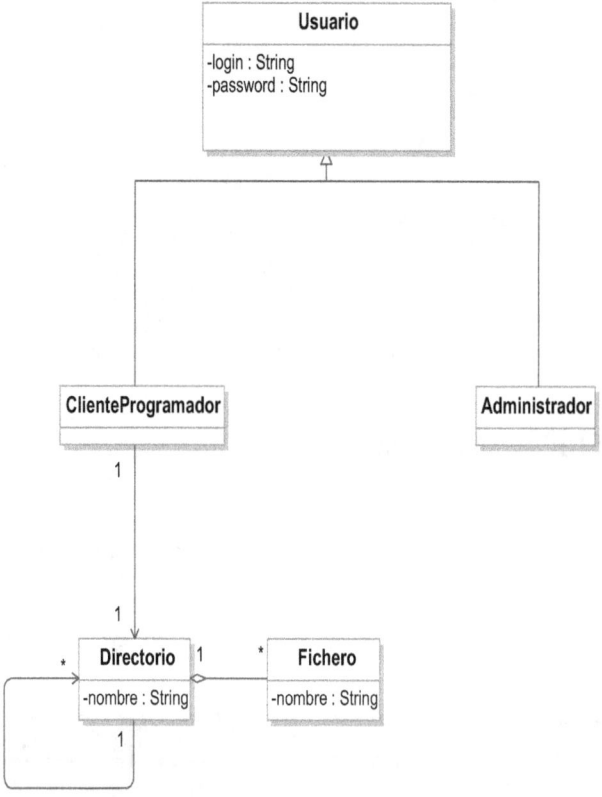

Figura 4.12. Modelo del dominio para Mercurial

Hasta aquí nos hemos limitado a modelar una versión preliminar de los diagramas conceptuales del dominio ciñéndonos a la visión inicial que tenemos del problema. Sin un análisis más detenido no podemos obtener aún un modelo más detallado, puesto que a partir de los datos proporcionados durante el análisis de requisitos no es posible llegar aún al modelo de clases. Para un diseño más detallado debemos realizar una previsión de la arquitectura así como de las principales funcionalidades y concreciones del sistema.

5

DIAGRAMAS ORIENTADOS A LA ARQUITECTURA

> "Sé firme como una torre, cuya cúspide no se doblega jamás
> al embate de los tiempos".
>
> (Dante: *La Divina Comedia*: *Purgatorio*, Canto V)

Después de la fase de requisitos y de análisis nos encontramos en un hito singular del ciclo de vida del proyecto. Esta nueva fase la denominaremos la fase de *diseño arquitectónico*. La palabra arquitectura puede traernos a la memoria el proceso de diseño de un edificio. Sin ir mucho más lejos, la arquitectura de software tiene muchos aspectos en común con la construcción de un edificio, pero con la diferencia principal de que el software no es un objeto físico. De igual forma que se diseña un edificio con unas determinadas características habitables, estéticas y coherentes con el resto de edificios del entorno, la arquitectura del software debe responder a los mismos principios de diseño. En general cuando se diseña software a alto nivel deben cuidarse aspectos de coherencia con la plataforma, el lenguaje, el rendimiento, la seguridad, la eficiencia e incluso aspectos meramente estéticos. Según Bass y sus colegas "La arquitectura de software de un sistema de programa o computación es la estructura de las estructuras del sistema, la cual comprende los componentes del software, las propiedades de esos componentes visibles externamente, y las relaciones entre ellos"[5].

---

5   Bass, L.; Clements, P. y Kazman, R.: Software Architecture in Practice, Addison-Wesley, 1998.

5.1 TAXONOMÍA DE ESTILOS ARQUITECTÓNICOS

A medida que la complejidad del software aumenta, los algoritmos y las estructuras de datos no dan respuesta a los nuevos problemas que emergen del diseño. ¿Qué hacer entonces cuando nuestro programa se compone de una gran cantidad de módulos, estructuras de datos y algoritmos? Obviamente surge la necesidad urgente de dar respuesta a esta pregunta.

Como explicábamos en la introducción de este capítulo, la arquitectura del software tiene puntos de similitud con la arquitectura de un edificio. De esta forma, y a lo largo de la historia de la arquitectura e ingeniería, la respuesta ha sido siempre la misma: "no volver a inventar la rueda".

Puesto que la arquitectura es esencial para el éxito del diseño de un sistema y representa una visión de alto nivel de los componentes principales que integran el conjunto de la aplicación y sus relaciones, propondremos a continuación una lista de las principales arquitecturas software existentes hasta la fecha. Dichas arquitecturas representan la sabiduría acumulada en el campo de la IS desde los comienzos de la programación y su evolución hacia los lenguajes de alto nivel y los tipos abstractos de datos. Por ende, la arquitectura se podría definir como la respuesta de nivel global sobre el conjunto de componentes que interactúan en un sistema y su organización lógica a modo de patrón prediseñado.

A continuación se presentarán resumidamente las arquitecturas más relevantes en el diseño de software que comprenden la mayor parte de aplicaciones actuales. La organización y distribución de sus partes componentes son la pieza clave para su clasificación, así como la orientación a cada tipo de desarrollo específico. Los modelos aquí expuestos son completamente diferentes entre sí y le permitirán deducir la elección del tipo de arquitectura que mejor se adecua a su proyecto.

5.1.1 Tuberías y filtros

Los componentes de las arquitecturas formadas por tuberías y filtros tienen una serie de entradas y salidas. De esta forma a los componentes se les llama "filtros", mientras que a los conectores se les denomina "tuberías". La información fluye por las tuberías y es procesada dentro de los filtros que generan la salida por la correspondiente tubería. Ejemplos de esta arquitectura son los programas escritos con las tuberías del *shell* de UNIX y los compiladores.

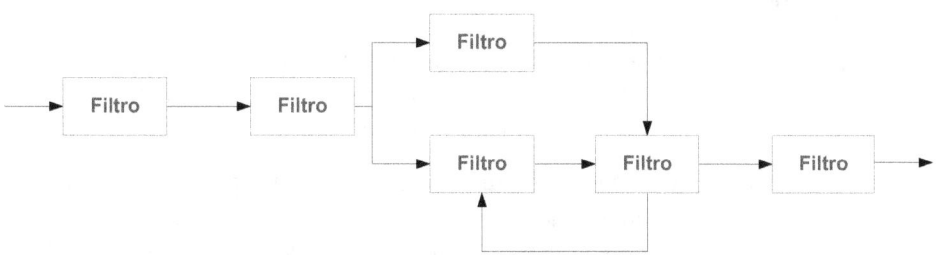

Figura 5.1. Arquitectura de tuberías y filtros

5.1.2 Por capas

Estas arquitecturas son frecuentemente usadas por variedad de aplicaciones empresariales. Se componen de un conjunto de capas superpuestas en el que la capa inferior proporciona un servicio a la capa superior. La capa superior se comporta como cliente de las funciones provistas por la capa inmediatamente inferior. Para la comunicación entre las dos capas, la capa inferior proporciona una interfaz donde se especifican los servicios que ofrece.

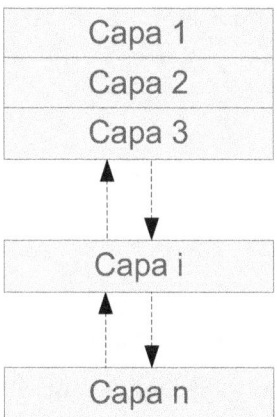

Figura 5.2. Arquitectura basada en capas

Ejemplos de esta arquitectura son los sistemas operativos, las aplicaciones empresariales multicapa (JEE, SAP, ERP, etc.), las bases de datos y la pila de protocolos TCP/IP o ATM.

5.1.3 Repositorios

La arquitectura de repositorios consiste en dos componentes principales: uno central llamado "pizarra" que mantiene el estado general y los datos compartidos, y las "fuentes de conocimiento" que interactúan con los datos centralizados de la pizarra.

Las fuentes de conocimiento nunca interactúan entre ellas, comunicándose únicamente a través de la estructura de pizarra centralizada. Las fuentes de conocimiento actúan cuando se produce un cambio en la estructura de datos centralizada de la pizarra.

Un ejemplo de aplicación de esta arquitectura es el procesado de señal y el reconocimiento de patrones.

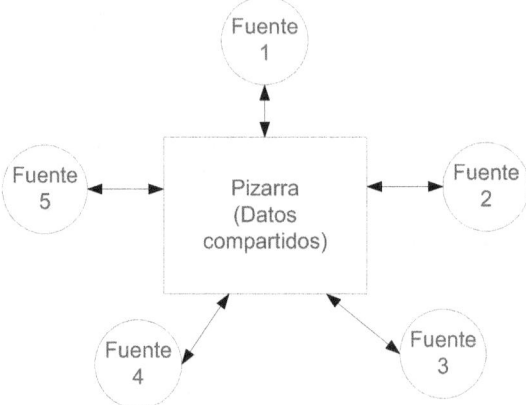

Figura 5.3. Arquitectura de repositorio

5.1.4 Intérprete

La arquitectura de intérprete se utiliza para implementar una máquina virtual en software. Las partes componentes de esta arquitectura son:

- ▶ La memoria con el código del programa a ser interpretado.
- ▶ El motor de interpretación o intérprete.
- ▶ Un registro del estado del motor de interpretación.
- ▶ Un registro del estado actual de ejecución del programa que está siendo simulado.

El motor de interpretación es el encargado de mantener el estado de ejecución del programa en memoria, así como su registro de activación.

Ejemplos de estas arquitecturas son VMware o la máquina virtual de Java (JVM).

5.1.5 Distribuidas

Las arquitecturas distribuidas suelen ejecutarse en procesos ubicados en redes de ordenadores, por lo que las topologías básicas son en estrella, en bus, en anillo, etc. Uno de los subtipos de sistema distribuido más comúnmente utilizado en la industria es la arquitectura *cliente-servidor*, en cuyos extremos de la red se encuentra un proceso servidor que ofrece una serie de servicios a otro proceso cliente que los solicita desde otra ubicación.

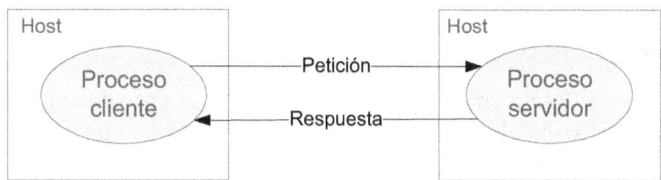

Figura 5.4. Arquitectura cliente-servidor

Otras variantes de arquitecturas distribuidas más sofisticadas dentro de esta clase son las arquitecturas P2P (*Peer-to-Peer*), de servidores *proxy*, de múltiples servidores, etc.

5.1.6 Programa principal/subprograma

En esta categoría residen las arquitecturas basadas en la estructura clásica de programación, donde un conjunto de componentes (procedimientos y funciones) interactúan entre ellos para realizar una tarea, y un programa –principal– invoca a un número determinado de los componentes citados anteriormente.

5.2 DIAGRAMAS DE COMPONENTES

"Un *componente* se define como una parte modular, reemplazable y significativa del sistema que empaqueta una implementación y expone una interfaz"[6]. Los *diagramas de componentes* permiten tener una visión estática y arquitectónica de los componentes software utilizados en la aplicación. Un componente es una entidad software que abstrae una funcionalidad bajo los principios de la encapsulación, ocultación, modularidad y la reutilización propios de la programación orientada a

---

6   [OMG1].

objetos. Dicho componente expone su funcionalidad mediante las interfaces, que son los puntos de interconexión con otros componentes del sistema.

Por componente software entendemos los componentes *lógicos* tales como componentes de negocio, componentes de proceso, etc., y componentes *físicos* como las tecnologías EJB, CORBA, COM+, .NET y WSDL.

Para comprender mejor la idea de la organización arquitectónica del diagrama de componentes es necesario tener una leve noción del concepto de *interfaz*.

5.2.1 Interfaces

Una interfaz define un conjunto de métodos sin cuerpo que debe implementar una clase. La utilización de interfaces permite el aumento de la abstracción con respecto a la implementación posterior de la clase hija. Los lenguajes de cuarta generación como Java proporcionan facilidades para la implementación de interfaces. En el caso de C++, las interfaces se definen mediante clases abstractas. Obviamente, las interfaces no pueden ser instanciadas como ocurre con las clases normales. Esta característica de las interfaces facilita la posibilidad de mejorar o cambiar, en futuras versiones, la implementación interna de la clase o subsistema sin la necesidad de cambiar la especificación externa.

5.2.2 Componentes

En el diagrama de componentes UML el símbolo de componente se representa como se ilustra a continuación:

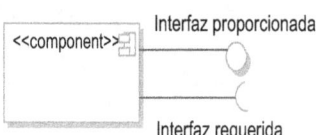

Figura 5.5. Componente UML

Donde el componente se comporta como una caja negra, ocultando su información e implementación, y exterioriza sus funcionalidades mediante las interfaces. Por ello, la interfaz con forma de círculo[7] representa la especificación que ofrece el componente, mientras que la interfaz inferior (marcada con un semicírculo[8]) representa la conexión con una interfaz que proporciona una entrada de datos.

---

7 También se le conoce con el nombre anglosajón de *lollipop*.

8 En la jerga de UML se le reconoce con el nombre de *socket*.

Para definir un componente y otros elementos extra en UML se recurre a los estereotipos. Estos se distinguen por el uso de la notación <<nombre-estereotipo>>. En general, los estereotipos en UML se utilizan con frecuencia para ampliar el conjunto de clasificadores que se utilizan en un diagrama, o lo que es lo mismo, el conjunto de elementos de modelado. Por ejemplo, en la figura 5.5 recurrimos al estereotipo <<*component*>> para indicar el elemento extra de componente. Como veremos a lo largo de los siguientes capítulos, otros de los estereotipos ampliamente utilizados en UML son <<*use*>>, <<*interface*>>, etc.

En UML, los diagramas de componentes pueden participar en asociaciones, generalizaciones y pueden tener atributos y operaciones. Además, el propio componente puede estar formado por otros componentes internos, como se muestra en la figura 5.6. En este caso las interfaces interiores del componente deben "delegar" sus responsabilidades a las interfaces exteriores.

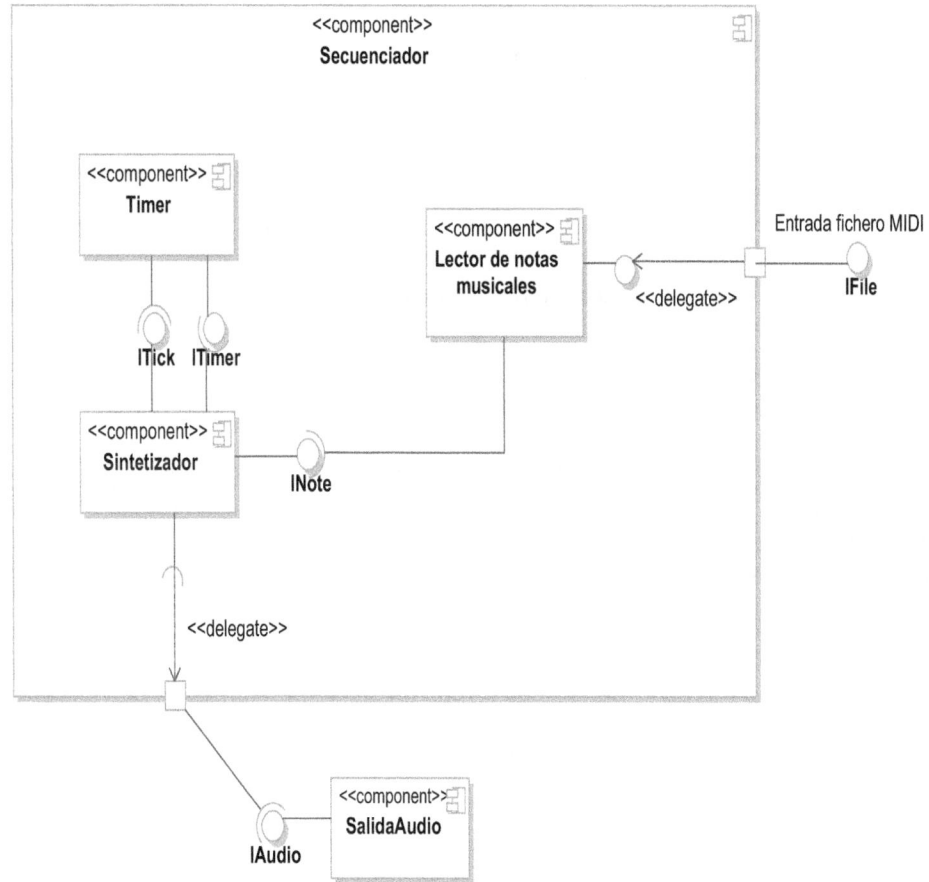

Figura 5.6. Modelo de componente con subcomponentes

En el diagrama de la figura anterior, el componente de nivel superior encapsula al resto de las interfaces internas y delega sus interfaces a los componentes de nivel inferior que se relacionan entre ellos para llevar a cabo la funcionalidad del componente exterior.

Un componente tiene una estructura interna que puede visualizarse por medio del propio UML, tal como se muestra en la figura 5.7. Esta visualización contiene todos los atributos, operaciones e interfaces requeridas y provistas por el componente. En la sección de <<*artifacts*>> indicaremos el artefacto físico que proporciona la implementación del mismo.

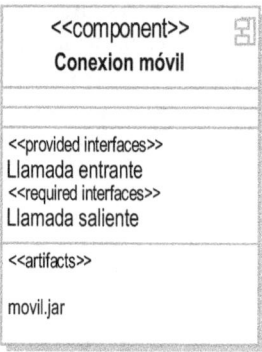

Figura 5.7. Visión interna del componente

5.2.3 Puertos

Como se muestra en la figura 5.8, los puertos tienen la utilidad de agrupar semánticamente un conjunto de interfaces. Funcionan a modo de punto de conexión del componente con su entorno. La finalidad es clarificar, agrupar y simplificar la representación de las interfaces requeridas y proporcionadas.

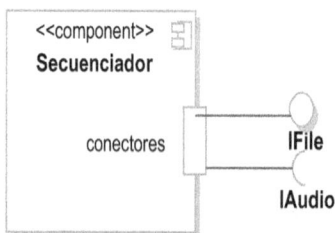

Figura 5.8. Ejemplo de puerto

Un ejemplo de simplificación de diagrama y agrupación de interfaces es el que se puede apreciar en la figura 5.9:

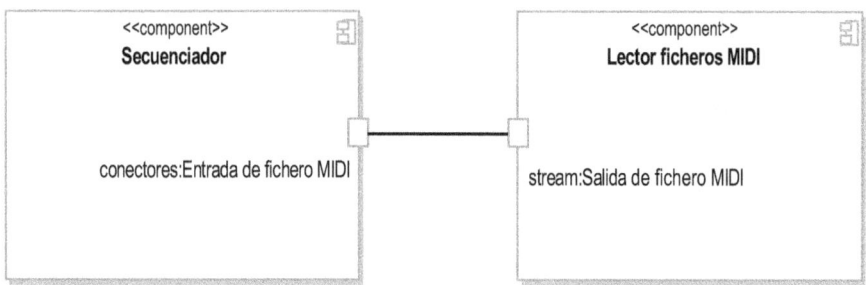

Figura 5.9. Conexión de dos componentes a través de puertos

Obviamente deben corresponderse implícitamente las conexiones entre las interfaces provistas y las requeridas.

Finalmente, los puertos pueden tener multiplicidad y visibilidad, por lo que si situamos el puerto dentro de los bordes del componente, la visibilidad será protegida, mientras que si lo situamos en el exterior tendrá visibilidad pública. La multiplicidad del puerto indica el número de sus instancias, por lo que por ejemplo se puede representar `conectores:IAudio[3]` si hubiera tres instancias de la interfaz requerida `IAudio`.

5.2.4 Dependencias

Las dependencias en UML en general indican que un elemento proveedor del modelo tiene un efecto sobre otro elemento que denominaremos cliente. En los diagramas de componentes en particular especifican que el cliente está conectado o invoca a las operaciones proporcionadas por las interfaces del proveedor o también que depende de él para su implementación. Las dependencias se representan mediante una línea discontinua acabada en punta de flecha abierta en la parte del proveedor.

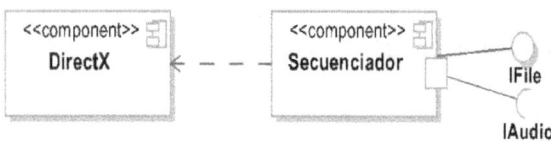

Figura 5.10. Ejemplo de dependencia de componentes

5.2.5 Caso de estudio: Ajedrez

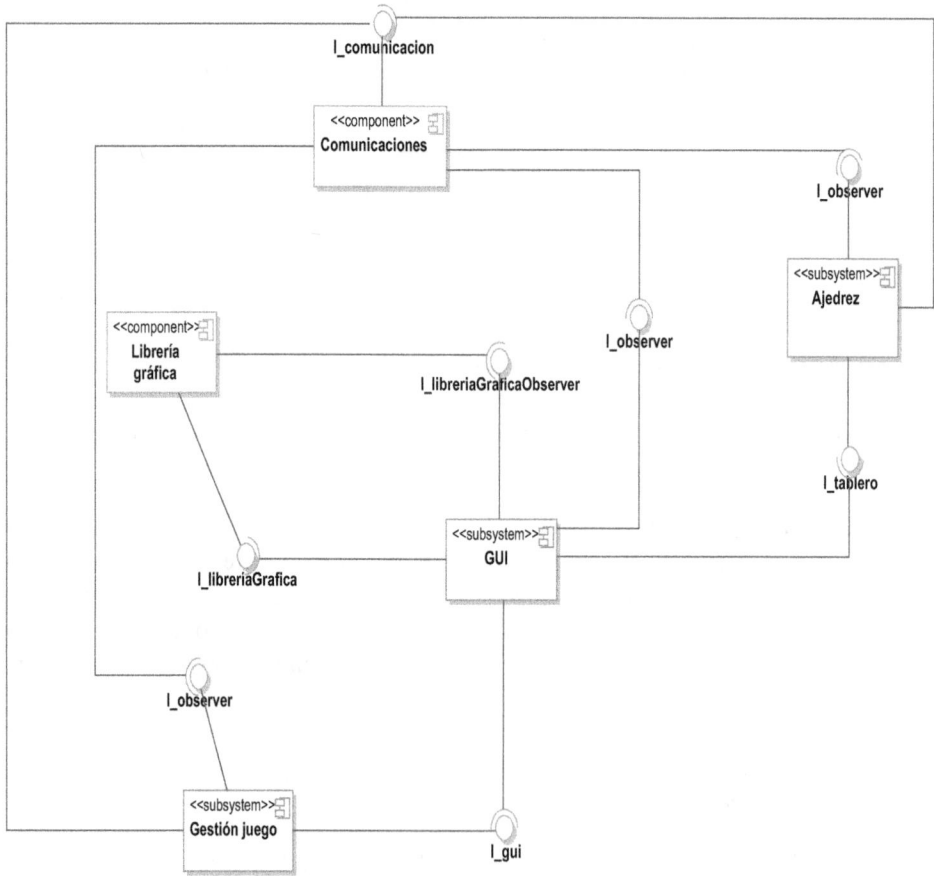

Figura 5.11. Diagrama de componentes para el juego de ajedrez

En la figura 5.11 se representan los principales componentes de la arquitectura de la aplicación del ajedrez. Para ello nos hemos servido del modelo del dominio y el análisis de los requisitos. Cada componente agrupa un subsistema clave del modelo del dominio del juego de ajedrez y proporciona un conjunto de interfaces proporcionadas e interfaces requeridas. Ambas se interconectan con otras interfaces de otros componentes o subsistemas para completar el modelo. A modo de ejemplo, se observa que el componente *Comunicaciones* implementa la interfaz *I_comunicacion* y llama a las operaciones definidas en la interfaz *I_observer* implementada en los subsistemas *Ajedrez*, *GUI* y *GestiónJuego*.

5.2.6 Caso de estudio: Mercurial

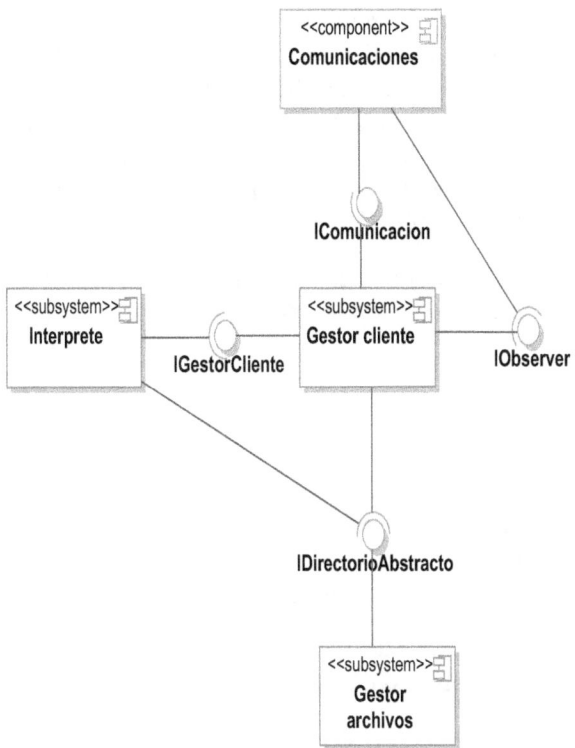

Figura 5.12. Diagrama de componentes para la aplicación Mercurial

Al igual que en el caso anterior, en la figura 5.12 se representan los componentes principales de la aplicación Mercurial. Los cuatro componentes representados implementan interfaces que proporcionan a otros componentes o subsistemas y además llaman a interfaces de otros componentes o subsistemas. Por ejemplo, el subsistema *Gestor archivos* implementa la interfaz *IDirectorioAbstracto* que es llamada por los subsistemas *Interprete* y *Gestor cliente*.

Como se verá más detenidamente en el capítulo seis, cada componente o subsistema agrupa un conjunto de clases que representan una parte vital de la aplicación. La división del sistema en componentes es una estrategia arquitectónica que asegura los principios de la programación orientada a objetos y la distribución eficaz de las funcionalidades en compartimentos interconectados por interfaces.

5.3 DIAGRAMAS DE DESPLIEGUE

Dentro del diseño arquitectónico nos encontramos con un nuevo tipo de diagrama que nos permite modelar la organización del hardware. Este modelo arquitectónico que representa el despliegue de la aplicación sobre diferentes ubicaciones físicas puede servirnos para visualizar la infraestructura de ejecución de los artefactos software. La importancia de este diagrama estriba en la necesidad de abordar a tiempo y dentro del ciclo de vida del proyecto la toma de decisiones oportunas con respecto a los *requerimientos no funcionales*.

El *diagrama de despliegue* trabaja con las instancias principales del hardware y del software, por lo que se compone de dos elementos fundamentales: *nodos* y *artefactos*.

5.3.1 Nodos

Los nodos son la entidad fundamental del *diagrama de despliegue* y representan elementos hardware y software complejos. Se especifican mediante un nombre de nodo (las instancias concretas se subrayarán) y un estereotipo que identifica el tipo de nodo. Concretamente, en UML 2.0 existen dos tipos de nodos:

- ▼ <<*device*>>: modela lo que correspondería a un dispositivo físico tal como una impresora o un *host*.

- ▼ <<*execution environment*>>: representa componentes específicos que son desplegados como artefactos ejecutables. Por ejemplo: navegadores, servidores Web, aplicaciones cliente/servidor, etc.

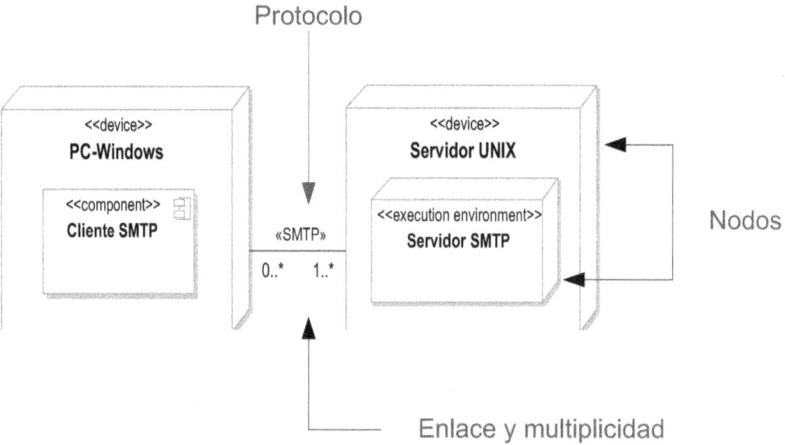

Figura 5.13. Diagrama de despliegue

Los nodos pueden tener asociaciones y multiplicidad (cardinalidad), por lo que pueden existir relaciones entre elementos físicos. Por ejemplo, en la figura 5.13 se representa la interconexión de una arquitectura cliente/servidor a través de una red IP con el protocolo SMTP. En el nodo cliente del tipo <<*device*>> se halla un subnodo del tipo <<*execution environment*>> que implementa un agente de usuario de correo electrónico. Al otro lado de la conexión se encuentra un *host* del tipo estación de trabajo UNIX con su respectiva aplicación servidor.

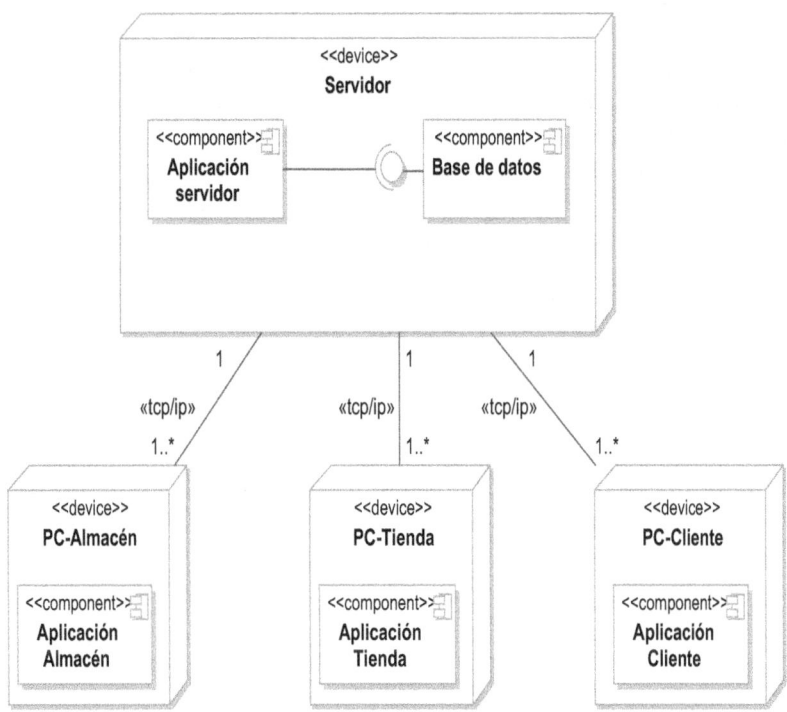

Figura 5.14. Ejemplo de diagrama de despliegue con varios nodos y componentes

En el ejemplo anterior (figura 5.14) puede observarse la distribución de los nodos <<*device*>> para los clientes que acceden simultáneamente a un nodo <<*device*>> servidor. El nodo servidor contiene un pequeño diagrama de componentes para la conexión entre la aplicación servidor (por ejemplo JEE) y la base de datos. Los enlaces entre los nodos cliente y el nodo servidor indican la topología de la red de comunicaciones, así como el número de clientes que pueden existir en cada lugar simultáneamente.

5.3.2 Artefactos

Definiremos a los *artefactos* como los elementos software que se despliegan dentro de los nodos. Estos artefactos pueden ser: código fuente, librerías, ficheros ejecutables, ficheros de *script*, bases de datos, ficheros XML, ficheros de configuración y otro tipo de documentos del desarrollo del proyecto.

5.3.3 Caso de estudio: Ajedrez

Veamos ahora un ejemplo práctico de diagrama de despliegue para el caso del juego de ajedrez en su versión C++ para Windows y Linux. En la figura 5.15 se observan los artefactos desplegados tanto en el cliente como en el servidor. Los artefactos para el lado cliente son: las librerías de comunicaciones, de gráficos y el propio juego ejecutable en el lado cliente. Para el lado del servidor tenemos una situación similar, con la versión Linux de la librería de comunicaciones y el programa servidor del juego.

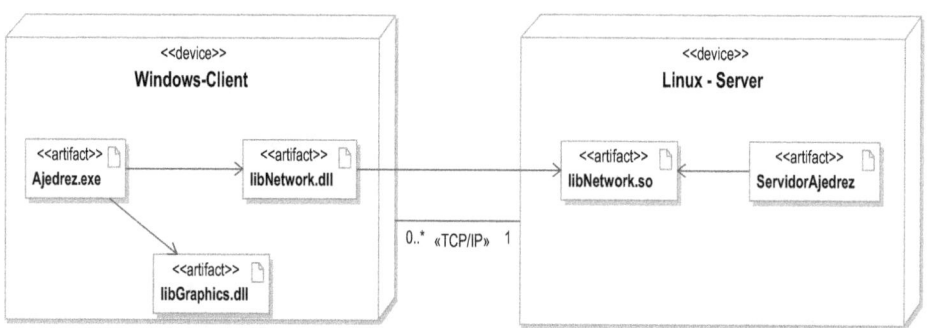

Figura 5.15. Diagrama de despliegue para el juego de ajedrez en C++

5.3.4 Caso de estudio: Mercurial

El diagrama de despliegue con el modelo arquitectónico y de implementación para el programa Mercurial en versión Java puede apreciarse en la figura 5.16. En este modelo las flechas discontinuas representan las dependencias entre artefactos.

Es importante destacar previamente que en caso de existir una asociación entre los nodos (como en el ejemplo con HTTP y TCP/IP) es necesario interrelacionar los respectivos artefactos que llevan a cabo dicha comunicación (*java.net* y *libNetwork.dll*). En general, cuando exista una dependencia entre dos artefactos en diferentes nodos, esta debe ser tenida en cuenta y representada en el diagrama UML.

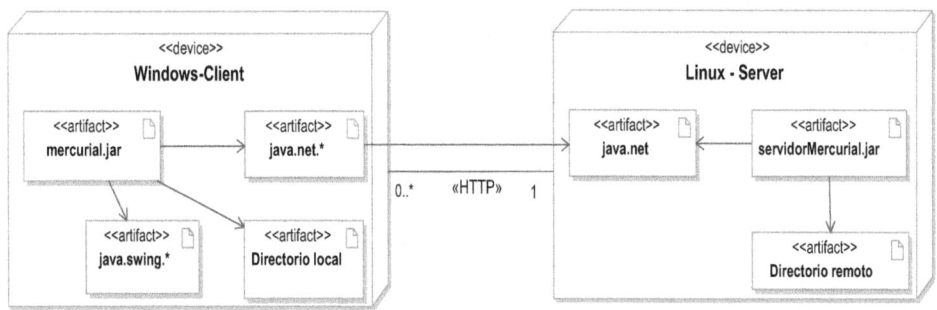

Figura 5.16. Diagrama de despliegue para Mercurial en versión Java

5.4 DIAGRAMAS DE PAQUETES

Entramos en la última sección dedicada al diseño arquitectónico. Previo al paso del diseño detallado, será necesario organizar la estructura lógica de los principales artefactos utilizados para implementar la aplicación. Por este motivo surgen los *diagramas de paquetes*, los cuales nos ayudarán a ordenar y agrupar todos los elementos tales como diagramas, librerías, relaciones, ejecutables, etc., y en general cualquier elemento del modelo UML.

5.4.1 Paquetes

Los paquetes son los contenedores que facilitan la agrupación de los elementos o artefactos UML en unidades lógicas. Además, cuando estos elementos son asignados a un paquete, se les asigna *un espacio de nombres*[9] con el cual son identificados unívocamente. Consiguientemente esta idea fomenta el agrupamiento semántico de artefactos relacionados entre sí, permitiendo de esta forma dividir la estructura de ficheros del programa en bloques independientes y jerárquicamente interrelacionados.

En lo que respecta a la organización del *espacio de nombres*, en C++ disponemos de la palabra reservada *namespace* y en Java la cláusula *package*; por lo

---

9   Un espacio de nombres (*namespace* en inglés) permite crear un contenedor abstracto que incluya un conjunto de identificadores definidos independientemente de otros espacios de nombres y así evitar colisiones.

tanto, definiendo correctamente estas sentencias es posible la agrupación de clases y estructuras del lenguaje en una unidad identificable y separada.

En UML representaremos el paquete mediante varias formas de notación:

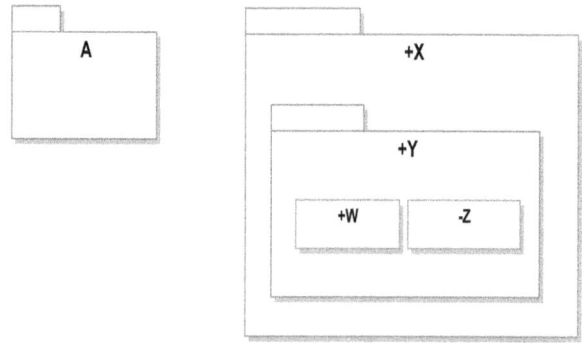

Figura 5.17. Ejemplos de diferentes tipos de paquetes

En la figura 5.17 se muestra el paquete "A" a la izquierda, mientras que a la derecha vemos el paquete "X" con el paquete interno "Y" que contiene las clases "W" y "Z".

Con la finalidad de acceder a los elementos de un paquete será necesario especificarlos mediante el acceso a través de los identificadores de los *espacios de nombres*. Así, para el caso del ejemplo de la clase "W" tendremos que especificar su acceso mediante la siguiente sintaxis: X::Y::W.

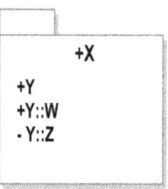

Figura 5.18. Representación alternativa del paquete X

Existen especificadores para los elementos contenidos dentro de un paquete. En la figura 5.18 el paquete "Y" aparece con visibilidad *pública* por lo que será visible por otros elementos fuera del paquete, mientras que la clase "Z" tiene visibilidad *privada* por lo que no podrá ser accedida por los elementos exteriores, sin embargo, la clase "W" es exportada públicamente desde el paquete "Y" y es visible fuera del mismo.

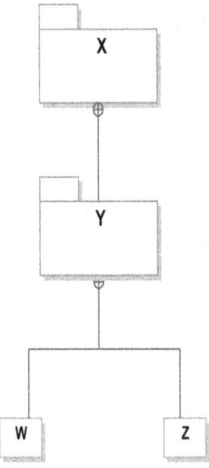

Figura 5.19. Otra representación alternativa del paquete X

Esta representación es útil cuando existe una gran cantidad de paquetes anidados y es imposible representarlos dentro un solo paquete.

5.4.2 Generalización

En el diagrama de paquetes también es posible la herencia de elementos de los paquetes padres a los paquetes hijos. Cuando esto ocurre, lo paquetes hijos heredan los elementos públicos de los padres como ocurre con el siguiente ejemplo de la figura 5.20: las clases *EntradaDatos* y *SalidaDatos* son heredadas.

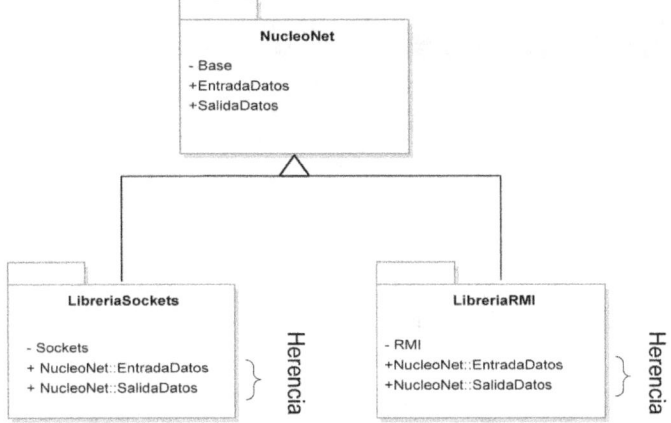

Figura 5.20. Ejemplo de generalización

5.4.3 Relaciones de dependencia

Como en el resto de diagramas de UML, existen dependencias establecidas entre paquetes relacionados. Cuando surge una relación de dependencia entre dos paquetes suele compartirse o restringirse la inclusión de elementos de uno a otro.

Es importante evitar relaciones de dependencia cíclicas entre paquetes (en cualquier lenguaje), es decir, relaciones del tipo A ↔ B. Cuando ocurre una situación de este tipo podemos optar por unir los paquetes A y B en un solo paquete A, o separarlos en varios paquetes interrelacionados: A→ C, B → C y A→ B.

En la figura 5.21 se muestran los diferentes modos de dependencia existentes entre paquetes:

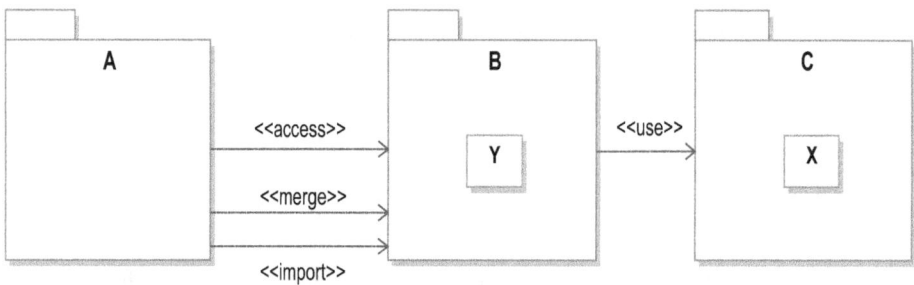

Figura 5.21. Diversos modos de dependencia entre paquetes

Modo	Descripción
<<*use*>>	Indica que el paquete "B" *usa* los elementos públicos del paquete "C". Si no se especifica un estereotipo se asume este por defecto.
<<*access*>>	Los elementos públicos de "B" son *añadidos* como elementos privados de "A".
<<*merge*>>	Los elementos públicos de "B" se *unen* a los elementos de "A". No suele usarse en modelado de paquetes.
<<*import*>>	Los elementos públicos de "B" se *añaden* como elementos públicos de "A". No son necesarios los especificadores.

Tabla 5.1. Modos de acceso

5.4.4 Caso de estudio: Ajedrez

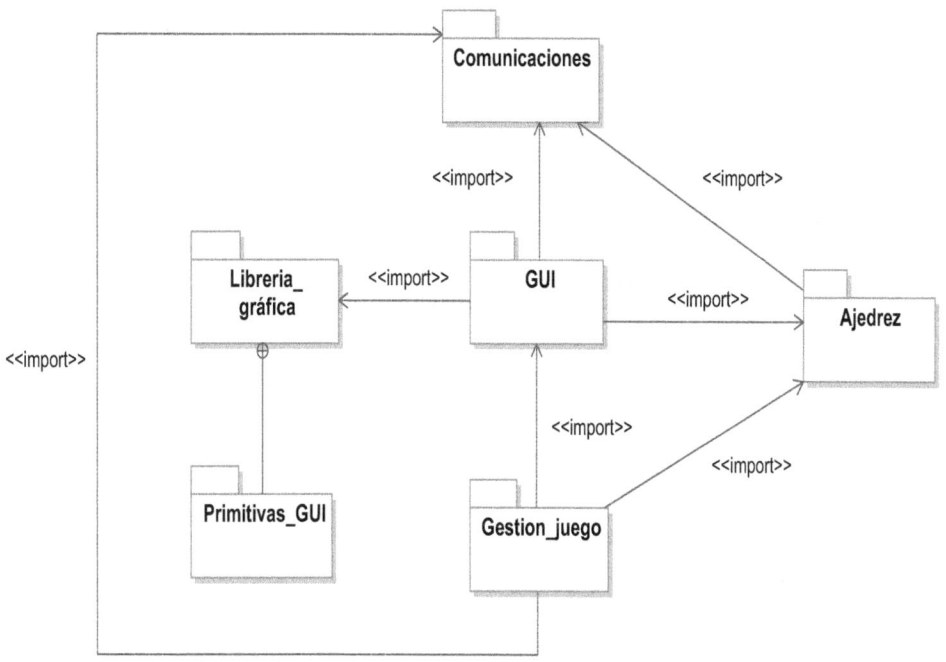

Figura 5.22. Diagrama de paquetes para el juego de ajedrez en versión C++

Como se puede apreciar cada paquete se corresponde generalmente con un componente o subsistema identificado en el análisis arquitectónico de componentes. Si bien se han ampliado nuevos paquetes incluidos en otros paquetes para jerarquizar con más detalle el conjunto de clases especiales para el tratamiento de ciertos requisitos funcionales. El paquete *Ajedrez* ha sido resultado de la unión de los paquetes relacionados con los algoritmos de Inteligencia Artificial y el subsistema de control de la IA del juego. Como casi todos los subsistemas requieren de la oferta de las interfaces de comunicación, es necesario la inclusión del paquete de *Comunicaciones* en dichos subsistemas basados en componentes.

No será objeto de este estudio ampliar la implementación de detalles de los paquetes relacionados con las librerías gráficas, por lo que se dejará como simple indicación dentro del modelo. Tampoco se ha tratado el modelo de paquetes relacionado con la parte del servidor, por lo que se propone al lector su posible resolución.

5.4.5 Caso de estudio: Mercurial

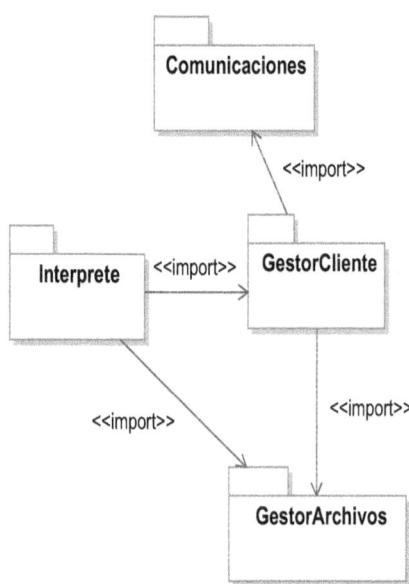

Figura 5.23. Diagrama de paquetes para la aplicación Mercurial en versión Java

En la figura 5.23 se recoge el modelo de paquetes para la aplicación Mercurial. Como en el caso del ajedrez, cada paquete se relaciona con un subsistema del diagrama de componentes. Las dependencias existentes entre los paquetes reflejan las relaciones o invocaciones entre dichos subsistemas, puesto que implican la inclusión de clases e interfaces. Cada paquete contendrá un conjunto de clases que se detallarán en el próximo capítulo y que están basadas en el diseño preliminar realizado en el modelo del dominio.

Esta aplicación es mucho más sencilla que su homóloga basada en el juego del ajedrez, como veremos en el próximo capítulo. La simplificación de la arquitectura de paquetes responde al enfoque orientado únicamente a la parte cliente que se pretende en esta obra. No obstante, se deja como ejercicio propuesto la resolución del enfoque del lado del servidor.

6

DIAGRAMAS DE CLASES

"Un error mínimo al principio puede ser máximo al final".

(Aristóteles)

En el capítulo cuatro vimos cómo crear el modelo del dominio a partir de elementos conceptuales aparecidos en la literatura de los requisitos o en la especificación de los casos de uso. Ahora comenzamos con la fase de diseño detallado, en la cual se intentará modelar los diagramas que desembocarán en la fase de implementación del sistema. Por este motivo, se utilizarán los diagramas de la fase de análisis para detallarlos con más precisión y crear un modelo definitivo de diseño coherente con la estructura del software. Por lo tanto, el trabajo del ingeniero en esta fase es delimitar los subsistemas que conforman la aplicación, definir las clases del modelo del dominio de forma completa y determinar el comportamiento del software de forma dinámica y cómo los objetos interactúan entre ellos para llevar a cabo las funcionalidades del sistema.

En este capítulo se tratará el *modelo estructural estático* con el *diagrama de clases* el cual muestra una estructura conceptual de entidades completas relacionadas, con sus atributos y operaciones que permiten abstraer el dominio de la aplicación. De la correcta organización y composición de las entidades y su distribución en subsistemas en este diagrama dependerán las siguientes fases y la correspondiente implementación, pero ante todo, dependerá del trabajo correctamente hecho en las anteriores fases.

6.1 CLASES

El *diagrama de clases* es el diagrama más importante de la especificación UML. Describe un modelo estático del sistema en términos de las entidades, interfaces, asociación, herencia y dependencia. La entidad fundamental de este diagrama es la *clase*, la cual describe en forma de plantilla abstracta a un conjunto de objetos que comparten los mismos atributos, operaciones, relaciones y semántica. Las clases permiten abstraer el dominio del problema mediante unidades que se instancian como objetos. En la siguiente figura se muestra un ejemplo de clase:

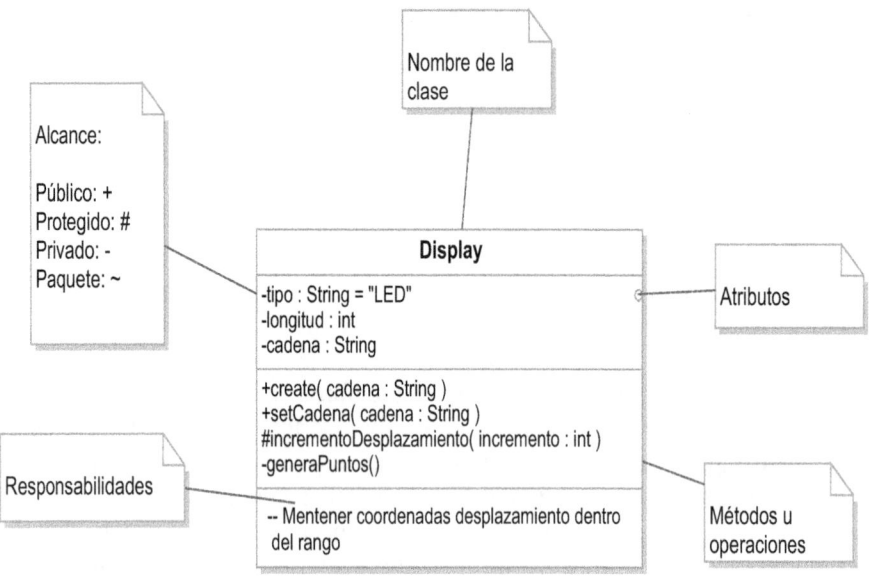

Figura 6.1. Plantilla para una clase en UML

Veamos a continuación cada una de estas partes:

▶ **Nombre**: identifica unívocamente a la clase dentro del diagrama de la aplicación. El nombre de la clase debe ser una cadena alfanumérica conteniendo cualquier carácter excepto los espacios en blanco y el operador de resolución de ámbito (::), puesto que este operador permite resolver un identificador (clase, método o atributo) o un espacio de nombres antes de su utilización. El nombre de clase puede aparecer opcionalmente precedido del nombre del paquete al que pertenece; su

sintaxis se define pues, en notación de expresión regular[10]: `[paquete::]
NombreClase`.

Cuando se trate de *clases abstractas* el nombre se especificará en letra cursiva, indicando que dicha clase no se podrá instanciar como objeto.

▼ **Atributos**: los atributos describen las propiedades que representan a una clase y se definen mediante una cadena alfanumérica precedida por el tipo de dato. La especificación de los atributos es la primera sección dentro del diseño de la clase. Por lo tanto se definirá un atributo mediante la siguiente notación:

`[alcance] Atributo[:Tipo[multiplicidad]][=Valor inicial]`

Ejemplo: `-saldo:float = 200.0`

Donde el alcance o visibilidad indica que otras clases pueden acceder a él. Por tanto, un atributo público (+) es visible para cualquier clase desde fuera relacionada con ella, mientras que un atributo protegido (#) es visible para cualquier descendiente en la jerarquía de herencia y un atributo privado (-) es solo visible para la propia clase y no puede ser heredado ni compartido con otras clases. En Java, por ejemplo, si no se indica el tipo de visibilidad *private*, *public* o *protected* se adoptará una visibilidad por defecto de paquete (*package*), es decir, pública dentro del paquete. En general, la visibilidad por defecto debería ser privada para los atributos y pública para los métodos.

Finalmente el ámbito indica el nivel de acceso que tiene el método o el atributo en el contexto general del diagrama. Este puede ser de dos tipos:

- *De instancia*: cuando cada propiedad del objeto posee un valor diferente al resto de objetos para el mismo tipo de clase, por ejemplo, los de la figura 6.1.

- *De clase*: cuando todas las instancias de una clase comparten el mismo valor. Nos referimos en este caso a las variables estáticas de Java o C++[11] y a los constructores. Por ejemplo, en la figura 6.2.

---

10 En una expresión regular los corchetes "[...]" indican optatividad.

11 Una variable o método estático se define en C++ y en Java con el modificador *static*.

▼ **Operaciones**: las operaciones son las acciones o funcionalidades básicas que ofrece el objeto de la clase hacia el resto de objetos o para la propia gestión del estado interno. El resultado de la ejecución de una operación (frecuentemente conocida como *método* o *función miembro* de una clase) producirá el cambio de estado del objeto al recibir el mensaje generado por otro objeto, lógicamente al modificar este el valor de sus atributos. Las operaciones se definen mediante expresiones regulares como:

```
[visibilidad]nombre([parámetros])[:tipoRetorno]
```

y donde los parámetros se especifican de acuerdo a la siguiente forma:

```
[dirección]nombre:tipo[multiplicidad][=valorPorDefecto]
```

Ejemplo:

```
+setEnergia(vIni:int = 10, vFin:int = 0):boolean
+setTiempo(tiempo:Time = Time(2,54,27))
```

- *Dirección*:
    - *in*: parámetro de entrada (por defecto). Paso por valor.
    - *out*: parámetro de salida. Paso por referencia.
    - *inout*: parámetro de entrada/salida. Paso por referencia.

- *Tipo*: existen varios tipos primitivos predefinidos en UML 2.0 como: *Integer*, *Boolean*, *String*, que debemos utilizar a menudo para conseguir independencia de la plataforma; no obstante si trabajamos con un lenguaje de programación específico como Java, C++, etc., podemos utilizar naturalmente sus tipos primitivos, siempre y cuando se vean reflejados en la implementación posterior.

La *multiplicidad* en el caso de los atributos y las operaciones hace referencia a tipos de datos con múltiples elementos, es decir, colecciones de datos en forma de vectores. Ejemplo:

`direcciones: String [10]`	*Vector de 10 strings*
`alturas: Integer [1..*]`	*Vector de 1 elemento a infinito*
`reservados: Boolean [*]`	*Vector indefinido*
`usuarios: String [0..10]`	*Vector de 10 elementos que incluye la posibilidad de NULL (0)*

Tabla 6.1. Multiplicidad de tipos de datos en atributos y operaciones

Los valores posibles para la visibilidad o alcance de la operación son los mismos que se han visto anteriormente para el caso de los atributos.

▼ **Responsabilidades**: una responsabilidad es un contrato u obligación que una clase tiene con sus clientes. En esta sección suele indicarse la funcionalidad de la clase en el conjunto del diagrama. Generalmente no se suele representar por los diseñadores de UML.

De igual forma que vimos que las clases podían definirse como abstractas, también las operaciones pueden definirse de igual modo. Cuando ocurre esta situación definiremos el método en letra cursiva. En programación, las clases que contienen este tipo de operaciones abstractas requieren que las subclases proporcionen los mismos métodos con igual nombre y parámetros que en la clase abstracta pero con una implementación o redefinidas también como abstractas. A este método sobrescrito se le denominará concreto. No es necesario definir la operación concreta en el diseño UML de la subclase, puesto que esta queda sobrentendida por el contexto.

En UML, los atributos u operaciones estáticos se resaltan dentro de la clase subrayándolos para indicar que todas las instancias comparten la misma dirección de memoria (ver figura 6.2).

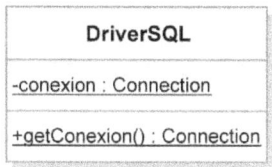

Figura 6.2. Clase con atributo y método estáticos

Los atributos estáticos solo tienen una copia de su valor y siempre están accesibles aunque no exista ninguna instancia de la clase en el ámbito del programa. De igual forma, los métodos estáticos se pueden invocar sin que se requieran instancias de la clase y únicamente pueden utilizar los atributos estáticos declarados previamente. En general, la utilización de métodos y atributos estáticos no se considera una práctica puramente orientada a objetos sino más bien una reminiscencia de la programación estructurada.

La información que se ha incluido en la figura 6.1 es mucha más de la que se suele mostrar: una clase puede representarse con el símbolo de un rectángulo que contiene su nombre como se muestra en la figura 6.3. También es común omitir parte de la información de un apartado (sobre todo con los métodos de acceso *set* y *get*). Cuando se intenta abreviar un método o una parte de una sección recurriremos a utilizar los puntos suspensivos (…) para indicar que la representación de una clase o un método es abreviada. También se utilizarán los puntos suspensivos para indicar que faltan atributos y operaciones que no se ha considerado necesario detallar para el propósito del diagrama en cuestión.

Display

Figura 6.3. La representación de clase más sencilla posible

Finalmente, las instancias de clase se denominan *objetos*, los cuales se diferencian por el valor único de cada uno de sus atributos (estado) en un momento dado en el transcurso de la ejecución del proceso asociado a la aplicación.

6.2 ASOCIACIONES

La asociación en UML es una relación semántica entre dos clasificadores que permite relacionar a estos dependiendo del papel que jueguen en el modelo. Especifica qué instancias de una clase están conectadas a otra, la forma y el número de veces. No se trata de una relación fuerte, es decir, el tiempo de vida de los objetos relacionados es independiente de la misma.

En la figura 6.4 podemos observar la representación gráfica de una asociación, en la que básicamente se dibuja una línea que conecta dos clases en ambos extremos. Los *roles* indican el papel que juegan los objetos dentro de la asociación. Por ejemplo, para una determinada clase, su rol suele indicarse en el otro extremo de la asociación, justo al lado de la otra clase a la que asocia. Además se pueden añadir opcionalmente diversas indicaciones que representan el contexto del dominio de la aplicación, como el *nombre* de la asociación, que en el caso de utilizarlo debemos prescindir de los roles. De igual forma, un *triángulo relleno* nos indicará cómo es la *dirección de lectura de la asociación* (en el caso de que sea simétrica). La *navegabilidad* nos indicará la posibilidad de acceder a nivel de programación desde el objeto origen al objeto destino, es decir, implica la visibilidad de los atributos del objeto destino por parte del objeto origen. La navegabilidad, como veremos en los capítulos de implementación, consiste en un atributo privado de una clase que referencia una o varias instancias de la otra clase de la asociación, ya sea de forma unidimensional o multidimensional. Por defecto la navegabilidad es bidireccional. La *multiplicidad*, también conocida como cardinalidad, nos ayudará a especificar el número de objetos que se relacionan con un solo objeto de la clase asociada.

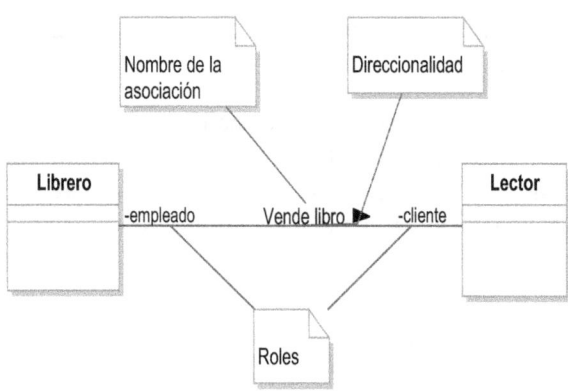

Figura 6.4. Ejemplo de una asociación con navegabilidad simétrica

Finalmente, la *calificación* es un atributo de la asociación que permite localizar un objeto de la asociación cuando éste es múltiple en el otro extremo (véase figura 6.6). Cuando se representa la calificación se reducen las multiplicidades a uno con el propósito de indicar la referencia al único objeto buscado. En el ejemplo se localiza un empleado en concreto mediante el atributo DNI de la clase *Empleado*.

Una asociación *reflexiva* relaciona entre sí a objetos de una misma clase de forma que existe un enlace a modo de árbol o grafo de instancias interrelacionadas. En la figura 6.9 puede verse un tipo de asociación reflexiva.

Figura 6.5. Navegabilidad desde Sistema a Dispositivo

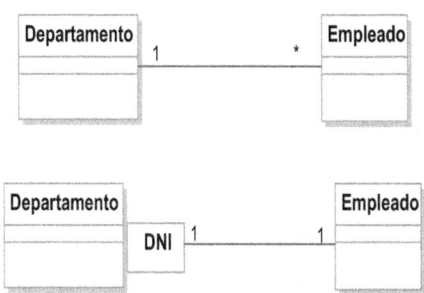

Figura 6.6. Calificación

Cuando las asociaciones pueden involucrar a más de dos clases se les denomina ternarias, cuaternarias, etc.

En algunos casos es necesario crear una clase para una asociación del tipo ternaria, sobre todo en relaciones muchos-a-muchos o uno-a-muchos. Las clases de asociación se modelan mediante la utilización de una clase intermedia entre las dos clases participantes, de la cual parte una línea discontinua que une las dos entidades relacionadas.

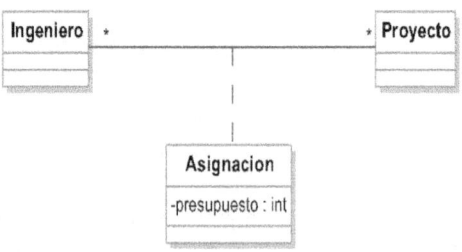

Figura 6.7. Clase Asociación

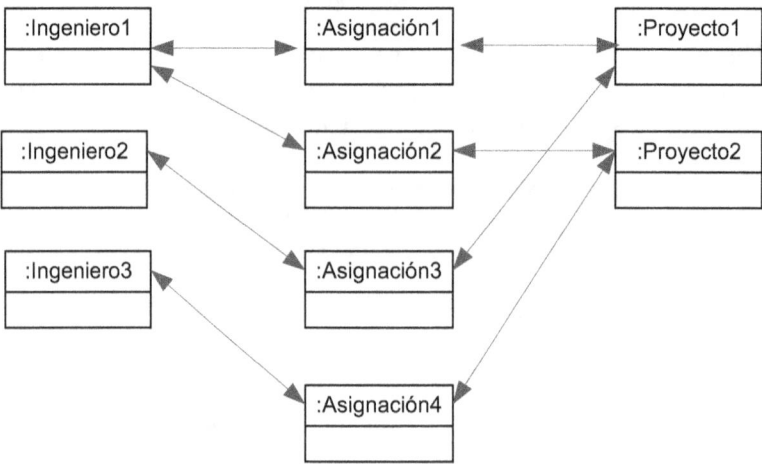

Figura 6.8. Asignación entre pares de objetos (diagrama de objetos)

Por cada par de objetos *Ingeniero-Proyecto* existe un objeto *Asignación* que contiene información sobre la relación de esos dos objetos. En la figura 6.8 el Ingeniero1 y el Ingeniero2 trabajan ambos en el Proyecto1, mientras que el Ingeniero3 trabaja únicamente en el Proyecto2. Las instancias de la clase *Asignación* permitirán listar o acceder a la información de las parejas relacionadas.

6.2.1 Multiplicidad

La multiplicidad o cardinalidad indica el número de veces que un objeto está relacionado con otro. Como se comentó en la tabla 4.1 del capítulo cuatro, la multiplicidad puede utilizarse de diferentes formas que pasamos a recordar de nuevo:

- *Números concretos*: especifican una sola posibilidad. Por ejemplo 4, que indica que el objeto se relaciona únicamente con cuatro instancias de otro objeto.

- *Intervalos*: indican un rango de posibilidades. Por ejemplo 2..6 indica que el objeto se puede relacionar con el intervalo de instancias de mínimo *dos* a máximo *seis*.

- *Asterisco*: el símbolo de (*) significa ninguno o muchos. Quiere decir que el objeto se relaciona con una cantidad indeterminada de objetos que pueden abarcar desde el cero al infinito.

- *Combinación de elementos anteriores*: por ejemplo: 1..3, 6, 8..* (que significa entre 1 y 3, o 6 únicamente, u 8 o más de 8, es decir, los valores 0, 5 ,7 no estarían permitidos).

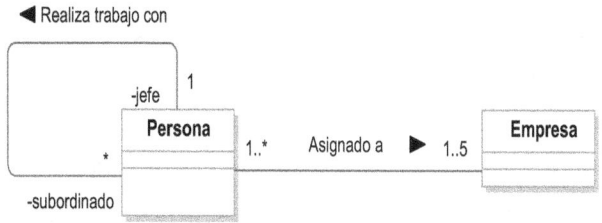

Figura 6.9. Relación reflexiva de la clase Persona

Para el ejemplo representado en la figura 6.9 se hacen las siguientes suposiciones:

- Una persona debe estar asignada como mínimo a una empresa y como máximo a 5, mientras que a una empresa se le debe asignar una o muchas personas.

- Una persona puede realizar el trabajo junto a muchas o ninguna persona. Esta relación se muestra como reflexiva.

▼ La relación reflexiva impone una jerarquía de roles entre los jefes y los subordinados.

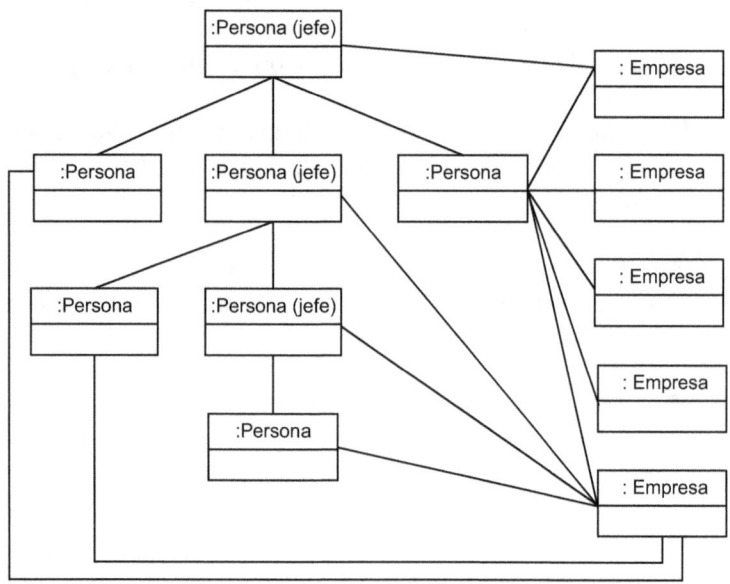

Figura 6.10. Diagrama de objetos de la figura 6.9

6.2.2 Agregación y composición

Un caso típico de la notación UML que a menudo lleva a confusión a los diseñadores de software es la diferencia entre *agregación* y *composición*. Estas notaciones sirven para modelar elementos que se relacionan utilizando expresiones como: "es parte de", "tiene un", "consta de", etc.

La agregación y la composición son dos clases especiales de asociación en las que se indica la forma de integrarse las diferentes clases contenedoras y contenidas. De esta manera, utilizaremos un símbolo de *agregación* que indicará una asociación del tipo todo/parte cuando las partes no son totalmente necesarias para formar el todo o no ponen en cuestión su existencia. Se trata de una relación débil y se representa con un símbolo de diamante blanco tal como se muestra en la figura 6.11.

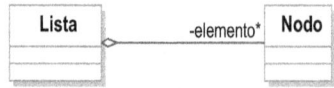

Figura 6.11. Agregación con rol

Sin embargo, en la composición se indica que la/s parte/s son necesarias para la concepción del todo, por tanto la parte contenedora es responsable de la eliminación de las partes contenidas. En una composición, cada componente pertenece a un todo y solo a uno (en la figura 6.11 no se cumple esto, puesto que un nodo puede pertenecer a varias listas). La composición es un tipo de relación fuerte y se representa mediante un diamante de color negro. En la figura 6.12 se aprecia un ejemplo de composición:

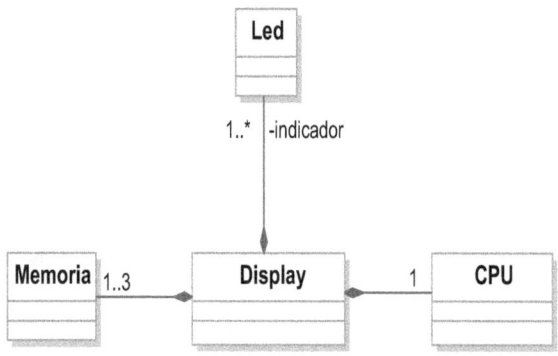

Figura 6.12. Ejemplo de composición

En este caso son fácilmente identificables las partes componentes de un "display" para mostrar texto deslizante (*scroller*). Los componentes o partes son imprescindibles para la conformación y semántica del todo. En este caso, un "display" requiere de forma imprescindible tres módulos de memoria, leds y una CPU para funcionar.

Es importante, tanto en la composición como en la agregación, evitar situaciones donde se generen ciclos sobre varias clases participantes.

6.3 HERENCIA

La herencia indica que la subclase comparte todo o parte de las operaciones y atributos definidos en la superclase. Este tipo de conexión se lee como "es un tipo de". En la figura 6.13 se muestra un ejemplo de representación:

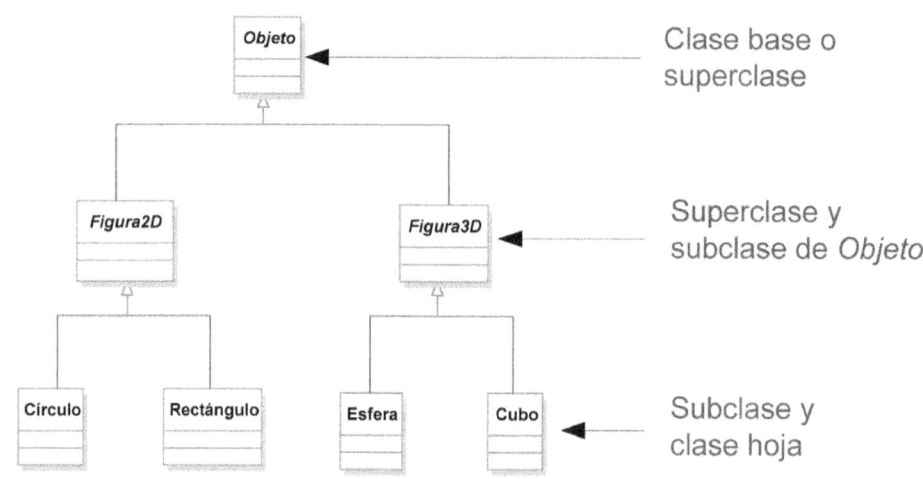

Figura 6.13. Herencia (los nombres de las clases abstractas se escriben en cursiva)

Las clases pueden optar por no heredar de ninguna otra clase, heredar de una sola clase (herencia simple) y heredar de muchas clases (herencia múltiple). La red jerárquica de clases facilita la organización y taxonomía de los conceptos utilizados en el dominio de la aplicación[12]. Según [Meyer00], la herencia es un potente mecanismo para tratar con la evolución natural de un sistema y con modificación incremental.

La generalización también facilita el *polimorfismo*. Dicha propiedad de los lenguajes orientados a objetos es la posibilidad de aplicar un comportamiento común a un conjunto de clases heredadas especificando las funciones de la clase base como virtuales. De esta forma, al crear una variable de un tipo base que referencia (mediante un puntero en C++) a un objeto inferior en la jerarquía, las funciones de las clases base virtuales serán redirigidas a las funciones concretas en el objeto inferior.

Uno de los beneficios de la herencia es el del ahorro de código, pues la construcción de objetos es más sencilla en los que heredan porque delegan parte de su estructura. El problema de la generalización en software orientado a objetos es el acoplamiento, es decir, si una clase base cambia será necesario recompilar todo el sistema. Por lo tanto es aconsejable huir de la excesiva generalización en la medida de lo posible y sustituir la herencia por la composición. En general la herencia debe evitarse en la medida de lo posible, pues es motivo de pérdida de legibilidad del código y de la disminución del rendimiento neto de la aplicación. Además es un buen principio de abstracción del diseño aumentar la cohesión y reducir el acoplamiento entre módulos.

---

12 En Java no existe la herencia múltiple a nivel de clase, pero es posible a nivel de interfaz.

6.4 INTERFACES

Las interfaces son una especificación de responsabilidades y permiten definir parte de las operaciones de entidades del modelo. Las interfaces únicamente definen el prototipo de la función[13] como si se tratara de una clase esquemática, a expensas de ser implementadas en otras clases. Son importantes cuando varias clases implementan la misma interfaz y por tanto permite, a partir de un puntero a ella, controlar un conjunto de objetos que la implementan. Obviamente las interfaces no se pueden instanciar como objetos.

Las clases que requieren implementar una determinada interfaz en UML lo hacen por medio de la realización, que es similar a la herencia pero que se representa mediante una línea discontinua acabada en triángulo.

En la figura 6.14 pueden observarse las variantes de representación en el diagrama de clases de una interfaz. A la izquierda se muestra la estructura más utilizada comúnmente en UML, mientras que a la derecha se representa la versión simplificada con una línea acabada en una circunferencia.

Todos los elementos de la interfaz son públicos y no pueden tener atributos. Los iconos que representan la interfaz deben ser identificados con el estereotipo <<interface>>. Al igual que en la generalización, las interfaces permiten crear jerarquías de interfaces, mediante las relaciones de herencia entre ellas, tal como se muestra en la figura 6.15. Esta práctica suele ser típica en diseño de contenedores de listas, árboles y grafos de Java o la STL de C++.

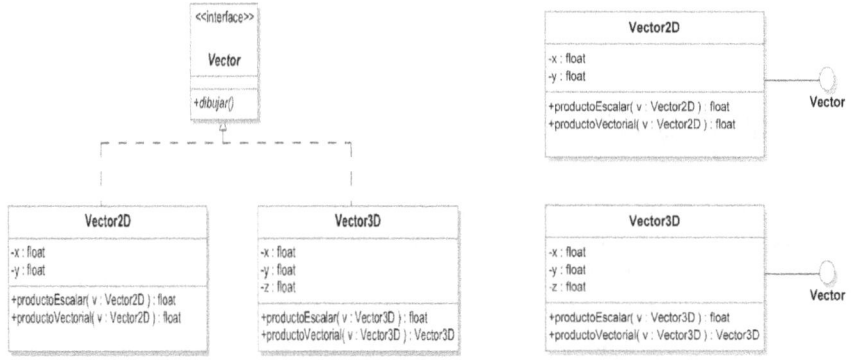

Figura 6.14. Dos representaciones de la interfaz Vector

---

13 En C++ se representan mediante funciones virtuales puras.

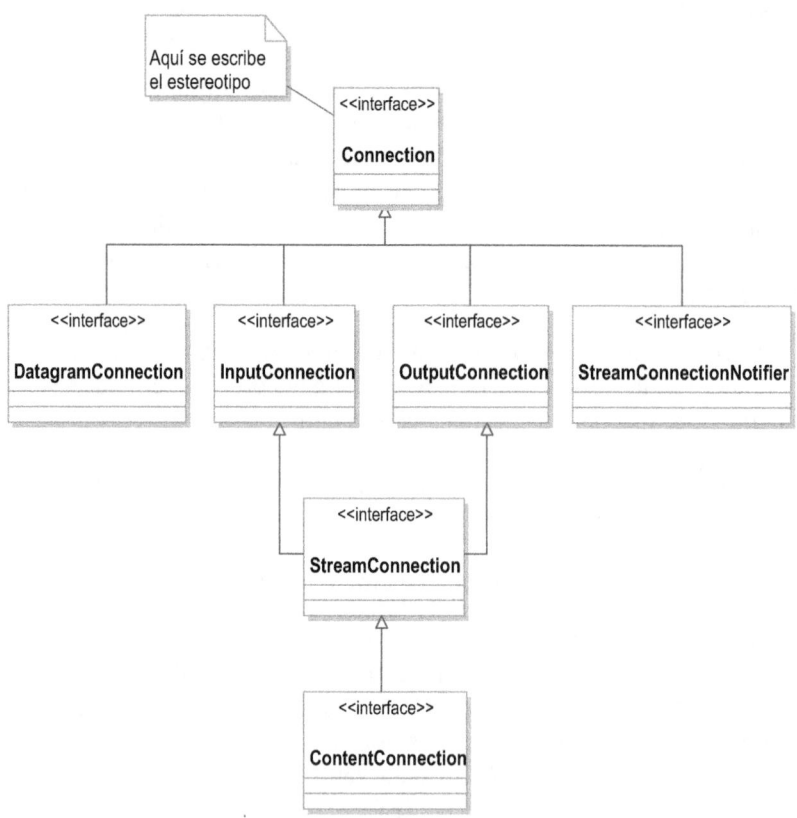

Figura 6.15. Jerarquía de interfaces en una de las librerías de Java

6.5 DEPENDENCIAS

Las relaciones de dependencia son un tipo de relación entre entidades de UML. Este tipo de relación suele ser unidireccional y se interpreta muchas veces como una relación "de uso", entendiéndose que una clase "usa" a otra cuando esta implica el paso de parámetros entre argumentos o el retorno de valores entre operaciones. Se suele denotar como una línea discontinua como se muestra en la figura 6.16. En este ejemplo el método *listarProductos()* de la clase *Tienda* requiere obtener los precios de todos los productos para calcular el total de ganancias. Mediante el retorno del objeto *Producto* por medio del método *getProducto()* de *Almacen* es posible aplicar la dependencia.

El término <<*use*>> suele omitirse en la relación de dependencia. En general las dependencias no se suelen representar a menos que el diseñador lo considere oportuno.

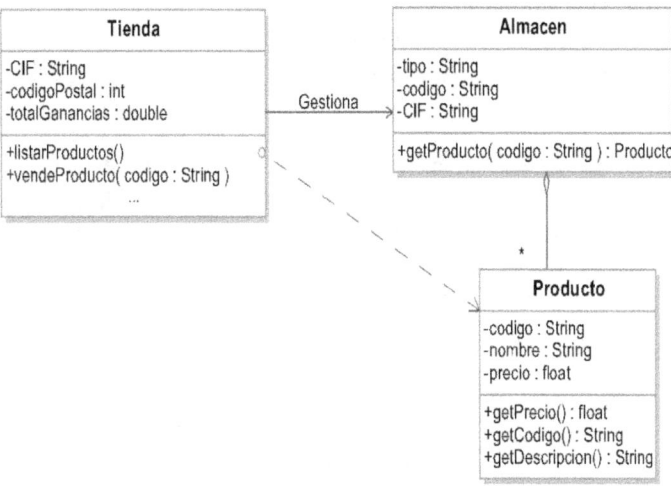

Figura 6.16. Ejemplo de dependencia entre la clase Tienda y la clase Producto

6.6 EXCEPCIONES

En los diagramas de clases en UML es posible especificar el lanzamiento y la recepción de excepciones. Para dotar a nuestro diagrama de las características ofrecidas por el sistema de excepciones recurriremos al estereotipo <<*throws*>>.

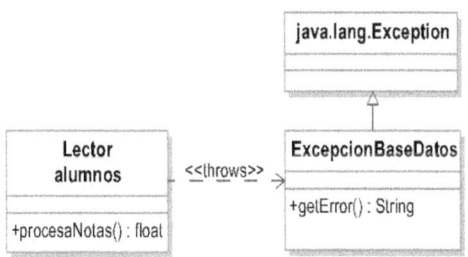

Figura 6.17. Ejemplo de uso de excepciones

6.7 CLASES PARAMETRIZABLES

C++ y Java permiten la utilización de tipos genéricos en clases y funciones de plantilla (*templates*). La programación genérica permite la independencia del tipo de datos, con lo que se consigue mayor portabilidad y concentración en las secciones de código. En contrapartida, el tamaño del código ejecutable crece considerablemente, entre otros aspectos.

En UML es posible la utilización de clases parametrizables o plantillas dentro del diagrama de clases. Para conseguir esta funcionalidad disponemos de la notación de clase parametrizable como se ilustra en la figura 6.18:

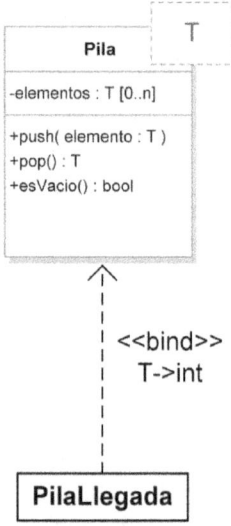

Figura 6.18. Clase Plantilla y enlace al tipo concreto mediante <<bind>>

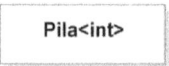

Figura 6.19. Otra forma de enlazar un tipo genérico con un tipo concreto

En la figura 6.19 se ejemplifica una clase *Pila* con un parámetro genérico enmarcado en un cuadro de línea discontinua en la parte superior derecha de la clase. La forma de especificar que otro elemento está utilizando la clase parametrizable es por medio de un enlace con estereotipo <<*bind*>> y el tipo de dato concreto al cual se adapta.

6.8 EJEMPLO DE MODELADO: SPINDIZZY

Veamos ahora cómo sería el modelo de clases del juego *Spindizzy* del que ya se hizo el modelado del dominio en el capítulo cuatro. Para facilitar el diseño recurriremos de nuevo a la descripción del juego en modo textual:

> *Un clásico juego en perspectiva isométrica de las plataformas de 8-bits consiste en mover una peonza por un laberinto formado por muchas habitaciones que contienen un conjunto de objetos similares. Cada habitación del laberinto conecta con al menos una habitación y a lo sumo con cuatro. Al comienzo del juego se selecciona una habitación al azar donde comenzará la aventura. Las habitaciones están formadas por unos bloques de ladrillos de varios tipos: de teletransporte a otra habitación del laberinto, movibles y desintegrables. En las habitaciones se encuentran varios objetos para recoger (diamantes y estrellas) para así completar la misión del juego. Además de los objetos recogibles, en la habitación pueden existir otros seres, como Torretas que se mantienen estáticas disparando al jugador; Robots y Octaedros que persiguen a la peonza a una determinada velocidad y alcance. Solo la Torreta puede disparar fuego o rayo, mientras que los Robots y los Octaedros persiguen a la peonza a una determinada velocidad y alcance. Todos los enemigos tienen un escudo de vulnerabilidad y también la peonza; pero esta última únicamente reduce en una unidad su escudo cuando recibe un disparo o golpe.*

Entidades seleccionadas	Atributos seleccionados
Laberinto	Laberinto: *labTimer* e *índiceHabitac.*
Habitación	Habitación: *contenido* e *índice*
ObjetoIsométrica: Peonza, Enemigo,	ObjetoIsométrica: *x*, *y*, *isoX*, *isoY* y *fotograma*
Recogibles y Bloque	Fotograma: *tile*
Fotograma	Sonido: *muestra*
Sonido	Peonza: *vidas* y *escudo*
Enemigo: Fijo y Móvil	Enemigo: *tipo* y *escudo*
Bloque: Desintegrable, Movible y	Fijo: *tipoArma*
Teletransporte	Móvil: *alcance* y *velocidad*
	Recogibles: *tipo* y *total*
	Movible: *dirección*

Tabla 6.2. Sinónimos seleccionados como entidades y atributos del juego

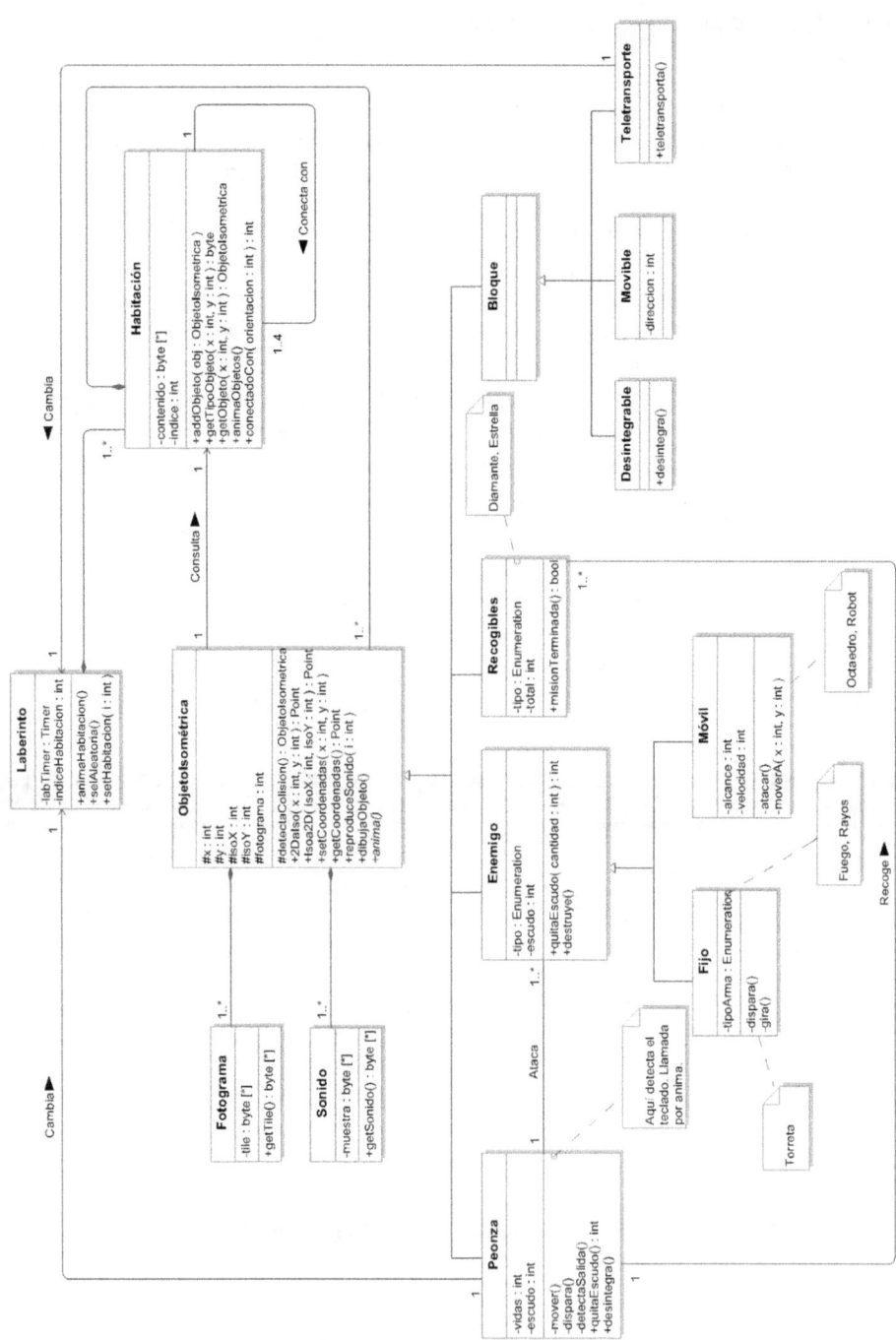

Figura 6.20. Diagrama de clases del juego Spindizzy

Como se puede observar en el diagrama de la figura 6.20, se han añadido nuevas clases y se han simplificado otras que compartían atributos comunes. Puesto que se trata de un juego en perspectiva isométrica[14] es necesario especificar dos atributos para la localización en el *array* de objetos que se encuentra incluido en la clase *Habitación* en el atributo *contenido*. Dichos objetos podrán ser transformados a perspectiva isométrica con una función especial (*Isoa2D*) y almacenados en los atributos *isoX* e *isoY*. Obviamente los objetos del juego como la Peonza, Enemigos, Bloques, etc., deben tener un conjunto de fotogramas almacenados como *tiles* y apuntados por el índice del atributo *fotograma* de la clase *ObjetoIsométrica*. La mayor diferencia con el modelo del dominio estriba en la clase *Enemigo* que se ha simplificado al crear una jerarquía clasificada como enemigo móvil o enemigo fijo. Esto es así debido a que los dos enemigos móviles: *Robot* y *Octaedro* comparten las mismas propiedades y características de comportamiento y por lo tanto se identificarán ahora por medio de una enumeración. Como podrá observar, se han añadido asociaciones con navegabilidad y direccionalidad entre *Peonza—Laberinto* y *Teletransporte—Laberinto* debido a la posibilidad que tiene la peonza de cambiar de habitación del laberinto de forma secuencial y el bloque de teletransporte de saltar a una habitación de forma indexada. Es por tanto necesario que estas dos clases llamen al método *setHabitación(i: int)* de la clase *Laberinto* por medio de un atributo.

Es de destacar la asociación existente entre *ObjetoIsométrica* y *Habitación* pues como decíamos anteriormente es necesario que cada personaje del juego consulte de forma periódica el contenido del *array* de objetos situados en una habitación. Es el caso, por ejemplo, del método *detectaColisión()* que debe comprobar qué otros objetos existen en el entorno de un determinado personaje y para ello se sirve de los métodos públicos de *Habitación*: *getTipoObjeto()* y *getObjeto()*. Respecto a la dinámica de la animación, es la clase *Laberinto* la que gestiona el bucle de la animación, llamando a la secuencia de métodos concretos y virtuales que indicamos a continuación por cada iteración:

```
Iteración bucle → Retardo → Laberinto::animaHabitación() →
Habitación::animaObjetos() → ObjetoIsométrica::anima()…
```

Será al implementar las funciones virtuales en las clases derivadas de *ObjetoIsométrica* las que den vida a los personajes y gestionen la dinámica del juego.

---

14 Para más información sobre la perspectiva isométrica consultar la URL: *http://gamedevelopment. tutsplus.com/tutorials/creating-isometric-worlds-a-primer-for-game-developers--gamedev-6511*.

6.9 CASO DE ESTUDIO: AJEDREZ

Para el caso de estudio del juego del ajedrez nos encontramos con una situación bien diferente. Necesitaremos crear interfaces para manejar la abstracción de los algoritmos de inteligencia artificial, las heurísticas y la implementación de los recibidores de mensajes provenientes de los objetos de comunicación de frontera.

La figura 6.21 de la siguiente página ilustra el conjunto de clases con atributos, operaciones y asociaciones de forma detallada. El diagrama de clases obtenido es el resultado de la concreción de las abstracciones realizadas en capítulos anteriores con el modelo del dominio, el diagrama de componentes y paquetes. Reelaborando los diagramas de los capítulos anteriores y mediante un análisis minucioso de los requisitos funcionales de la lógica del juego de ajedrez se llega a la conclusión aquí presentada.

Las interfaces que se representaron en el diagrama de componentes de la figura 5.11 aparecen aquí diseñadas como entidades con el estereotipo <<interface>>, con nombre y métodos en cursiva. Las cinco interfaces definidas en el modelo son implementadas en clases concretas que redefinen y amplían su semántica para la gestión íntegra de la aplicación. La mayoría de los componentes y subsistemas aparecen también aquí definidos.

Quizás se haya preguntado acerca del origen de las nuevas clases que no se tuvieron en cuenta en el modelo del dominio, como es el caso de los algoritmos secuencial y GPU[15], la jerarquía de funciones heurísticas y las clases de gestión de red. La respuesta es que estas clases son el resultado de un mayor análisis de los requisitos y responden a la lógica de negocio necesaria para implementarlos.

Se ha creado la clase *Control_juego* que es la encargada de implementar la dinámica de la partida. Ya que es posible jugar en red, la clase *Control_juego* se asocia con multiplicidad 1..2 a la clase *Jugador_humano* para agrupar tanto al jugador local como al jugador rival. También se modela la clase *IA* para la gestión algorítmica y el asesoramiento estratégico. La superclase *Jugador* mantiene un *array* con las dieciséis piezas del bando, sus respectivas posiciones, métodos de posicionamiento y dibujo. Finalmente los subsistemas *GUI* y *Comunicaciones* son también detallados con sus métodos gráficos y de comunicaciones sobre Internet respectivamente.

---

15 El algoritmo GPU utiliza una versión multiprocesador para la aceleración en paralelo de los algoritmos de cálculos estratégicos.

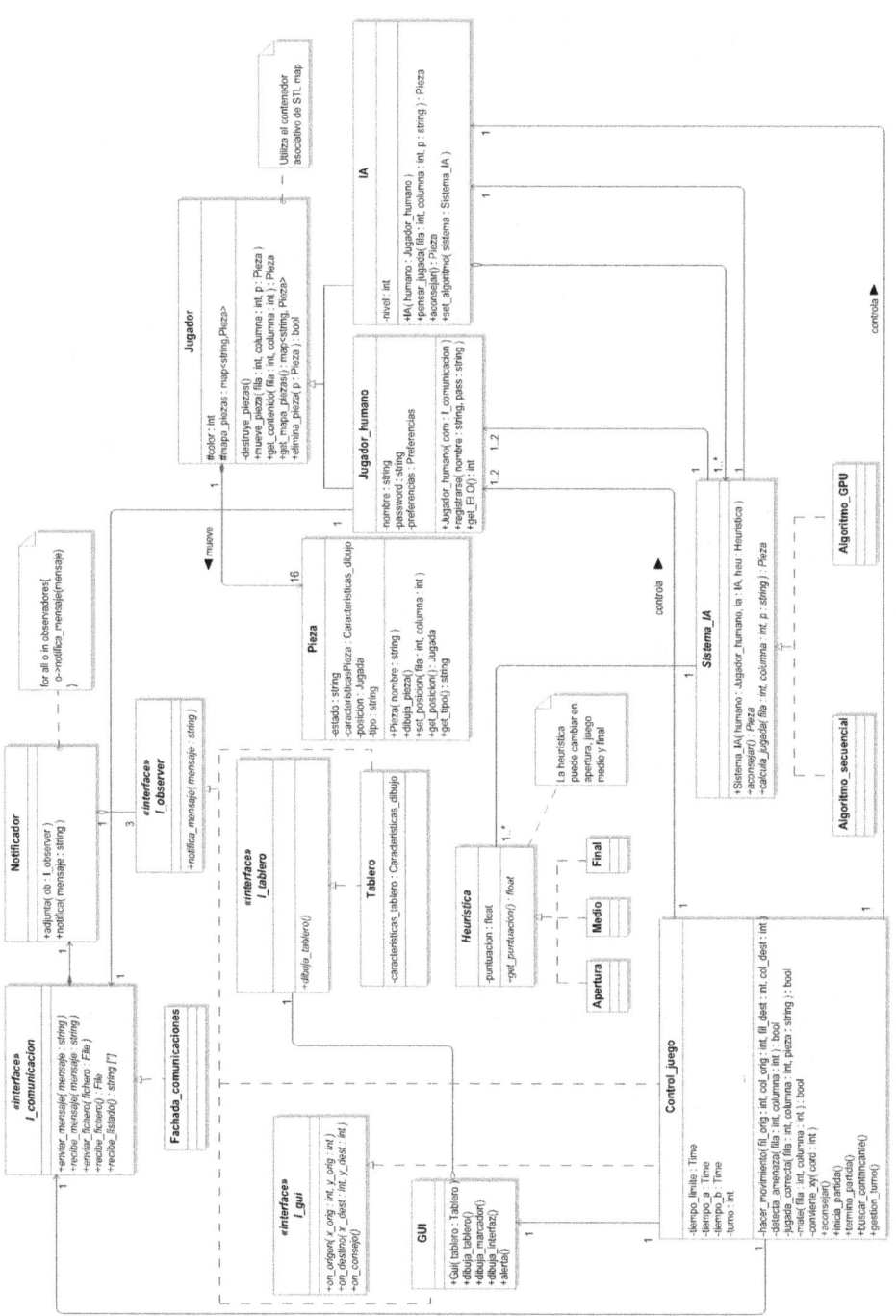

Figura 6.21. Diagrama de clases de ajedrez

6.10 CASO DE ESTUDIO: MERCURIAL

Al igual que en el caso del diagrama anterior del ajedrez, el modelo de Mercurial requiere de un análisis detenido y profundo de los aspectos clave de la aplicación.

En el diagrama de la figura 6.22 de la siguiente página se representan al detalle las cuatro interfaces provenientes del modelo arquitectónico de componentes. Igualmente los cuatro subsistemas que se definieron en el modelo de componentes se encuentran aquí completamente representados. Al igual que en el anterior diagrama, se ha recurrido a la notación de los puntos suspensivos para indicar que las secciones de atributos y métodos no se han extendido a un nivel de aplicación real.

En el diseño del modelo de clases de Mercurial se recoge la representación de la clase *FachadaComunicaciones* que es la responsable de recibir mensajes de protocolo por el *socket* y notificarlo a la clase *Notificador*. La clase *Notificador* se encarga a su vez de avisar a todas las clases que implementan dicha interfaz por medio del método virtual *notificaMensaje(mensaje:String)*. De momento no hablaremos más de este subsistema ya que entraremos más en detalle en este tema en el capítulo dedicado a patrones.

La clase *FachadaInterprete* implementa un miniintérprete de comandos en modo de texto para ser transferidos a la jerarquía de clases de *Usuario*. Esta asociación se realizará a través de la interfaz *IGestorCliente* que es la encargada de definir el paso de la clase *Comando*. Definiremos la clase *Comando* como el resultado del procesamiento de una línea de texto de comandos. Por tanto, dicha estructura contiene una serie de atributos y métodos de acceso que proporcionan el tipo de operación y sus argumentos.

La jerarquía de *Usuario* muestra por un lado la clase *ClienteProgramador*, que se asocia con un sistema de ficheros local[16], y la clase *Administrador* que implementa los roles de administrador de los repositorios. Finalmente, el subsistema *Gestor archivos* define la interfaz *IDirectorioAbstracto* que será implementada en las clases *Fichero* y *Directorio* con el doble objetivo de representar una estructura de datos recursiva y reutilizar un patrón de diseño.

Los diagramas de clases que se han modelado anteriormente no son la única solución al problema, usted mismo podría crear un modelo diferente. ¡El diseño UML es muy subjetivo y depende mucho del punto de vista del diseñador!

---

16 La versión del servidor tiene una estructura de archivos similar.

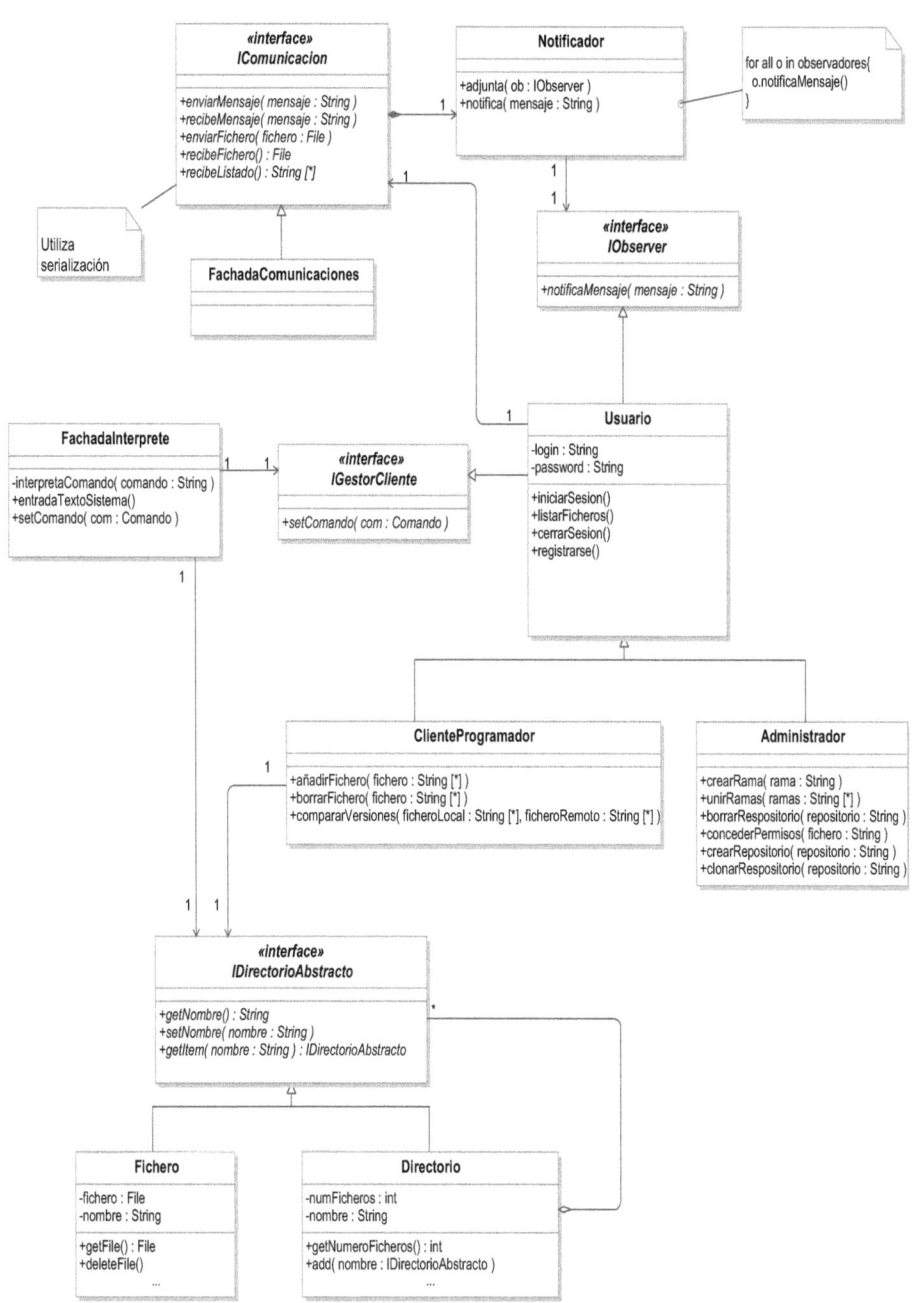

Figura 6.22. Diagrama de clases de Mercurial

7

DIAGRAMAS DE SECUENCIAS

"Los hombres construimos demasiados muros y no suficientes puentes".

(Isaac Newton)

El modelo de comportamiento permite describir el funcionamiento dinámico de la aplicación, representar las transiciones entre los diferentes estados y las principales interacciones de los objetos del dominio en tiempo de ejecución. Los diagramas de comportamiento que se tratarán en este libro se clasifican en *diagramas de interacción* que a su vez se componen de *diagramas de secuencias* y *de comunicación*. Dentro de los diagramas de comportamiento también encontramos los *diagramas de actividad* y los *de estado*. Dichos diagramas intentan modelar la evolución y la dinámica de los objetos durante su tiempo de vida y los eventos generados en ellos. Es importante destacar que los diagramas de interacción pueden estar ubicados tanto en la fase de análisis como en la de diseño, pues su sintaxis describe con fidelidad ambos contextos.

En este capítulo profundizaremos acerca de cómo los diagramas de secuencias permiten describir los objetos que interactúan entre sí a lo largo de una línea de tiempo en un determinado contexto de la aplicación. Veremos la correspondiente notación UML, los conceptos básicos para modelar diferentes tipos de situaciones en un lenguaje estructurado e ilustraremos ejemplos prácticos que le orientarán en la tarea de modelado de secuencias basados en casos de uso.

7.1 CONCEPTOS PRELIMINARES

Previo a explicar la creación de diagramas de secuencia con todas sus peculiaridades y situaciones reales, haremos un breve hincapié en los términos y conceptos clave relacionados con los diagramas de interacción de este capítulo y los siguientes.

El elemento básico de un diagrama de interacción es el *mensaje*. Este permite intercambiar información entre instancias a modo de estímulo.

En consecuencia, en un diagrama de interacción figuran:

- ▼ **Instancias**[17]: son las principales entidades derivadas de los diagramas de clases, de componentes, de casos de uso y de las que se envían o reciben un conjunto de operaciones. Estas instancias llevan consigo un estado asociado (cambios en sus atributos) correspondiente a las acciones que se han realizado sobre ellas. Son las protagonistas de los diagramas de interacción.

- ▼ **Acciones**: las acciones se dividen tanto en predefinidas (<<*create*>> o <<*destroy*>>) como otras definidas por el desarrollador.

- ▼ **Operaciones**: hacen referencia a los diferentes servicios que pueden solicitarse de las instancias. Estos servicios se corresponden con los métodos que se han definido para una determinada clase.

- ▼ **Estímulos**: las invocaciones de operaciones pueden ser de dos tipos:

  - **Síncronas**: las instancias en comunicación tienen que estar sincronizadas, esto es, la instancia que invoca se queda bloqueada hasta recibir una respuesta. En general, las llamadas síncronas son las más usuales en los diagramas de secuencias.

  - **Asíncronas**: es la contraria a la anterior, es decir, la instancia que invoca la operación continúa su ejecución sin detenerse a esperar respuesta.

---

17 A las instancias de clase se las denomina objetos.

7.2 ESTRUCTURA BÁSICA

En el diagrama de secuencias se muestran los objetos ya instanciados y los mensajes que se intercambian a lo largo del tiempo. Dentro del diagrama de secuencias pueden incluirse elementos de otros diagramas como por ejemplo los actores de los casos de uso y elementos de los diagramas de robustez. En UML los objetos se pueden representar como un rectángulo con el nombre y el tipo subrayados.

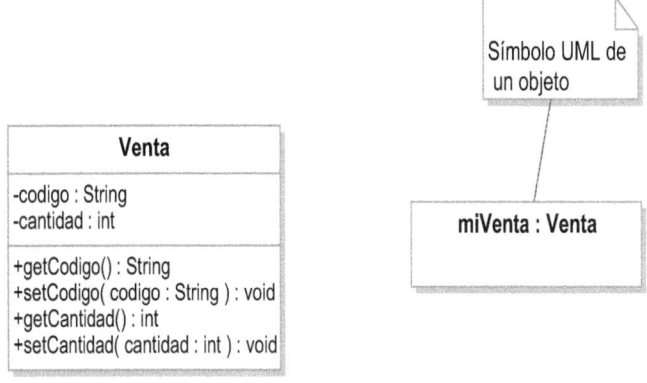

Figura 7.1. Ejemplo de clase (izquierda) e instancia de la misma (derecha)

Explicaremos a continuación cada uno de los elementos que conforman un diagrama de secuencias:

7.2.1 Línea de vida

Es una definición visual de la evolución del tiempo dentro del escenario donde se desarrollan las interacciones entre objetos. Se representa por una línea discontinua vertical y con la instancia del objeto en la parte superior de la misma.

En el ejemplo de la figura 7.2 se muestran dos objetos con sus respectivas líneas de vida. El *Objeto1* envía un mensaje síncrono al *Objeto2* que será el receptor de dicha operación o acción. Después de la ejecución del mensaje la evolución de la secuencia continúa.

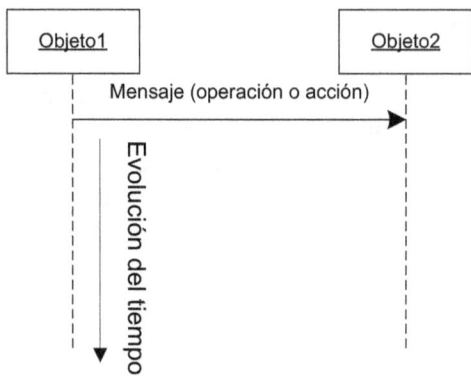

Figura 7.2. Línea de vida y mensaje

7.2.2 Activación

La activación se produce cuando un objeto recibe un estímulo y procede a llamar a su respectivo método de ejecución. Un ejemplo se muestra en la figura 7.3, en la que el actor "vendedor" realiza una venta.

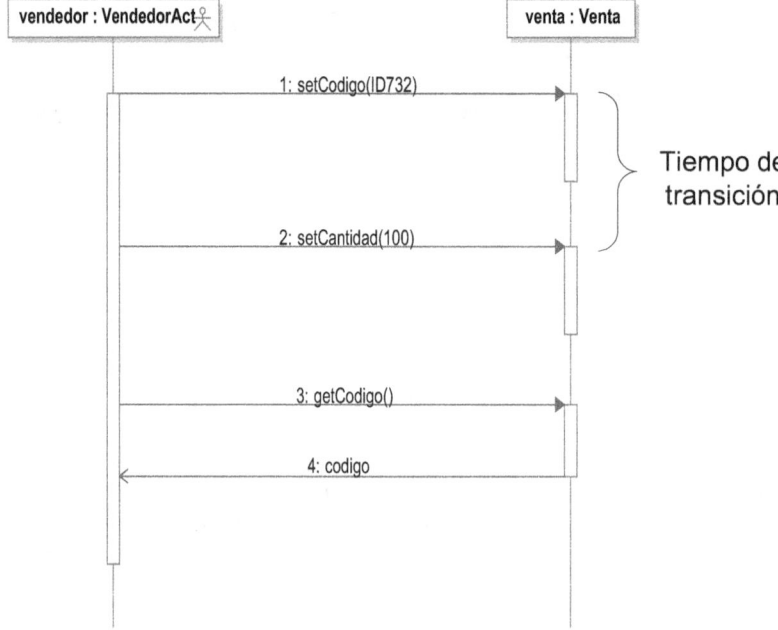

Figura 7.3. Diagrama de secuencias de una venta

En la figura 7.3 se muestra el envío de tres mensajes por el actor *Vendedor*: *setCodigo()*, *setCantidad()* y *getCodigo()*. Dichos métodos pertenecen al objeto *Venta* que los procesará en el orden indicado en la flecha de mensaje. El último mensaje retorna el código en cuestión y del mismo tipo que el establecido en el diagrama de clases. Los mensajes de retorno se describen mediante una línea discontinua devolviendo el valor requerido.

7.2.3 Mensajes síncronos y asíncronos

Como se comentó en el apartado 7.1, los tipos de estímulos pueden ser de dos tipos:

- ▼ *Síncronos*: en los que la entidad que envía permanece a la espera hasta la ejecución del mensaje y su retorno. Es preferible usar esta opción para indicar la secuencia estricta de las llamadas a operaciones. Para simbolizar el mensaje síncrono se utiliza una flecha con punta cerrada como se ilustra en la figura 7.4.

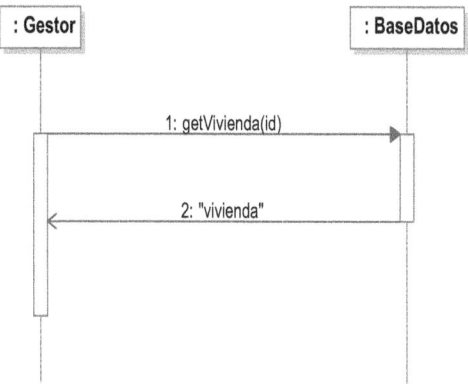

Figura 7.4. Mensajes síncronos

En el ejemplo de la figura 7.4 el objeto *Gestor* envía un mensaje al objeto *BaseDatos* que realizará el procesamiento de consulta sobre el fichero indexado. El método *getVivienda()* quedará bloqueado hasta que el objeto *BaseDatos* procese y retorne el resultado ("vivienda").

- ▼ *Asíncronos*: la entidad remitente envía el mensaje y continúa su ejecución sin esperar el retorno del receptor, es decir, sin bloquearse. Los mensajes asíncronos son utilizados por aplicaciones *multithread*, lo que implica la posibilidad de concurrencia. Los mensajes asíncronos se representan mediante una flecha de punta abierta (véase el ejemplo de la figura 7.5).

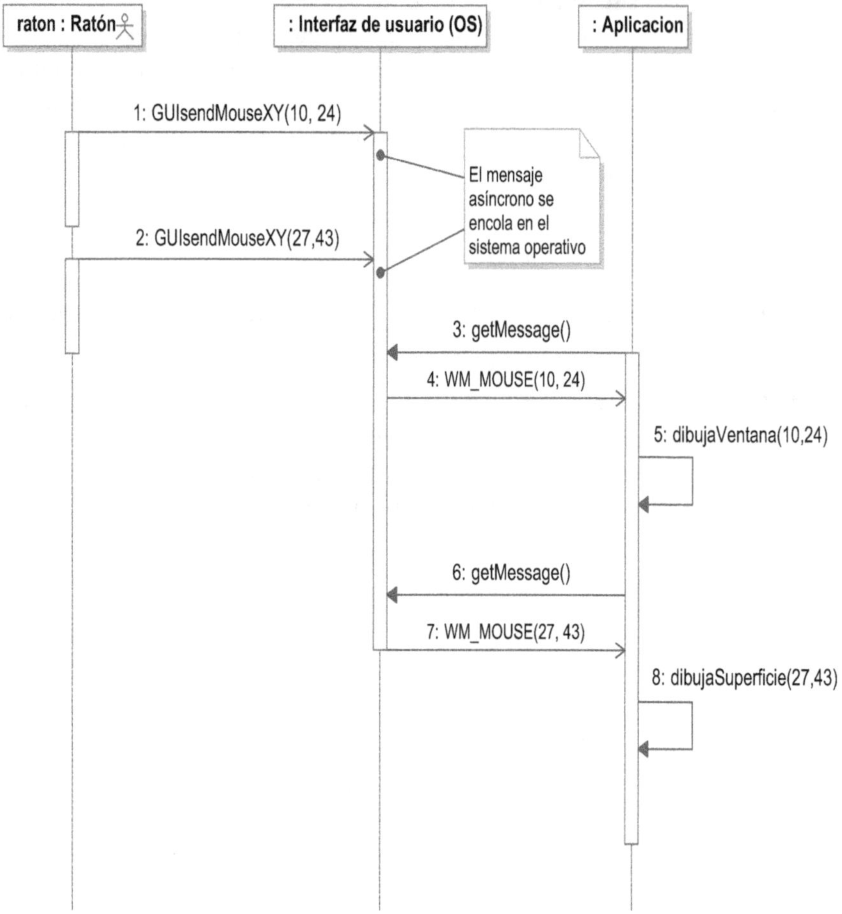

```
┌─────────────┐         ┌───────────────────────┐        ┌──────────────┐
│ raton : Ratón│         │ : Interfaz de usuario (OS)│        │ : Aplicacion │
└─────────────┘         └───────────────────────┘        └──────────────┘
```

Figura 7.5. Ejemplo de mensajes asíncronos

En el anterior ejemplo, el objeto *Interfaz de usuario* del sistema operativo consulta el puerto del ratón en *multithread* y procede a encolar los datos en la cola del sistema operativo con el ID de la aplicación a la que van destinados. Consecutivamente, el *thread* principal del objeto *Aplicación* procede a consultar la cola de mensajes del sistema operativo con *getMessage()* que es bloqueante. Cuando la aplicación recibe un mensaje, ejecuta una serie de operaciones síncronas sobre su espacio de memoria de vídeo para dibujar una ventana y una superficie en pantalla.

Respecto a la sintaxis de las operaciones que se explicitan en los mensajes entre objetos en los diagramas de secuencia es generalmente de la siguiente forma:

```
mensaje(parámetro₁, parámetro₂,…,parámetroₙ)
```

7.2.4 Creación, destrucción e invocación recursiva

Los mensajes de creación son asociados a los operadores *new* de creación de objetos en C++ y Java. Se suelen representar mediante un mensaje de creación que termina en la cabecera de una línea de vida (la de la nueva instancia creada), mientras que la destrucción se representa mediante un aspa que figura al final de la línea de vida del objeto y corresponde con el operador *delete* de C++ y *finalize* de Java (véase figura 7.6).

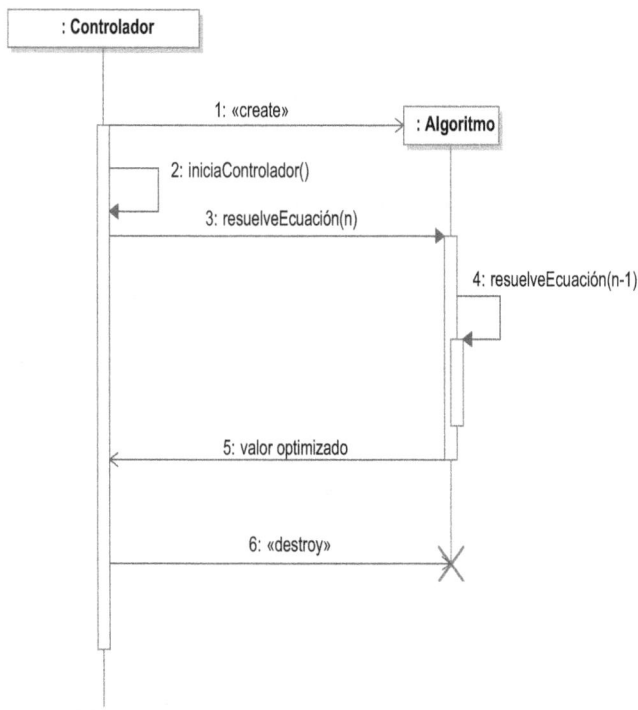

Figura 7.6. Creación de objeto, invocación recursiva y destrucción de objeto

En la interacción 2 se muestra un mensaje reflexivo de un objeto sobre su propio método (en este caso una llamada de inicialización) que puede corresponderse a una operación sobre un método *public* o *private*. En cuanto a la invocación recursiva, se simboliza superponiendo un rectángulo que representa al método desde el que se activó (mensaje 4).

7.3 EJEMPLO DE MODELADO: "SERVIDOR FTP"

7.3.1 Un solo cliente

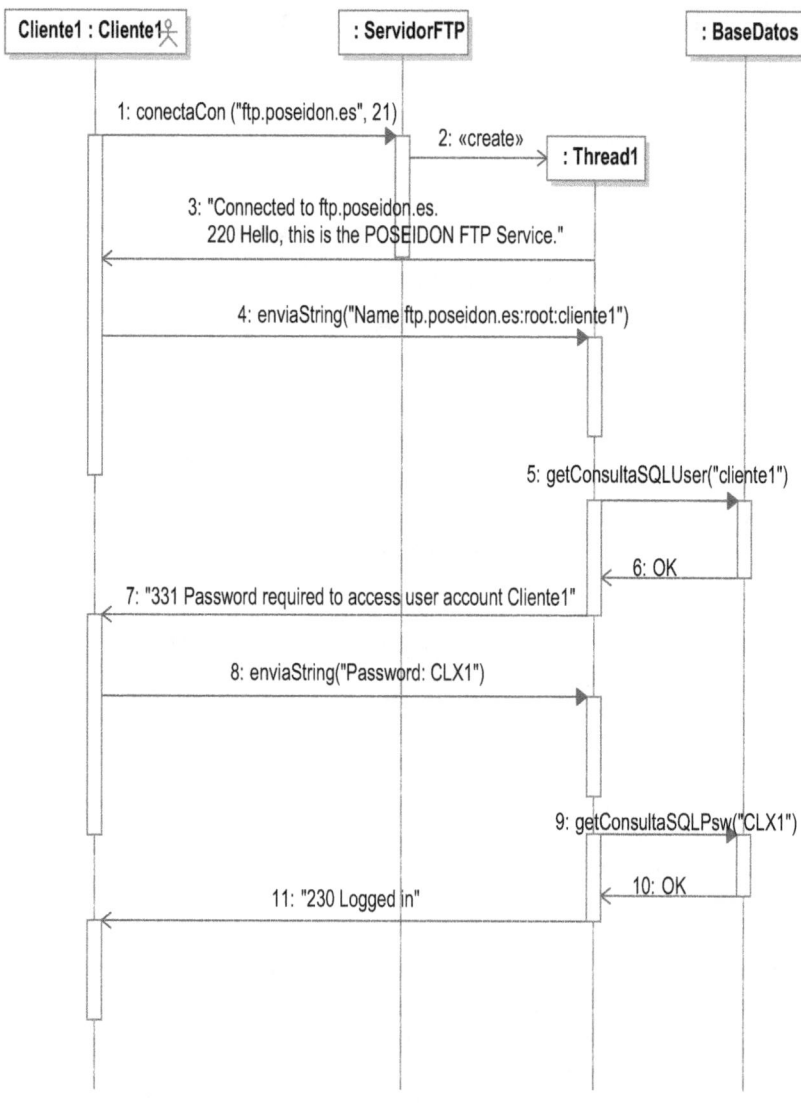

Figura 7.7. Conexión con servidor FTP usando un cliente

7.3.2 Dos clientes

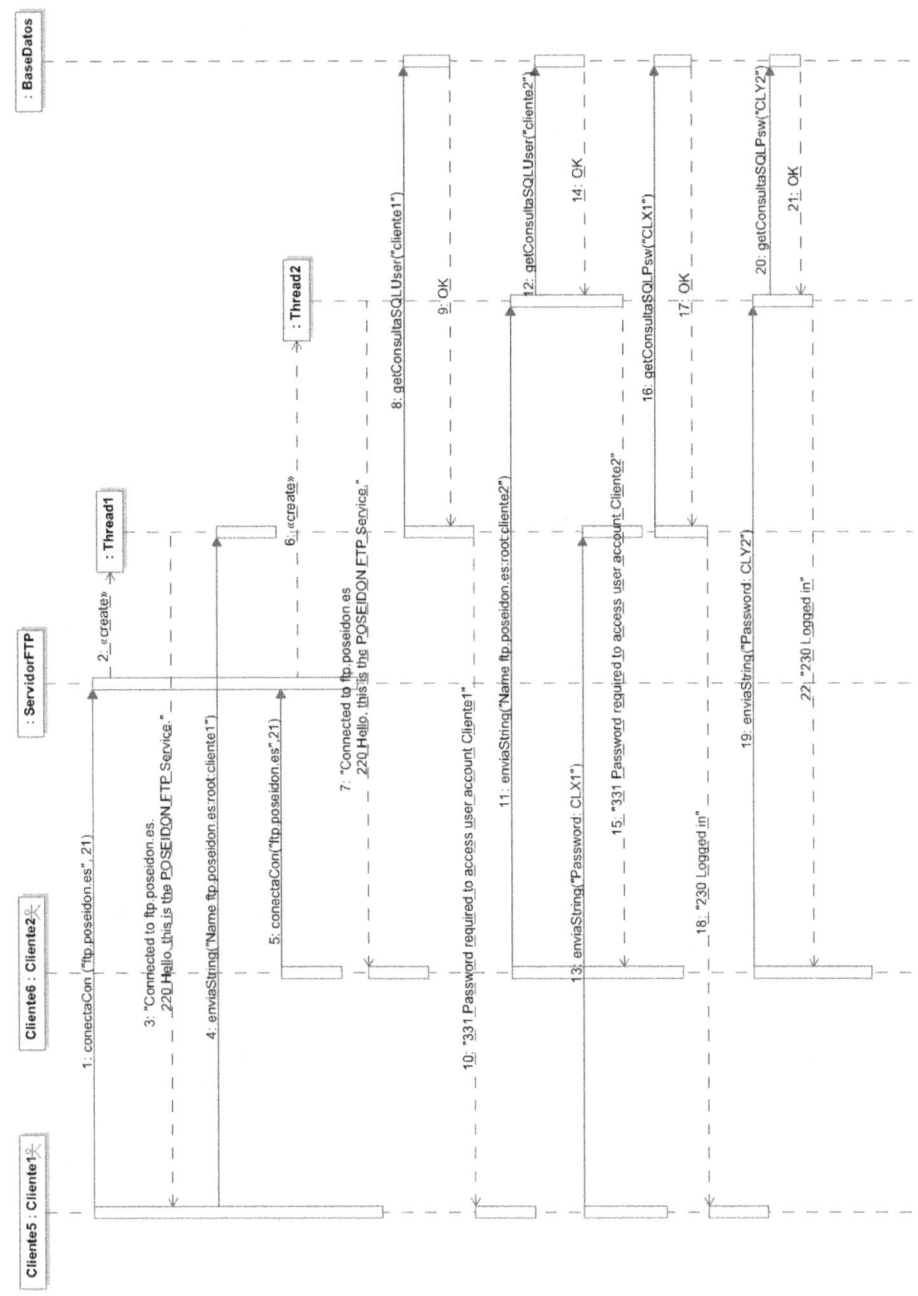

Figura 7.8. Conexión con servidor FTP usando dos clientes

En la figura 7.7 se representa un ejemplo de inicio de sesión de un solo cliente en un servidor FTP. En el correspondiente diagrama de secuencias, el cliente comienza la sesión conectando con el servidor *ftp.poseidon.es*. Cuando el servidor reciba la conexión creará un nuevo *thread* (*thread1*) para responder al cliente y se liberará. Posteriormente, el *thread1* será el encargado de consultar a la base de datos el nombre de usuario y la contraseña asociados a la cuenta FTP. Puesto que el *cliente1* debe bloquearse a la espera de los mensajes de respuesta procedentes del *thread1*, dichos mensajes serán definidos como *síncronos*.

En cuanto a la figura 7.8, se nos plantea el mismo problema pero duplicando el número de usuarios. En este caso los mensajes de *cliente1* y *cliente2* serán correspondidos por el *thread1* y *thread2* que intercalarán las consultas a la base de datos, por lo que en la implementación debería considerarse la posibilidad de concurrencia.

7.4 FRAGMENTOS COMBINADOS

La sintaxis UML de los diagramas de secuencia permite definir un conjunto de fragmentos para representar situaciones y contextos típicos de interacción a menudo presentes en los lenguajes de programación estructurados. Un fragmento combinado se define mediante un operador de interacción y sus correspondientes operandos.

7.4.1 Saltos condicionales

Los saltos condicionales se pueden expresar mediante los operadores *opt* y *alt*. El operador *opt* define una sentencia condicional simple de la forma:

opt: `si` (condición X) `luego` realiza acción X `finsi`

Así, por ejemplo, en la figura 7.9 se representa un objeto *timer* que envía un mensaje al objeto *dispositivo* si y solo si el contador *tick* ha superado el límite de 1.000 milisegundos. La guarda de la condición debe representarse entre corchetes y el mensaje afectado por la condición dentro de una región etiquetada con el operador *opt*.

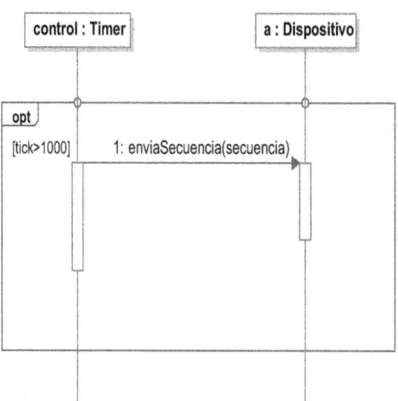

Figura 7.9. Operador opt

Así mismo el operador *alt* representa una sentencia condicional compuesta con la misma semántica que la utilizada en un lenguaje de programación estructurado:

```
alt:
si (condición A) luego
     realiza acción A
else si (condición B) luego
     realiza acción B
     .
     .
     .
else
     acción OTRA
finsi
```

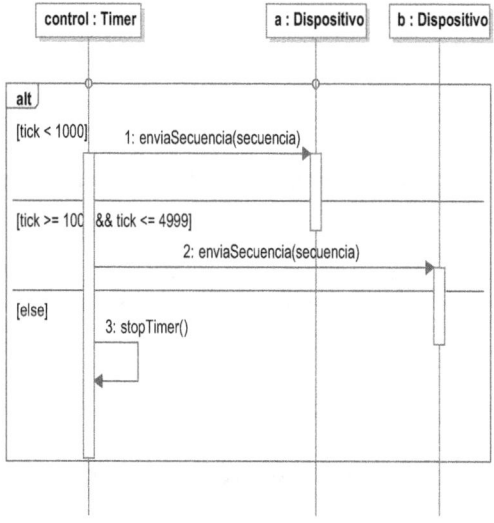

Figura 7.10. Operador alt

En la figura 7.10 se representa un escenario donde se utiliza el operador *alt* con tres condiciones. Al comenzar se inicia a cero el contador de *ticks* del *timer*. Cuando el contador de pulsos de reloj es menor de 1.000 milisegundos se invocará al dispositivo "A". De igual forma cuando el contador esté comprendido entre los 1.000 y 4.999 milisegundos se invocará al dispositivo "B". Finalmente cuando se halle fuera del rango [0, 4.999) se ejecutará la condición *else* invocando la llamada a un automensaje (*this*) para finalizar el *timer*.

Como en el caso del operador *opt*, las sentencias afectadas por la estructura condicional del fragmento combinado deben definirse dentro del marco o región etiquetada con el operador *alt*. Las diferentes ramas de la sentencia condicional deben estar separadas por líneas horizontales discontinuas, y obviamente, la guarda de la condición entre corchetes.

7.4.2 Iteraciones

Una forma de representar las sentencias iterativas en UML es mediante el operador *loop*. Este operador nos permitirá definir la mayoría de tipos de bucle asociados a los lenguajes de programación estructurados. Según [Arlow07] y la especificación UML 2.0 [OMG1] las sentencias iterativas se pueden expresar mediante modificaciones de los parámetros del operador:

Tipo de loop	Semántica	Expresión

while (*true*)
{sentencias}
endwhile
	Bucle infinito.	loop o loop *

for i = i to j {sentencias} Endfor	Repite (j – i) veces.	loop i, j

while (exp. booleana)
{sentencias}
endwhile
	Repite mientras la expresión *booleana* es cierta.	loop [exp. booleana]

repeat {sentencias} while {exp. booleana}	Ejecuta al menos una vez el *repeat* mientras la expresión *booleana* es cierta.	loop 1, * [exp. booleana]
forEach object in collection {sentencias} Endfor	Ejecuta las sentencias del bucle una vez para cada objeto en la colección.	loop [for each object in collection]

Tabla 7.1. Modificaciones del operador loop

A modo de ejemplo proponemos el caso de un objeto de *rendering* que debe realizar una función de rellenado de un área de tamaño 640 x 480 píxeles. Por lo tanto, será necesario definir un doble bucle anidado como se muestra en la figura 7.11:

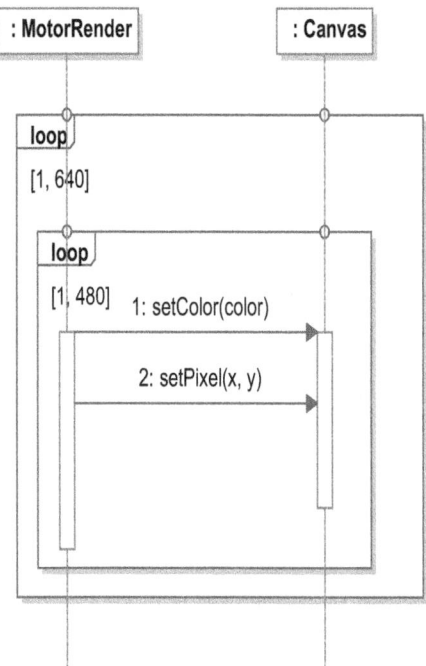

Figura 7.11. Ejemplo de bucle anidado

El operador *break* se encuentra estrechamente relacionado con el operador *loop*, puesto que en la programación estructurada se utiliza para finalizar la iteración en curso. Tan pronto como la guarda de la condición sea evaluada a cierto se ejecutará el operador *break* y terminará el bucle *loop*.

Para ilustrar esta situación supongamos un ejemplo en donde es necesario iterar sobre los libros de una biblioteca hasta encontrar un ejemplar solicitado:

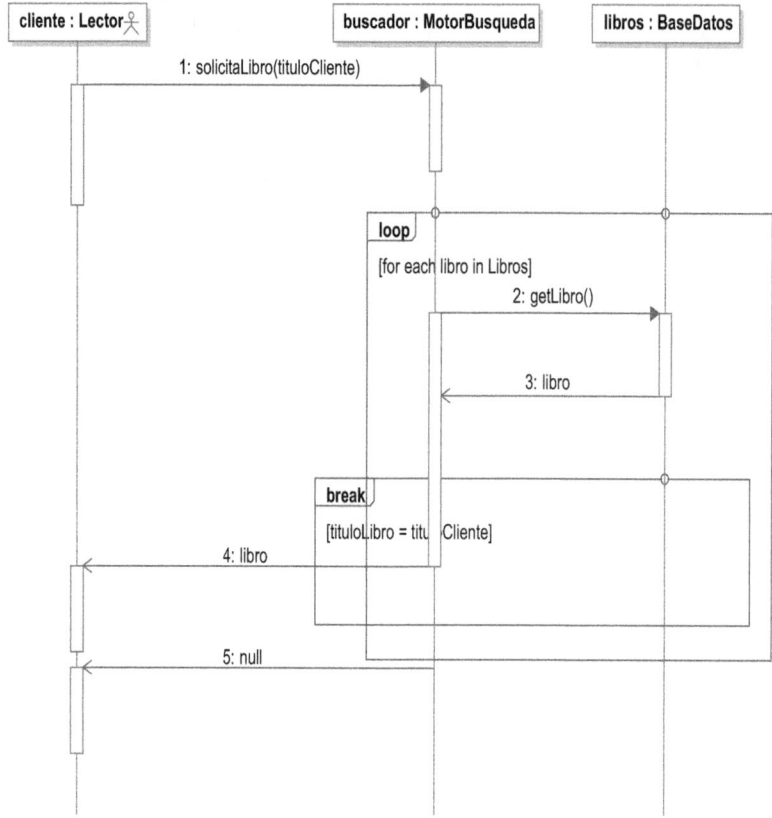

Figura 7.12. Terminación de bucle con break

El motor de búsqueda realiza la petición solicitada por el actor cliente. Al ejecutar el bucle se listan todos los ejemplares de la colección que cumplen con los criterios especificados. Si se verifica la condición de coincidencia de patrón se ejecutará el operador *break*, finalizará la iteración y se devolverá el correspondiente valor. Por último, es importante definir el fragmento *break* fuera del ámbito del bucle y solapando todas las líneas de vida de los objetos a los que afecta la iteración finalizada.

7.4.3 Paralelismo

La versión 2.0 de UML permite especificar situaciones en donde los procesos se ejecutan de forma paralela, ya sea en un *cluster* o sistema multiprocesador. Al operador que lleva a cabo la definición de un escenario paralelo se le denomina *par*.

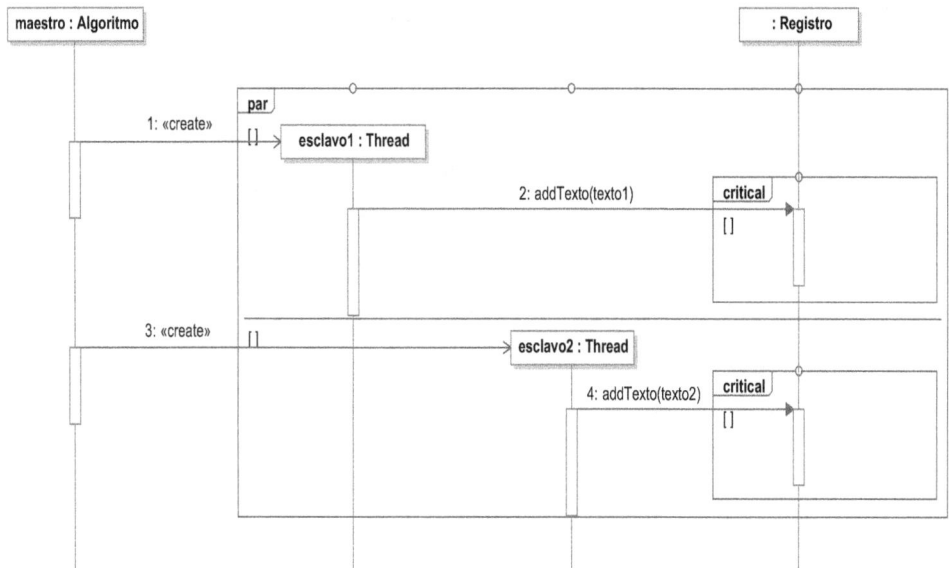

Figura 7.13. Ejemplo de paralelismo con sección crítica

En el ejemplo de la figura 7.13 el proceso *maestro* crea dos procesos esclavos en diferentes unidades de procesamiento que acceden simultáneamente a un registro de una tabla de una base de datos. Puesto que existe una situación de paralelismo entre estos dos *threads*, la sección de mensajes debe ser solapada con un fragmento del tipo *par*. Así mismo, puesto que los dos *threads* acceden a la vez al mismo recurso compartido es necesario especificar la protección del recurso mediante una sección crítica por medio del operador de UML *critical*.

7.5 PARAMETRIZACIÓN

En UML 2.0 las interacciones pueden ser parametrizadas y de esta forma simplificar el diagrama de secuencias cuando este es excesivamente complejo.

Imagínese una situación donde es necesario realizar frecuentemente una llamada a un objeto para devolver un valor. Con la parametrización es posible encapsular un diagrama de secuencias para ser invocado desde otro diagrama a modo de subrutina. El operador que hace esto posible se denomina *ref*. Un ejemplo de parametrización puede verse en la figura 7.14:

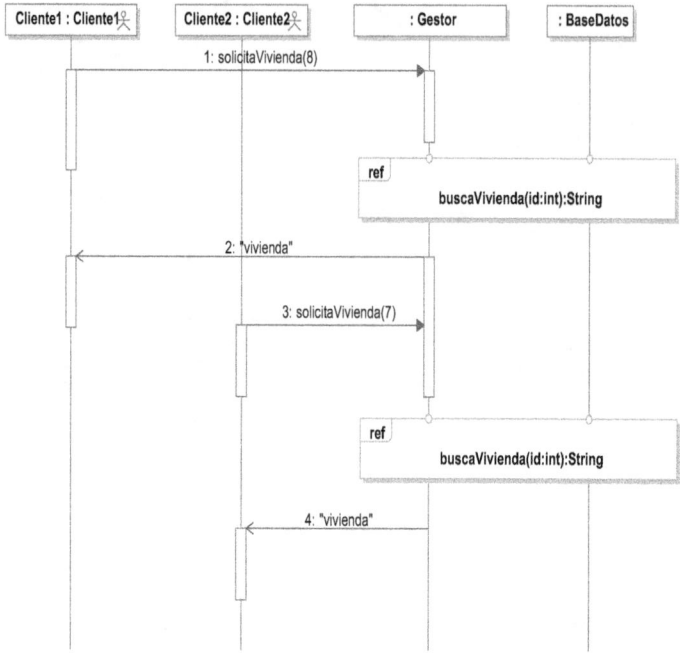

Figura 7.14. Llamada a otro diagrama de secuencias

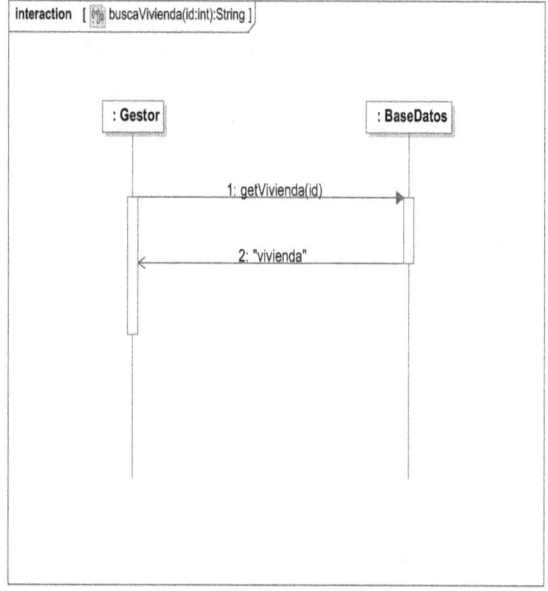

Figura 7.15. Diagrama de secuencias invocado

En el ejemplo anterior el diagrama de secuencias *buscaVivienda* encapsula la funcionalidad requerida entre el objeto *Gestor* y la base de datos. Cuando el diagrama de la figura 7.14 invoca la búsqueda de una vivienda esta será redirigida hacia la función representada en la figura 7.15 mediante *ref* a modo de subrutina.

7.6 CASO DE ESTUDIO: AJEDREZ

Se ha dividido el escenario de una jugada del ajedrez en dos diagramas, uno para representar la interacción y ataque de un jugador humano sobre el tablero virtual y otro para el cálculo de la estrategia y contraataque de la máquina.

7.6.1 Turno del jugador humano

En el diagrama de la figura 7.16 se ilustra la secuencia de operaciones entre instancias de clases para realizar el movimiento de un usuario. A continuación describimos en detalle la secuencia de la jugada:

- ▼ 1 y 2: el usuario desplaza el ratón desde la posición de origen hasta la posición de destino. Se convierten las coordenadas de pantalla a filas y columnas del tablero.

- ▼ 3: se informa al motor de juego de que el usuario ha movido una pieza en unas determinadas coordenadas en filas y columnas.

- ▼ 4 y 5: se averigua qué pieza está en las coordenadas de origen (*fil1,col1*) y se devuelve el objeto *Pieza*.

- ▼ 6: se comprueba que la jugada a las posiciones de destino: (fil2, *col2*) está permitida en el reglamento del ajedrez.

- ▼ 7, 8 y 9: se informa al objeto *Pieza* para que se reposicione en las nuevas coordenadas y se procede a dibujar la pieza en el *backbuffer*.

- ▼ 10: se redibuja el tablero completo sobre el *buffer* frontal.

- ▼ 11 y 12: se comprueba si realiza algún mate y si la pieza está amenazada en las posiciones de destino.

- ▼ 13: se ha detectado una amenaza. Se informa al usuario.

- ▼ 14: el usuario pide consejo a la IA.

- ▼ 15 a 20: se procede a redirigir la petición de consejo al algoritmo paralelo y devuelve un objeto *Pieza* con la pieza que debe mover.

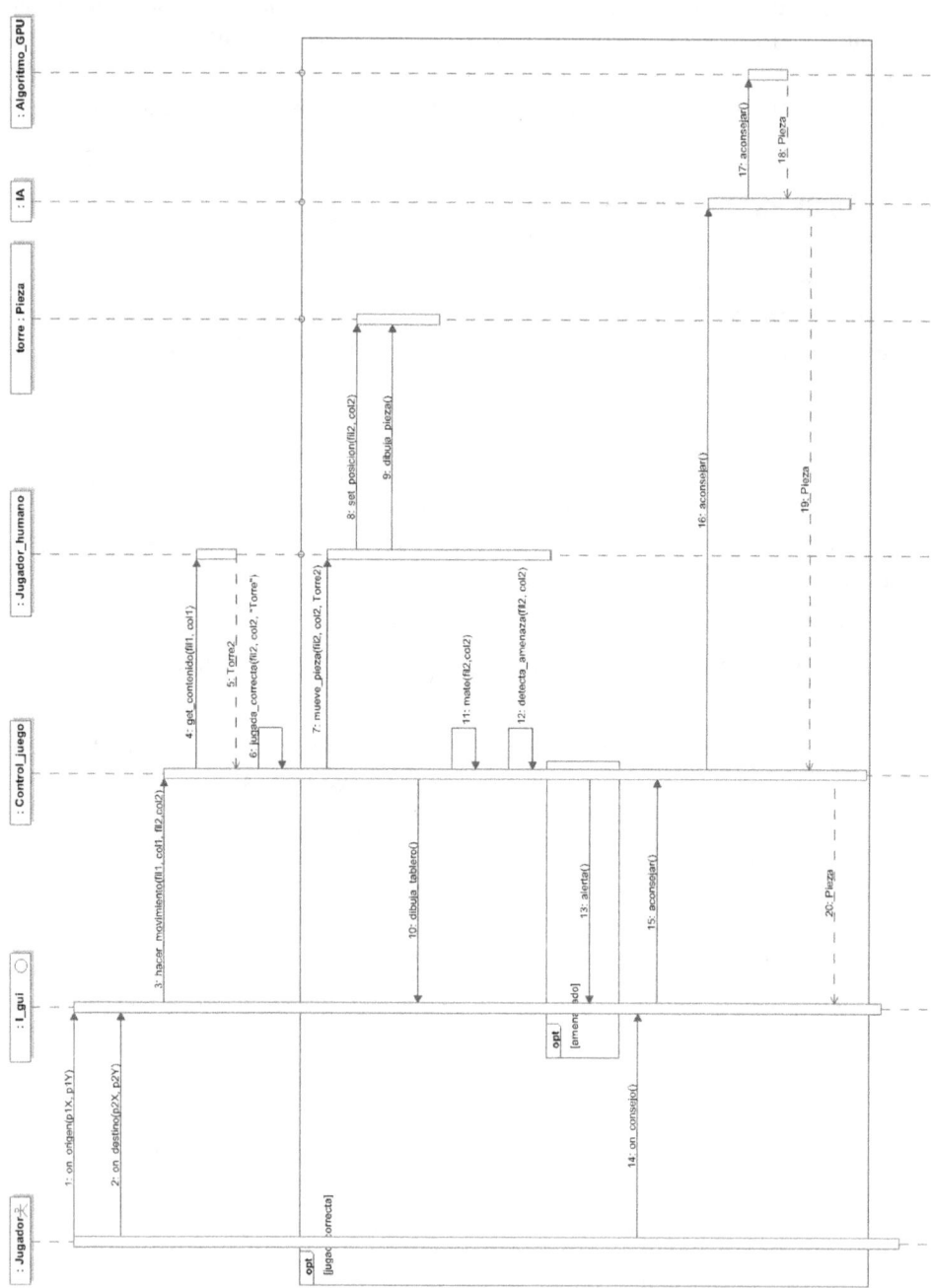

Figura 7.16. Diagrama de secuencias (mueve humano). Sigue

7.6.2 Turno de la IA

En el diagrama de la figura 7.17 se recogen las interacciones entre objetos del dominio del juego de ajedrez que describen la decisión algorítmica de contraataque de la máquina y el jaque mate final al rey del jugador humano. La secuencia que lleva a cabo la estrategia IA es la siguiente:

- ▼ 1: el motor de juego informa a la IA de que el jugador humano ha movido una "Torre" a las posiciones de destino *fil2* y *col2*.

- ▼ 2: la IA pide al objeto *Algoritmo_GPU* que procese una estrategia con la versión paralela del algoritmo *minimax*.

- ▼ 3 y 4: el objeto *Algoritmo_GPU* obtiene un mapa asociativo del jugador humano con identificadores de piezas y posiciones.

- ▼ 5 y 6: el algoritmo de GPU consulta el objeto de heurística final con el propósito de obtener un valor óptimo de la función evaluadora.

- ▼ 7, 8, 9 y 10: el algoritmo GPU procesa el resultado a partir de la información proporcionada por las anteriores interacciones y devuelve la jugada óptima a la IA.

- ▼ 11: el motor de juego comprueba que el movimiento de destino devuelto por la IA cumple las normas del ajedrez.

- ▼ 12, 13 y 14: se informa a la IA para que realice el movimiento a la casilla de destino y dibuje la pieza en el *backbuffer*.

- ▼ 15 y 16: se consulta qué pieza se encuentra en la posición de ataque.

- ▼ 17: comprueba si la posición de destino se encuentra amenazada.

- ▼ 18: comprueba si existe mate en la posición de destino.

- ▼ 19 y 20: puesto que se ha dado jaque al rey, el motor de juego elimina la pieza del tablero.

- ▼ 21: el motor de juego determina que ha finalizado la partida.

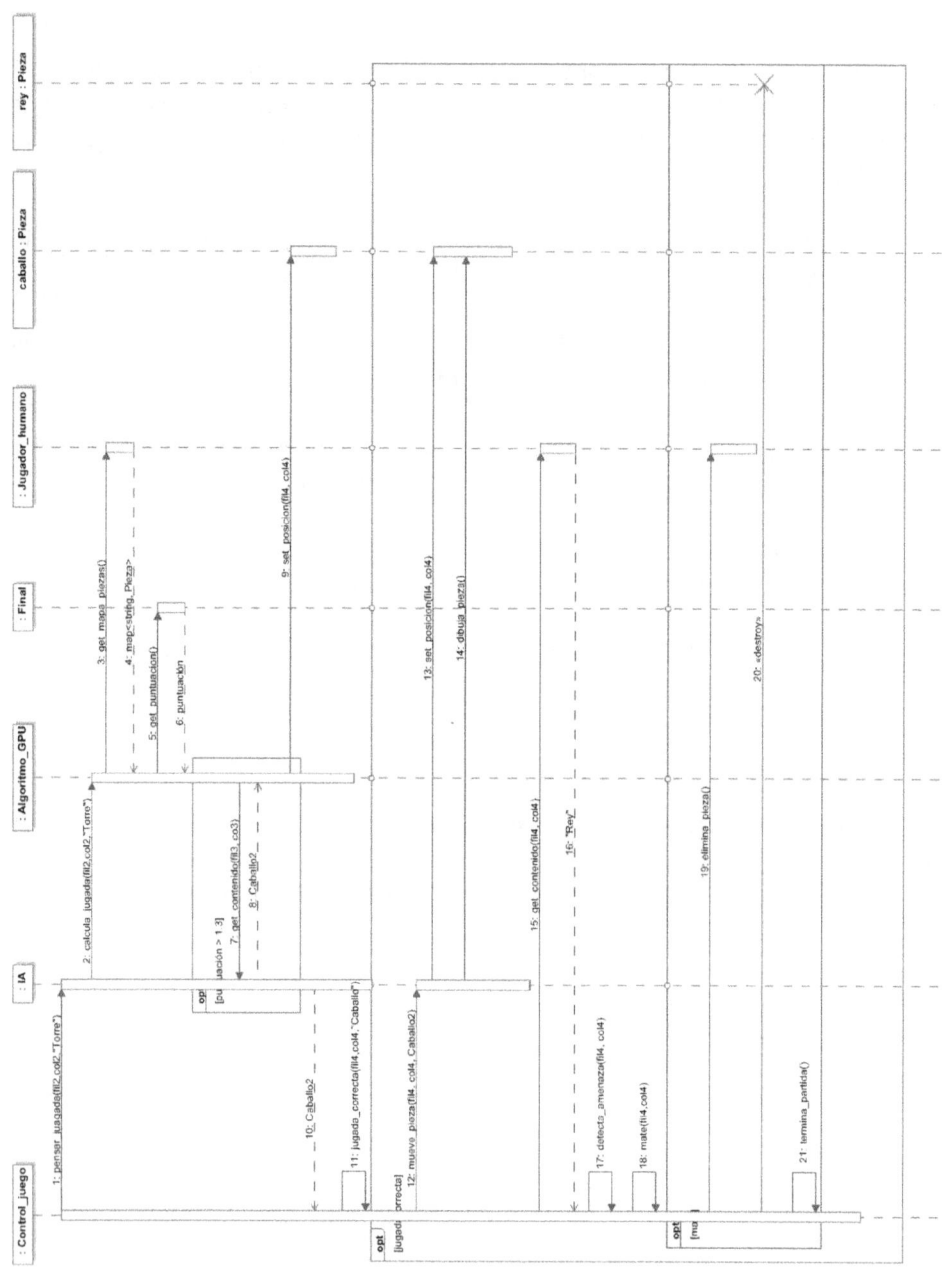

Figura 7.17. Diagrama de secuencias (contraataque de la IA). Fin partida

7.7 CASO DE ESTUDIO: MERCURIAL

Pasamos ahora a explicar el escenario de borrado de un fichero local por un usuario de la aplicación CVS de Mercurial. En este caso la conexión y las transferencias en la red son prácticamente inexistentes. El motivo de no realizar la petición al servidor remoto justifica un diagrama de secuencias más completo en el que se describan las iteraciones sobre la estructura del patrón *Composite*.

A continuación se detalla la secuencia de interacción de este caso:

▼ 1: el actor *Programador* introduce una cadena de texto en el terminal del sistema.

▼ 2: la fachada del intérprete analiza la cadena alfanumérica.

▼ 3: una vez creado el objeto *Comando* se pasa al objeto *ClienteProgramador*.

▼ 5, 6 y 7: se repite la misma acción que en 1-3 pero especificando una ruta para el comando de borrado.

▼ 8: se obtiene primero un objeto que implemente la interfaz *IDirectorioAbstracto* (típicamente un objeto *Directorio*) pasando como parámetro la secuencia jerárquica de la ruta.

▼ 9: se entra en un bucle *loop* invocando iterativamente el método *getItem()* del objeto de tipo *IDirectorioAbstracto* hasta que se encuentra el fichero especificado.

▼ 10: si se halla el fichero se procede a borrarlo del sistema de archivos.

▼ 11 y 12: finalmente se borra el fichero y se destruye el objeto.

▼ 13: en caso de que la llamada al método *getItem()* devuelva NULL se lanzará una excepción informando del error.

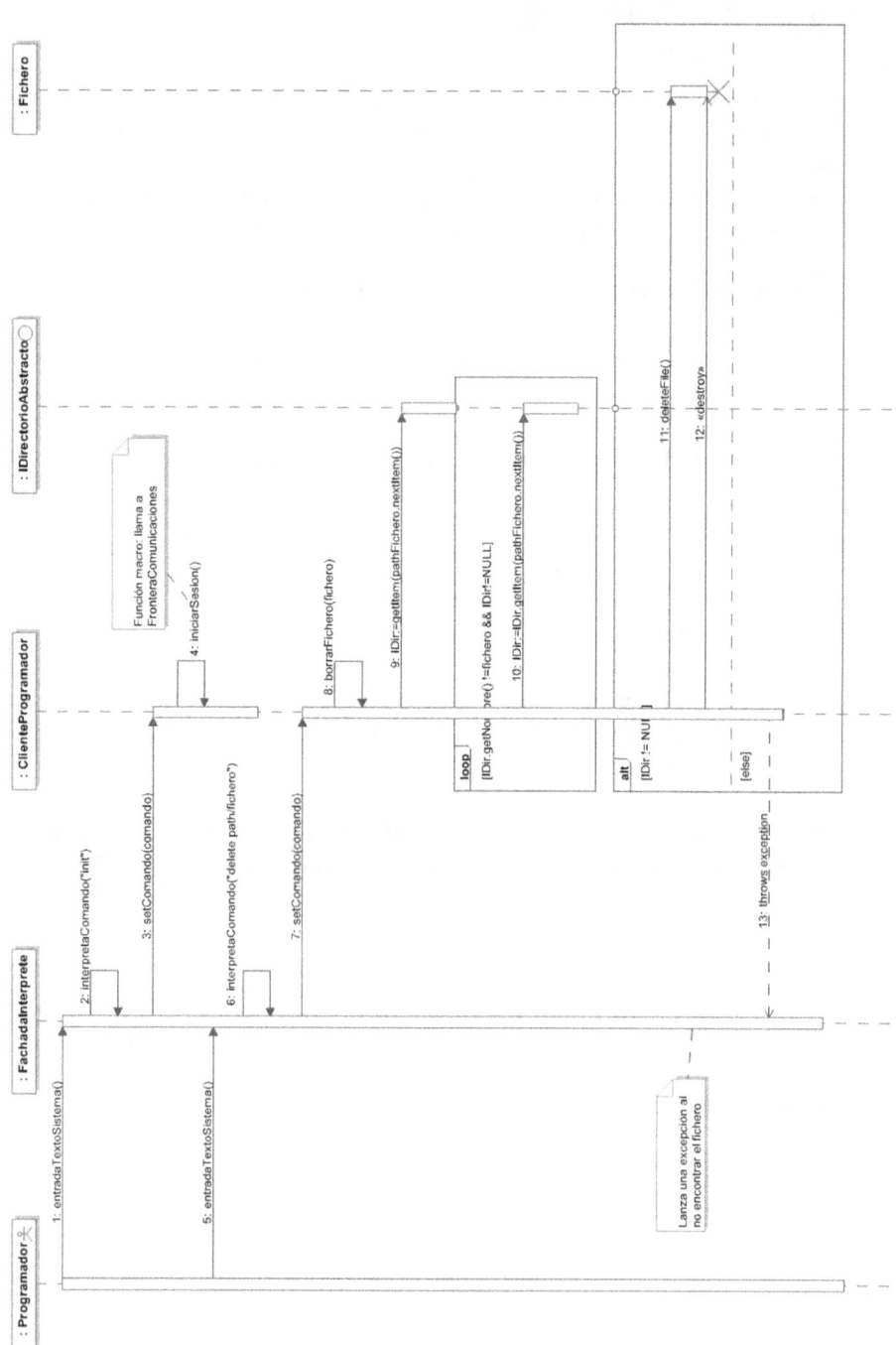

Figura 7.18. Diagrama de secuencias para el borrado de un fichero local en Mercurial

8

DIAGRAMAS DE COMUNICACIÓN

> "Conducir con orden mis pensamientos, empezando por los objetos más simples y más fáciles de conocer, para ascender poco a poco, gradualmente, hasta el conocimiento de los más complejos, y suponiendo incluso un orden entre ellos que no se parecen naturalmente unos a otros […]".
>
> (René Descartes: *Discurso del método*, parte II)

Seguimos en la fase de diseño detallado, más concretamente con los diagramas relacionados con los modelos de interacción. El *diagrama de comunicación* permite visualizar las interacciones entre instancias añadiendo información con una semántica diferente a la del diagrama de secuencias. A pesar de la similitud con estos, los diagramas de comunicación muestran de una forma alternativa la secuencia de mensajes, el orden, el control y las bifurcaciones en el flujo de llamadas.

El diagrama de comunicación es un diagrama más compacto y menos complejo que el de secuencias, si bien se puede obtener automáticamente de este último y viceversa en algunas herramientas CASE. En general se podrían ver los diagramas de comunicación como una instantánea en el tiempo de un escenario representado por un diagrama de secuencias. Por tanto, este tipo de diagrama que veremos ahora muestra menos eficazmente la evolución temporal.

No obstante, se utilizará para modelar situaciones donde es necesario capturar las interacciones y el flujo de ejecución de los mensajes entre objetos que implementan una acción[18] en un momento dado.

---

18 Dicha acción podría ser un caso de uso.

8.1 ESTRUCTURA BÁSICA

Las entidades principales del diagrama de comunicación son los objetos. Estos se representarán tal como se vio en los diagramas de secuencias (ver figura 7.1), aunque generalmente los diseñadores de UML suelen omitir el nombre de la clase y especificar únicamente el tipo.

Otro elemento fundamental del diagrama son los enlaces que indican la existencia de una relación semántica entre los objetos que unen. Esto no implica que tengan obligatoriamente una asociación en el diagrama de clases para poder enviarse mensajes.

Por último están los mensajes que fluyen a través de los enlaces, los cuales poseen un determinado número de identificación que especifica el orden o la secuencia de actuación. Cuando es necesario detallar o jerarquizar una serie de mensajes se recurrirá a expresarlos mediante un punto lexicográfico. Los mensajes también poseen una flecha que indica la direccionalidad de los mismos y que viene a representar cuál es el objeto invocador y cuál el invocado. A modo de ejemplo, la figura 8.1 muestra lo que sería este tipo de diagrama. En él se aprecia un escenario de serialización de dos objetos: *formulario1* y *formulario2* desde un diálogo de captura de datos de empresas.

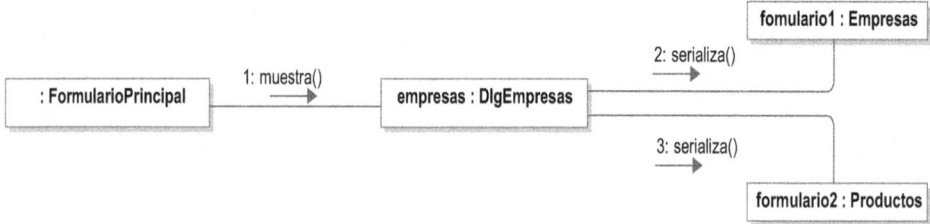

Figura 8.1. Ejemplo de diagrama de comunicación

La sintaxis del mensaje es idéntica a la explicada para los diagramas de secuencias. Respecto a la numeración, se debe seguir la siguiente regla sintáctica:

```
secuencia₁.secuencia₂.(...).secuenciaᵢ:mensaje
```

Y donde cada secuencia tiene la siguiente sintaxis[19]:

```
[número | letra] [recurrencia]
```

---

19 El operador "|" significa disyunción.

El *número* indica el orden de la secuencia. Como se ilustra en la figura 8.1, el primer mensaje es el enviado desde el formulario principal al diálogo de empresas, el segundo el enviado desde el diálogo de empresas al formulario 1, y el último, el enviado desde el diálogo de empresas al formulario 2. Sin embargo, en el ejemplo de la figura 8.2 el orden de anidamiento indica el orden de la subsecuencia dentro de la secuencia, como en los casos: (1a.1) y (1b.1)[20].

En los casos donde se utilice una *letra* implicará una situación de envío de mensajes concurrentes (véase figura 8.2).

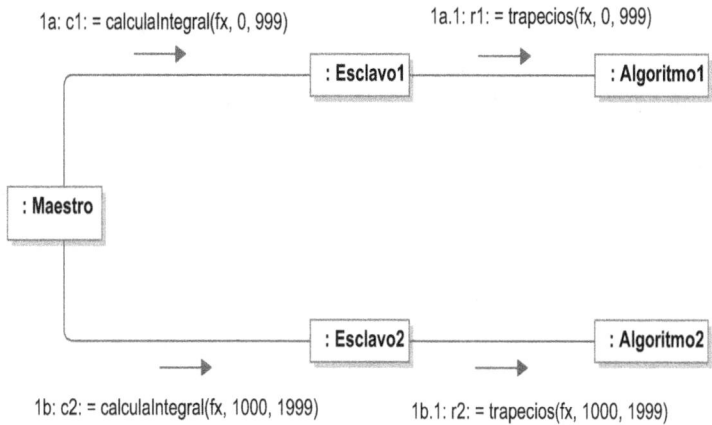

Figura 8.2. Diagrama con situación de concurrencia

En el diagrama de la figura 8.2 existe un escenario concurrente especificado con los mensajes (1a) y (1b) lanzados síncronamente desde el *Maestro* hacia los esclavos. Estos, a su vez, enviarán mensajes síncronos (1a.1 y 1b.1) hacia sus respectivos algoritmos de cálculo que devolverán los correspondientes resultados hacia el *Maestro*.

La *recurrencia*, como veremos más adelante expresa sentencias condicionales y de control.

Otra situación comúnmente producida en los diagramas de comunicación suele ser los mensajes de un objeto a él mismo, conocidos en algunos lenguajes como mensajes *self* o *this* (figura 8.3).

---

20 El orden de transmisión de control sería prácticamente como el de la lectura del índice de un libro, es decir, el control se transmite mientras exista una secuencia hija para una determinada secuencia padre.

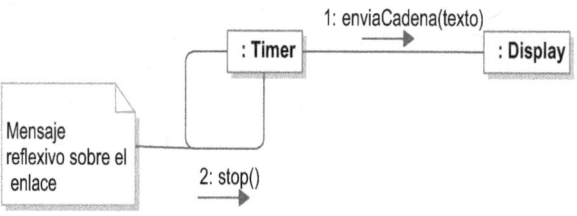

Figura 8.3. Ejemplo de mensaje reflexivo

En el anterior ejemplo el objeto *Timer* envía una cadena de texto a un controlador de un "display" cuando recibe el evento de tiempo y finalmente se detiene enviando un mensaje de *stop()* sobre el mismo temporizador.

La creación y destrucción de objetos se realiza de manera análoga a la explicada en el diagrama de secuencias y sigue la misma lógica que un lenguaje orientado a objetos:

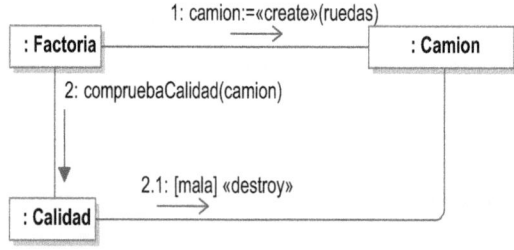

Figura 8.4. Ejemplo de mensajes de "creación" y "destrucción"

8.2 SALTOS CONDICIONALES

Durante el proceso de interacción e intercambio de mensajes entre objetos que se representan en el diagrama de comunicación, también es posible especificar situaciones donde se produce una bifurcación en el control del envío de mensajes. De esta forma es posible indicar que un mensaje se enviará siempre y cuando se especifique la expresión condicional entre corchetes. Cuando dicha expresión o guarda es evaluada como cierta entonces el mensaje será enviado.

En la figura 8.5 se modela una situación de este estilo. El cliente envía un mensaje de pulsación de ratón en un área de la pantalla; acto seguido el *gestor de eventos* discernirá a cuál de los dos botones van dirigidas las coordenadas. Según se pulse uno u otro, se enviará un mensaje de imprimir un listado de nóminas o facturas a los respectivos objetos que lo gestionan. Finalmente, un mensaje asíncrono es enviado desde los objetos *Nóminas* y *Facturas* hacia el *gestor de la impresora*, siempre y cuando ésta esté liberada.

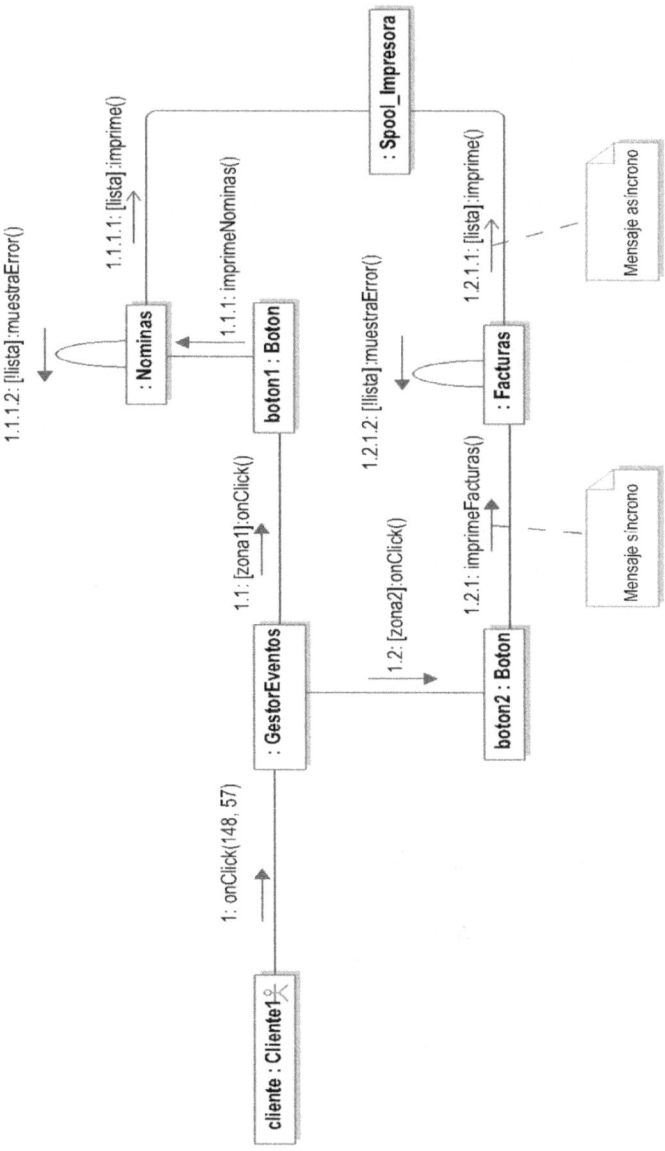

Figura 8.5. Ejemplo de mensajes condicionales

8.3 ITERACIONES

Las iteraciones en los diagramas de comunicación indican la repetición de un mensaje enviado entre dos objetos. La notación de las iteraciones se especifica mediante el uso del asterisco seguido de la expresión del bucle.

Generalmente la sintaxis indicada por UML para los bucles condicionales es la siguiente:

```
* [bucle [guarda]]:mensaje
```

sin que exista una nomenclatura especificada por UML para el *bucle* y la *guarda*[21].

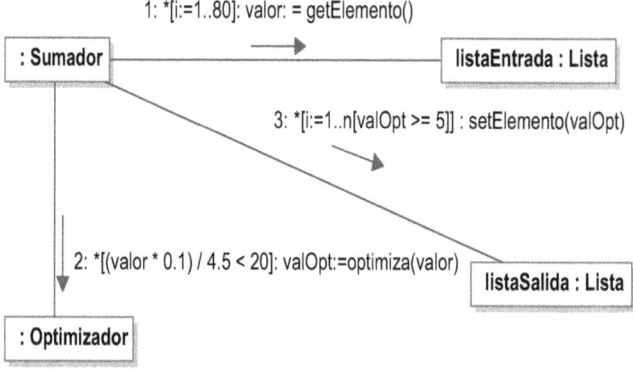

Figura 8.6. Ejemplo de iteraciones y condicionales

La figura 8.6 es un claro ejemplo de un diagrama de comunicación con una iteración normal y otra con condición. Como se puede apreciar, el objeto *Sumador* itera 80 veces sobre *una lista de entrada* para extraer sus valores. Cada uno de dichos valores será enviado al *Optimizador* siempre que cumplan la guarda del mensaje (2). Finalmente, cada valor optimizado se enviará a la lista de salida (3) para almacenar los elementos optimizados cuando se cumple la condición de su guarda.

---

21 Se supone que se puede expresar en pseudocódigo o en un lenguaje de programación actual.

8.4 CASO DE ESTUDIO: AJEDREZ

El diagrama de la figura 8.7 ilustra un escenario del juego del ajedrez donde se recibe, a través de la fachada de comunicaciones, un mensaje que informa del movimiento de un peón por el jugador remoto. Obviamente, el *host* local debe actualizar gráficamente dicho movimiento. La secuencia de llamadas que mejor muestra esta situación es la siguiente:

- ▼ 1: el objeto *Notificador* realiza tres iteraciones informando a las interfaces *I_observer* de que se ha recibido un mensaje por el *socket*.

- ▼ 1.1: el objeto *Control_juego* que implementa la interfaz *I_observer* recoge el mensaje y obtiene el mapa de piezas del rival.

- ▼ 1.2: el objeto *Control_juego* informa al objeto rival local de que tiene que mover el peón 4.

- ▼ 1.2.1 y 1.2.2: el objeto *Jugador_humano* que representa al *rival* remoto actualiza la posición y dibuja la pieza en el *backbuffer*.

- ▼ 1.3: finalmente se redibuja el tablero completo sobre la memoria de vídeo.

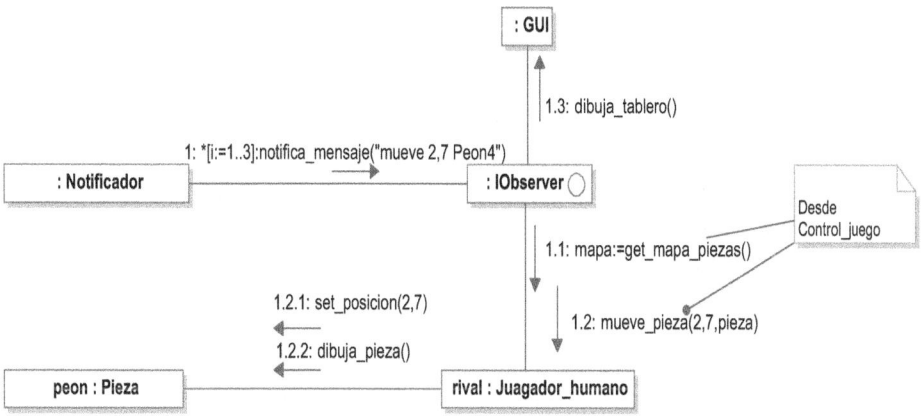

Figura 8.7. Diagrama de comunicación para un movimiento de pieza del rival

8.5 CASO DE ESTUDIO: MERCURIAL

Completamos la sección de diagramas de comunicación explicando el caso de estudio de Mercurial. En el escenario propuesto en la figura 8.8 se describe la secuencia de interacción del diagrama de secuencias homólogo visto en el capítulo siete. La secuencia de pasos es muy similar, aunque en este diagrama se ejemplifica el borrado del fichero: `"a/b/p2.c"`.

- ▼ 1: el actor *Programador* introduce un texto con el comando de borrado en el terminal del sistema.

- ▼ 1.1: la fachada del intérprete realiza el análisis de la cadena de texto.

- ▼ 1.2: se pasa el objeto *Comando* con toda la información desglosada al objeto *ClienteProgramador*.

- ▼ 1.2.1: el objeto *ClienteProgramador* llama a su método *borrarFichero*, que internamente invoca al objeto que representa al directorio raíz pasándole el primer elemento de la jerarquía.

- ▼ 1.2.2: se itera con el siguiente elemento de la jerarquía. Esta vez el objeto del directorio "a" nos devuelve uno de sus hijos que coincide con la secuencia.

- ▼ 1.2.3: se realiza el mismo proceso que en 1.2.2 pero sobre el directorio "b" para obtener su hijo "p2.c".

- ▼ 1.2.4: finalmente, una vez encontrada la coincidencia, se procede a eliminar el fichero.

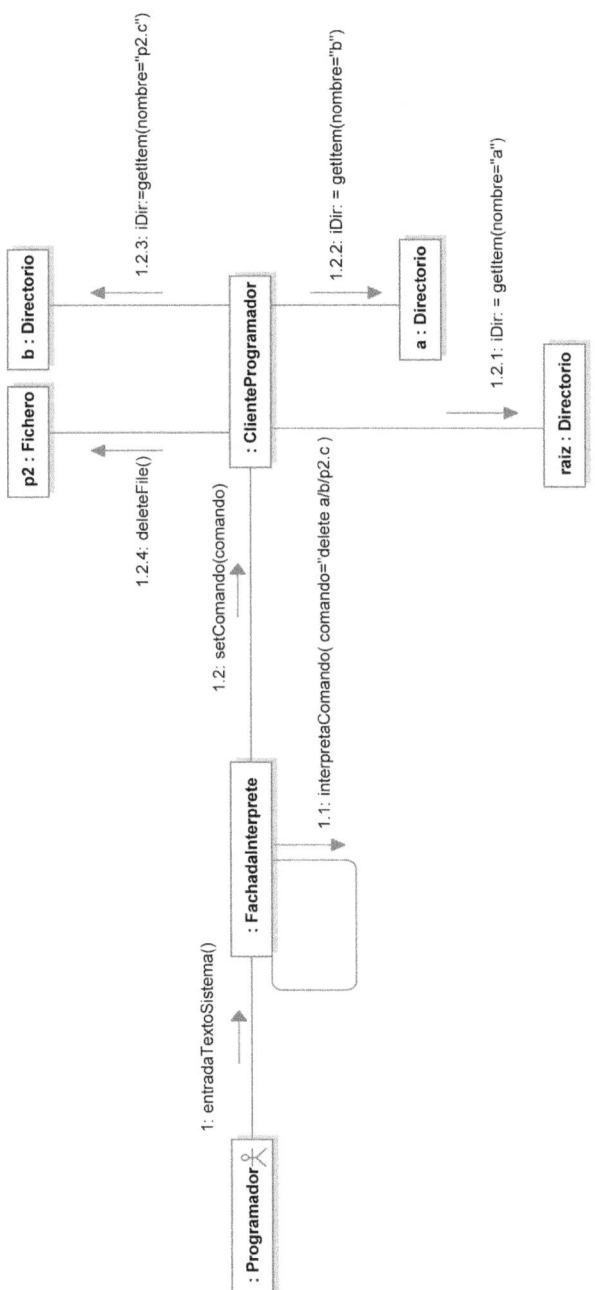

Figura 8.8. Diagrama de comunicación para el borrado de un fichero local

9

PATRONES DE DISEÑO

"La imaginación, cuando se ve forzada a trabajar dentro de un marco muy estricto, debe realizar el mayor de los esfuerzos, lo que le llevará a producir sus mejores ideas".

(T.S. Eliot)

Dentro del diseño orientado a objetos el ingeniero de software debe decidir cómo va a orientar su solución al programa. En la fase de diseño existen unos cuantos principios elementales que se deben considerar antes de proceder a diseñar el modelo del sistema.

Durante años, los programadores han intentado dar forma a los problemas de implementación que se les presentaban reiteradamente en diferentes contextos. Después de años de experiencia han podido identificar, aislar y documentar estos problemas que se repetían y darles un nombre.

Por tanto, un buen diseñador debe ser capaz de reconocer estructuras que ya le han surgido en otros contextos y en consecuencia reutilizar las soluciones. Es entonces cuando surgen los *patrones de diseño* con la idea de "no volver a reinventar la rueda" para cada situación similar.

En este capítulo se detallarán algunos de los patrones más utilizados en la fase de diseño de software, puesto que su aplicación es una actividad cada vez más frecuente en el desarrollo de aplicaciones orientadas a objetos y otras disciplinas técnicas.

Finalmente, veremos cómo aplicar los patrones de diseño a los casos de estudio tratados a lo largo del libro, con el fin de mostrar la reutilización de estructuras predefinidas con cualidades invariantes en casos reales.

9.1 ¿POR QUÉ PATRONES?

La idea partió en un principio del arquitecto Christopher Alexander[22] en los años 70. Este autor se dio cuenta de que en todas las áreas de la ingeniería y la arquitectura están presentes los principios de la reutilización por medio de patrones y que por tanto existen problemas recurrentes de arquitectura que tienen una solución común. Por ejemplo, en la construcción de edificios existen patrones arquitectónicos en relación al diseño de la fachada o de los tejados y normativas en relación al medio ambiente o a la acústica. Los neumáticos de los automóviles siguen una normativa en cuanto a diámetro, material y seguridad.

En el mundo de la ingeniería informática en concreto existe cierto paralelismo con la arquitectura antigua de edificios, así un *patrón software* es una estructura formal que ya ha sido descubierta durante años de experiencia en programación y diseño de software. En consecuencia, la reutilización e identificación de estas estructuras invariantes por los ingenieros de software lleva a una solución correcta para situaciones concretas del desarrollo del proyecto.

En los patrones software deben estar presentes los principios de modularidad, reutilización, las especificaciones funcionales, el diseño de la interfaz de usuario y la interconexión o acoplamiento entre subsistemas.

En el lado opuesto surge el concepto de *antipatrón* el cual se concibe como una solución errónea para el diseño. Cuando se documenta un antipatrón se informa al diseñador de cómo debe evitar escoger soluciones que a priori parecen fáciles pero a posteriori conducen a resultados nefastos. Existe una gran variedad de antipatrones, todos ellos clasificados por categorías y que el ingeniero debe evitar en la medida de lo posible.

El *framework* (armazón en inglés) suele ser un sistema de clases reutilizable orientado a facilitar la construcción de diferentes aplicaciones en un dominio. Por ejemplo, *frameworks* de construcción de interfaces de usuario o de desarrollo de videojuegos.

---

22 Describió en los libros *The Timeless Way of Building* (1979) (*El modo intemporal de construir*) y *A Pattern Language* (1977) como unas referencias formales y teóricas de buenas prácticas para el diseño en cualquier área de conocimiento.

A menudo un patrón suele confundirse con un *framework*. Normalmente un *framework* contiene varios patrones y no tiene tanto grado de abstracción como estos. En general, el *framework* se diferencia del patrón principalmente en el tamaño, puesto que los patrones son elementos arquitectónicos más pequeños y están menos especializados que los *frameworks*.

9.2 TIPOS DE PATRONES

A lo largo de la historia los patrones se han clasificado de diferentes formas. En esta sección proponemos una manera sencilla de organizarlos:

- ▼ *Patrones arquitectónicos*: los patrones arquitectónicos proporcionan soluciones reutilizables a problemas basados en la organización estructural a alto nivel de un sistema software. Consisten en la organización modular de los principales componentes o subsistemas a modo de grandes bloques funcionales.

- ▼ *Patrones de diseño*: los patrones de diseño definen estructuras para dar respuesta a un problema en la fase de diseño detallado, para ello es necesario que el patrón resuelva eficaz y eficientemente dicho problema y pueda reutilizarse en diferentes contextos.

- ▼ *Patrones de codificación*: estos patrones están referidos a las diferentes estrategias de implementación de un programa en un determinado lenguaje.

- ▼ *Patrones de análisis*: los patrones de análisis se utilizan fundamentalmente para la creación de modelos en esta fase.

9.3 PATRONES ARQUITECTÓNICOS

La arquitectura organiza la aplicación en grandes bloques bien definidos. Este paso es el primero en la fase de diseño de alto nivel y en la que se basará para la división del trabajo en equipos. La clasificación que proponemos a continuación, junto al apartado 5.1, es un esfuerzo por recopilar las diferentes visiones de la arquitectura del software desde el punto de vista de los patrones.

9.3.1 Sistemas genéricos

9.3.1.1 POR CAPAS

El patrón *Capas* (*layers*) organiza la aplicación en una serie de bloques superpuestos en los que las capas superiores solicitan servicios que las capas inferiores proveen. Un ejemplo de esta arquitectura se representó en la figura 5.2. Un caso típico son las aplicaciones de "tres capas" para la implementación de software empresarial (véase figura 9.1).

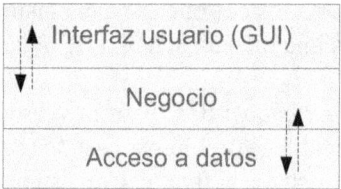

Figura 9.1. Modelo de "tres capas"

Como se puede apreciar en la figura 9.1 la *capa de acceso a datos* se encarga de encapsular las clases de acceso al sistema de gestión de base de datos específico. La *capa de negocio* recoge la información proporcionada por la capa inferior para tratarla según las reglas de funcionamiento de la organización o dominio. Finalmente la *capa de interfaz de usuario* muestra los datos al cliente para su visualización. El ejemplo de la figura 9.1 muestra un caso de lectura de datos, aunque también es posible la situación inversa.

9.3.1.2 TUBERÍAS Y FILTROS

Este tipo de arquitectura que ya vimos en la figura 5.1 permite el flujo de datos entre procesos a través de conectores llamados tuberías. En orientación a objetos se definiría una clase por cada elemento relacionado con las tuberías y los filtros. Un ejemplo de esta arquitectura se puede observar en las fases de compilación y los sistemas operativos como UNIX.

9.3.1.3 PIZARRA

Este patrón consta de un elemento central llamado "Pizarra" y una serie de fuentes de conocimiento que actualizan información sobre la estructura central ("Pizarra") (véase figura 5.3). La pizarra realiza una función de coordinación sobre las fuentes que son las encargadas de leer la información, procesarla autónomamente y devolverla a la pizarra. La respuesta se alcanza cuando el resultado en la pizarra satisface los objetivos propuestos al inicio. Esta arquitectura se utiliza comúnmente en sistemas expertos y sistemas multiagente.

9.3.2 Sistemas distribuidos

9.3.2.1 BROKER

La ventaja adquirida de su uso es que la aplicación puede acceder a los servicios remotos comunicándose directamente con el objeto requerido, evitando así el acoplamiento entre cliente/servidor y facilitando la escalabilidad, transparencia y heterogeneidad típica de los sistemas distribuidos. En consecuencia se evita la necesidad añadida de acceder a intercomunicación a más bajo nivel. El *broker* o intermediario coordina la comunicación entre el cliente y el servidor notificando cualquier situación de error en la transmisión o invocación. Este patrón es útil en sistemas distribuidos donde se tienen varios *hosts* remotos o CPU diferentes que interactúan entre sí. Se ha utilizado concretamente en *middelwares* ampliamente difundidos como CORBA o DCOM.

9.3.2.2 PEER-TO-PEER

Es un tipo de arquitectura descentralizada donde no se considera la existencia de ningún servidor fijo, conectándose entre ellos mediante la selección de un nodo o nodos como coordinadores. Cada "igual" en una red P2P envía y recibe información hacia los nodos centrales de coordinación o alguno de sus vecinos en una red de interconexión virtual, lógica y abstracta llamada *red de superposición*.

9.3.2.3 ORIENTADAS A SERVICIOS (SOA)

Son las más novedosas y permiten la invocación de un servicio remoto mediante un protocolo conocido de comunicaciones. Los más comunes llamados *Servicios Web* permiten la comunicación mediante estándares abiertos, tal como se muestra en la figura 9.2:

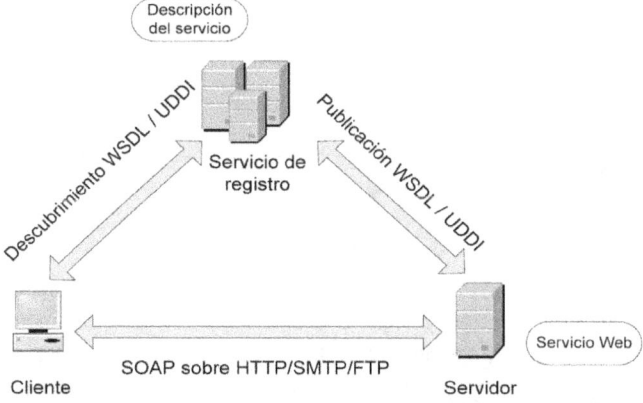

Figura 9.2. Arquitectura de un Servicio Web

SOAP (*Simple Object Access Protocol*) es un protocolo que funciona sobre HTTP, FTP o SMTP y permite la intercomunicación y el ordenamiento de mensajes entre el cliente y el servidor. Previo a la comunicación entre cliente y servidor es imprescindible que el servidor anuncie la disponibilidad del servicio mediante el protocolo UDDI (*Universal Description, Discovery and Integration*) con contenido generado con WSDL (*Web Services Description Language*) en codificación XML. Igualmente el cliente debe descubrir el documento WSDL también mediante UDDI.

9.3.3 Sistemas interactivos

9.3.3.1 MODELO-VISTA-CONTROLADOR (MVC)

El patrón MVC (*Modelo-Vista-Controlador*) es otro patrón para el desarrollo de aplicaciones, generalmente empresariales, cuya estructura queda dividida en tres componentes como se muestra en la siguiente imagen:

Figura 9.3. Patrón Modelo-Vista-Controlador

La *vista* recibe las peticiones del cliente y las delega al *controlador*. El *controlador*, a su vez, redirige la petición a la función adecuada del *modelo*. El *modelo* implementa la lógica de negocio de la aplicación y la *vista* finalmente muestra los resultados que previamente han sido procesados en el modelo o recibe los datos de entrada provenientes de la GUI.

9.4 PATRONES DE DISEÑO

El diseño detallado es la etapa más compleja en la fase del ciclo de vida del software. Es por tanto una etapa en la que la experiencia de diseño del equipo de ingenieros cumple una función crucial. Por este motivo, los patrones vienen en auxilio de aquellas situaciones donde se requiere de una solución prediseñada en el contexto del problema.

Los patrones que veremos a continuación están basados en la clasificación del libro de [Gamma95] que recoge una amplia variedad de patrones utilizados en diferentes aplicaciones. Esta clasificación está ordenada según la orientación del patrón, dividiéndose en tres bloques principales dependiendo de si el enfoque es para la creación de objetos, las estructuras de datos o el comportamiento de los objetos en tiempo de ejecución.

9.4.1 Descripción de un patrón de diseño

Según [Gamma95] los patrones se especifican en varias partes:

1. *Nombre del patrón*. Breve frase que identifica la esencia del mismo.

2. *Intencionalidad*. Justificación del motivo para el cual el patrón es utilizado.

3. *Otros nombres*. Otros nombres alternativos por los cuales es conocido.

4. *Motivación*. Muestra un escenario de un determinado problema y explica cómo es resuelto por el patrón.

5. *Aplicaciones*. Ilustra situaciones o escenarios donde es posible aplicar el patrón.

6. *Estructura*. Representación del esquema del patrón.

7. *Participantes*. Muestra las diferentes clases u objetos que intervienen en el esquema y sus responsabilidades.

8. *Colaboraciones*. Explica la manera en que los participantes colaboran para llevar a cabo sus responsabilidades.

9. *Consecuencias*. Como la misma palabra indica, refleja los resultados de los objetivos inicialmente propuestos.

10. *Implementación*. Aglutina un conjunto de consejos y técnicas a tener en cuenta.

11. *Código de ejemplo*. Ejemplifica algún caso de implementación en un lenguaje de programación conocido.

12. *Usos conocidos*. Casos de éxito y aplicaciones del patrón en el mundo real.

13. *Patrones relacionados*. Lista de patrones que tienen alguna similitud o son próximos en la idea de diseño que transmiten.

En el presente libro únicamente describiremos al patrón mediante el nombre, los participantes, la estructura en UML y un ejemplo práctico.

9.4.2 Patrones de creación

Los patrones de creación describen situaciones comunes en donde es necesario tomar decisiones para la creación de objetos de una forma lo más independiente y desacoplada posible y donde se delegue a las clases apropiadas esta responsabilidad.

9.4.2.1 ABSTRACT FACTORY

El patrón *Abstract Factory* (factoría abstracta) permite crear familias de objetos relacionados (productos) sin necesidad de especificar las clases concretas.

Los principales participantes de este patrón son:

- **AbstractFactory**: es una clase abstracta que define las funciones virtuales que implementarán las clases concretas de creación.

- **ConcreteFactory**: hereda e implementa las funciones virtuales de creación de los productos concretos de cada tipo.

- **AbstractProduct**: clase abstracta para los productos que se van a crear.

- **Product**: implementa las funciones virtuales definidas en la clase base y que definen la lógica de negocio de cada producto concreto.

▼ **Client**: es el responsable de manejar las clases *AbstractFactory* y *AbstractProduct*.

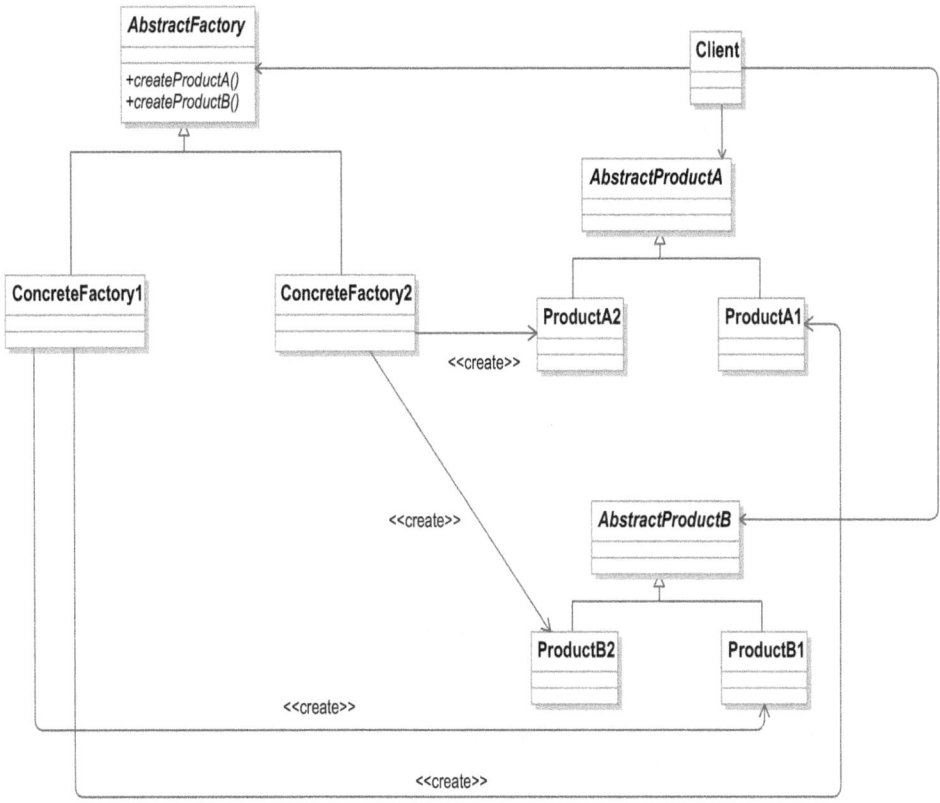

Figura 9.4. Estructura del patrón Abstract Factory

Este patrón es útil cuando se intentan crear varias familias de objetos diferentes, pero puede no ser rentable cuando se añaden nuevos objetos o son muy cambiantes. Por medio de los métodos factoría se puede crear una variada tipología de objetos para el cliente. El cliente se independiza de las funciones explícitas de creación, limitándose a mantener una referencia a las interfaces de los productos.

El patrón *Abstract Factory* es ampliamente utilizado en la industria del software, especialmente en el desarrollo de librerías y *frameworks* de interfaces gráficas.

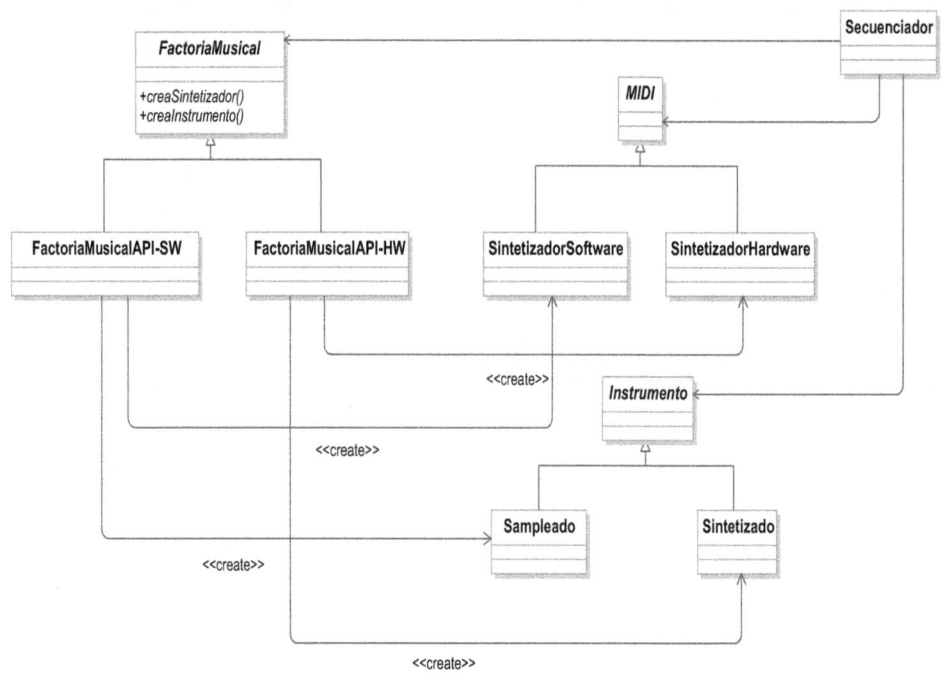

Figura 9.5. Ejemplo del patrón Abstract Factory

El diagrama de la figura 9.5 es un ejemplo de aplicación del patrón *Abstract Factory*. En él se puede observar al objeto *Secuenciador* (Cliente) que mantiene una referencia a la *FactoriaMusical* (*AbstractFactory*) que sirve de base para las dos clases de creación de sintetizadores musicales: emulación por software y acceso directo al hardware. La clase *Secuenciador* también mantiene una referencia a los objetos *Instrumento* que son creados por las factorías musicales software (SW) y hardware (HW). Un instrumento sampleado consiste en una secuencia de *bytes* con el código PCM de la forma de onda, mientras que uno sintetizado contiene los parámetros de generación para los osciladores y filtros.

El objeto *Secuenciador* se abstrae de los detalles de creación de los productos, delegando esta tarea a las factorías. Una vez creados los sintetizadores y los instrumentos, el cliente procede a interconectarlos para generar sonido.

Con este patrón se consigue desacoplar el sistema principal de secuenciación de sus objetos creados y de cómo estos se crean.

9.4.2.2 BUILDER

El patrón *Builder* (constructor virtual) permite crear objetos complejos paso a paso y separar la forma de construirlos de una representación concreta.

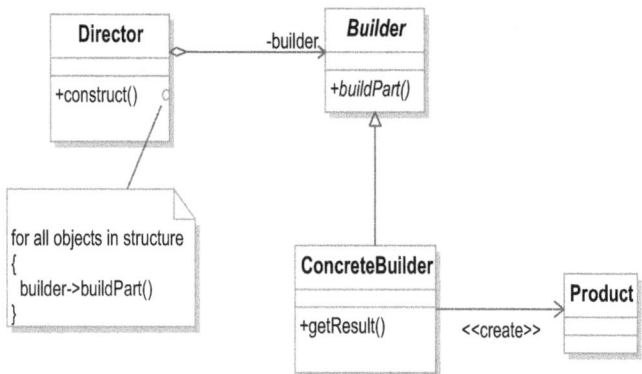

Figura 9.6. Estructura del patrón Builder

Los participantes de este patrón son:

- ▶ **Builder**: es una clase abstracta de tipo interfaz donde se define la función virtual creadora.

- ▶ **ConcreteBuilder**: implementa la clase antecesora con sus funciones para la creación del producto concreto.

- ▶ **Director**: delega la creación de objetos a la clase *ConcreteBuilder*.

- ▶ **Product**: el objeto a crear en cuestión.

Una de las ventajas principales del patrón *Builder* es poder reducir el acoplamiento de las clases concretas con la interfaz *Builder*.

En el siguiente ejemplo se muestra un caso de aplicación de conversión de código HTML a formatos de *LaTeX*, *Microsoft Word* y *Open Office*. Para que esto funcione se necesita una clase directora que atienda la petición del cliente con el fin de procesar el código HTML. Cuando se recibe una petición de conversión se procesa el código HTML *tag* a *tag* y se redirige la solicitud de construcción del formato de documento al conversor adecuado (*ConcreteBuilder*) y según se haya instanciado el objeto que representa el tipo de documento a crear.

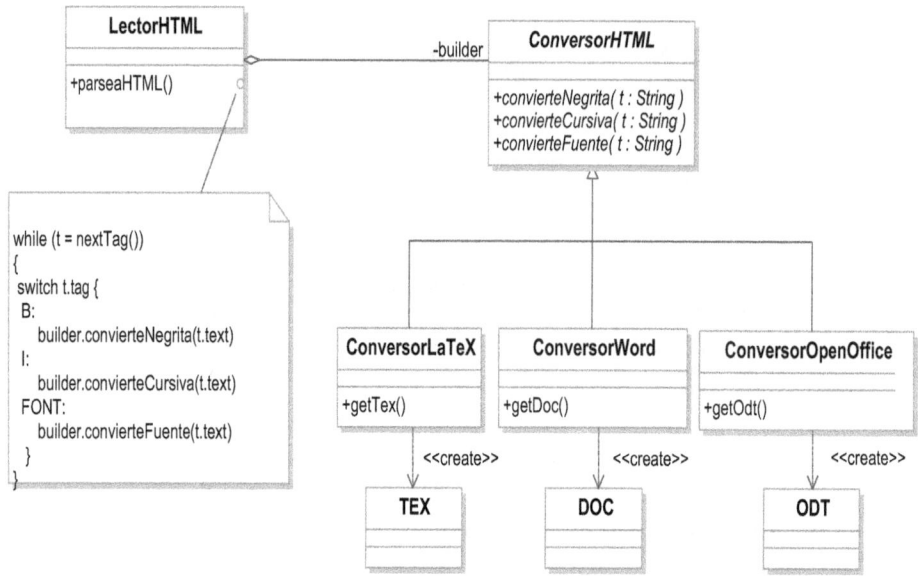

Figura 9.7. Ejemplo del patrón Builder

Más fácilmente se puede entender este patrón en el diagrama 9.8, en donde la aplicación solicita la conversión de código HTML a formato DOC de *Microsoft Word*. Para ello será necesario crear previamente la clase directora (*LectorHTML*) y la clase *ConversorWord* (*ConcreteBuilder*). Cuando la aplicación pide la conversión, la clase *LectorHTML* (*Director*) redirigirá automáticamente cada solicitud de conversión de *tag* al constructor concreto que se necesita para el documento de Word (*ConversorWord*). Finalmente, el documento generado y debidamente construido por esta clase se devolverá a la aplicación solicitante mediante el método *getDoc()* de la clase *ConversorWord*.

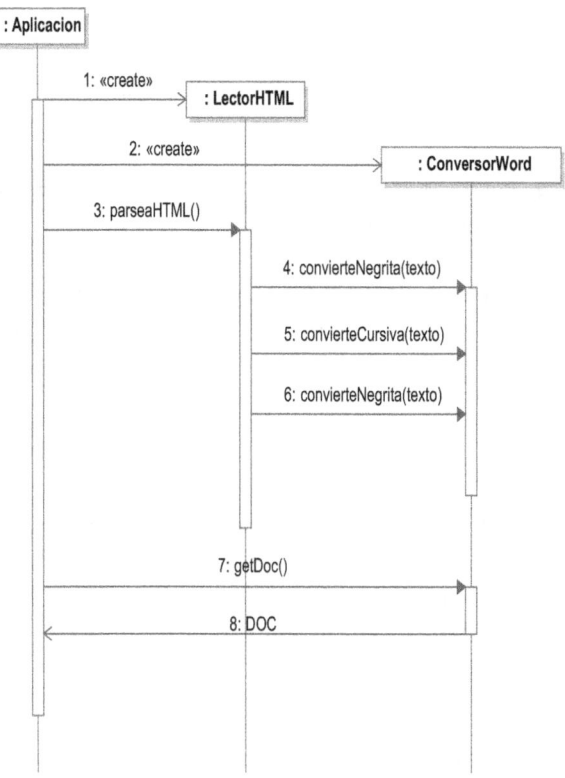

Figura 9.8. Diagrama de secuencias del ejemplo anterior

9.4.2.3 FACTORY METHOD

El patrón *Factory Method* (método factoría) define una interfaz común para crear objetos permitiendo a las subclases crear los productos concretos.

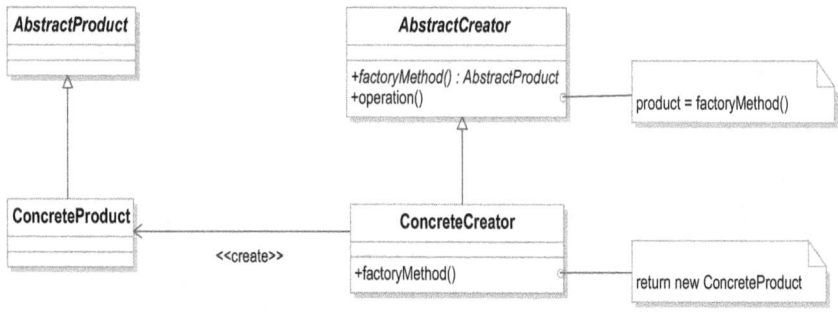

Figura 9.9. Estructura del patrón Factory Method

El patrón consta de:

- **AbstractProduct**: clase abstracta que define la interfaz del producto a crear.

- **ConcreteProduct**: implementación de la clase *AbstractProduct* que representa el producto concreto a crear.

- **AbstractCreator**: clase abstracta que define la función virtual del método factoría y que devuelve un objeto del tipo *AbstractProduct*.

- **ConcreteCreator**: implementa la clase abstracta antecesora y la función creadora *factoryMethod()* que devolverá una instancia de la clase *ConcreteProduct*.

La ventaja de este patrón es la posibilidad de delegar la responsabilidad a las clases derivadas (*ConcreteProduct* y *ConcreteCreator*) consiguiendo independizar a la aplicación de clases específicas. Esta característica nos permitirá acceder a las funcionalidades de la lógica de negocio de las clases de una forma más precisa y abstracta. Una desventaja del uso de este patrón es la necesidad de implementar la clase *AbstractCreator* en la aplicación únicamente para crear un objeto *ConcreteProduct* tal como veremos en el ejemplo de la figura 9.10.

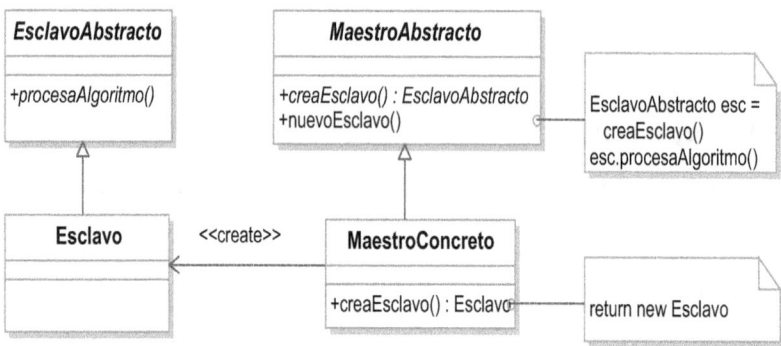

Figura 9.10. Ejemplo del patrón Factory Method

En la figura 9.10 se muestra un caso concreto de aplicación del patrón *Factory Method* en aplicaciones que requieren crear procesos esclavos para repartir la carga del procesamiento. Este ejemplo muestra la separación de roles del patrón, con la clase *MaestroAbstracto* (*AbstractCreator*) y la clase heredada *MaestroConcreto* (*ConcreteCreator*). Mediante la delegación de la creación a los métodos abstractos (arriba) se permite definir una interfaz independiente para la creación de esclavos (abajo). Por lo tanto, son las subclases las que decidirán qué objeto concreto desean construir.

9.4.3 Patrones estructurales

Los patrones estructurales permiten representar grandes estructuras de datos, facilitando la organización jerárquica y el comportamiento en tiempo real para el manejo de la composición de objetos.

9.4.3.1 COMPOSITE

El patrón *Composite* (objeto compuesto) se utilizará con el fin de representar objetos que a su vez se componen de objetos, o lo que es lo mismo, estructuras de datos recursivas.

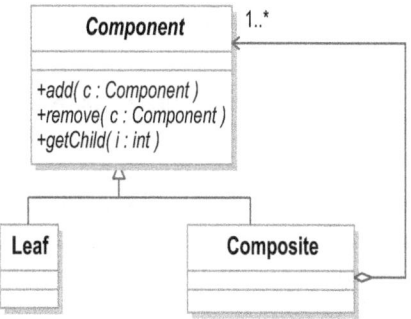

Figura 9.11. Estructura del patrón Composite

Los participantes en este patrón son:

- ▼ **Component**: clase base que define la interfaz de la composición y gestiona a todos sus componentes hijos.

- ▼ **Leaf**: representa a objetos terminales en la estructura recursiva e implementa las operaciones de negocio de la superclase y las específicas del nodo hoja.

- ▼ **Composite**: implementa las operaciones definidas en la superclase y da forma a la estructura recursiva mediante una agregación (uno-a-muchos) hacia la clase *Component*.

Este patrón será útil cuando necesitemos implementar estructuras de datos recursivas como árboles, grafos, redes, etc. De la misma forma, también será práctico para definir relaciones de jerarquía en una aplicación donde los objetos sean tratados por igual.

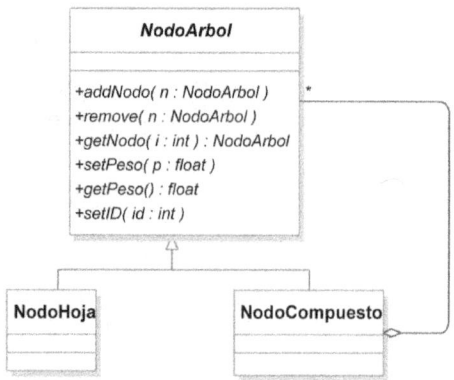

Figura 9.12. Ejemplo de patrón Composite

En la figura 9.12 se modela la estructura recursiva de un árbol mediante la utilización del patrón *Composite*. La clase base se puede definir como una interfaz o clase abstracta, aunque la utilización de esta última permite abrir el abanico de posibilidades. En la clase base *NodoArbol* se definen los métodos de inserción y eliminación que serán los responsables a todos los efectos de insertar o eliminar los ítems en el *array* adecuado. Otras funciones adicionales pueden definirse tanto en la clase base como en las clases heredadas de *NodoArbol* para cualquier otro propósito.

Como puede observarse, la clase heredada *NodoCompuesto* contiene una agregación a objetos del tipo de la clase padre *NodoArbol*. La implementación aquí de las funciones virtuales debe asegurar la consistencia de los nodos en la estructura de datos. Al realizar este enlace sobre la propia herencia se consigue el efecto deseado de recursividad que proporciona el patrón. Sin embargo, la clase hija *NodoHoja* no posee agregación, con lo que de esta forma se consiguen objetos terminales en la estructura de árbol.

En el apartado 9.6.2 se comenta otra utilización del patrón *Composite* para el caso de estudio de Mercurial.

9.4.3.2 FACADE

El patrón *Facade* (fachada) es una clase que hace de puerto de comunicación o punto de referencia hacia un subsistema. La clase *Facade* realiza el papel de clase de frontera. En el ejemplo de la figura 9.13 la clase *Facade* interconecta (a modo de frontera de abstracción) el cliente de la parte derecha del diagrama con el subsistema proveedor de la parte izquierda.

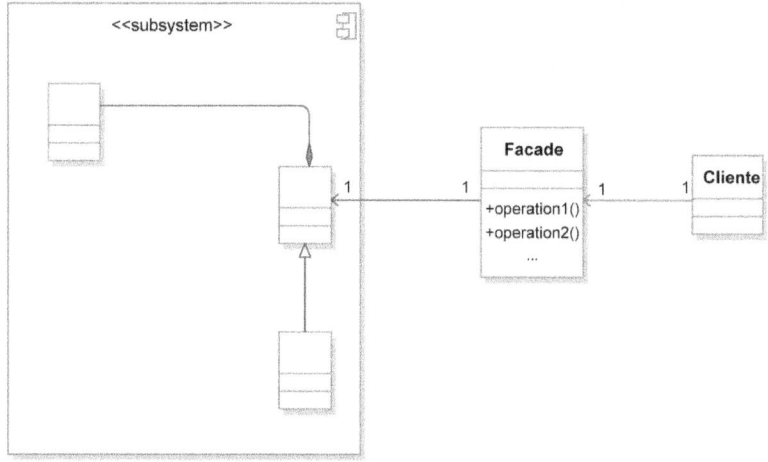

Figura 9.13. Estructura del patrón Facade

En el patrón *Facade* participan los siguientes elementos:

- ▼ **Facade**: es el punto de interrelación con el subsistema de frontera donde redirigir las operaciones.

- ▼ **Subsistema**: es el conjunto de clases que lleva a cabo una funcionalidad del sistema e interactúan con las operaciones enviadas desde la clase *Facade*.

El patrón *Facade* será ampliamente explicado en los apartados 9.5.1 y 9.6.1.

9.4.4 Patrones de comportamiento

Los patrones de comportamiento describen las interacciones entre objetos y su comportamiento algorítmico en tiempo de ejecución. La separación de la parte cliente de la complejidad algorítmica permite centrarse en los aspectos más relacionados con la interconexión de objetos del dominio y menos en la parte del flujo de control.

9.4.4.1 COMMAND

El patrón *Command* (comando, orden) permite parametrizar las operaciones con la finalidad de controlarlas con más precisión, delegando la invocación de las funcionalidades a las clases concretas responsables de ejecutar el comando.

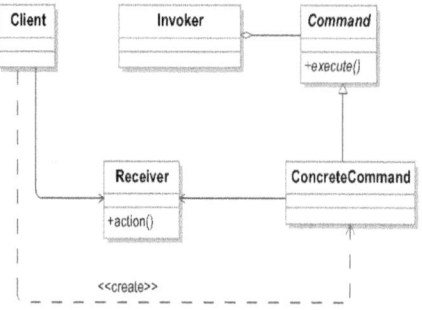

Figura 9.14. Estructura del patrón Command

El patrón *Command* tiene los siguientes participantes:

- **Command**: es la interfaz común para las clases *ConcreteCommand*. Define el comando a utilizar.
- **ConcreteCommand**: implementa la interfaz *Command* y la operación *execute()* que será llamada por el invocador.
- **Invoker**: este objeto será el encargado de realizar la invocación de la acción mediante la llamada a *execute()*.
- **Receiver**: realiza la acción definida para una determinada orden del comando.

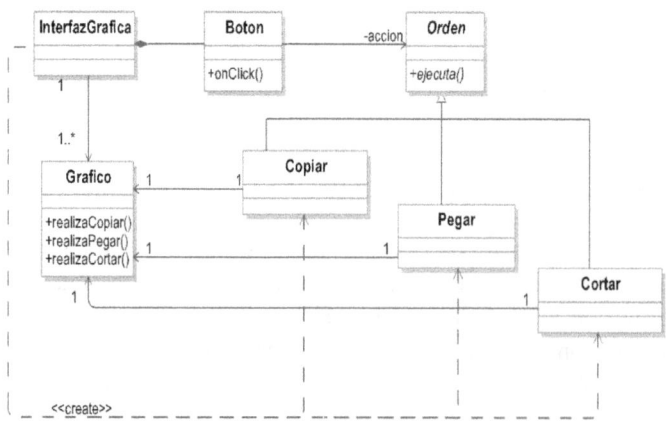

Figura 9.15. Ejemplo del patrón Command

El ejemplo 9.15 implementa fielmente la estructura del patrón *Command*. En este caso se ha aplicado el modelo a la parte de edición de un programa gráfico o editor de textos. Como todo buen editor que se precie, debe proporcionar las opciones de *copiar*, *pegar* y *cortar*. Dichas acciones se establecen como clases heredadas de la clase abstracta *Orden*. En estas clases hijas se implementa el método *ejecuta()* que es el responsable de redirigir las acciones de copiar, pegar y cortar respectivamente hacia el objeto receptor del tipo *Grafico*. Una vez recibidas las órdenes (comandos) en el objeto gráfico se procede a su ejecución dentro del contexto del cliente. Este ejemplo puede entenderse más fácilmente en el diagrama de secuencias de la figura 9.16 de la siguiente página.

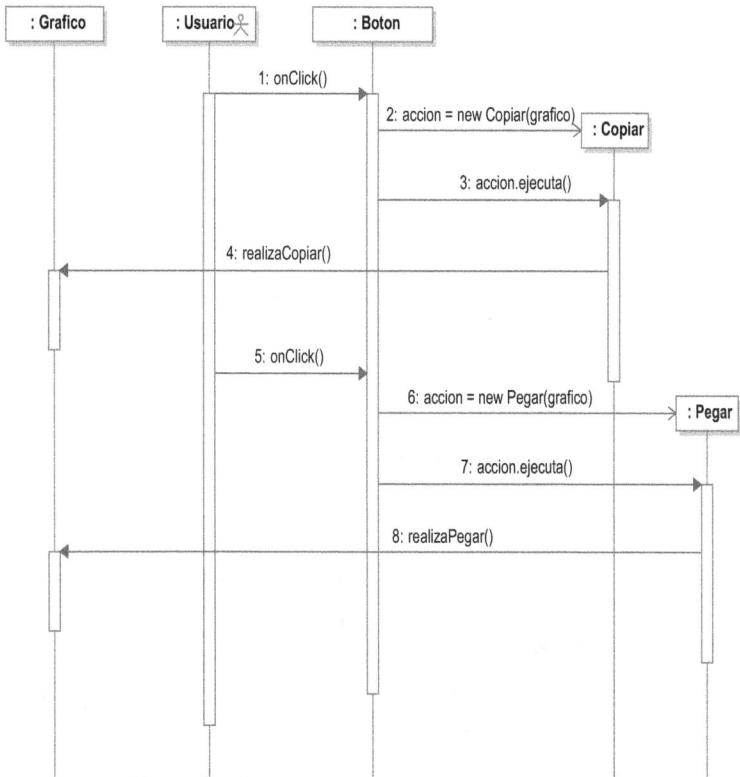

Figura 9.16. Diagrama de secuencias del ejemplo anterior

En el diagrama de secuencias de la figura 9.16 se implementa el escenario de interacción del ejemplo de la página anterior. Como se puede apreciar en los mensajes 2 y 6, antes de proceder a ejecutar el comando concreto debe instanciarse la clase *ConcreteCommand* pasándole como parámetro el objeto destino sobre el que actuar. Una vez instanciadas las clases, el objeto *Command* queda a la espera de un evento para realizar la copia y llamar al método *ejecuta()*. Finalmente será el objeto recibidor el que implementará las acciones pertinentes cuando se produzca un evento del usuario (botón).

9.4.4.2 OBSERVER

Con el patrón *Observer* (observador) es posible delegar la función de notificación de eventos a objetos, separando y desacoplando dentro del sistema a estos objetos de los observadores o receptores de los eventos.

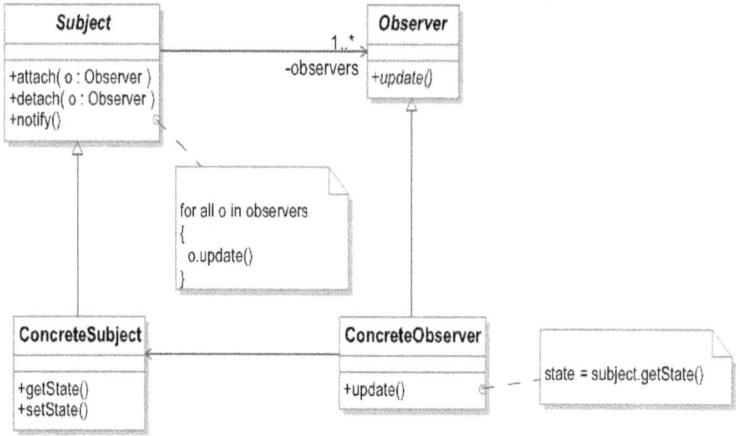

Figura 9.17. Estructura del patrón Observer

Los participantes en el patrón *Observer* son:

- ▼ **Subject**: define la interfaz con las operaciones abstractas para *ConcreteSubject* y donde se especifican los métodos abstractos de inserción de *Observers*.

- ▼ **ConcreteSubject**: implementa la interfaz anterior y la lógica de negocio que activará las notificaciones.

- ▼ **Observer**: interfaz con la función de recepción de notificación.

- ▼ **ConcreteObserver**: implementa los objetos observadores que recibirán las notificaciones por parte del *ConcreteSubject*.

El patrón *Observer* es útil cuando es necesario implementar objetos que estén alerta para la recepción de mensajes de otros objetos. Además, permite delegar y desacoplar las funcionalidades entre el emisor y el receptor. Este patrón suele ser implementado en *frameworks* de interfaces de usuario y librerías de manejo de dispositivos.

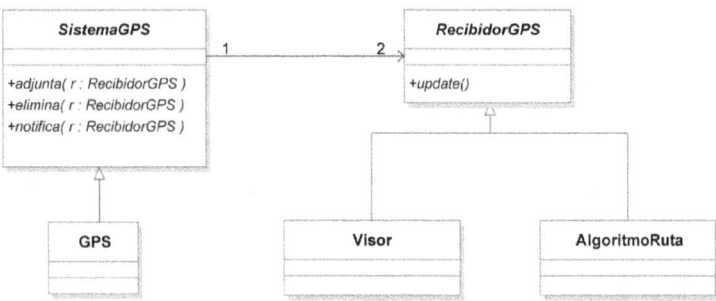

Figura 9.18. Ejemplo de patrón Observer

El diagrama de clases de la figura 9.18 ilustra la aplicación del patrón *Observer* en el software de navegación de un automóvil. El ejemplo divide el modelo entre la clase *GPS* (*ConcreteSubject*) y los observadores (*Visor* y *AlgoritmoRuta*). Cuando un objeto *Observer* requiere de la notificación de eventos por parte de un *Subject*, llama al método *adjunta()* para subscribirse en la cola de espera de notificaciones. Una vez ocurrido un evento de recepción de coordenadas en el objeto *GPS*, el método *notifica()* recorrerá la lista de objetos observadores con el fin de hacerles llegar la información a través de la función virtual *update()*.

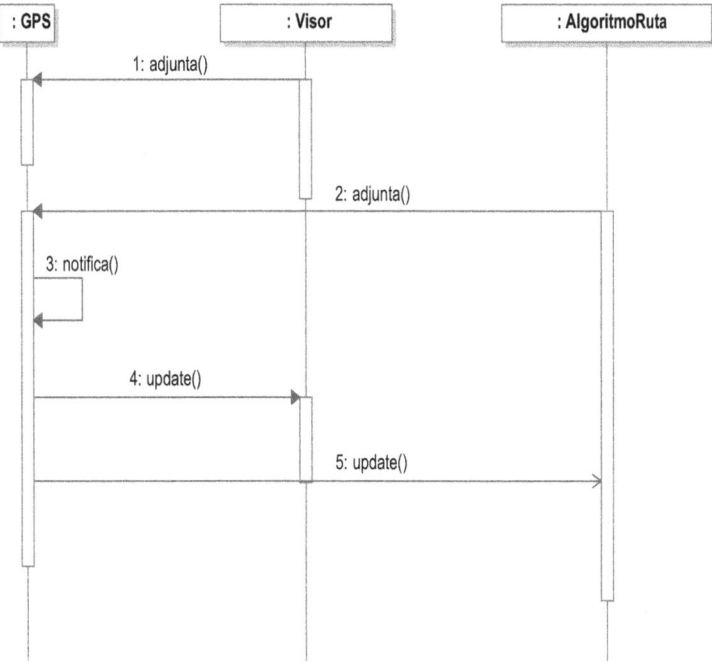

Figura 9.19. Diagrama de secuencias del ejemplo anterior

La figura 9.19 corresponde a las interacciones de los objetos participantes en el patrón *Observer*. Por un lado los objetos *Visor* y *AlgoritmoRuta* se subscriben al sistema GPS mediante la invocación del mensaje *adjunta()*. Cuando la señal del satélite es recibida en el GPS se procede a notificar, mediante la llamada a *update()*, a cada uno de los objetos subscritos, en este caso *Visor* y *AlgoritmoRuta* que heredan de *RecibidorGPS*. El patrón *Observer* se explicará con detenimiento en el apartado 9.5.2.

9.4.4.3 STRATEGY

El patrón *Strategy* (estrategia) permite seleccionar el algoritmo que se quiere emplear en una situación dada. La forma de aplicarlo es tener una clase base abstracta y posteriormente definir en las subclases cada algoritmo con una estrategia diferente. La selección del algoritmo se realiza en función del objeto y puede cambiar dinámicamente en tiempo de ejecución mediante funciones virtuales definidas previamente en la clase base.

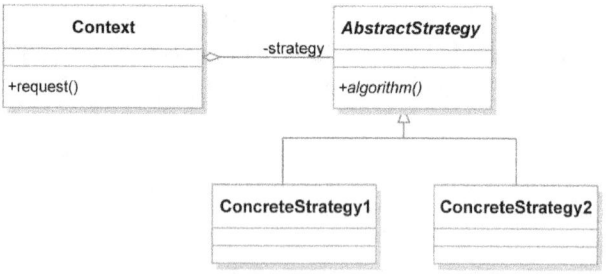

Figura 9.20. Estructura del patrón Strategy

En el patrón *Strategy* participan:

▼ **AbstractStrategy**: define la interfaz base para la clasificación y delegación de las diferentes estrategias.

▼ **ConcreteStrategy**: implementa un determinado algoritmo concreto a partir de la interfaz proporcionada en *AbstractStrategy*.

▼ **Context**: pertenece al dominio de la aplicación y mantiene una referencia a los objetos estrategia.

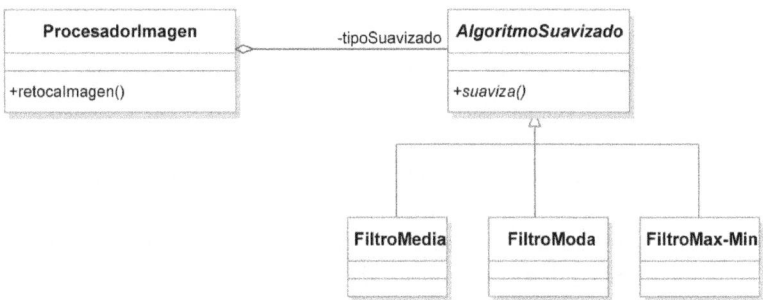

Figura 9.21. Ejemplo del patrón Strategy

La ventaja del patrón *Strategy* es que permite aplicar diferentes estrategias o tipos de comportamiento delegando según el contexto de la aplicación.

En el ejemplo de la figura 9.21 una aplicación de procesado de imagen invoca al método virtual *suaviza()* con el fin de realizar esta operación en el filtro correspondiente. El filtro de la media realiza la operación de suavizado calculando la media aritmética en un entorno de vecindad de la imagen, mientras que el de la moda calcula el valor de la moda estadística en dicho entorno. El filtro max-min procede de igual forma que los anteriores pero calculando los valores máximos y mínimos de la ventana. El patrón *Strategy* será aplicado al juego de ajedrez en el apartado 9.5.3.

9.4.4.4 STATE

Con el patrón *State* (estado) podemos gestionar los estados por los que transita un objeto delegando el control de los mismos a una jerarquía de clases separada.

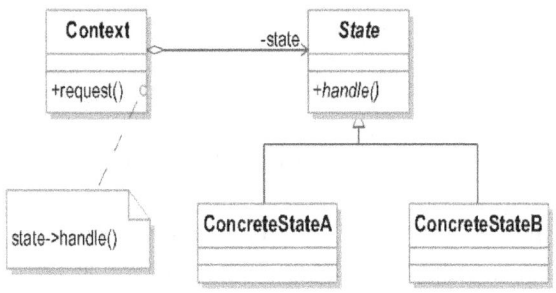

Figura 9.22. Estructura del patrón State

Los participantes en este patrón son:

- **Context**: representa el objeto que debe mantener las instancias de estados concretos y proporciona una interfaz a los clientes.

- **State**: interfaz común que redirige a cada uno de los estados concretos.

- **ConcreteState**: implementan el comportamiento de cada uno de los estados del contexto (*Context*) de la aplicación y ejecuta el cambio de estado sobre *Context*.

La ventaja del patrón *State* es la facilidad de abstracción de una máquina de estados en una jerarquía de clases. Al realizarlo de forma estructurada dicha implementación carecería de legibilidad; sin embargo la utilización de este patrón orientado a objetos facilita que cada estado quede abstraído dentro de un objeto separado del resto. Por ejemplo, en la figura 9.23 los posibles estados en los que puede encontrarse un ascensor quedan encapsulados dentro de clases independientes derivadas de la clase abstracta *Estado*. Como se verá más detenidamente en los capítulos catorce y quince, la invocación de un método en un estado concreto provocará la actualización de la variable miembro *estado* en *Context* a otro nuevo estado.

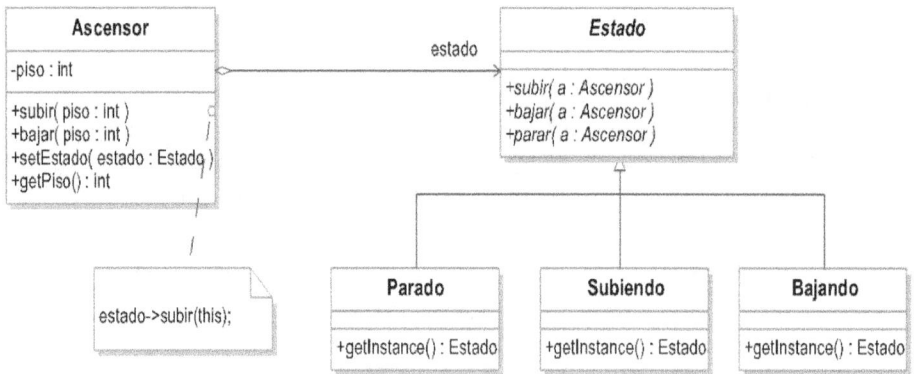

Figura 9.23. Ejemplo del patrón State

En el ejemplo de la figura 9.23 la clase *Ascensor* gestiona todos sus estados mediante objetos de la superclase *Estado*. Al ejecutar uno de los métodos *subir*, *bajar* o *parar* concretos se cambia la referencia del atributo *estado* de *Ascensor* a un nuevo objeto de la clase *Estado* concreto: *Parado*, *Subiendo* o *Bajando*. Es decir, la llamada a las funciones virtuales de la clase base *Estado* de esos objetos hará que se transite a otro objeto de estado continuamente. Para ello es necesario pasar una referencia a *Ascensor* cuando se llama a un método concreto de *subir*, *bajar* o *parar* en las clases que derivan de *Estado*. Estos tomarán una instancia al objeto derivado de estado al que transitan y lo notificarán a *Ascensor*.

9.4.4.5 INTERPRETER

El patrón *Interpreter* (intérprete) permite la abstracción de una gramática libre de contexto con la finalidad de interpretar sentencias de un determinado lenguaje. Por ejemplo si tenemos la siguiente fórmula de lógica proposicional:

(p→ q) ∨ *s*

se definirá con la siguiente gramática BNF[23]:

```
Expresión ::= ExpresionOR | ExpresiónImplica | `
(' Expresión ')' | Literal
ExpresiónOR ::= Expresión v Expresión
ExpresiónImplica ::= Expresión v Expresión
Literal ::= 'p' | 'q' | 's'
```

En consecuencia el patrón que permite implementar dicha gramática se modelará de la siguiente forma:

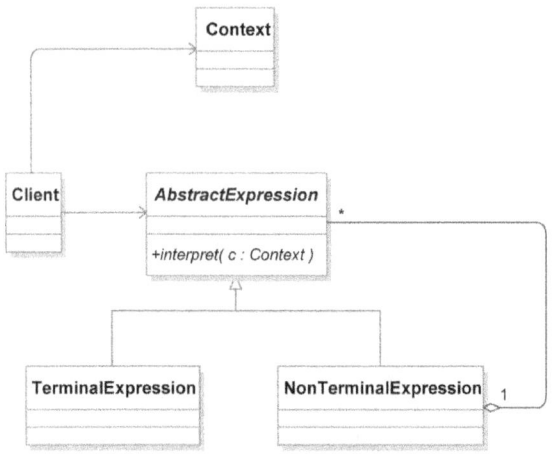

Figura 9.24. Estructura del patrón Interpreter

y donde los participantes del patrón son:

---

23 La notación *Backus–Naur Form* permite definir gramáticas libres de contexto.

- **AbstractExpression**: interfaz abstracta que define la operación común a todas las instancias en el árbol de análisis gramatical.
- **TerminalExpression**: es la clase que representa a los símbolos terminales.
- **NonTerminalExpression**: clase que implementa los símbolos no terminales de la gramática BNF.
- **Context** y **Client**: representan las clases de la lógica de negocio que requieren de la interpretación del lenguaje específico.

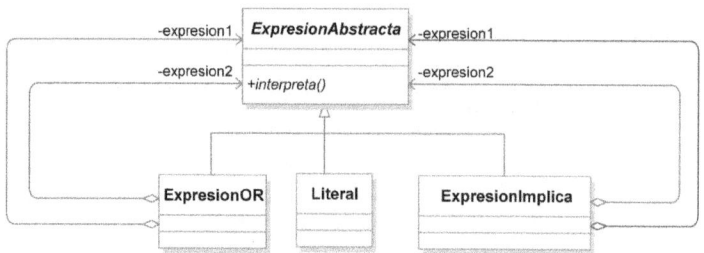

Figura 9.25. Ejemplo del patrón Interpreter

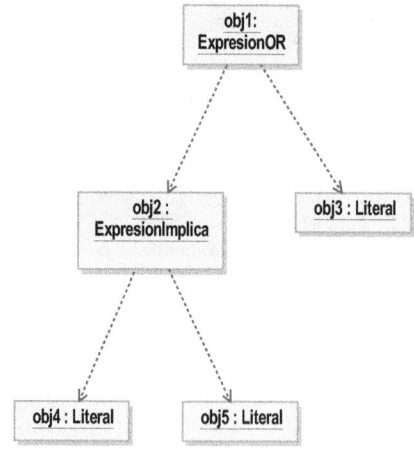

Figura 9.26. Distribución de los objetos en memoria

Se establece una relación jerárquica entre los objetos que representan las expresiones. El recorrido recursivo desde la raíz de esta estructura permite la evaluación e interpretación de la expresión anteriormente expuesta. Es decir, como todo analizador sintáctico que se precie necesita evaluar primeramente los nodos terminales para aplicar las operaciones a las expresiones de menor precedencia. El patrón *Interpreter* se explicará detenidamente en el apartado 9.6.1.

9.5 CASO DE ESTUDIO: AJEDREZ

Examinaremos ahora el diagrama de clases del juego de ajedrez para identificar los principales patrones que se han aplicado en la solución del modelo.

9.5.1 Patrón Facade

El patrón *Facade* ha sido utilizado principalmente para realizar clases de frontera que comunican con otros subsistemas. En concreto, este patrón proporciona una gran utilidad para referenciar al subsistema que implementa las clases de *sockets* del tipo TCP asíncrono.

La clase *Fachada_comunicaciones* es la puerta de entrada y salida de los datos que van dirigidos a la red mediante el subsistema *Sockets*. Como se puede apreciar, la clase *Fachada_comunicaciones* implementa la interfaz *I_comunicacion*, por lo tanto implementa los métodos de envío y recibo de cadenas de texto. La clase *TCPSocket* debe implementar el método virtual *on_receive()* proporcionado por la clase abstracta *AsyncSocket*. Dicho método en *TCPSocket* se encargará posteriormente de indicar al notificador que avise a los objetos *observer* con la información recibida. Obviamente, la clase *Control_juego* se encargará de sincronizar los turnos de envío y recepción, así como las secciones críticas de la concurrencia generada por la asincronía.

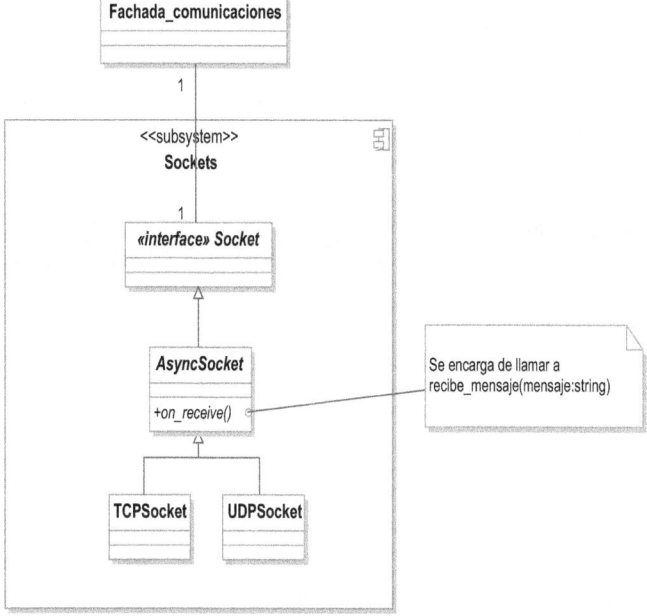

Figura 9.27. Aplicación del patrón Facade

9.5.2 Patrón Observer

También identificamos en el juego de ajedrez al patrón *Observer* que permite conectar el patrón de *Fachada_comunicaciones* con el notificador de eventos del patrón *Observer* con el fin de notificar los mensajes que llegan de la red a los objetos subscritos.

Con el *Observer* es necesario un objeto *Subject* al cual se adjuntan los diferentes observadores (*Observers*). Dichos observadores recibirán las notificaciones de llegada de un evento por la red.

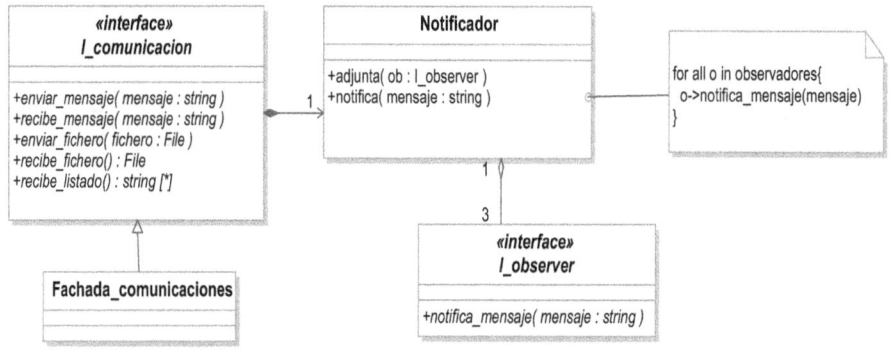

Figura 9.28. Aplicación del patrón Observer

En la figura 9.28 podemos ver la correspondencia entre las clases abstractas y concretas de la estructura del patrón a clases correspondientes al dominio del juego de ajedrez. La correlación es la siguiente:

Clases del patrón	Clases de ajedrez
Subject	Notificador
ConcreteSubject	Notificador
Observer	I_observer
ConcreteObserver	GUI, Control_juego, Tablero

Tabla 9.1. Correspondencia entre clases

El funcionamiento es el siguiente: cuando un nuevo mensaje llega al objeto *Fachada_comunicaciones* (*Cliente*) se notifica al objeto *Notificador* (*Subject*) mediante la llamada a *notifica(mensaje:String)*. Este a su vez enviará dicho mensaje a todos los objetos que implementan *I_observer* (*Observer*) mediante la función virtual pura *notifica_mensaje(mensaje:string)*.

9.5.3 Patrón Strategy

El último patrón que se ha aplicado en el diseño de clases de ajedrez es el *Strategy*. La utilización del patrón de estrategia viene justificada por la necesidad de implementar diferentes algoritmos de cálculo de jugadas en las partidas de ajedrez. Su estructura permite definir una interfaz común que comparten los diversos algoritmos concretos a los que se ha recurrido. El objeto que gestiona la Inteligencia Artificial del juego realizará el papel de contexto cliente del patrón *Strategy*. De esta forma la adaptación del patrón al modelo de clases ha sido el siguiente:

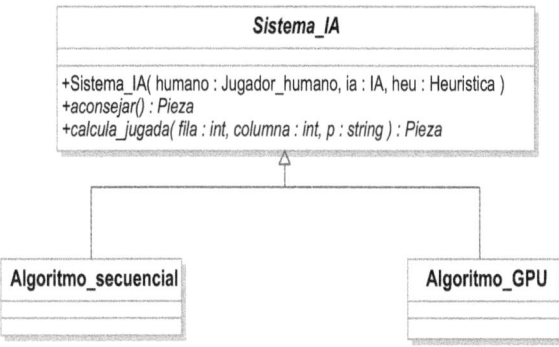

Figura 9.29. Aplicación del patrón Strategy

En la clase abstracta *Sistema_IA* de la figura 9.29 se representa la operación virtual *calcula_jugada()* que será redirigida al objeto concreto dependiendo de la estrategia seleccionada por el usuario. De este modo si el usuario posee un dispositivo gráfico de alto rendimiento, la operación de cálculo será delegada al objeto *Algoritmo_GPU*, en caso contrario el objeto *Algoritmo_secuencial* se encargará de procesar las operaciones en la CPU del sistema.

9.6 CASO DE ESTUDIO: MERCURIAL

Al igual que en el caso del ajedrez y en otras muchas aplicaciones, el sistema CVS de Mercurial también es susceptible de aplicación de patrones de diseño. En general, las aplicaciones cliente-servidor se prestan con frecuencia al uso de patrones GoF[24].

---

24 *Gang of Four* (GoF) es el nombre con el que se conoce en el argot de la orientación a objetos a los autores del libro *Design Pattern* [Gamma95].

9.6.1 Patrones Facade e Interpreter

El patrón *Facade* nos es útil en este contexto para establecer un punto de conexión con el sistema de interpretación de comandos textuales. De esta forma se aplican dos patrones simultáneamente: *Facade* como frontera del subsistema e *Interpreter* para el análisis sintáctico de cadenas alfanuméricas de los comandos CVS.

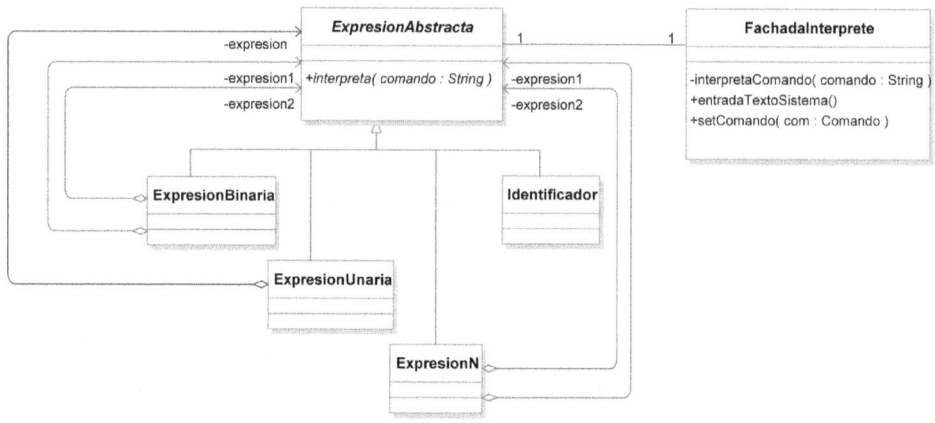

Figura 9.30. Aplicación conjunta de los patrones Facade e Interpreter

En la parte izquierda de la figura 9.30 se implementa el patrón *Interpreter* con el fin de analizar sintácticamente órdenes de texto pasadas a través del método *interpreta(comando:String)*. Posteriormente se analizará la cadena de texto para determinar el tipo de orden (objeto *Comando*). Una vez que se ha determinado el comando se procede a analizar recursivamente la secuencia de identificadores según el tipo de operador de expresión. Finalmente la expresión base devuelve el objeto *Comando* a la fachada del intérprete mediante *setComando()* que se encargará de transmitir el resultado al resto de la aplicación.

9.6.2 Patrón Composite

El patrón *Composite* es junto con *Observer* uno de los patrones más fácilmente inidentificables en esta aplicación. En el caso de Mercurial ha sido inmediata la reutilización de este patrón para la jerarquía del sistema de archivos.

Puesto que un sistema de archivos se compone de una jerarquía de directorios con ficheros que contienen a su vez más directorios y ficheros, es consecuentemente una estructura idónea para la aplicación del patrón *Composite*.

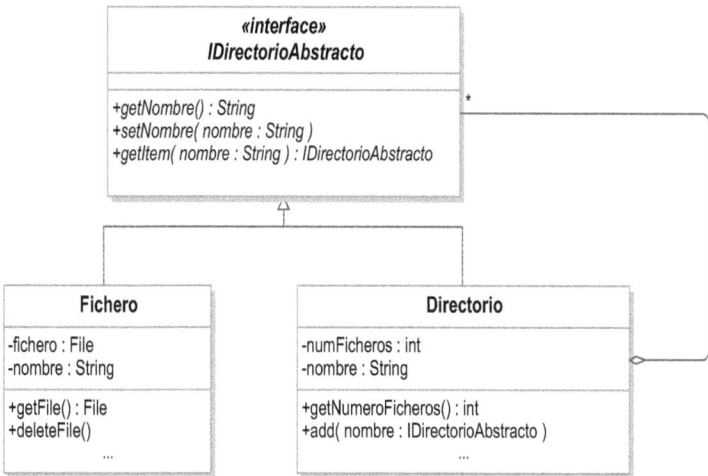

Figura 9.31. Aplicación del patrón Composite

El funcionamiento del patrón *Composite* en este ejemplo se explica gracias a la operación *getItem(nombre:String):IDirectorioAbstracto*. Este método devuelve un objeto *Directorio* o *Fichero* a partir del identificador proporcionado. De esta forma si se busca un ítem determinado dentro de un objeto *Directorio*, dicho objeto *Directorio* buscará en su *array* o lista de objetos del tipo *IDirectorioAbstracto* una correspondencia con el ítem en cuestión. Una vez obtenido el ítem se procederá a actuar de la misma forma con el objeto retornado mediante recursividad.

10

DIAGRAMAS DE ESTADO

"Cuando eres joven quieres ser mayor, cuando eres mayor quieres ser joven".

(Anónimo)

Después del estudio de los patrones de diseño más importantes y su aplicación práctica en algunos ejemplos, retomamos de nuevo los diagramas asociados al modelado del comportamiento.

En este capítulo nos centraremos en los diagramas de estados como notación formal de UML para modelar autómatas. El principal objetivo de estos diagramas es representar gráficamente el comportamiento de los clasificadores más importantes de UML. Estos clasificadores pueden ser instancias de clases, casos de uso, componentes, subsistemas, etc. Lo más frecuente es utilizar los diagramas de estado para representar el comportamiento de los diferentes valores que van adquiriendo los atributos de un objeto cuando se realiza una operación sobre ellos.

Los diagramas de estados suelen ser autómatas finitos, es decir, que alcanzan un estado final de aceptación en el cual terminan su progresión. Son representados como grafos dirigidos con nodos y aristas a los que se les añaden etiquetas informativas. Como veremos, las máquinas de estados son muy utilizadas en electrónica, reconocimiento del lenguaje y en un amplio rango de disciplinas informáticas y científicas. Los diagramas de estados en UML están basados en el formalismo de los diagramas del ingeniero David Harel, inventor de la notación original inspirada en grafos.

10.1 CONCEPTOS BÁSICOS

Antes de pasar a detallar los diferentes tipos de diagramas de estados proporcionados por la especificación UML explicaremos los elementos primordiales que estructuran estos diagramas.

- **Estado**: es el momento presente donde se encuentra el autómata mientras transita entre diferentes situaciones de ejecución.

- **Evento**: es el suceso o causa que propicia el cambio de estado.

- **Transición**: es el paso que se realiza entre un estado y otro al producirse un evento.

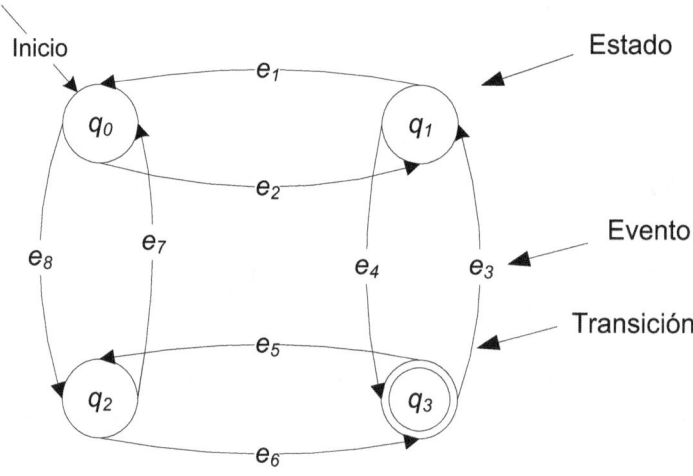

Figura 10.1. Diagrama de estados básico

La figura 10.1 muestra un diagrama de estados tradicional con cuatro estados: $\{q_0, q_1, q_2, q_3\}$, ocho eventos: $\{e_1, e_2, e_3, e_4, e_5, e_6, e_7, e_8\}$ y un estado final de aceptación: $\{q_3\}$. El movimiento o transición de un estado $q_i \rightarrow q_j$ implica la llegada de un evento e_i.

La figura bien podría modelar el comportamiento dinámico de la instancia de una clase según se realizan las llamadas a sus operaciones. Los estados equivaldrían a los valores que van adoptando los atributos y los eventos a los sucesos que hacen que se ejecuten en ellos las operaciones.

Según la OMG los diagramas de estados en UML se dividen en *máquinas de estado de comportamiento* y *máquinas de estado de protocolo*. Las máquinas de estado de comportamiento modelan el comportamiento de clasificadores de UML, por ejemplo, instancias de clases. *Las máquinas de estado de protocolo* modelan protocolos, por ejemplo, el ciclo de vida de los objetos y clasificadores como interfaces y puertos ya que estos no poseen ningún tipo de comportamiento.

10.2 ESTRUCTURA DE UN ESTADO

La estructura de estado definida en UML 2.0 es:

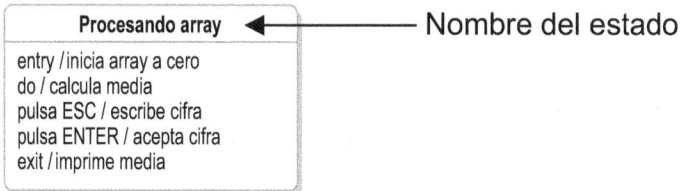

Figura 10.2. Ejemplo de estado

Los componentes del estado se dividen en:

Acciones y actividades	Significado
Entry	Acción que se realiza cuando se entra en el estado.
Exit	Acción que se realiza cuando se sale del estado.
Eventos internos	Es un evento que ocurre dentro del estado y produce un efecto o acción. Es el caso de ESC y ENTER.
Do	Realiza una actividad interna.

Tabla 10.1. Acciones y actividades de un estado

Donde las *acciones* se asocian con transiciones internas del estado en respuesta a un evento, implican una ejecución instantánea y no pueden ser interrumpidas, mientras que las *actividades* toman un tiempo finito y pueden ser interrumpidas.

Es importante destacar que los diagramas de protocolo no contienen los elementos de la tabla 10.1.

10.3 ESTRUCTURA DE LAS TRANSICIONES

Las transiciones representan el cambio de un estado a otro a causa de un evento o eventos. Según se trate de un diagrama de estado de comportamiento o de protocolo la estructura de la transición tomará un formato u otro. De este modo para los *diagramas de comportamiento* las transiciones tienen la siguiente notación[25]:

[evento[,evento]*[guarda][/acción]]

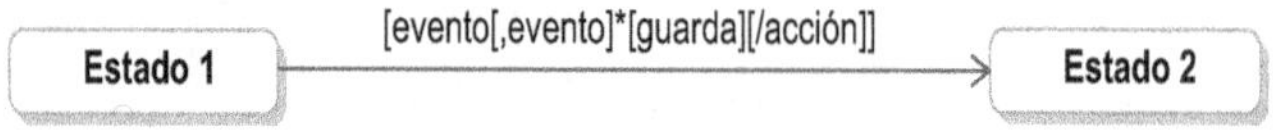

Figura 10.3. Transiciones en diagramas de estado de comportamiento

Dados dos estados separados por un evento, si se cumple la *guarda*, que es una condición *booleana* en el evento, se lleva a cabo la acción y se pasa de un estado a otro.

En los *diagramas de estado de protocolo* la estructura de la transición es la siguiente:

[[precondición][evento[,evento]*[/postcondición]]

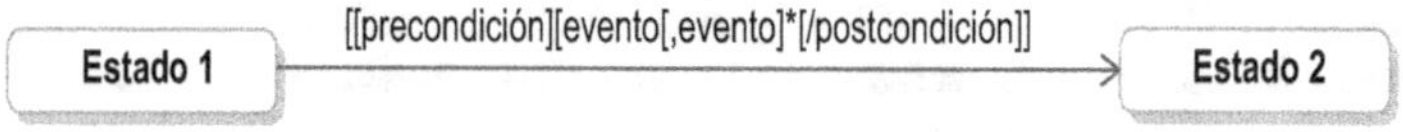

Figura 10.4. Transiciones en diagramas de estado de protocolo

En general, en la expresión [evento[,evento]*] se considera que se ejecutará una transición siempre y cuando se cumpla que:

($evento_1$ OR $evento_2$ OR ... $evento_n$) AND (guarda) → Transita

Normalmente, en la mayoría de los diagramas UML no se llega a detallar tanta información dentro de los estados y en las transiciones. Con frecuencia recurriremos a indicar generalmente el nombre del estado, las guardas y eventos en las transiciones, sin llegar a ser excesivamente detallistas en la especificación de estos.

---

25 El signo "*" representa la repetición del elemento ninguna o muchas veces.

10.4 TIPOS DE NODOS

10.4.1 Nodos inicial y final

El nodo inicial especifica el punto de partida donde comienza la ejecución del autómata y da paso al primer estado que tiene lugar dentro del diagrama. Se representa mediante un círculo de color negro. El estado final es el punto de llegada y terminación del autómata e implica la conclusión de las transiciones entre estados. Se representa mediante un círculo blanco con otro círculo concéntrico interior de color negro.

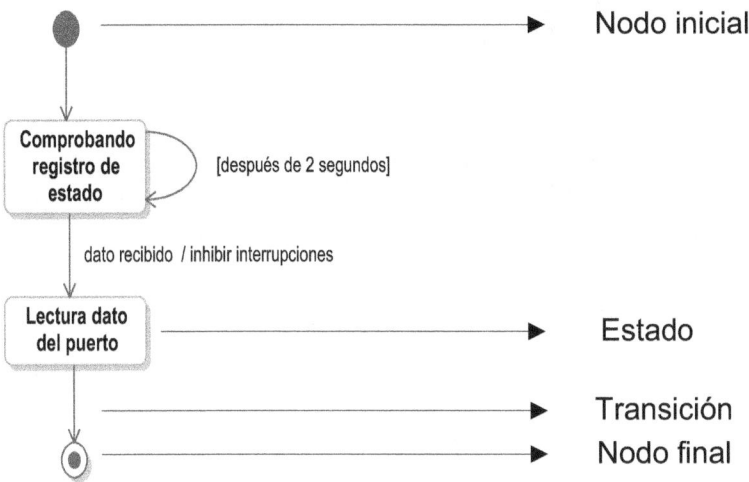

Figura 10.5. Diagrama de estados elemental

El diagrama de la figura 10.5 modela el algoritmo de una clase que implementa la lectura de un puerto de E/S en un sistema operativo. El autómata arranca en el nodo inicial para realizar una transición al estado de comprobación del registro de estado de la controladora. Mientras no se recibe el evento de llegada de un dato al puerto el estado se mantiene sobre él mismo. Cuando se recibe, la transición ejecuta la acción de inhibir las interrupciones de E/S antes de la lectura del puerto. El diagrama termina definitivamente con la llegada al nodo final que implica el fin de la ejecución del proceso.

10.4.2 Nodos de interconexión

Puede suceder que varias líneas de transiciones deban concurrir sobre un mismo estado o que varias transiciones partan de una condición hacia varios estados. Cuando ocurre esta situación utilizaremos un nodo de interconexión con el fin de fusionar o bifurcar transiciones. Dicho nodo se representará como un círculo de color negro de tamaño inferior al nodo inicial.

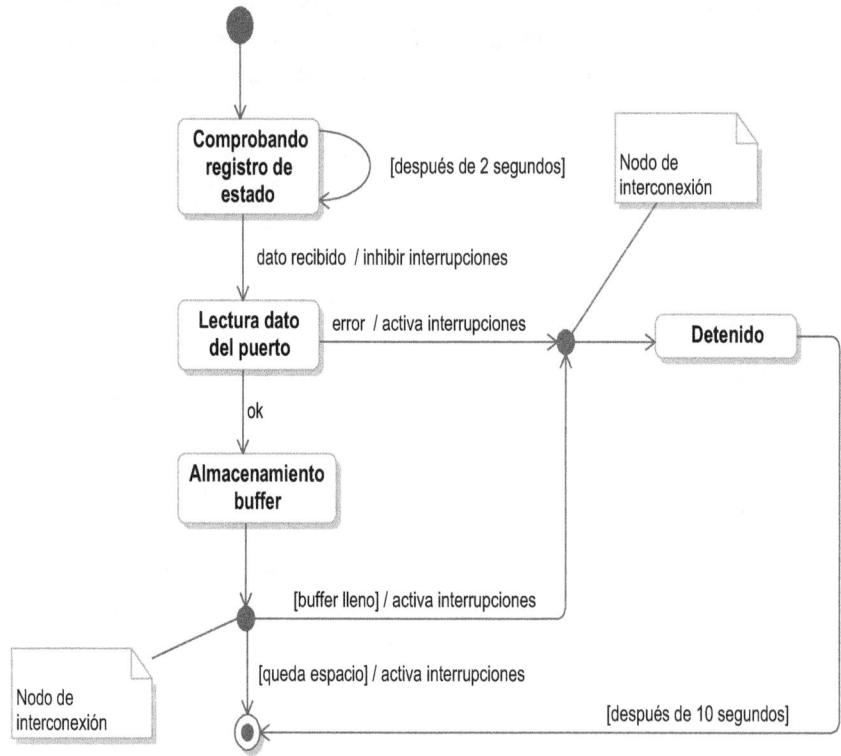

Figura 10.6. Ejemplo de diagrama con nodos de interconexión

Como se muestra en la figura 10.6 el estado de almacenamiento en el *buffer* puede producir una situación condicional dependiendo de si se encuentra lleno o no. De igual forma, tanto si se produce un error de E/S como si el *buffer* está lleno las transiciones salientes confluirán en un nodo de interconexión antes de llegar al estado de detención.

10.4.3 Nodos condicionales

De forma alternativa y cuando se trate de una situación de bifurcación condicional podemos utilizar el símbolo del rombo para indicar la salida de las diferentes transiciones.

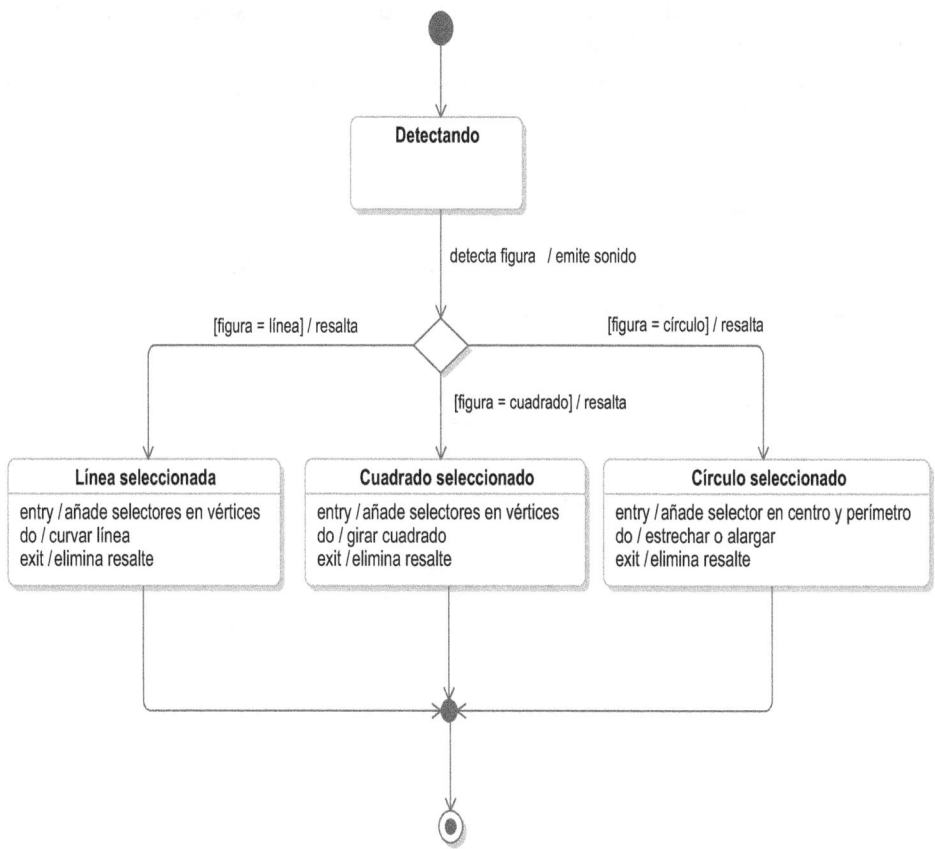

Figura 10.7. Utilización del nodo condicional

En el ejemplo podemos observar la utilización del nodo de decisión como alternativa más legible al nodo de interconexión. Las opciones del nodo condicional deben ser siempre excluyentes, no pudiendo reflejar ningún tipo de ambigüedad. El ejemplo 10.7 modela los estados de una clase *figura* que es seleccionada por el usuario de una aplicación gráfica. Dependiendo del tipo de figura que seleccione, el autómata se redirigirá a diferentes estados donde se le aplicarán las respectivas transformaciones geométricas.

10.5 EVENTOS

Como se mencionó al comienzo del capítulo, uno de los elementos principales del diagrama de estados son los eventos. Cuando tiene lugar un evento (al ocurrir una circunstancia externa programada en la clase), se produce inmediatamente la transición de un estado a otro. Dependiendo del uso que se le dé al evento se clasificarán en: eventos de llamada, eventos de señalización, eventos de cambio y eventos de tiempo. A continuación se describen las características esenciales de los dos más importantes:

10.5.1 Eventos de llamada

El caso más común ocurre cuando se solicita la realización de una operación de la instancia de una clase como evento. Para ilustrar este caso considérese la siguiente clase que modela una *Tienda*:

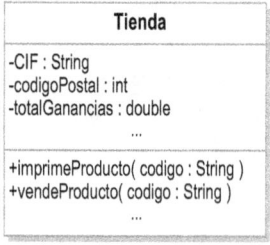

Figura 10.8. Clase Tienda

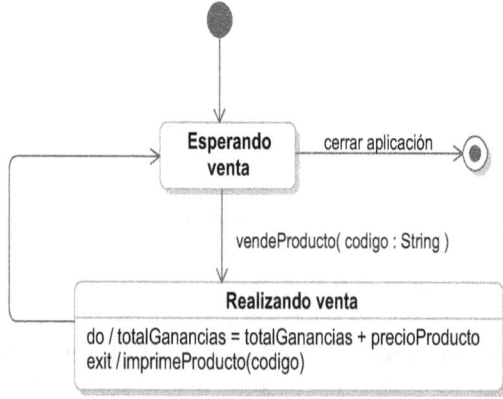

Figura 10.9. Diagrama de estados con eventos de llamada

El hecho de realizar una llamada a la operación *vendeProducto* sobre la instancia de la clase *Tienda* provoca un cambio de estado inducido por la generación del evento.

En el ejemplo de la figura 10.9 se han utilizado dos operaciones de la clase Tienda: *vendeProducto* e *imprimeProducto* de forma externa e interna al estado respectivamente.

10.5.2 Eventos de tiempo

Otro caso muy común es el evento de tiempo. Este tipo de eventos se generan como respuesta a un suceso de transcurso del tiempo, por ejemplo: milisegundos, segundos, horas, días, meses, etc. La figura 10.10 ejemplifica una situación de una máquina de estados controlada por un evento de tiempo:

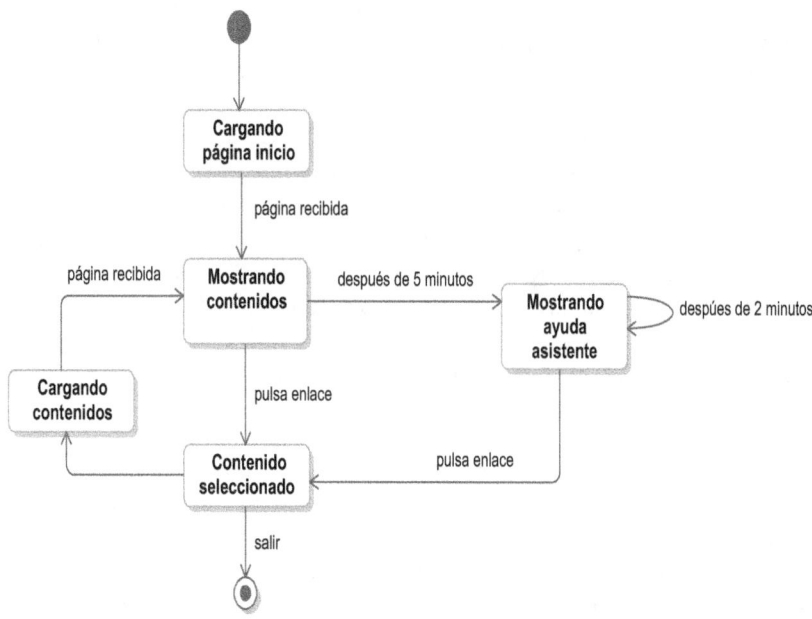

Figura 10.10. Ejemplo de diagrama de estados con dos eventos de tiempo

En el ejemplo de la figura 10.10 se supone un caso de aplicación que muestra una página Web de información con diferentes opciones. Si el usuario no sabe qué opción elegir transcurridos cinco minutos después de la carga y la visualización, se mostrará un asistente para guiarle en el uso de la página. Del mismo modo, si transcurren dos minutos más sin que el usuario seleccione una opción se volverá a mostrar un mensaje de ayuda del asistente.

10.6 ESTADOS COMPUESTOS

Los estados compuestos son aquellos formados por uno o más máquinas de estados anidadas o que se ejecutan de forma concurrente o paralela. En este apartado veremos los dos casos de composición de estados: la *composición simple* y la *ortogonal*.

10.6.1 Estados compuestos simples

En los estados compuestos simples únicamente existe una región o cauce de ejecución para el conjunto de estados anidados y donde no se produce concurrencia o paralelismo. Suele representarse como un superestado que agrupa varios conjuntos de estados a modo de bloque. Este bloque se comunica con el resto de bloques por medio de pseudoestados, es decir, estados no convencionales como el estado de inicio, terminación o bifurcación. En este caso los pseudoestados son los estados de entrada y salida de los superestados.

La figura 10.11 muestra un caso de ejemplo muy habitual en los navegadores Web. Se trata de dos superestados para resolver el *hostname* (DNS) y para la carga del contenido HTML respectivamente. El superestado de la parte superior de la imagen se comunica con el superestado inferior por medio de pseudoestados. Encontramos aquí dos pseudoestados de entrada y cinco de salida (dichos estados siempre se ubican en los límites del superestado). En caso de que sean de entrada se mostrarán como un círculo en blanco, mientras que si son de salida se mostrarán mediante un círculo con un aspa en su interior. Dichos pseudoestados equivaldrían a puertas que comunican un superestado con el resto del diagrama.

Otro tercer tipo de pseudoestado es el de terminación que es el que se encuentra en el ejemplo asociado al superestado para mostrar el contenido HTML y en los mensajes de error. Los pseudoestados de terminación finalizan el objeto en el contexto del estado sin que por ello afecte al resto del autómata. En el caso de la figura 10.11, al encontrar código malicioso (*malware*) se finaliza el objeto que interpreta el código HTML sin afectar al resto de estados y transiciones. De igual forma, en el caso de fallo de transmisión si no se resuelve el *hostname* o si se produce un error HTTP, el objeto relacionado se destruye en espera de una nueva petición de URL.

El ejemplo analizado en esta sección es un modelo simple para el caso de carga de páginas HTML desde un navegador; no obstante en la realidad dichos diagramas se pueden complicar en exceso. También se evidencia que en este tipo de estado compuesto no sucede ninguna ejecución concurrente, siendo más bien el proceso de la máquina de estados y subestados una secuencia lineal del cauce de ejecución.

En el siguiente apartado veremos un caso donde sí ocurre paralelismo.

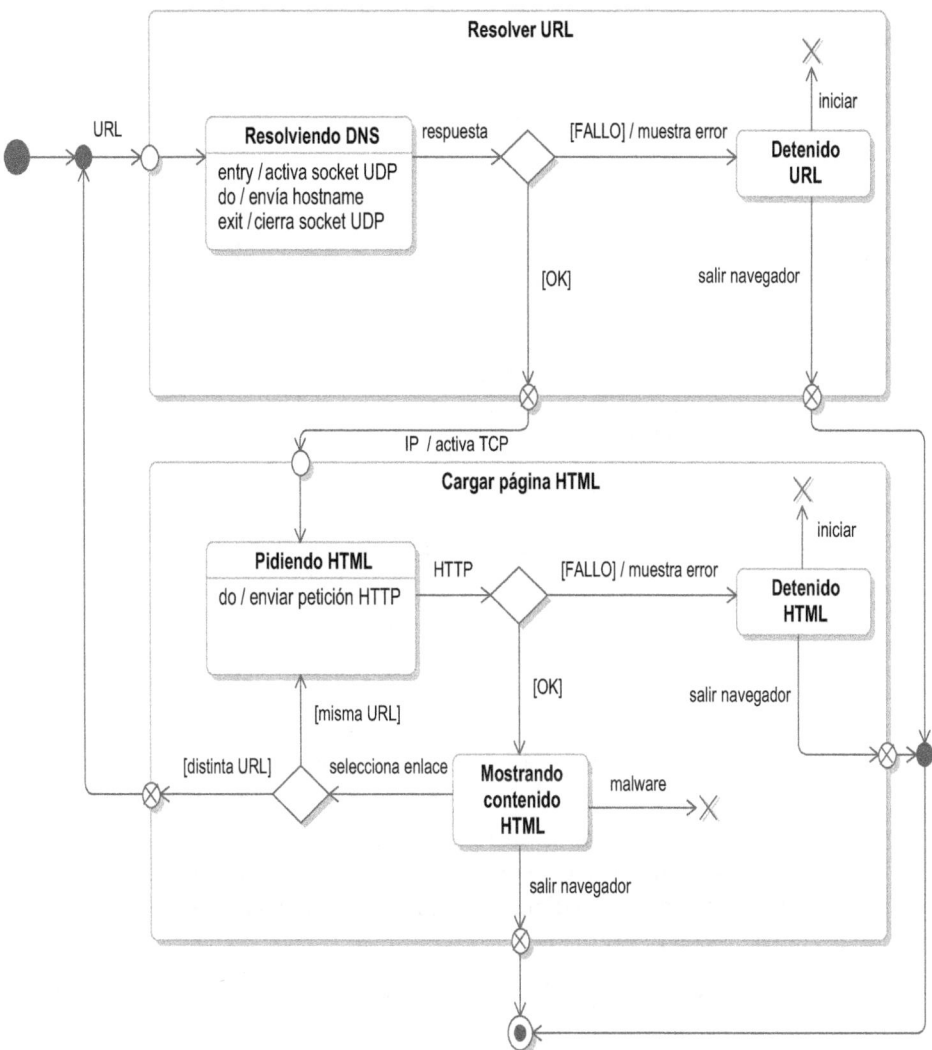

Figura 10.11. Ejemplo de estado compuesto simple

10.6.2 Estados compuestos ortogonales

En este tipo de estados compuestos nos encontramos con dos o más regiones o cauces de ejecución paralelos o concurrentes. La notación de UML para especificar la existencia de varias submáquinas ejecutándose en paralelo es mediante la siguiente estructura:

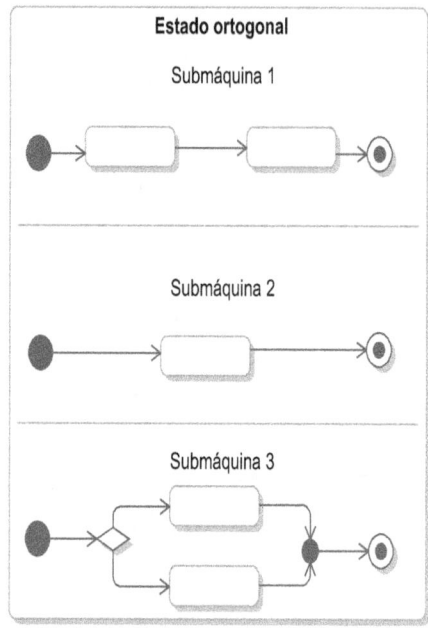

Figura 10.12. Estado compuesto ortogonal (3 submáquinas)

En el ejemplo de la figura 10.12 encontramos tres máquinas de estados ejecutándose concurrentemente o en paralelo. Dichos autómatas contendrán regiones separadas mediante líneas discontinuas en donde se realizarán los estados y las transiciones de manera independiente.

En algunas situaciones es necesario descomponer la transición de entrada en varias transiciones de entrada para cada submáquina. De igual forma las transiciones generadas dentro de cada máquina deberían ser recogidas en una barrera de sincronización. Para dichas situaciones disponemos de las notaciones *fork* (bifurcar) y *join* (unir) que se especifican mediante una barra vertical u horizontal. En el ejemplo de la figura 10.13 podemos observar un caso de uso de *fork* y *join*.

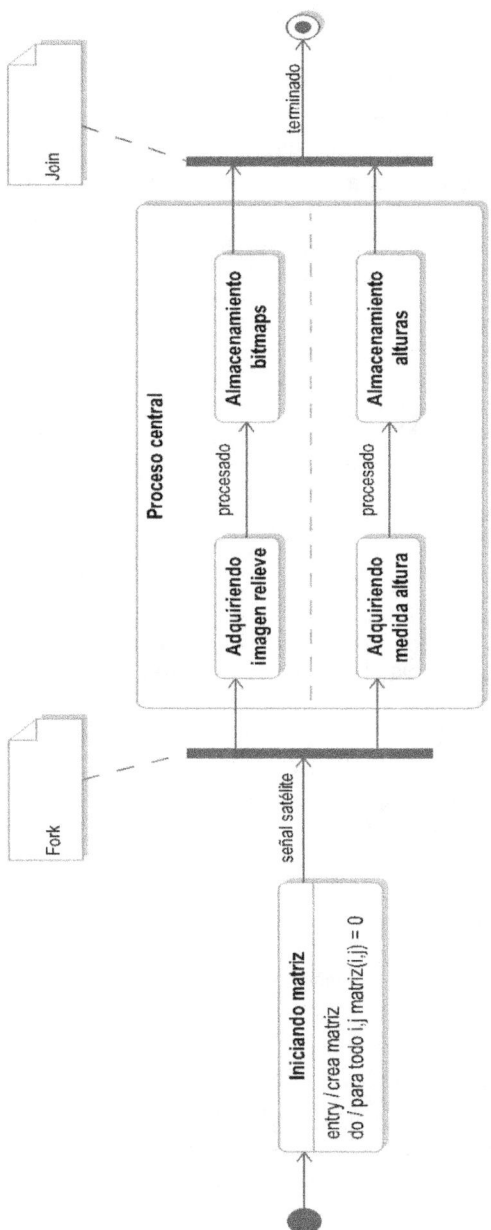

Figura 10.13. Estado ortogonal con fork y join

10.7 SINCRONIZACIÓN DE SUBMÁQUINAS

¿Cómo es posible sincronizar los estados de diferentes submáquinas ejecutándose en distintas regiones? La respuesta a esta pregunta la encontramos en la definición de transición, más concretamente en la sección de guarda. La utilización de dicha sección como *flag* permite establecer un orden de ejecución en las transiciones de un estado a otro. Simplemente recurriremos a los atributos de los estados para prefijar los valores de dichos *flags* que se utilizarán a modo de semáforos de sincronización.

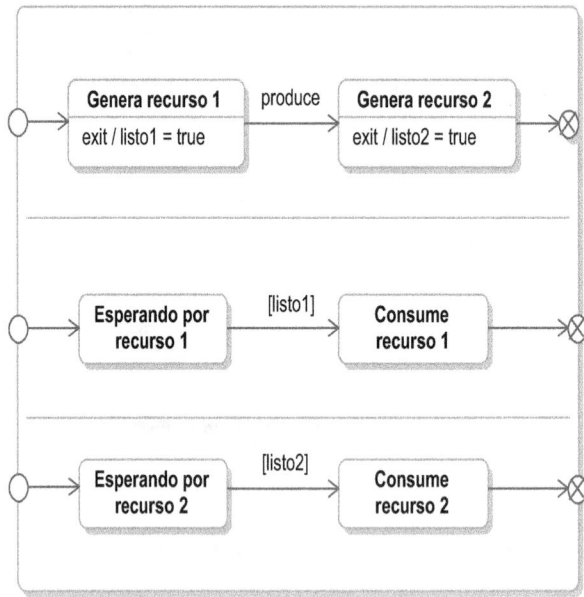

Figura 10.14. Tres submáquinas concurrentes con sincronización

La utilización de sincronismo en el ejemplo de la figura 10.14 se consigue mediante la utilización del *flag listo*, que es establecido por las acciones de los estados productores y controlado por las guardas de los estados consumidores. De esta forma se consigue bloquear la transición de un estado mientras exista concurrencia.

10.8 SIMPLIFICACIÓN DEL DIAGRAMA DE ESTADOS

Es frecuente la complejidad que suelen alcanzar los diagramas de estados, normalmente provocada por la gran cantidad de posibles valores que se pueden asignar a los atributos de las cada vez más complejas clases.

Con la finalidad de simplificar la tarea al modelador y a su vez crear diagramas de estados más legibles y ordenados, surgen entidades en UML como el *icono de estado compuesto* para facilitar en gran medida esta labor.

El *icono de estado compuesto* es una simplificación de lo que podría equivaler a un diagrama compuesto simple u ortogonal, a modo de caja negra que encapsula y abstrae otro/s diagrama/s de estados. Se representa mediante un macroestado con entradas/salidas y en el cual se encapsulan sus correspondientes transiciones.

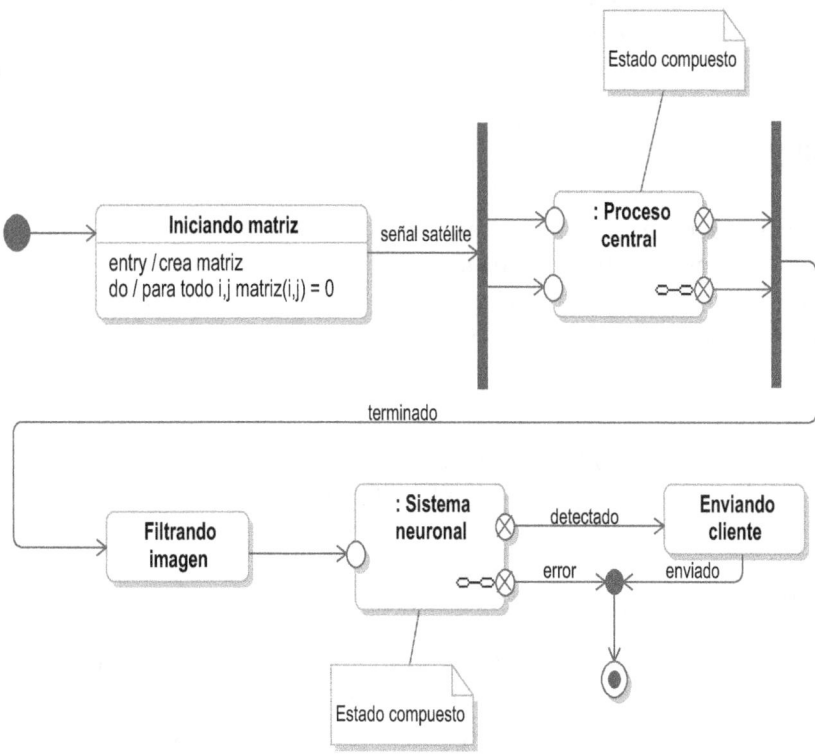

Figura 10.15. Simplificación de la figura 10.13 utilizando iconos de estado compuesto

El ejemplo de la figura 10.15 utiliza las dos submáquinas representadas en el ejemplo de la figura 10.13. Para simplificar el diagrama, la máquina que abstrae el *procesamiento central* se representa como una entidad encapsulada que no muestra sus contenidos en el modelo. También se muestra otra máquina compuesta denominada *Sistema neuronal* que no utiliza concurrencia y que ilustra igualmente otro caso de simplificación de un estado compuesto simple.

El ejemplo basado en las figuras 10.13 y 10.15 modela un sistema de adquisición de imágenes vía satélite para el análisis topográfico del terreno. En la figura 10.13 el proceso comienza inicializando una matriz a cero para almacenar los datos recibidos. Cuando se recibe la señal del satélite se lanzan dos submáquinas paralelas que reciben octetos con información gráfica del terreno junto a una medición de las alturas. Una vez terminados, ambos procesos se sincronizan en una barrera *join* y se procede al filtrado de la imagen (figura 10.15). El resultado de esta imagen filtrada se analizará en un sistema neuronal que detectará una determinada forma y la enviará al cliente en caso de coincidencia.

10.9 HISTORIAL

Puede ser útil en algunas ocasiones mantener información del estado donde nos encontrábamos cuando se abandona un conjunto de estados. Esta situación puede presentarse a consecuencia de una transición que nos "saca" de un estado interno del superestado hacia otro estado externo. Si posteriormente otra transición nos lleva de nuevo al mismo superestado no será posible recordar en qué subestado nos encontrábamos.

Estas situaciones se resuelven por medio de los *pseudoestados historia* que permiten solucionar el problema anteriormente descrito y facilitan la depuración de errores.

10.9.1 Historia superficial

Con la *historia superficial* conseguimos mantener una memoria del último estado donde estuvimos al mismo nivel donde se encuentra el nodo de historia superficial. Por ejemplo, el hecho de que se sitúe el pseudoestado H en el superestado del nivel 2 de la figura 10.16 implica, que en caso de salida de emergencia de un subestado en ese nivel, al regresar únicamente recordará en qué subestado nos encontrábamos dentro de ese nivel.

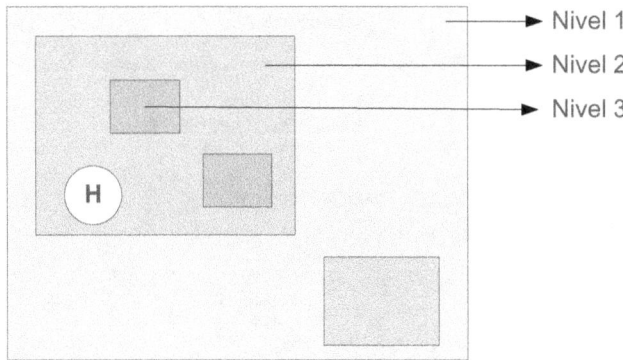

Figura 10.16. El nodo H recuerda en qué estado estábamos dentro del Nivel 2 únicamente

10.9.2 Historia profunda

Sin embargo, la *historia profunda* realiza las mismas acciones de memoria que la historia superficial pero en este caso no solo recuerda el nivel actual sino que mantiene un historial de los estados que se encuentran por debajo de él.

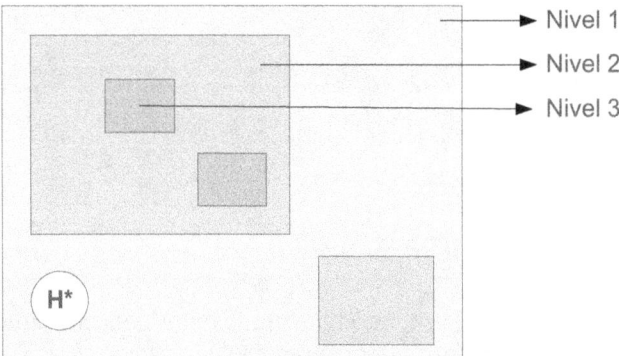

Figura 10.17. El nodo H* recuerda en qué estado estábamos desde el Nivel 1 hasta el Nivel 3

En el ejemplo de la figura 10.18 se representan los dos casos de utilización de los nodos de historial. El diagrama modela una línea de producción en cadena donde se requieren dos componentes para formar la pieza *Alfa*. En este contexto pueden suceder dos tipos de eventos: el primero consistiría en un agotamiento de la reserva de componentes de ensamblaje, y el segundo, una caída del suministro eléctrico que afectaría a toda la cadena. En el primer caso el nodo H permite continuar en el estado de ensamblaje donde se encontraba, mientras que en el segundo caso el nodo H* recuerda cualquier subestado dentro del superestado de montaje de pieza Alfa.

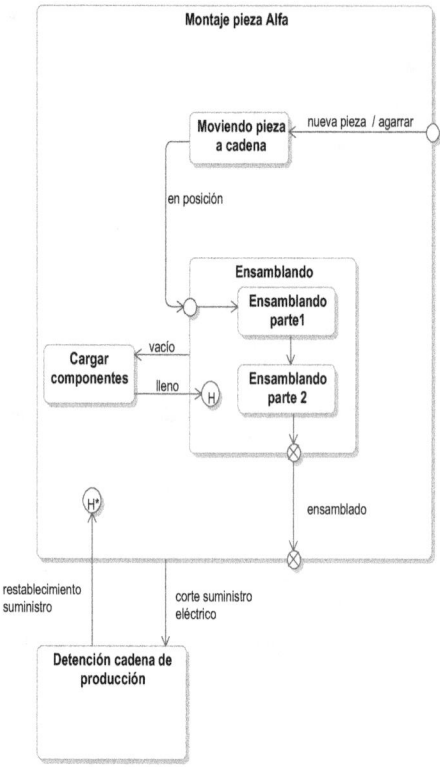

Figura 10.18. Ejemplo de uso de los dos tipos de nodos de historial (H y H*)

10.10 CASO DE ESTUDIO: AJEDREZ

En la figura 10.19 de la página siguiente se representa el diagrama de estados por los que transita el juego del ajedrez durante una partida.

El diagrama refleja la vida de la aplicación desde que se inicia hasta que termina. Al principio de la secuencia de estados se pregunta al usuario si desea jugar en red o con la máquina. En caso de que desee jugar con la IA se procede a la espera de selección automática del nivel ELO del jugador. En caso contrario se transita a un estado compuesto simple que procede a la conexión al servidor. Terminado el protocolo de conexión con el servidor se procede a la búsqueda del contrincante, para ello se entra en un estado de comparación de los niveles de destreza (ELO). Nótese que dentro de este estado compuesto existe la posibilidad de pérdida de la conexión. Para dar respuesta a este problema se ha recurrido al uso de la notación H (historia superficial) con la finalidad de recordar el estado donde nos encontrábamos después de la caída de la conexión. El nodo H viene del estado :*Conectando* que no es más que un estado reutilizado del que realiza las acciones de conexión al servidor.

Una vez encontrado el jugador rival comienza el juego en sí; aunque en este caso y con el fin de no complicar en exceso el diagrama se ha abstraído su complejidad mediante un estado compuesto. Antes de jugar la partida es necesario ejecutar el evento de espera de cinco segundos, permitiendo así la adecuada preparación mental del jugador humano.

Finalmente, una vez terminada la partida, se llega a un nodo de condición que se bifurca dependiendo de si se ha jugado en red o mediante la IA. En caso de haber elegido jugar la partida en red se entra en el estado compuesto :*CerrandoSesión* que realiza el protocolo de desconexión con el servidor central de usuarios.

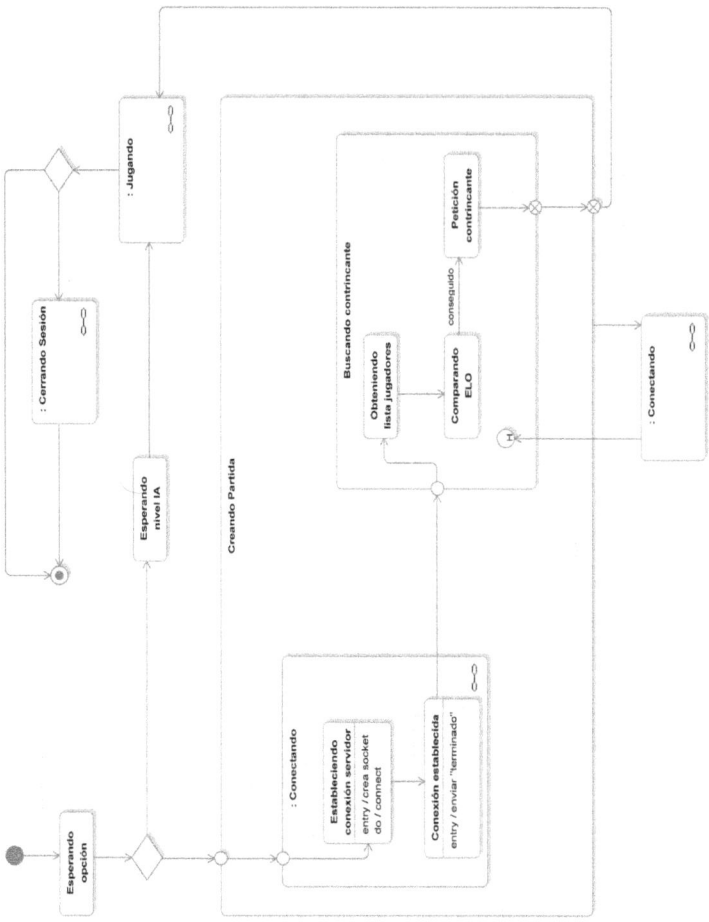

Figura 10.19. Diagrama de estados de ajedrez

10.11 CASO DE ESTUDIO: MERCURIAL

En la figura 10.20 se muestra el contexto de ejecución de un diagrama de estados para el proceso de análisis de una cadena de comandos en Mercurial. La máquina de estados comienza cuando el proceso está en espera de la entrada de una orden. A partir de entonces se inicia un ciclo de lectura de caracteres que finaliza con la entrada del carácter de retorno de carro. Una vez obtenida la cadena de texto comienza el estado de análisis sintáctico el cual solo volverá al inicio en caso de mala construcción del comando. Finalmente, si la cadena de texto pasa el proceso de *parsing* se analizará también su semántica y se creará el objeto *Comando*.

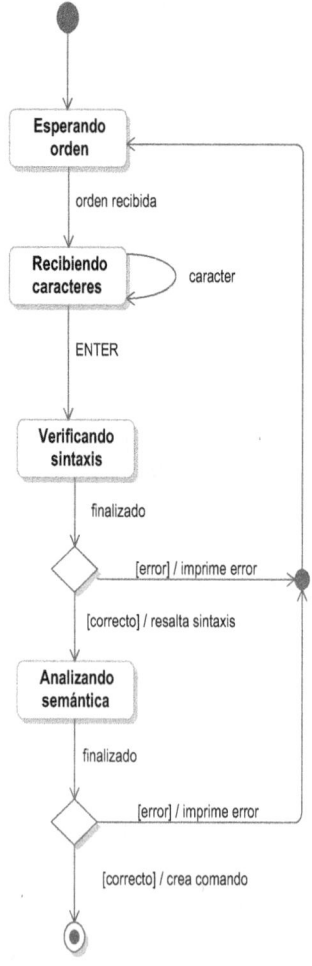

Figura 10.20. Diagrama de estados para procesar un comando en Mercurial

11
DIAGRAMAS DE ACTIVIDAD

"En vano me esfuerzo por creer que algo tan obvio como dibujar figuras que se complementan mutuamente no se le hubiera ocurrido a alguien antes".

(M. C. Escher)

Los *diagramas de actividades* representan un tipo de diagrama de estados cuyas transiciones no están producidas por eventos externos. El diagrama de actividad es otro ejemplo de modelado del comportamiento en el que los nodos representan acciones que se suceden secuencialmente o concurrentemente desde un estado inicial a un estado final. Este tipo de diagrama está inspirado en las *redes de Petri* y añade una semántica muy potente para expresar procesos de tiempo real en las aplicaciones diseñadas en UML. En UML 1.x los diagramas de actividad se reducían a una especie de diagramas de estado ampliados, fue con UML 2.0 cuando se creó una sintaxis mejorada y más completa.

11.1 ESTRUCTURA BÁSICA

La estructura del diagrama de actividades está compuesta básicamente por nodos. Los nodos se clasifican en tres tipos diferentes: los *nodos de acción*, los *de control* y los *de objeto*. Los *nodos de acción* constan de unidades indivisibles de una tarea, es decir, las acciones que se llevan a cabo dentro de un determinado estado. Los *nodos de control* permiten alterar el flujo de ejecución de las actividades, bifurcándolas o redirigiéndolas a otros procedimientos. Finalmente, los *nodos de objeto* representan objetos usados en el escenario de la actividad, entendiendo estos como instancias concretas de clasificadores.

▼ **Nodo inicial**: representa el comienzo de la secuencia del flujo de acciones. Se simboliza mediante un círculo relleno de color negro.

▼ **Nodos de acción**: engloban unidades de trabajo atómicas dentro del diagrama.

▼ **Nodo final**: representa el estado final donde termina el flujo de una secuencia de acciones.

▼ **Transiciones**: muestran el paso de un nodo de acción a otro. En los diagramas de actividad se representan mediante una flecha con punta abierta.

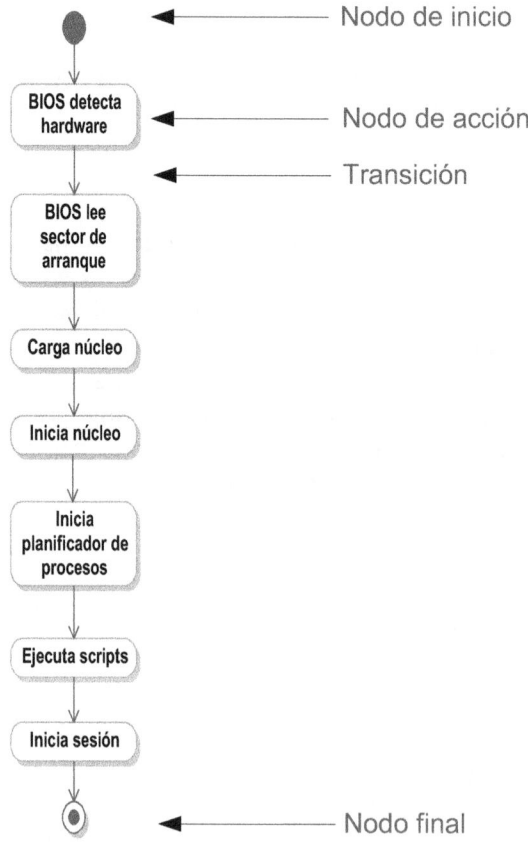

Figura 11.1. Ejemplo básico de un diagrama de actividad

La figura 11.1 es un ejemplo de la estructura del diagrama de actividad. En él se modela el proceso de arranque del sistema operativo UNIX. El proceso se inicia en el punto del nodo inicial marcado como un círculo negro, y transita por los diferentes estados de la actividad hasta llegar al nodo final donde se termina dicho proceso.

Además de estas características enunciadas anteriormente es posible asignar opcionalmente restricciones para la ejecución de una acción. Tales restricciones se dividen en *precondiciones* y *poscondiciones* y se ubican en la entrada y en la salida del nodo de acción respectivamente. Las precondiciones hacen referencia a las premisas iniciales que deben satisfacerse para la correcta ejecución de la acción, mientras que las poscondiciones indican los requisitos precisos que deben cumplirse al salir de la acción.

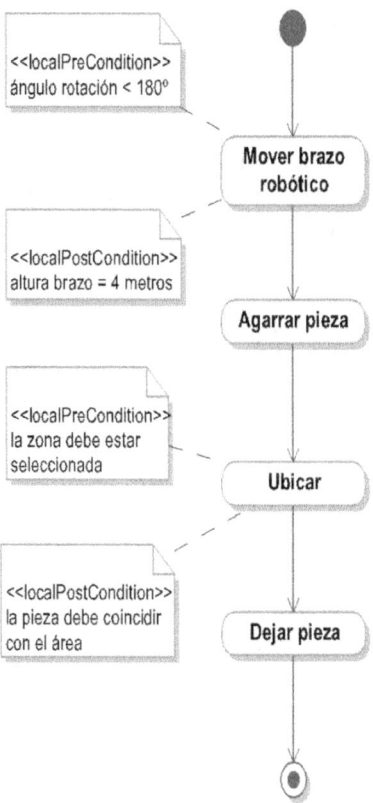

Figura 11.2. Ejemplo de uso de restricciones

11.2 ESTRUCTURAS DE CONTROL

Puesto que los diagramas de actividad representan la puesta en escena de un caso de uso y de las entidades que lo conforman, es lógica la existencia de nodos de control para redirigir el flujo de un conjunto de acciones. Se entiende entonces la necesidad de utilización de sentencias de bifurcación y de concurrencia para detallar con precisión la semántica del problema.

11.2.1 Nodos de decisión

Los nodos de decisión permiten bifurcar el flujo de ejecución hacia un conjunto de nodos de acción u otro. Es importante que las guardas de las condiciones sean mutuamente excluyentes, es decir, la semántica de las guardas debe ser lo más clara posible de forma que no lleve a ambigüedades.

Los nodos de decisión en los diagramas de actividades de UML se representan mediante un rombo con tantas flechas de salida como bifurcaciones haya. Los nodos de fusión, por el contrario, sirven para recoger las diferentes ramas separadas por el nodo de decisión.

Así, en el ejemplo de la figura 11.3, se representa una situación que bien podría estar sacada del contexto de un videojuego clásico. Como se ilustra en el ejemplo, después de partir del nodo de inicio se entra en un primer estado que detecta la pulsación de una tecla. Posteriormente nos encontramos con el primer nodo de decisión que indaga sobre el estado de la pulsación. En caso de que la tecla esté pulsada se intentará empujar la puerta del laberinto, en caso contrario volverá a consultar el estado de la pulsación. Después de pulsar la tecla, la aplicación comprobará si la puerta está cerrada. De ser así el personaje deberá usar la llave y abrir la puerta; de lo contrario el programa presentará la siguiente pantalla del laberinto. Finalmente los dos caminos posibles se unirán en el nodo de fusión antes de finalizar la actividad: "Jugador llega a puerta".

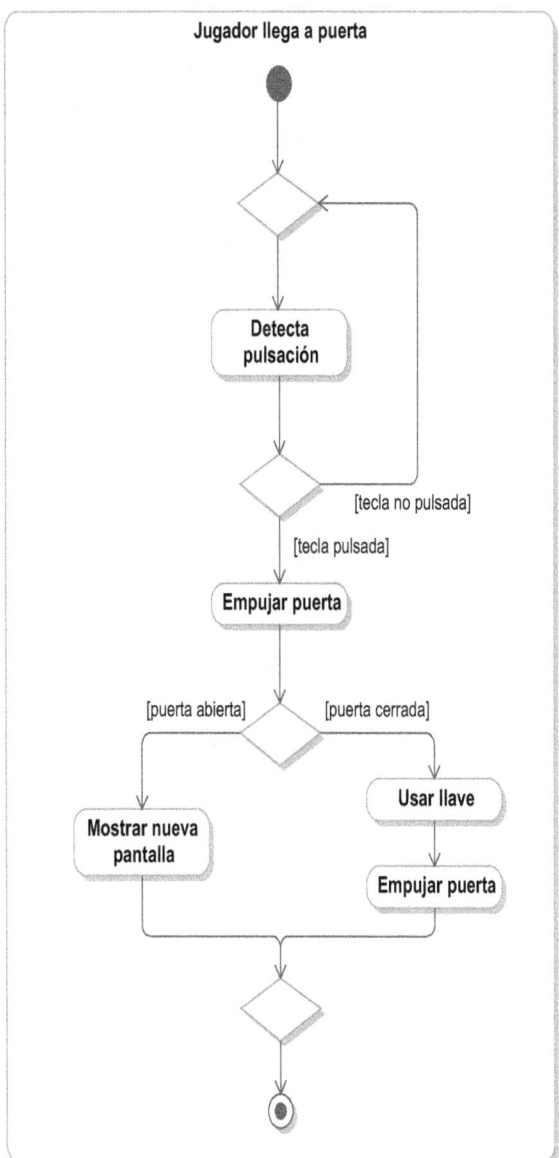

Figura 11.3. Ejemplo de dos nodos de decisión y uno de fusión

11.2.2 Nodos de concurrencia y paralelismo

También pueden existir situaciones donde el flujo de acciones deba expandirse en varios hilos concurrentes o paralelos, creando un escenario de varios conjuntos de acciones ejecutándose al mismo tiempo. Para indicar que una actividad se descompone en varios conjuntos de acciones concurrentes o paralelas, utilizaremos una barra negra desde donde parten flechas (nodo *fork*) a cada uno de los conjuntos de estados de actividad. De igual forma, los diferentes hilos se unifican en un nodo de fusión llamado barrera de sincronización (nodo *join*).

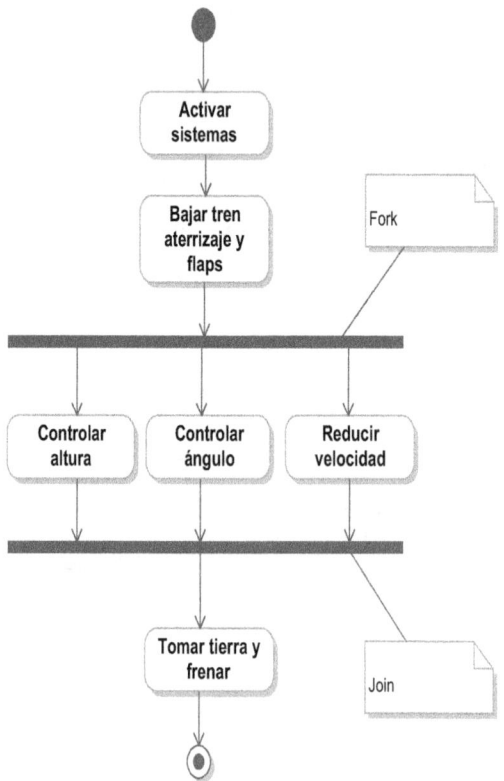

Figura 11.4. Paralelismo en el aterrizaje de un avión

El ejemplo de la figura 11.4 muestra el escenario de ejecución del proceso de aterrizaje de un avión. Después de bajar el tren de aterrizaje se activan tres acciones paralelas durante el descenso de la aeronave que finalizan en el momento de toma de tierra. Para ilustrar esta situación se dibujan las barras de inicio y finalización de paralelismo (nodos *fork* y *join*).

11.3 EVENTOS DE TIEMPO

Los nodos de tiempo simulan las situaciones donde es necesario esperar una cantidad de tiempo para continuar el flujo de acciones. La expresión asociada con el icono del evento de tiempo puede especificar la demora en forma de cifra o textualmente.

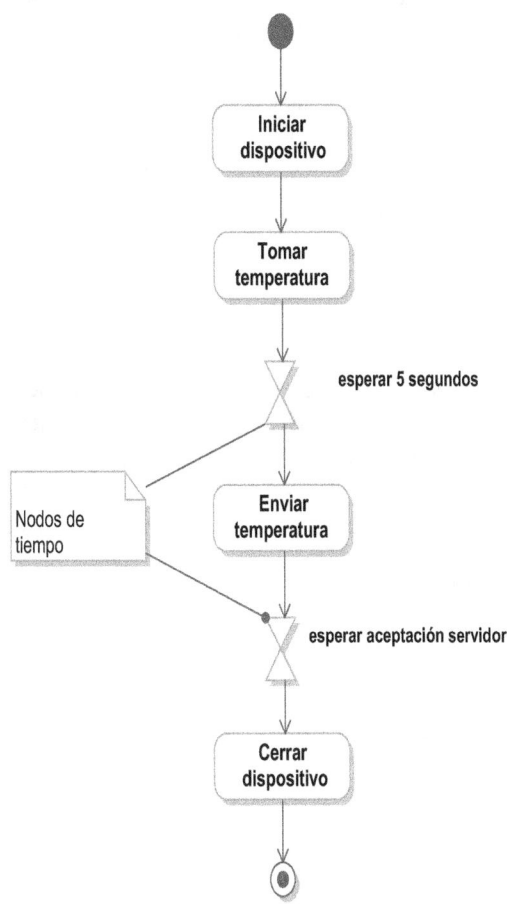

Figura 11.5. Diagrama con dos eventos de tiempo

La figura 11.5 ilustra un ejemplo de utilización de dos eventos de tiempo UML: uno cuantitativo y otro cualitativo. El diagrama modela un sistema de telemetría que espera 5 segundos antes de enviar la temperatura a un sistema centralizado. Después de enviar la información al sistema remoto, espera la confirmación de este.

11.4 NODOS OBJETO

Como veremos más adelante, los nodos objeto se utilizan en los diagramas de actividad para indicar qué clasificadores provenientes del modelo de negocio son referenciados en el diagrama de actividad para utilizarlos como entrada o salida de un determinado estado. Dichos objetos suelen ser generalmente instancias de clases. Los objetos se representan como rectángulos con el nombre del clasificador. Opcionalmente pueden llevar asociado un estado aclarativo en el que se encuentra dicho objeto.

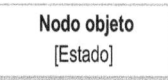

Figura 11.6. Ejemplo de nodo objeto con estado

11.5 NODOS DE DATOS

Los nodos de datos son un tipo especial de nodo que permite especificar una base de datos o un soporte lógico de almacenamiento. En general es una manera de especificar un nodo de almacenamiento de información persistente en contraposición a los otros nodos donde la información es temporal. Los nodos de datos se representan de igual forma que los nodos objeto pero con el estereotipo <<*datastore*>>.

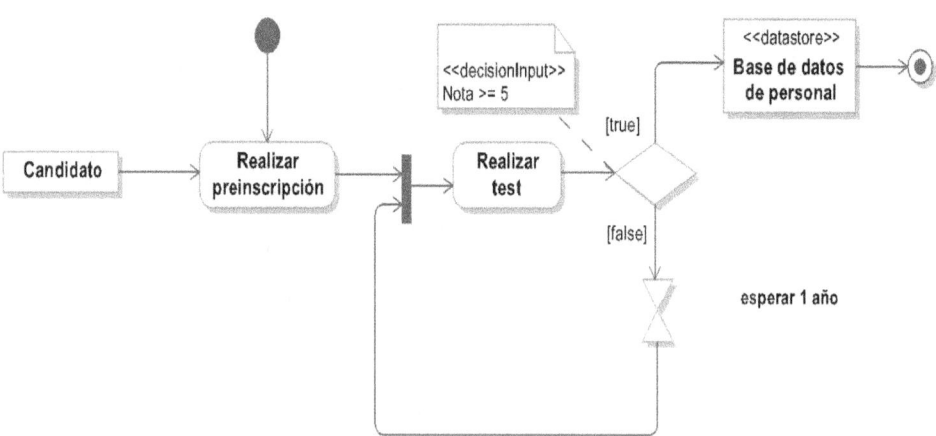

Figura 11.7. Ejemplo de uso de un nodo de datos

La figura 11.7 muestra la aplicación de un nodo de datos. Cuando los flujos concurrentes de recepción de la preinscripción y el transcurso de un año confluyen se realiza un test para evaluar al candidato. En caso de ser aprobado se almacena en la base de datos y la actividad finaliza. En caso contrario vuelve a esperar un año a otro candidato. En este diagrama se introduce la noción de nodo objeto con "Candidato".

11.6 PARTICIONES

Las actividades son realizadas por personas, procesos o clases. Una forma de indicar la responsabilidad de estos actores es la utilización de carriles (*swimlanes*), como se puede apreciar en la figura 11.8:

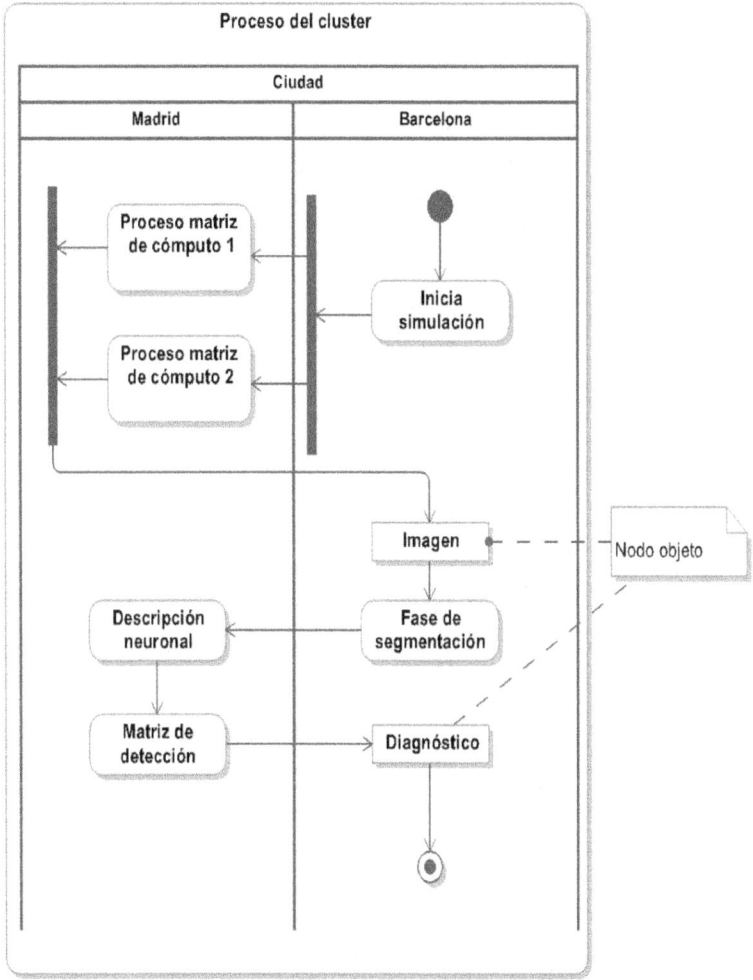

Figura 11.8. Ejemplo de actividad partida

En el ejemplo de la figura 11.8, un proceso de diagnóstico basado en imagen requiere que un ordenador ubicado en Barcelona inicie una simulación de un proceso orgánico humano (por ejemplo, una simulación del cerebro) en dos matrices de cómputo en un *mainframe* situado en Madrid. El resultado de la simulación se devolverá en un objeto *Imagen* que se procesará en Barcelona para obtener diferentes regiones y enviarlo de nuevo a Madrid para un procesamiento neuronal en una matriz de multiprocesadores. Finalmente el resultado del diagnóstico se devuelve en un objeto antes de la finalización.

11.7 PARAMETRIZACIÓN

En los diagramas de actividades es posible utilizar nodos objeto como entradas y salidas de los procesos. De esta forma se consigue una estructura modular de actividades que pueden ser utilizadas en diagramas más complejos. Para especificar que una actividad tiene un conjunto de objetos de entrada y/o de salida se dibujan los objetos en el borde del superconjunto que representa la actividad, tal como se muestra en el siguiente ejemplo:

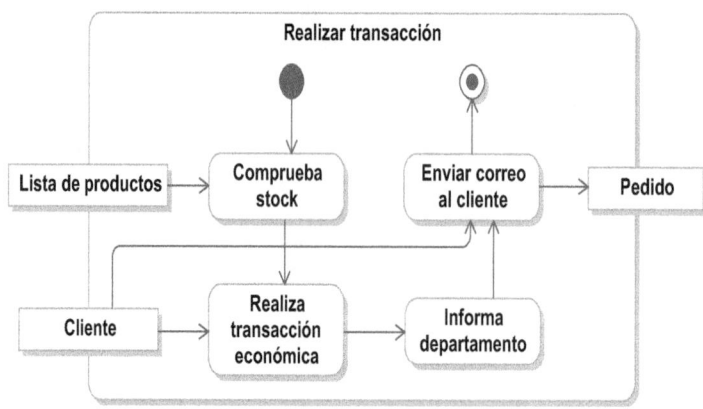

Figura 11.9. Actividad con dos entradas y una salida

Ahora bien, cuando el número de objetos entre actividades se incrementa en exceso es necesario recurrir a una notación que permita simplificar la parametrización. Con este fin el lenguaje UML proporciona un nuevo símbolo denominado *pin*. Los pines facilitan la parametrización de objetos de entrada/salida mediante un cuadrado adyacente al conjunto de la actividad (véase figura 11.10) que indicará, según la dirección de las transiciones, si es de entrada o de salida.

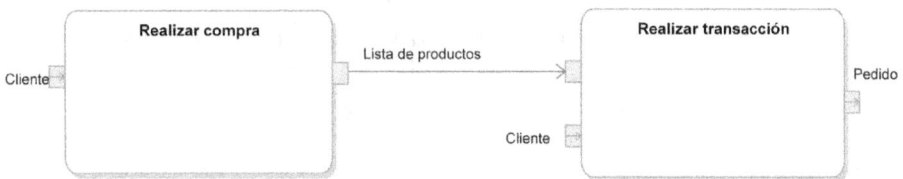

Figura 11.10. Ejemplo de dos actividades interconectadas por pines

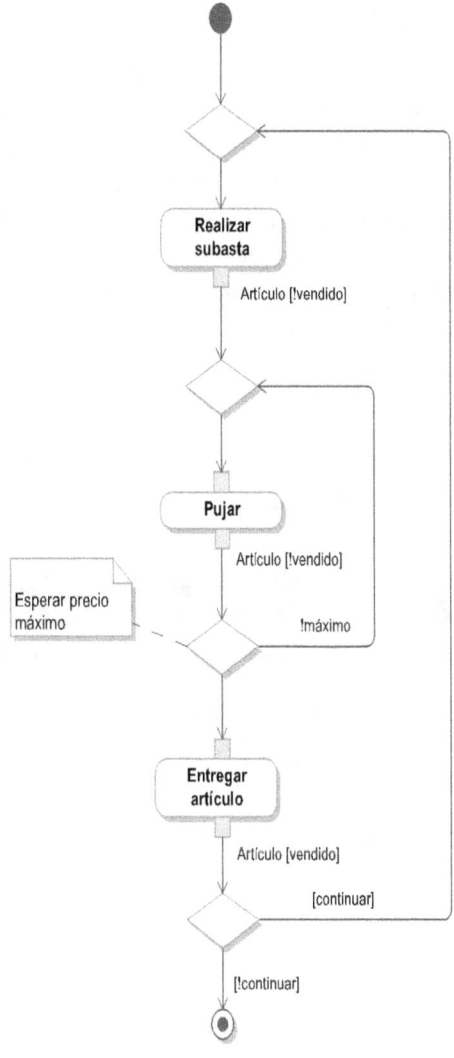

Figura 11.11. Ejemplo de pines con estado

Al utilizar pines es posible que el diseñador requiera especificar el estado en el que se encuentran en las entradas y salidas de las acciones (ver figura 11.11).

11.8 REGIONES

11.8.1 Regiones de expansión

A veces es útil procesar conjuntos de objetos (colecciones) en vez de un objeto individualmente. UML 2.0 tiene una gran variedad de posibilidades para especificar esta situación. Cuando utilizamos una *región de expansión* estamos considerando que dicha acción contiene una colección de objetos de entrada o de salida llamada *nodos de expansión*. De hecho los nodos objeto vistos en el apartado 11.4 pueden considerarse opcionalmente como un *buffer* o *array* que contiene elementos u objetos de un determinado tipo. Así mismo, los nodos de expansión de entrada y salida pueden diferir en cuanto a tamaño y tipo de datos. Finalmente una región de expansión se ejecutará tantas veces como elementos haya en el nodo de expansión de entrada.

Existen diferentes alternativas para los modos en que puede ejecutarse un nodo de expansión. En UML 2.0 existen actualmente tres:

Modo (estereotipo)	Significado
<<*iterative*>>	Ejecuta cada elemento de entrada de la colección secuencialmente.
<<*parallel*>>	Ejecuta los elementos de la colección de entrada en paralelo.
<<*streaming*>>	Procesa los elementos de entrada tan pronto como sean recibidos.

Tabla 11.1. Modos de procesamiento de nodos de expansión

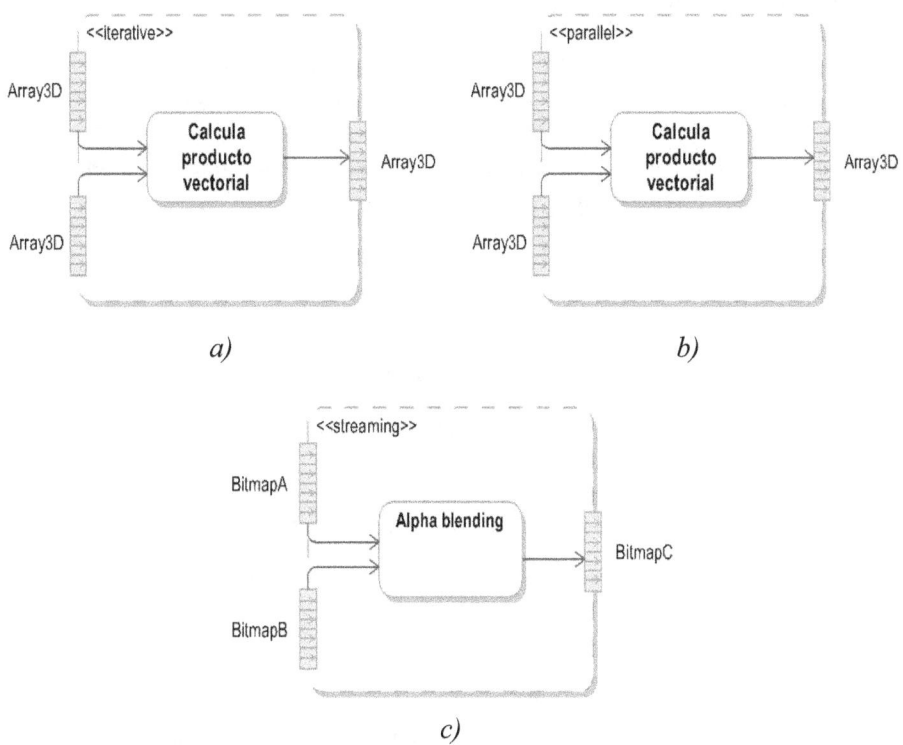

Figura 11.12. Ejemplos de modos de las regiones de expansión

En los ejemplos a) y b) de la figura 11.12 se reciben dos *arrays* de *n* elementos con vectores 3D para realizar el producto vectorial y devolver otro *array* de *n* elementos con el resultado. En el caso a) se realiza el determinante por cada elemento de forma secuencial, es decir, uno a uno; mientras que en el b) se lleva a cabo de forma paralela. Finalmente, en el caso c) un algoritmo de mezclado por canal alfa (*alpha blending*) procesa en *streaming* dos *arrays* de datos RGB (*bitmap*) hacia otro *bitmap* de salida con la imagen ya mezclada. *Streaming* significa que procesa la información en un flujo continuo de *bytes* de acuerdo a un paradigma *productor/consumidor* en tiempo real.

11.8.2 Regiones interrumpibles

En los diagramas de actividad es posible especificar situaciones que son interrumpidas por eventos generados por otras acciones. Cuando ocurre un evento de interrupción desde dentro de una *región interrumpible* se finaliza el proceso que especifica la actividad conjunta. Esta característica permite modelar excepciones y escenarios asíncronos en el flujo de ejecución de las acciones.

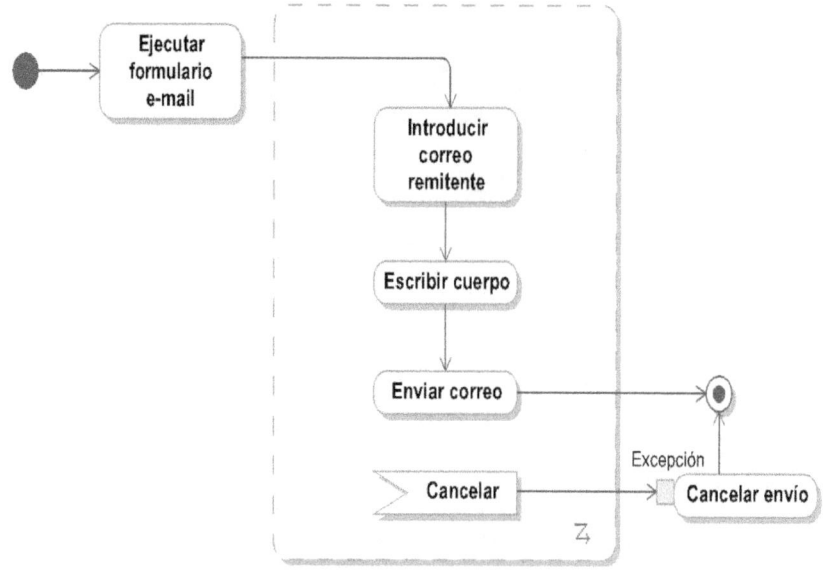

Figura 11.13. Ejemplo de región interrumpible en un formulario Web

En el ejemplo de la figura 11.13 la actividad comienza cuando el usuario invoca una página HTML con un formulario para enviar un correo electrónico corporativo. Cuando entra dentro de la región interrumpible, el usuario puede indicar su dirección de correo y escribir el cuerpo del mensaje. A menos que se dispare el evento "cancelar", el proceso continuará hasta enviar el correo por la red. Para especificar que existe una posibilidad de interrupción es necesario indicarla dentro del área de la región interrumpible. La acción que se encarga de agrupar la interrupción y generación de la excepción se denota mediante un rectángulo acabado en dos puntas. De ahí parte la transición a la acción de manejo de la excepción.

11.8.3 Regiones if

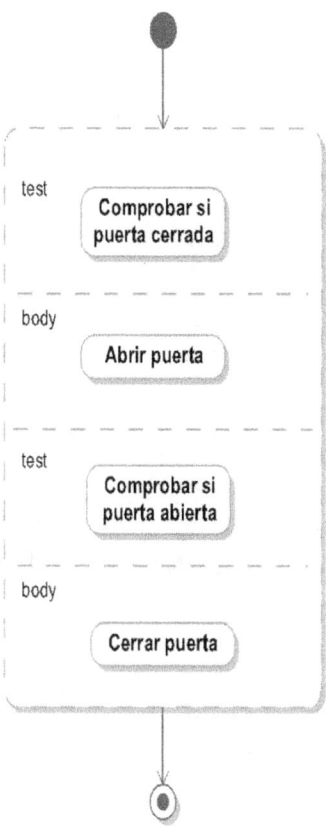

Figura 11.14. Ejemplo de región if

Las regiones *if* simplifican la complejidad que supone utilizar una gran cantidad de nodos condicionales. Mediante esta región es posible especificar una larga cadena de acciones sujetas a varias condiciones. Las partes principales de la región son:

▼ **Test**: guarda especificada por una o varias acciones interrelacionadas.
▼ **Body**: sección principal de acciones a llevar a cabo cuando se cumple la condición.

11.8.4 Regiones loop

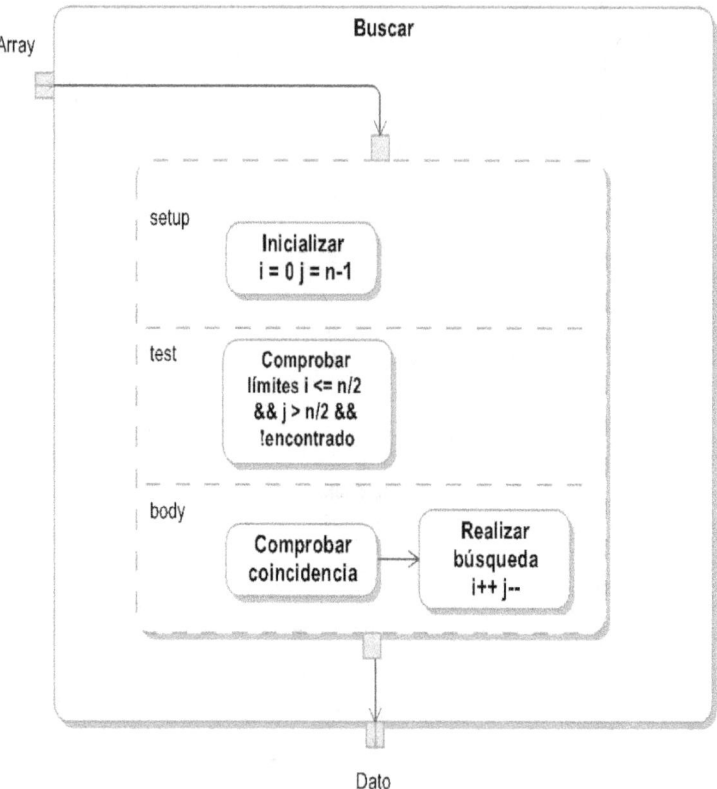

Figura 11.15. Región loop

Como se aprecia en la figura 11.15, las regiones *loop* permiten utilizar estructuras de control anidadas para especificar un procesamiento iterativo de las acciones sobre sus objetos de entrada. Las principales secciones de la región son:

- **Setup**: configura las variables o el estado de inicio.
- **Test**: guarda de comprobación del bucle.
- **Body**: grupo de acciones a realizar durante las iteraciones.

Obviamente, en cada sección pueden ubicarse diferentes acciones relacionadas.

En general, las regiones *loop* e *if* deben ser evitadas en la medida de lo posible, pues los diagramas de actividades no deben modelar a tan bajo nivel.

11.9 MANEJO DE EXCEPCIONES

Para modelar situaciones de generación de excepciones no es necesario recurrir a una región interrumpible. Para especificar que una actividad realiza una gestión de excepción tan solo es necesario utilizar la transición de generación de interrupción y un *pin* de entrada en la acción receptora.

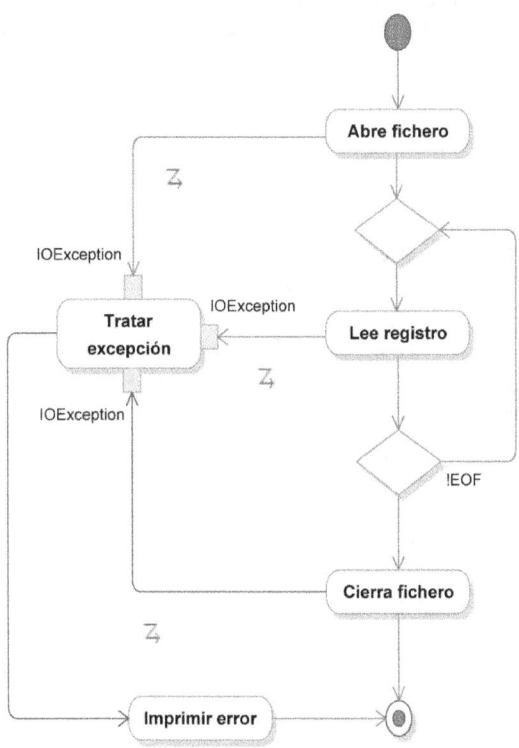

Figura 11.16. Lectura de fichero y contexto de manejo de excepciones

El ejemplo de la figura 11.16 es un típico caso de manejo de excepciones en Java, aunque es idéntico en C++. La lectura de ficheros implica la posibilidad de situaciones anómalas por el estado del archivo: protección contra escritura, error de procesamiento de registro, etc. En consecuencia, esta notación simplifica y aumenta la legibilidad del diagrama considerablemente al reducir elementos excesivamente detallistas.

11.10 CONECTORES

Al igual que los *pines*, los conectores pueden ser una medida de reducción de la complejidad de los diagramas de actividades. Utilizar conectores implica especificar que un flujo de acciones continúa en otra parte del diagrama, es decir, permite descomponer el diagrama por medio de etiquetas de llamada. Aunque esta notación puede parecer inicialmente útil, en general es mejor evitarla en la medida de lo posible, pues puede dar lugar a confusión cuando las líneas de transición se prolongan demasiado y enredan el diagrama.

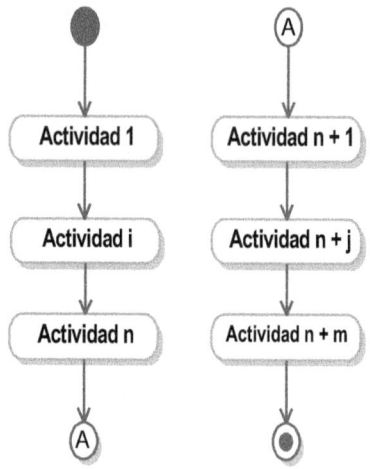

Figura 11.17. Las actividades 1 a n continúan en la indicación de la etiqueta

11.11 SEÑALES Y EVENTOS

Una de las ventajas de los diagramas de actividades es la posibilidad de representar llamadas entre acciones de forma asíncrona. Cuando esto ocurre, un nodo de envío de señal invoca a un nodo de aceptación de evento para continuar el flujo asíncronamente. El envío de una señal implica la posible creación de varios flujos concurrentes que se ejecutan de manera independiente.

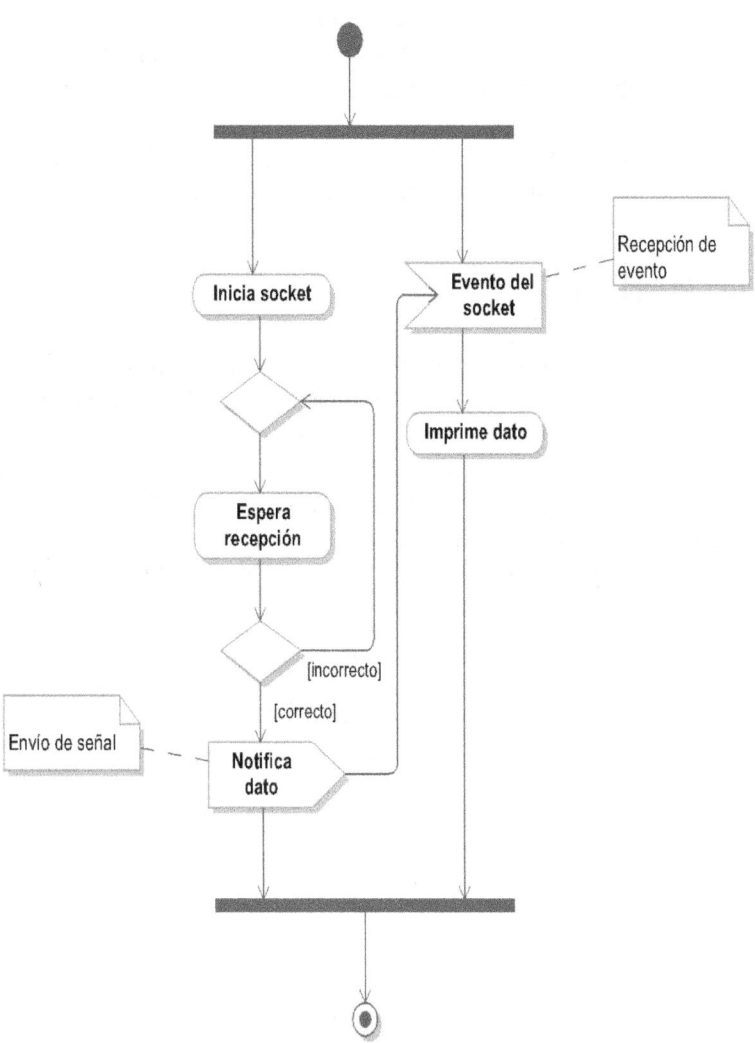

Figura 11.18. Ejemplo de señal y evento

En el ejemplo de la figura 11.18 se realizan las siguientes acciones:

▼ Se crean dos hilos concurrentes: uno para crear el *socket* de recepción y otro para recibir el evento del *socket*. Los dos comienzan a ejecutarse simultáneamente.

- El primer hilo (el de la izquierda) crea el *socket* y ejecuta la primitiva bloqueante de recepción. Cuando recibe el dato correcto activa el nodo de señalización, en caso contrario vuelve a esperar otro dato.

- El segundo hilo (el de la derecha) queda en espera hasta la recepción del evento de llegada de dato correcto por el *socket*.

11.12 MÚLTIPLES FLUJOS

Es posible que se den situaciones de paralelismo, concurrencia o señalización donde varios flujos divergen del flujo principal, creando de esta forma varios caminos alternativos. Así mismo, los nodos condicionales son factibles también de crear varios flujos. Cuando se derivan varios flujos de acciones es necesario finalizarlos independientemente mediante un *nodo de final de flujo*. Dicho nodo final se representa con un aspa inscrita en un círculo (véase figura 11.19). Evidentemente, la activación de un nodo final de flujo no afecta a los demas flujos de la actividad.

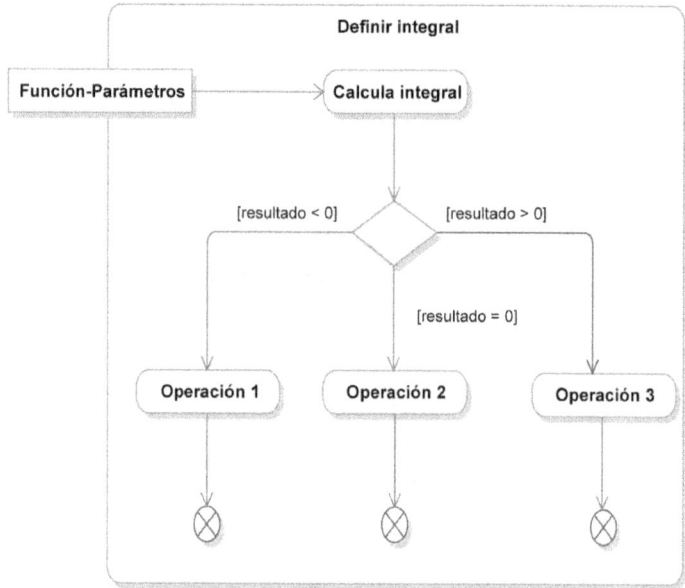

Figura 11.19. Varios flujos a partir de un nodo condicional (al finalizar un flujo los otros no se alteran)

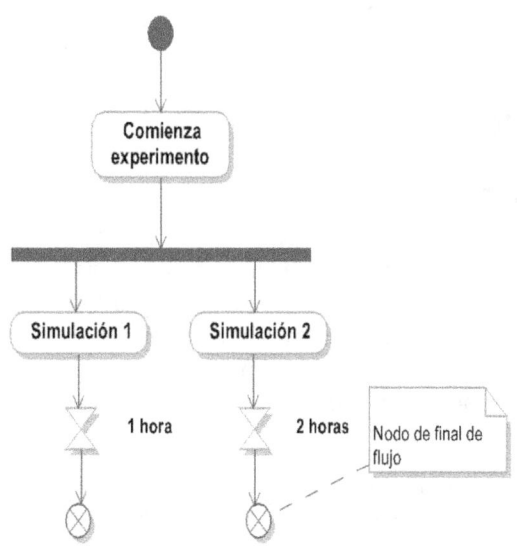

Figura 11.20. Dos flujos concurrentes finalizados independientemente

Es importante saber que si ejecutamos un *nodo de final de actividad* ⊙ se finalizarán automáticamente todos los otros flujos que se encuentren activos.

11.13 STREAMING

Normalmente pueden existir situaciones donde es necesaria la comunicación de información entre dos acciones de forma continuada. Esta circunstancia es típica de *software en tiempo real* como aplicaciones multimedia y de procesamiento de señal. UML 2.x proporciona una gran variedad léxica para especificar estas situaciones. En este libro en concreto utilizaremos la palabra clave {*stream*} para indicar un flujo continuo de información. En el ejemplo de la figura 11.21 podemos observar un fragmento de procesamiento de información por *streaming* de radio. En este ejemplo la actividad lee paquetes de un *buffer* que ha recibido previamente información desde Internet utilizando el protocolo RTP (*Real-time Transport Protocol*). A partir de aquí se transfieren repetidamente los *tokens* de eventos RTP/MP3 hacia las acciones de decodificación y de reproducción de sonido dentro de su *thread*.

En general, cualquier escenario que requiera de un flujo continuado de recepción y procesamiento de información es candidato a modelarse mediante *streaming*.

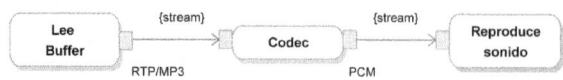

Figura 11.21. Ejemplo de streaming para una radio por Internet

11.14 MULTICASTING

En los ejemplos que hemos visto hasta ahora un emisor simplemente enviaba objeto/s a un solo receptor. En ocasiones puede ser útil especificar que un emisor puede enviar un objeto a múltiples receptores (*multicast*) o que un receptor reciba de múltiples emisores (*multireceive*). Para especificar esta situación utilizaremos una notación similar a la usada para el *streaming*.

En el ejemplo de la figura 11.22 un sistema de noticias envía periódicamente informaciones a un servidor de *News* que las difunde mediante *multicast* a un conjunto de clientes (subscriptores) que a su vez envían de vuelta el mensaje de confirmación al servidor. El uso de los estereotipos <<*multicast*>> y <<*multireceive*>> en este ejemplo facilita la multidifusión entre las dos secciones ubicadas en distintos lugares. Los objetos enviados son replicados hacia varios clientes subscriptores que a su vez pueden reenviar la confirmación de vuelta al recolector de mensajes del emisor inicial.

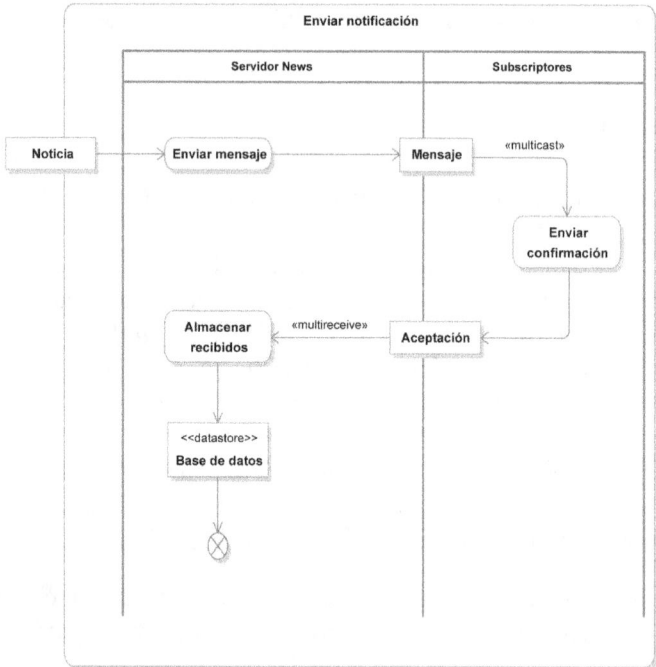

Figura 11.22. Ejemplo de <<multicast>> y <<multireceive>>

11.15 CASO DE ESTUDIO: AJEDREZ

En el diagrama de la figura 11.23 se representa el diagrama de actividades para el caso de uso "Hacer jugada" visto en el capítulo dos.

La actividad comienza con la selección de pieza sobre el tablero y el movimiento a la posición de destino. Después de dibujar la pieza en su correspondiente escaque se procede a detectar si está realizando algún mate y si está siendo amenazada por alguna pieza rival. Finalmente, en caso de estar amenazada por otra pieza se ofrece consejo al usuario. Si el jugador prefiere pedir consejo a la IA, el sistema le proporcionará una jugada estratégica de ayuda para realizar, en caso contrario se finaliza la actividad.

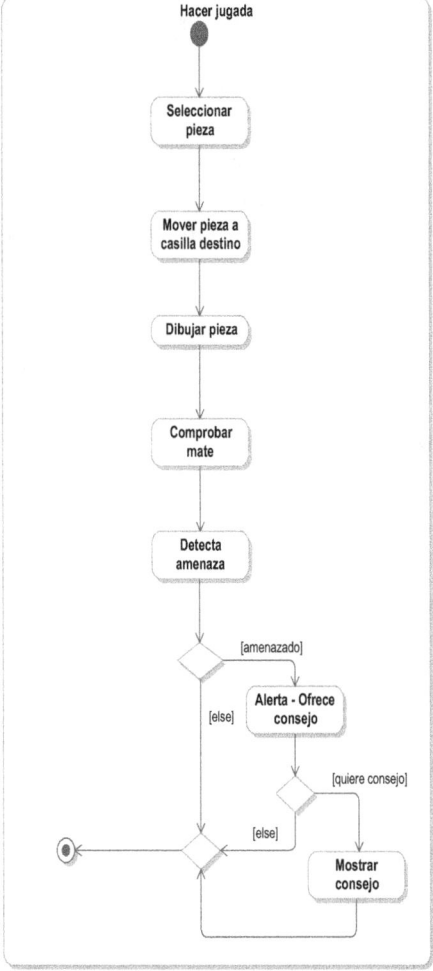

Figura 11.23. Diagrama de actividades para el caso de uso "Hacer jugada"

11.16 CASO DE ESTUDIO: MERCURIAL

Nos encontramos ahora con una situación algo diferente con respecto al ejemplo anterior. En el caso de la figura 11.24 se modela la especificación del caso de uso de Mercurial "Listar ficheros". Sin embargo, en este ejemplo hemos optado por proponer una situación en la que concurren las peticiones de dos usuarios simultáneamente.

El escenario comienza modelando una partición con dos carriles: *Programador A* y *Programador B*. Ambos arrancan sus actividades en un nodo de inicio diferente para desembocar en un nodo de concurrencia. En este momento las acciones de procesar comandos generan en paralelo sus respectivos objetos. Dichos objetos *Comando* serán pasados al proceso de interpretación de los *ClientesProgramadores* que serán los encargados de enviar la petición a la fachada de comunicaciones.

En otro instante de tiempo se inician, en el carril del servidor, las actividades paralelas de recepción del mensaje de petición y de generación de los respectivos listados. Una vez generados los listados son devueltos a sus clientes en forma de objeto serializado por el *socket*.

Cuando los programadores A y B reciben sendos objetos comienzan a imprimir en sus pantallas los listados. Finalmente cada cauce de ejecución termina de forma independiente con respecto a sus otros flujos. Para indicar esto utilizaremos el nodo de final de flujo (nodo con un aspa).

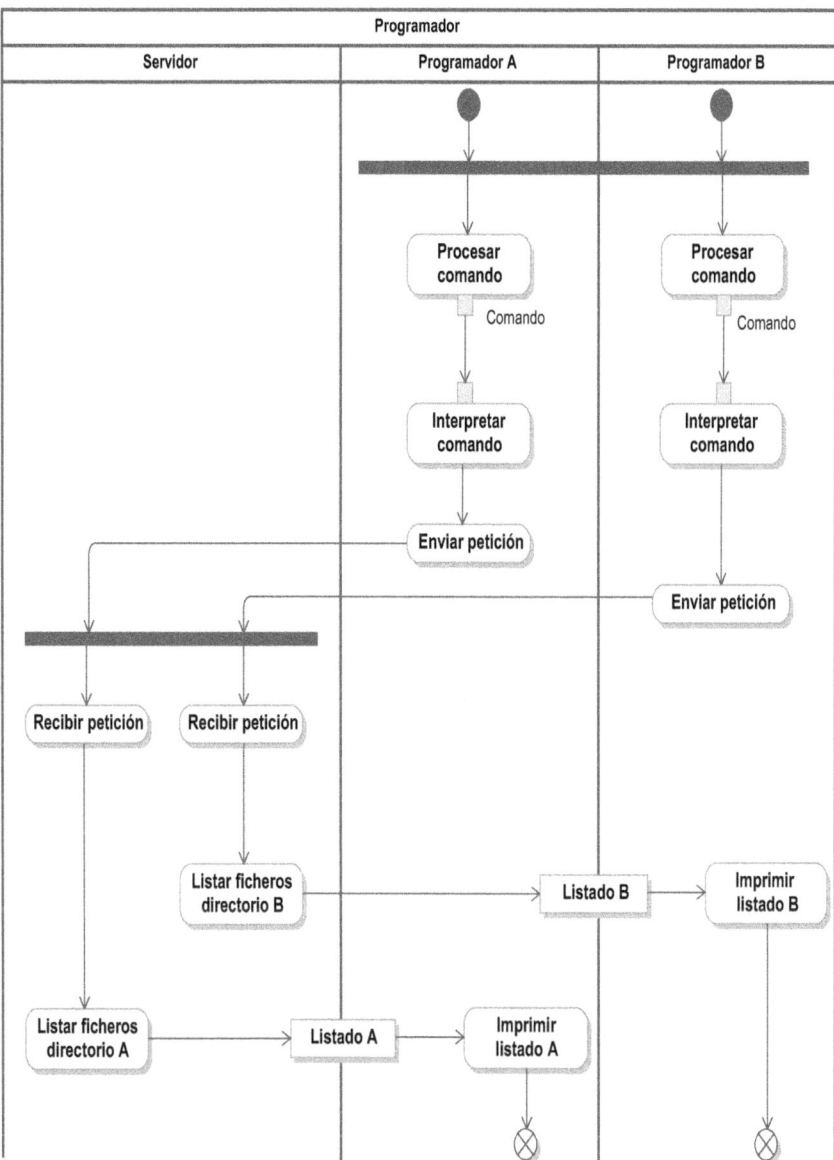

Figura 11.24. Diagrama de actividades para el caso de uso "Listar ficheros"

12

DIAGRAMAS DE ESTRUCTURA COMPUESTA

"El uso de unas estructuras de datos bien escogidas suele ser un factor crucial en el diseño de algoritmos eficientes [...]".

(G. Brassard y P. Bratley: *Fundamentos de Algoritmia*, capítulo 5)

Las clases que se representan en los diagramas de clases suelen contener otras clases mediante el símbolo de composición o agregación para conformar un concepto o entidad compuesta. Con frecuencia los objetos de dichas clases contienen otros objetos a su vez de forma recursiva. Una desventaja de los diagramas de clases es que la capacidad semántica para definir composiciones es limitada y suele ocurrir que una clase que comparta entidades con otras clases posea cierta ambigüedad en sus asociaciones. Por este motivo la especificación de UML nos facilita una alternativa eficaz para representar estos casos de composición y superar las limitaciones anteriormente descritas.

La principal ventaja de los *diagramas de estructura compuesta* es la capacidad para mostrar la estructura interna, en tiempo de ejecución, de un clasificador (con frecuencia una clase instanciada). La potencia expresiva de los diagramas de estructura compuesta para definir una recursión de objetos deja claramente expuesta la relación de composición en una situación real. Otra gran ventaja de estos diagramas es la posibilidad de indicar mediante conexiones la semántica de las relaciones existentes entre dichos objetos cuando se usan en una aplicación.

12.1 ESTRUCTURA BÁSICA

Básicamente el *diagrama de estructura compuesta* está formado por los siguientes elementos:

- ▼ **Clase estructurada**: es el contenedor principal del resto de los objetos, el clasificador en cuestión que se intenta modelar para representar su contenido interno.

- ▼ **Parte**: representa el objeto o el clasificador contenido por la clase mediante el uso de la *composición* o *agregación*. Se simboliza con un rectángulo de línea continua.

- ▼ **Propiedad**: se denomina *propiedad* a aquellas partes internas de la clase que no están contenidas mediante composición o agregación. Indican generalmente referencias externas definidas con asociaciones y se representan mediante un rectángulo de línea discontinua.

- ▼ **Conector**: permite enlazar varias *partes* en el interior de una clase estructurada. Los *conectores* representan aquí las asociaciones del diagrama de clases.

- ▼ **Puertos**: como veremos más adelante existen dos tipos de puertos: *de comportamiento* y *de servicios*. Esta notación permite representar la relación de una clase estructurada con su entorno y sus partes internas. Los puertos se simbolizan mediante un cuadrado en el borde de la parte contenedora.

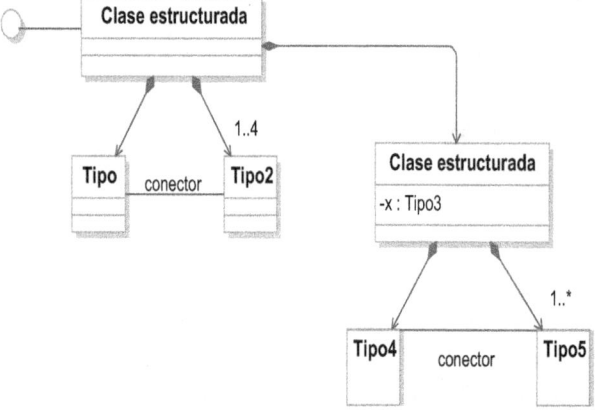

Figura 12.1. Diagrama de clases de ejemplo

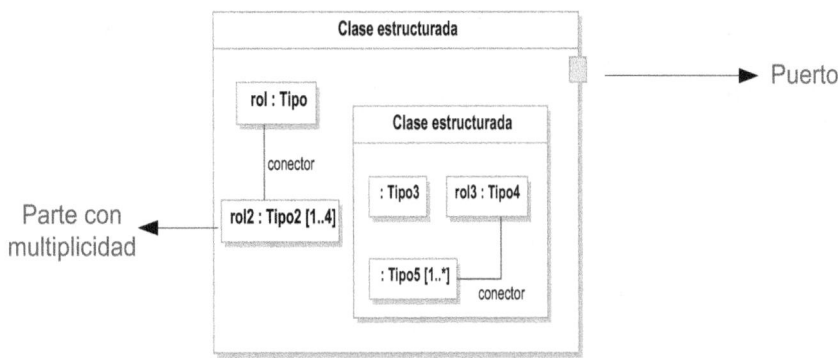

Figura 12.2. Diagrama de estructura compuesta correspondiente a la figura 12.1

En el diagrama de la figura 12.1 se muestra un ejemplo de una clase estructurada. El interior consta de dos partes con una clase estructurada que a su vez contiene otras tres partes. La notación en expresión regular para la parte es la siguiente:

```
[nombreDeParte] : Tipo [`[´a..b`]´ | `[´b`]´]
```

donde el rol o el nombre de la parte es opcional y el tipo obligatorio. Adicionalmente pueden añadirse los límites inferior (a) y superior (b) de la multiplicidad.

Por último, el ejemplo también muestra el puerto implícito por el cual el clasificador se comunica con el exterior.

Para comprender un caso real de diagramas de estructura compuesta vamos a suponer cómo se representaría internamente la clase *Display* explicada en la figura 6.12 del capítulo dedicado al diagrama de clases.

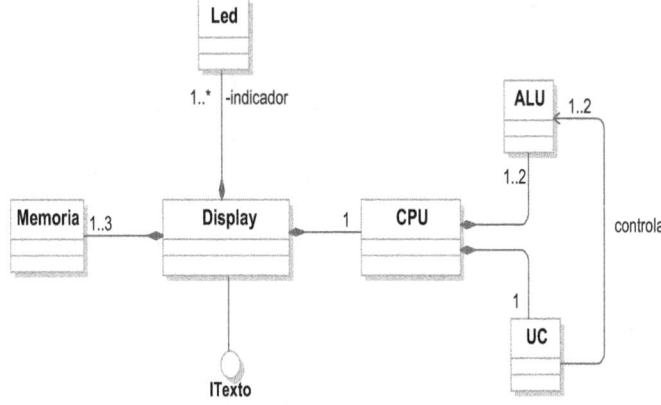

Figura 12.3. Diagrama de clases ampliado de Display

En la figura 12.3 se representa el diagrama de clases ampliado de un *Display* compuesto por un conjunto de varios leds para iluminar un texto, una CPU para procesar el movimiento de la cadena y tres memorias de pocos KB para almacenar datos. Con estas premisas el diagrama correspondiente a la figura 12.3 es el mostrado a continuación:

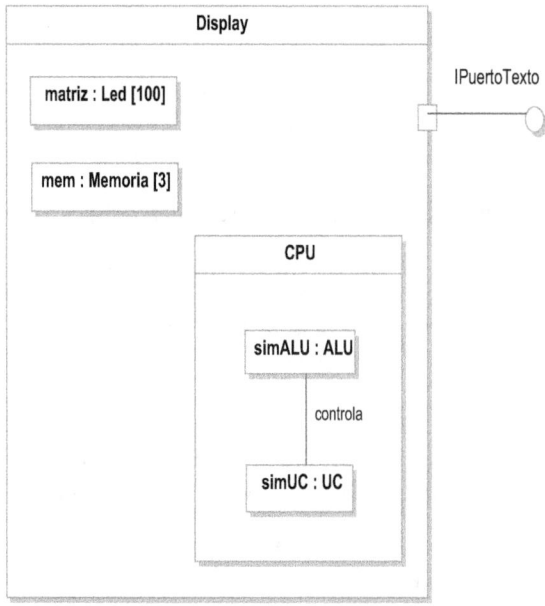

Figura 12.4. Diagrama de estructura compuesta para Display

La figura 12.4 es la estructura interna equivalente al diagrama mostrado en la figura 12.3, si bien ahora se visualizan instancias de las clases de la aplicación. Como se puede apreciar, la propiedad *matriz* de *Display* está compuesta por 100 leds de color que permiten la visualización del texto. Esta propiedad, que se encontraba indefinida en el diagrama de clases, pasa ahora a tomar un valor discreto. Lo mismo hay que decir para la memoria, que se ajusta a su valor máximo, mientras que la CPU muestra sus dos componentes principales: la ALU (unidad aritmética-lógica) y la UC (unidad de control). La ALU y la UC están enlazadas mediante un conector equivalente a la asociación *controla*, puesto que es la unidad de control la que gobierna la ejecución de las instrucciones en la ALU.

Por último nos encontramos el puerto que presenta la interfaz *IPuertoTexto* por la cual otro objeto o componente puede enviar el *string* de la cadena de texto a visualizar.

12.1.1 Puertos

Como se ha comentado al comienzo del capítulo, los puertos permiten que una clase estructurada pueda comunicarse con su entorno y con otras partes internas. Generalmente los puertos se ubicarán en el borde externo de la clase estructurada; aunque también es posible ubicarlos en las partes internas para la comunicación entre ellas. Los dos tipos más usuales de puertos en UML 2.0 son los siguientes:

- ▼ *De servicio*: son los tipos de puerto por defecto. Permiten especificar los servicios que proporciona o requiere el clasificador.

- ▼ *De comportamiento*: el puerto se conecta mediante una línea a un estado de la clase estructurada que representa el comportamiento interno de la misma. Este tipo de puerto no se tratará en este libro.

En el ejemplo de la figura 12.4, el puerto *IPuertoTexto* es un tipo de puerto de servicio ya que ofrece una interfaz para pasar la cadena de texto a la matriz de leds.

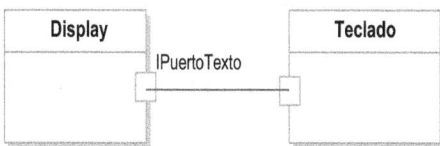

Figura 12.5. Figura de interconexión de dos clases estructuradas

En la figura anterior la clase *Teclado* requiere la interfaz proporcionada por el puerto del *Display* (*IPuertoTexto*).

En la figura 12.6 se muestra el mismo ejemplo anterior pero indicado con otra notación más explícita:

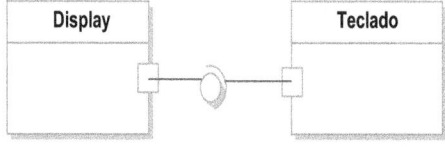

Figura 12.6. Notación explícita para el ejemplo de la figura 12.5

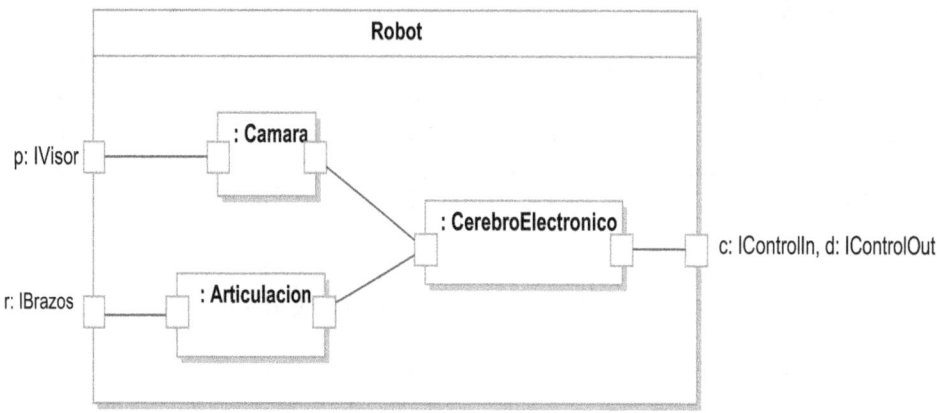

Figura 12.7. Diagrama de estructura compuesta con varios puertos

La conexión a través de puertos permite recrear estructuras compuestas más complejas como este diagrama de un *Robot* con un cerebro electrónico que recibe órdenes del exterior, una cámara que analiza imágenes de un sensor y las articulaciones que permiten controlar objetos externos.

Generalmente una clase estructurada que presenta un puerto puede ser representada de forma implícita (figura 12.7) o de forma explícita con todas las interfaces que proporciona y requiere (figura 12.8):

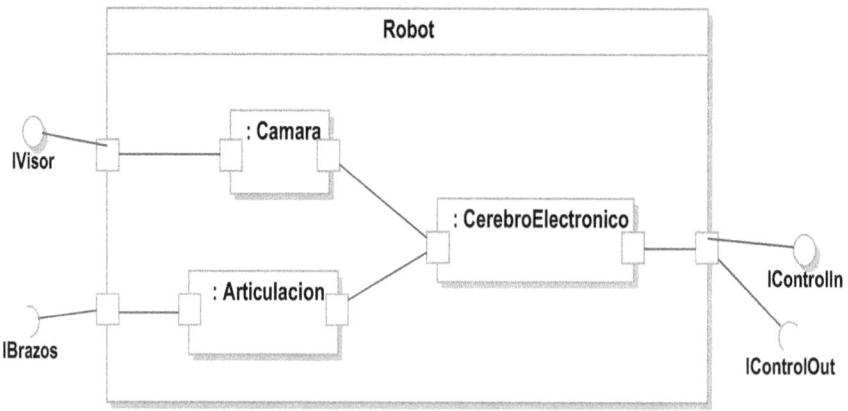

Figura 12.8. Clase estructurada con puerto explícito

12.2 COLABORACIONES

Otra característica destacada en los diagramas de estructura compuesta son las colaboraciones. Mediante las colaboraciones es posible describir los roles que protagoniza cada elemento para llevar a cabo una tarea o funcionalidad en el contexto del modelo conceptual. Dicha colaboración permite crear un *patrón* que será posteriormente aplicado en un contexto concreto mediante los *diagramas de uso de colaboración*.

La notación de un diagrama de colaboración se representa mediante una elipse con un nombre que la identifica en la parte superior. En el interior de la elipse se representan los diferentes roles que participan en la colaboración unidos mediante conectores. Estos conectores modelan las interacciones que podrían suceder entre instancias.

A modo de ejemplo supongamos el diagrama de colaboración para la clase *Robot* vista en la figura 12.7:

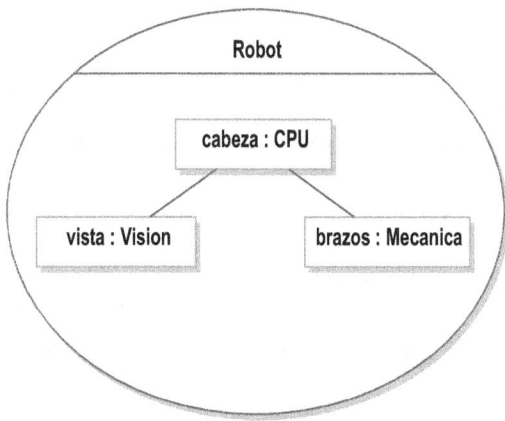

Figura 12.9. Colaboración para el ejemplo del Robot (figura 12.7)

La figura 12.9 muestra un caso de colaboración para la clase estructurada del *Robot* y su representación diagramática. En el interior se encuentran los tres roles que participan en la colaboración unidos mediante dos conectores. El siguiente paso es modelar un escenario donde estos roles sean aplicados a un caso concreto.

12.3 USO DE LA COLABORACIÓN

El punto de llegada del diagrama de colaboración visto en el apartado anterior es asociar cada rol con instancias o partes representadas en un diagrama de estructura compuesta. Así, para el ejemplo de la figura 12.9 podríamos considerar el siguiente uso:

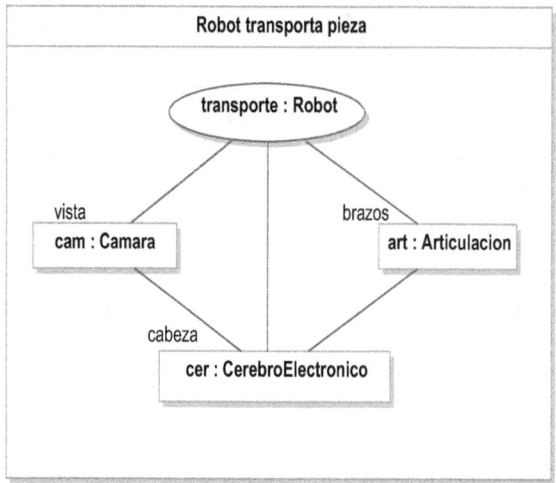

Figura 12.10. Diagrama de uso de colaboración de la figura 12.9

La figura 12.10 es la representación del *uso de la colaboración* para el caso particular de un robot transportando una pieza. En el diagrama del ejemplo se asocia cada rol del *uso de colaboración* (representado por una elipse en línea discontinua) con las partes concretas del diagrama de estructura compuesta. Este diagrama ilustra el comportamiento que tendrían las citadas partes en un determinado contexto de la clase.

12.4 CASO DE ESTUDIO: AJEDREZ

12.4.1 Diagrama de estructura compuesta

En la figura 12.12 podemos apreciar la descomposición en partes de la clase del modelo de ajedrez. En líneas discontinuas vemos las partes que no están relacionadas mediante una asociación de tipo composición. Las partes que están relacionadas con composición se representan con línea continua. Por ejemplo, en la clase *Jugador_humano* solo el *array* de Piezas[16] está asociado mediante composición:

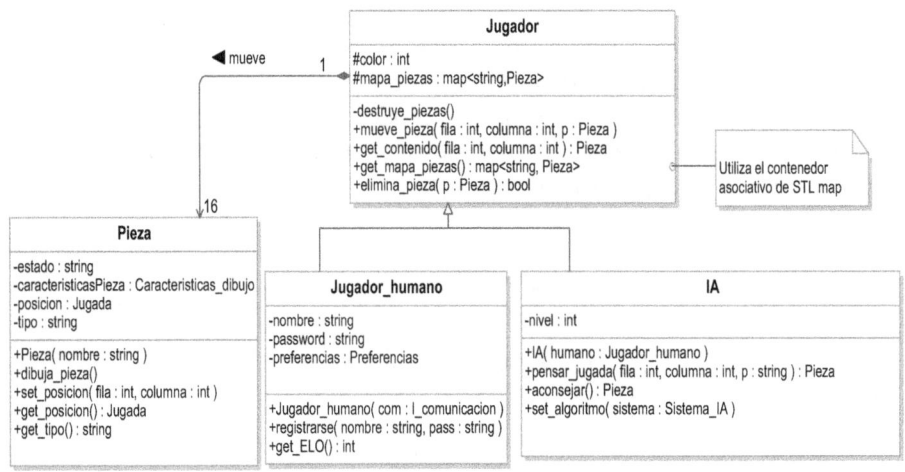

Figura 12.11. Diagrama de clases relacionado con la clase Jugador_humano

Mientras que en la figura 12.11 se representa el diagrama de clases para la clase *Jugador_humano*, en el diagrama 12.12 se puede apreciar el diagrama de estructura compuesta para la misma, lógicamente con mayor contenido semántico en su representación. Fíjese que todos sus elementos se han definido como propiedades al no estar definidos mediante composición UML en el diagrama de clases. En este ejemplo se hace uso por primera vez de la notación de clase estructurada con una cardinalidad de 16 elementos para el atributo *piezas* de la clase base *Jugador*.

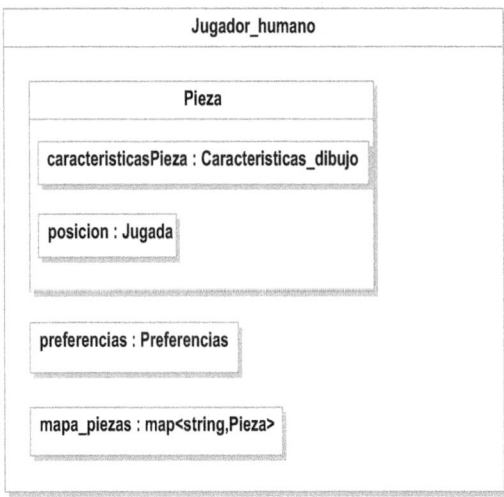

Figura 12.12. Diagrama de estructura compuesta para la clase Jugador_humano

12.4.2 Colaboración

La colaboración de la figura 12.13 muestra la interrelación de los roles que protagonizan cada una de las instancias del modelo. Como ya sabemos, la relación del sistema de IA requiere la intervención de un algoritmo y la obtención de un mapa de información del rival por parte de este.

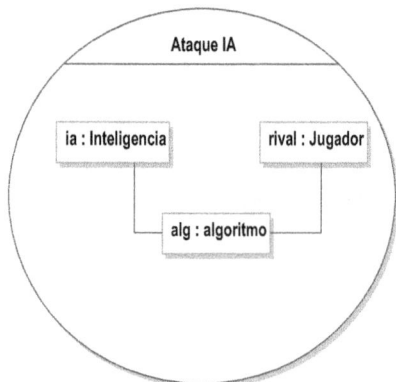

Figura 12.13. Colaboración que modela el ataque de la Inteligencia Artificial

12.4.3 Uso de la colaboración

El paso final es la aplicación de la colaboración vista en el esquema anterior a un caso concreto. En el diagrama 12.14 se muestra el contexto de aplicación. En el uso *turnoIA* que se muestra arriba en una elipse relaciona cada uno de los roles de instancias del modelo de clases con los roles de la colaboración vista en el apartado anterior.

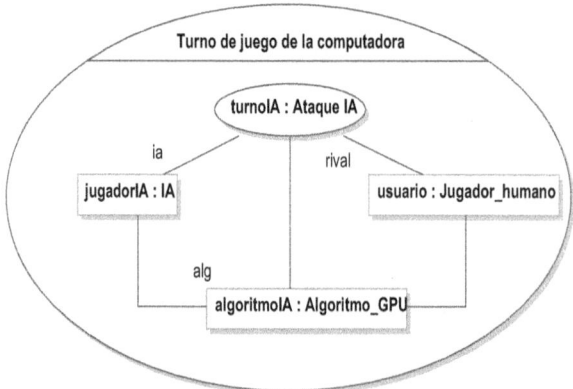

Figura 12.14. Uso de colaboración para el ataque de la computadora

12.5 CASO DE ESTUDIO: MERCURIAL

12.5.1 Diagrama de estructura compuesta

En la figura 12.15 se representa la estructura compuesta para la clase *Usuario*. Esta clase más elemental muestra un puerto explícito que implementa dos interfaces:

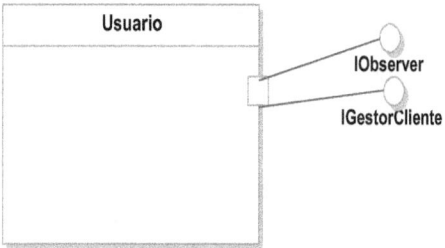

Figura 12.15. Diagrama de estructura compuesta para la clase Usuario

12.5.2 Colaboración

La figura 12.16 muestra la colaboración de los roles entre un programador y el sistema de archivos remoto en el servidor a través de la red.

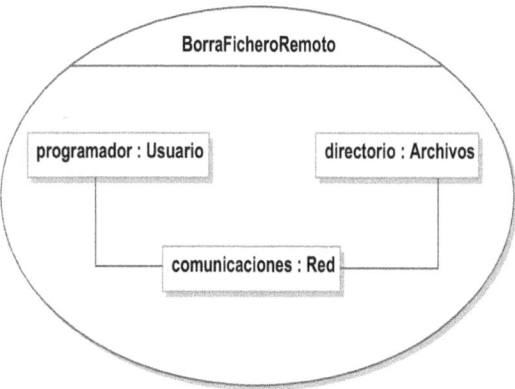

Figura 12.16. Diagrama de colaboración para la clase Usuario

12.5.3 Uso de la colaboración

Finalmente se aplica la colaboración en el uso "Programador borra fichero remoto" el cual relaciona las instancias del modelo de clases con los roles definidos en el diagrama de la figura 12.16.

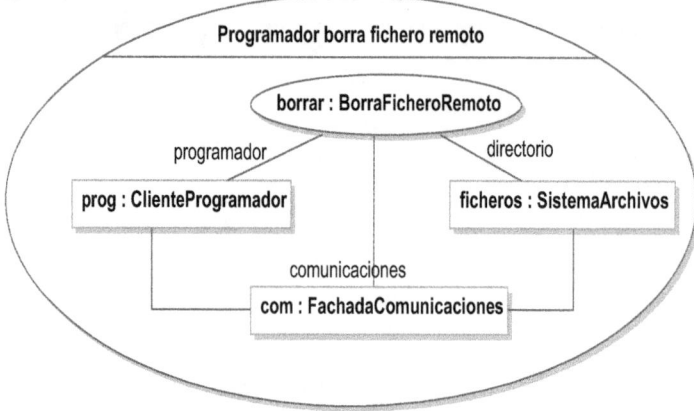

Figura 12.17. Uso de la colaboración para el borrado de un fichero en el servidor

13
OCL (OBJECT CONSTRAINT LANGUAGE)

> "Palabras nuevas y recién creadas tendrán aceptación, si van fluyendo desde la fuente griega y si se traen con precaución".
>
> (Horacio: *Arte poética*, "Neologismos")

OCL (*Object Constraint Language* o lenguaje de restricción de objetos) es un lenguaje perteneciente a la especificación de UML que permite a los diseñadores de software aplicar restricciones y consultas a sus modelos de objetos. Estas restricciones y consultas, como veremos más adelante, se escriben en forma de reglas con una sintaxis y semántica propias. Las limitaciones de los diagramas de clases para expresar algunas propiedades de un modelo es un factor crucial para el uso de este lenguaje.

OCL como tal es un lenguaje declarativo que va siempre unido a los diagramas UML para ampliar su semántica. Especifica mediante unas reglas sintácticas las consultas que requiere sobre un modelo y no la forma o el procedimiento explícito para llevarlas a cabo. Con OCL nunca se podrá cambiar el valor de un elemento del modelo de objetos, quedando intacto el sistema cuando se realiza una consulta.

OCL no es un lenguaje de programación imperativo como lo podría ser Java o C++. No es posible realizar instrucciones de control como *for*, *while*, etc., o llamadas a procedimientos en la forma en que se entiende para un lenguaje de programación convencional. En general, OCL se aplica en herramientas CASE para realizar comprobaciones de integridad sobre los modelos UML.

13.1 ESTRUCTURA BÁSICA

Como todo lenguaje informático las expresiones OCL que se añaden al modelo tienen una determinada sintaxis formal. Una expresión OCL está compuesta de[26]:

```
[package nombrePaquete] context [nombreContexto:]
elementoUML (expresión [nombreExpresión]:cuerpo)+
[endpackage]
```

En la anterior expresión se identifican las siguientes partes:

- ▼ **package nombrePaquete**: define el paquete o el espacio de nombres al cual pertenece el clasificador. Si se utiliza debe finalizar con *endpackage*.

- ▼ **context nombreContexto:elementoUML**: representa el elemento del modelo en estudio al cual se le aplicarán las expresiones, generalmente clasificadores u operaciones de clases.

- ▼ **expresión nombreExpresión:cuerpo**: conjunto de cláusulas OCL donde se especifican las restricciones y las consultas sobre el modelo.

Las expresiones OCL deben indicarse en los diagramas entre signos de llaves:

{expresiónOCL}

En el lenguaje OCL se pueden añadir comentarios que facilitan la revisión y el mantenimiento por otros desarrolladores. Dichos comentarios no son procesados por el intérprete de OCL. Concretamente existen dos tipos de comentarios:

```
-- Comentario de una sola línea de código OCL
```

o

```
/* Comentario de varias
líneas en un fragmento de código OCL */
```

13.2 TIPOS Y OPERADORES

OCL es un lenguaje fuertemente tipado y con una notación simple. Incluye cuatro tipos de datos primitivos: **Boolean** (valores lógicos), **Integer** (números

---

[26] El signo "+" representa la repetición del elemento una o muchas veces.

enteros), **String** (cadenas alfanuméricas) y **Real** (valores fraccionarios). Dichos tipos y operadores están destinados a utilizarse dentro del cuerpo de una expresión de consulta OCL.

Con la finalidad de simplificar la exposición del conjunto de operadores que se pueden aplicar a cada tipo primitivo proponemos a continuación la siguiente tabla:

Tipo	Operadores aplicables
Boolean	=, <>, and, or, xor, implies, if-then-else
Integer y Real	=, <>, <, >, <=, >=, +, -, *, /, mod, div, abs, max, min, round, floor
String	=, <>, concat, size, toLower, toUpper, toInteger, toReal, subString

Tabla 13.1. Operadores para cada tipo de datos primitivo

De igual forma la precedencia de dichos operadores es la siguiente:

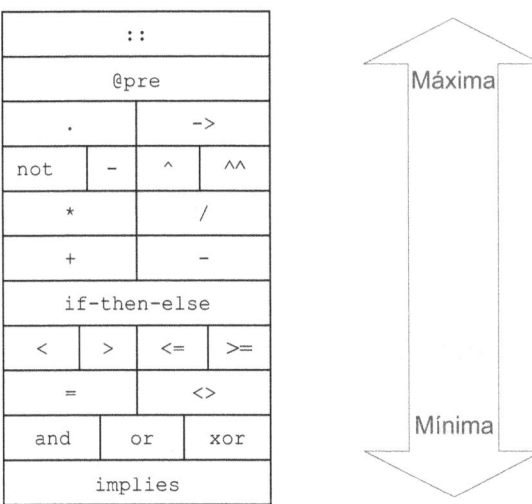

Tabla 13.2. Precedencia de operadores

En OCL es posible convertir de un tipo a otro mediante *casting* o retipado. Para ello utilizaremos el operador `OclType`, sabiendo de antemano que todos los tipos en OCL derivan del supertipo `OclAny`.

Por ejemplo:

```
Fragata.oclAsType(Barco)  -- Devuelve objeto Barco
```

Convertirá el objeto *Fragata* al tipo *Barco*.

Obviamente las conversiones deben ser de subtipos a supertipos o viceversa.

Otra posibilidad es comparar dos tipos mediante la operación `oclIsTypeOf` que devuelve `true` si son iguales o `false` en caso contrario.

```
Fragata.oclIsTypeOf(Galeon)  -- Devuelve false
```

Aunque para mayor precisión podemos recurrir al operador `oclIsKindOf` que permite determinar si el tipo del objeto en cuestión es del mismo tipo o un subtipo.

```
Fragata.oclIsKindOf(Barco)  -- Devuelve true
```

Con la finalidad de comparar dos objetos entre sí recurriremos a los operadores matemáticos = y <>, de esta forma es posible determinar la semejanza entre objetos.

```
MatrizAlfa = MatrizBeta  -- Devolverá falso
```

o

```
MatrizAlfa <> MatrizBeta  -- Devolverá true
```

Recuerde que este conjunto de tipos y operadores aquí expuesto conformará los átomos de las expresiones comúnmente utilizadas en las consultas OCL.

13.3 MODELO DE REFERENCIA: "ACADEMIA"

El siguiente diagrama (ver figura 13.1) nos servirá como modelo de referencia para aplicar el conjunto de expresiones OCL que se explicarán a lo largo de los próximos apartados. En la citada figura se representa un modelo de clases para el contexto de una academia de formación a alumnos. La academia consta de varios niveles en donde un alumno elige una serie de asignaturas a estudiar. Los profesores de la academia serán los responsables de realizar un conjunto de exámenes a los alumnos para certificar sus conocimientos. A cada examen se le aplicará una nota fraccionaria y la fecha en la que se efectuó. Un sistema informatizado de la academia recoge información del rendimiento de cada alumno en cada asignatura, almacenando para ello un valor con la tasa en números fraccionarios. Finalmente, en caso de un cambio de la ley, una asignatura podría verse en el cumplimiento de incrementar el número de horas lectivas.

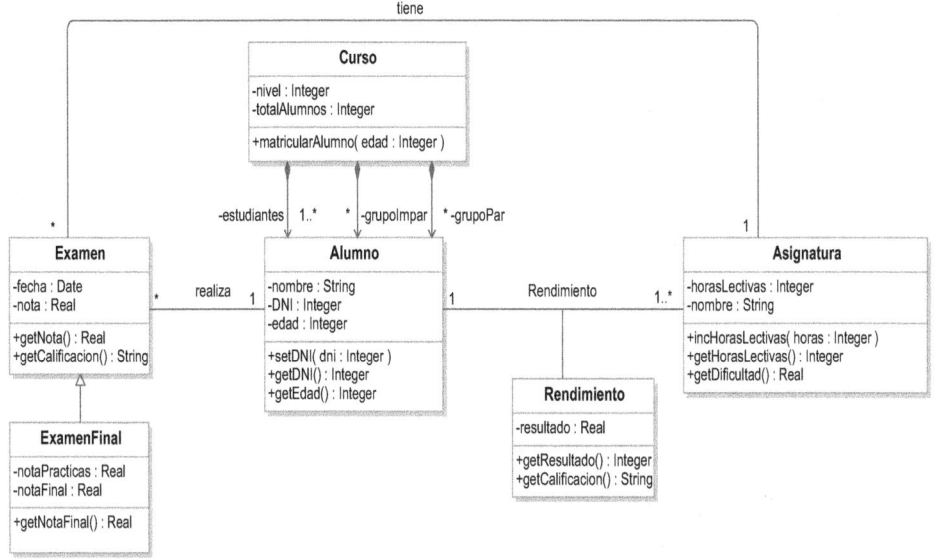

Figura 13.1. Diagrama de clases para una academia

13.4 EXPRESIONES DE RESTRICCIÓN

En OCL existen exactamente ocho tipos diferentes de expresiones clasificadas en dos categorías: de *restricción* y de *definición*. En esta sección nos centraremos únicamente en las expresiones de restricción, que son aquellas que restringen alguna propiedad en los clasificadores o en las operaciones. Las expresiones de restricción se dividen en tres clases: *inv*, *pre* y *post* como veremos a continuación.

13.4.1 Expresión inv:

La operación se aplica únicamente a clasificadores y especifica que la expresión indicada es una invariante que debe ser siempre cierta para todas las instancias del clasificador.

En el ejemplo de la academia podríamos tener la siguiente situación en OCL:

Listado 13.1. Ejemplo con dos invariantes

```
context Curso
/* Debe existir al menos un alumno matriculado
y a lo sumo 250*/
inv requisitoAlumnos:
    (self.totalAlumnos > 0) and
(self.totalAlumnos <= 250)
   -- Se exige un nivel menor de 5
inv nivelExigido:
    self.nivel < 5
```

Aquí las invariantes restringen a todas las instancias de la clase *Curso* a cumplir los requisitos impuestos a sus atributos. En este caso se exige a la academia que haya un número determinado de alumnos y un nivel menor de cinco.

13.4.2 Expresión pre:

La operación *pre* se utiliza únicamente para restringir el comportamiento en los métodos y debe ser siempre cierta antes de la ejecución de la operación.

```
context Curso::matricularAlumno(edad: Integer)
    -- Debe ser mayor de edad
pre edadAlumno:
    edad >= 18
```

13.4.3 Expresión post:

Al igual que en el apartado anterior, la operación *post* permite aplicar una condición de restricción que debe ser cierta después de la terminación del método u operación de la clase.

```
context Alumno::setDNI(dni: Integer)
    -- El número almacenado debe ser un número válido
post DNIválido:
    (self.DNI <> NaN) and (self.DNI > 0)
```

En el ejemplo anterior debe cumplirse como poscondición que el DNI almacenado sea un número natural válido.

Como hemos comentado anteriormente, *pre*: y *post*: solo pueden utilizarse en métodos de clase.

13.4.4 Operador @pre

Por medio del operador *pre* podemos acceder al valor que tenía un atributo antes de que se ejecutara el método. Una característica importante a tener en cuenta de este operador es que debe aplicarse únicamente en poscondiciones.

```
context Asignatura::incHorasLectivas(horas: Integer)
    -- Si hay un cambio en la ley, incrementa las horas
post cambioLey:
    self.horasLectivas = self.horasLectivas@pre + horas
```

En este ejemplo, después de ejecutar el método en la sección *post* se puede acceder al valor previo de *horasLectivas* mediante el uso del operador *@pre*.

13.5 EXPRESIONES DE DEFINICIÓN

Como la misma palabra indica, las expresiones de definición nos permiten definir nuevas operaciones, iniciar valores o añadir variables globales y locales en el contexto del clasificador. Son concretamente cinco operaciones que sumadas a las tres vistas anteriormente conforman el núcleo de expresiones disponibles en OCL. Estas operaciones son: *body*, *init*, *def*, *let* y *derive*. Empezaremos a explicar la utilización de cada una de ellas.

13.5.1 Expresión body:

La expresión *body* se aplica a las operaciones de consulta (*get*) y permite definir el valor que devuelve el método.

Listado 13.2. Ejemplo de utilización de la expresión body

```
context Examen::getCalificacion():String
/* Retorna la nota alfanumérica o si el alumno no se ha
presentado */
body notaDelAlumno:
    if (self.nota >= 0) and (self.nota < 5) then
       "suspenso"
    else if (self.nota >= 5) and (self.nota < 7) then
       "aprobado"
    else if (self.nota >= 7) and (self.nota < 9) then
       "notable"
    else if (self.nota >=9) then
       "sobresaliente"
    else "no presentado"
    endif
```

En el ejemplo anterior se aplica el operando *body* con la finalidad de devolver la calificación alfanumérica correspondiente al valor numérico de la nota.

Cada *string* definido al final de las sentencias condicionales del listado 13.2 representa el valor alfanumérico devuelto por la operación, por lo que no es necesario en OCL el uso de una sentencia de retorno.

13.5.2 Expresión init:

Utilizaremos *"init"* cuando sea necesario inicializar el valor de algún atributo ya que solo se aplicará a este.

```
context Asignatura::horasLectivas
   init:
      4
```

13.5.3 Expresión def:

Mediante la expresión *def* es posible añadir operaciones y variables auxiliares de forma global en todo el ámbito de las expresiones OCL. Su expresión opuesta es *let*.

Listado 13.3. Ejemplo de definición de dos variables

```
context Asignatura
   -- Define una invariante
   inv:
horasLectivas >= 1

   -- Define nuevas variables de aplicación de la ley
   def:
cambioLey = false
hLey = -2

context Asignatura::incHorasLectivas(horas: Integer)
-- Si hay un cambio en la ley, incrementa las horas
post:
if (cambioLey = true) then
self.horasLectivas = self.horasLectivas@pre + horas
else
self.horasLectivas = self.horasLectivas@pre + hLey
endif
```

Como se puede apreciar en el listado 13.3 es posible definir nuevas variables y métodos en el contexto global del código OCL. En el ejemplo visto anteriormente se definen dos nuevas variables (*cambioLey* y *hLey*) que serán utilizadas fuera del ámbito, más concretamente en el contexto de la operación *incHorasLectivas*.

13.5.4 Expresión let:

Esta expresión permite declarar variables locales dentro de una expresión OCL. Hay que tener en cuenta que el acceso a la variable únicamente tiene lugar en el ámbito de una expresión, por lo tanto no puede ser accedida desde otros contextos.

```
context Asignatura::incHorasLectivas(horas: Integer)
   -- Si hay un cambio en la ley, incrementa las horas
post cambioLey:
   let inicialHoras:Integer = self.horasLectivas@pre in
self.horasLectivas = inicialHoras + horas
```

En este ejemplo se crea una nueva variable local llamada *inicialHoras* que tomará el valor previo de las horas lectivas y se aplicará en la expresión definida después de la palabra reservada *in*.

13.5.5 Expresión derive:

Con la expresión *derive* podemos asignar valores a atributos derivados. Por ejemplo, en el siguiente listado se especifica el valor de la dificultad de una asignatura mediante el cálculo del porcentaje de horas lectivas.

```
context Asignatura::dificultad:Real
derive:
   -- Se especifica un nuevo valor a dificultad
(horasLectivas / 20) * 100

context Asignatura::getDificultad():Real
body:
   dificultad
```

13.6 COLECCIONES

13.6.1 Nociones básicas

OCL proporciona estructuras de datos para colecciones. Estas colecciones agrupan un número determinado de objetos de cualquier tipo y proporcionan un repertorio de operaciones de acceso, consulta y eliminación.

OCL ofrece cuatro tipos de colecciones: **Set** (para conjuntos), **OrderedSet** (para conjuntos ordenados), **Bag** (conjuntos de datos repetidos y desordenados) y **Sequence** (secuencia de objetos ordenados)[27].

A modo de resumen proporcionamos la siguiente tabla con las características principales de cada tipo de colección.

Tipo de colección	Valores duplicados	Valores ordenados
Set	No	No
OrderedSet	No	Sí
Bag	Sí	No
Sequence	Sí	Sí

Tabla 13.3. Estructuras de datos de colección en OCL y sus propiedades

Por ejemplo un tipo *Set* podrían ser los diferentes tipos de colores:
```
Set{"Verde", "Rojo", "Azul"}
```
y un *OrderedSet* las notas musicales:
```
OrderedSet{"Do", "Re", "Mi", "Fa", "Sol", "La", "Si"}
```

La notación para las operaciones aplicadas a las colecciones tiene la siguiente sintaxis:
```
colección->operación([parámetros]):valor devuelto
```
donde *colección* hace referencia a una de las estructuras de datos vistas en la tabla 13.3 y donde *operación* se refiere a alguno de los métodos aplicables a cada uno de estos tipos. Finalmente el valor devuelto hace referencia a un objeto colección del mismo tipo que la colección de entrada o un valor de tipo primitivo (*Boolean/Integer*).

Es importante saber que las operaciones aplicadas a una colección nunca cambian los valores de la misma, sino que devuelven otra colección nueva.

---

27 Todas las colecciones comienzan a numerarse en 1 y terminan en n.

13.6.2 Operaciones básicas

En los siguientes apartados veremos cada una de las diferentes operaciones aplicadas a colecciones y ordenadas por su funcionalidad.

13.6.2.1 CONVERSIÓN

Cada colección puede ser transformada o convertida a otro tipo de objeto colección por medio de las operaciones de conversión.

Por ejemplo si tenemos la siguiente colección en forma de *Bag*:

`Bag{1,2,2,3}->asSet()`

se transformará en un `Set{1,2,3}`.

En general las operaciones de transformación tienen la siguiente sintaxis:

Operación de conversión	Devuelve
`colección->asSet():Set()`	Set
`colección->asOrderedSet():OrderedSet()`	OrderedSet
`colección->asBag():Bag()`	Bag
`colección->asSequence():Sequence()`	Sequence

Tabla 13.4. Operaciones de conversión y sus valores devueltos

13.6.2.2 COMPARACIÓN

Las operaciones de comparación permiten comparar dos colecciones elemento a elemento. Tienen la siguiente sintaxis:

`colección = colección o colección <> colección`

Por ejemplo:

`Set{1,2,3} = Set {1,2,3,4}` devuelve *false*

y

`Set{1,2,3,4} <> Set{1,2,3,4}` devuelve *false*

En general, la operación "=" aplicada a *Set, Bag OrderedSet* y *Sequence* devolverá *true* si ambos operandos contienen los mismos elementos y *false* en caso contrario.

13.6.2.3 CONSULTA

Por medio de las operaciones de consulta podemos indagar sobre las propiedades y los diferentes valores contenidos en las colecciones, por ejemplo averiguar el número total de elementos o si existe un determinado objeto dentro de un conjunto.

Por ejemplo si aplicamos la operación *size* nos devolverá el número de elementos en la colección:

```
Sequence{1,2,3,4,5}->size()
```

Nos proporciona el valor numérico 5.

Otra posibilidad es averiguar si un determinado objeto pertenece a una colección:

```
Bag{"Juan","Pedro","Beatriz","María"}->includes("Juan")
```

Devolverá *true*.

A continuación se proporciona una tabla con un listado de funciones de consulta aplicables a las colecciones:

Operación de consulta	Significado
colección->size():Integer	Devuelve número de elementos
colección->sum():Objeto	Devuelve la suma de los elementos si soportan la operación "+"
colección->isEmpty():Boolean	Devuelve *true* si la colección está vacía
colección->notEmpty():Boolean	Devuelve *true* si la colección *no* está vacía
colección->includes(x: Objeto):Boolean	Devuelve *true* si la colección incluye el objeto "x"
colección->excludes(x: Objeto):Boolean	Devuelve *true* si la colección excluye el objeto "x"
colección->includesAll(x: Colección):Boolean	Devuelve *true* si la colección incluye a todo "x"
colección->excludesAll(x: Colección):Boolean	Devuelve *true* si la colección excluye a todo "x"
colección->count(x: Objeto):Integer	Devuelve el número de veces que se encuentra "x" en la colección

Tabla 13.5. Operaciones de consulta

13.6.2.4 ACCESO

Las operaciones de acceso se aplican únicamente a los tipos *OrderedSet* y a *Sequence* para obtener el valor ubicado en un determinado índice de la colección.

De esta forma la aplicación de la expresión OCL:
```
OrderedSet{23,45,67,80,123}->indexOf(123)
```
nos devolverá 5, puesto que las colecciones comienzan a numerarse en uno.

En la siguiente tabla se recoge el resumen de las operaciones de acceso:

Operaciones de acceso[28]	Significado
colección->first():Objeto	Devuelve el primer elemento
colección->last():Objeto	Devuelve el último elemento
colección->at(i: Integer):Objeto	Devuelve el elemento en la posición "i"
colección->indexOf(x: Objeto):Integer	Devuelve la posición del objeto "x"

Tabla 13.6. Operaciones de acceso

13.6.2.5 ALGEBRAICAS

Las operaciones de álgebra de conjuntos nos permitirán aplicar acciones de selección de elementos en las colecciones. Para ilustrar las operaciones que veremos a continuación utilizaremos los diagramas de *Venn* como base pedagógica para explicar las operaciones de álgebra de conjuntos.

13.6.2.5.1 Unión

La unión viene expresada por el siguiente diagrama de *Venn*:

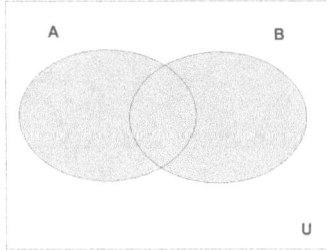

Figura 13.2. Unión (A ∪ B)

---

28 Colección debe de ser únicamente *OrderedSet* o *Sequence* para las tres primeras. La operación *indexOf*(x) únicamente pude aplicarse a *OrderedSet*.

mientras que en OCL se representa por la siguiente expresión:

```
A->union(B):C
```

donde A, B y C son aplicables a *Set*, *OrderedSet*, *Bag* y *Sequence*.

Por ejemplo si tuviéramos:

```
Sequence{"a", "b", "b"}->union(Sequence{"d", "e"})
```

el resultado es `Sequence{"a","b","b","d","e"}` y donde los tipos de datos deben ser, obviamente, iguales.

13.6.2.5.2 Intersección

Se representa como:

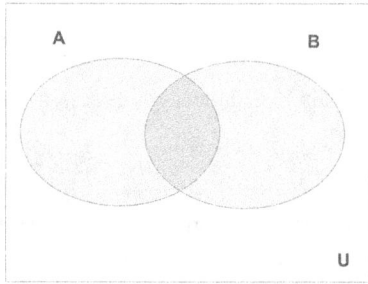

Figura 13.3. *Intersección (A ∩ B)*

En OCL se expresa de forma:

```
A->intersection(B):C
```

y donde A, B y C deben ser del tipo *Set* u *OrderedSet*.

Por ejemplo:

```
Set{"a", "b", "c"}->intersection(Set{"a", "h", "j"})
```

dará como resultado `Set{"a"}`.

13.6.2.5.3 Diferencia

La diferencia de conjuntos devuelve el conjunto original menos los elementos contenidos en el conjunto destino.

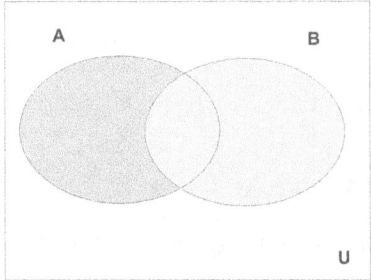

Figura 13.4. Diferencia (A - B)

La sintaxis OCL es la siguiente:

`A-B:C`

donde A, B y C pueden ser *Set* u *OrderedSet*.

`Set{"b", "c", "a"}-Set{"a"}`

Devolverá `Set{"b","c"}`.

13.6.2.5.4 Diferencia simétrica

La diferencia simétrica es la unión de los dos conjuntos menos la intersección de ambos conjuntos.

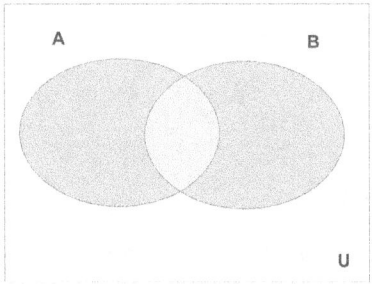

Figura 13.5. Intersección (A ∪ B) - (A ∩ B)

Se representa mediante OCL como:

`A->symmetricDifference(B):C`

donde A, B y C pueden ser *Set* u *OrderedSet*.

A modo de ejemplo supongamos el siguiente caso:

`Set{"a", "b", "c"}->symmetricDifference(Set{"b", "d"})`

Se obtendrá como resultado `Set{"a","c","d"}`.

13.6.2.5.5 Producto cartesiano

El producto cartesiano de dos conjuntos A y B (A × B) contiene todos los pares ordenados (a_i, b_j) resultado de la combinación de cada elemento de A con cada elemento de B.

Por ejemplo si tenemos los siguientes elementos:

A = {1,2,3} y B = {"a","b"} su producto cartesiano es:

A × B = {(1,a), (1,b), (2,a), (2,b), (3,a), (3,b)} = 3 x 2 = 6.

En OCL esta operación se representa como:

`A->product(B):C`

donde A y B pueden ser del tipo *Set*, *OrderedSet*, *Bag* y *Sequence* y C es obligatoriamente un *Set* del tipo *Tuple*[29] que contiene los binomios del producto cartesiano.

Ejemplo:

`Sequence{1,2,3}->product(Bag{"a","b"})`

Esto dará como resultado el conjunto de tuplas:

`Set{Tuple{1,"a"},Tuple{1,"b"},Tuple{2,"a"},Tuple{2,"b"} ,Tuple{3,"a"},Tuple{3,"b"}}`

13.6.2.5.6 Inclusión/exclusión

En OCL es posible la inclusión por medio de la operación:

`colección->including(x: Objeto):colección`

Por ejemplo:

`Set{"a", "b", "c"}->including("d")`

devolverá un `Set{"a", "b", "c", "d"}`.

---

29 Estructura de datos de OCL. Alberga una estructura de tupla con campos.

De igual forma se puede utilizar la operación:

```
colección->excluding(x: Objeto):colección
```

13.6.2.5.7 Inserción

Es posible añadir un elemento al final de una colección con la operación:

```
A->append(x: Objeto): A
```

y al inicio con el operador:

```
A->preppend(x: Objeto): A
```

o en una posición aleatoria mediante:

```
A->insertAt(i: Integer, x: Objeto): A
```

En todos los casos A debe ser del tipo *Sequence* u *OrderedSet*.

13.6.2.5.8 Extracción

La extracción de una subsecuencia a partir de una secuencia se realiza con la operación:

```
Sequence->subSequence(i: Integer, j:Integer): Sequence
```

siempre y cuando se aplique a una tipo *Sequence*.

Igualmente para la extracción de un subconjunto ordenado (*OrderedSet*) se procede de forma análoga:

```
OrderedSet->subOrderedSet(i: Integer, j:Integer): Orde-
redSet
```

13.6.2.6 ITERACIÓN

Gracias a las operaciones de iteración es posible recorrer todos los elementos de una colección mientras se comprueba una expresión condicional.

La estructura de este tipo de operaciones para colecciones está formada por:

```
colección->opIteración([variable:Tipo]|expresión)
```

En la expresión anterior, la colección formada por un *Set*, *OrderedSet*, *Bag* o *Sequence* va seguida de una operación de iteración cuyos parámetros son la variable de iteración separada mediante "|" de la expresión de guarda. En dicha expresión se podrá utilizar opcionalmente la variable de iteración.

13.6.2.6.1 Select, reject, sortedBy y collect

En algunas ocasiones es necesario consultar una colección para extraer un subconjunto de la misma que cumpla una determinada condición. Para esta finalidad disponemos de los operadores *Select*, *Reject*, *SortedBy* y *Collect*.

La utilización de *Select* permite devolver una colección que contiene aquellos elementos para los cuales se cumple la condición. Por ejemplo:

```
context Alumno
inv:
   self.examen->select(e | e.nota > 5)
```

o en versión reducida:

```
self.examen->select(nota > 5)
```

devolverán una colección con todos los alumnos cuya nota sea mayor que cinco. Fíjese que para ello se utiliza el atributo "examen" de la clase *Alumno* que contiene una referencia al *array* de objetos del tipo *Examen*. Esto es debido a la asociación uno-a-muchos entre "Alumno" y "Examen".

De forma diametralmente opuesta opera *Reject*, selecciona los elementos que precisamente no cumplen la condición. Del mismo modo *SortedBy* devuelve una colección de elementos que además de cumplir la guarda también están ordenados. Por último *Collect* devuelve un *Bag* con el resultado de aplicar la guarda sobre cada elemento de la colección. Por ejemplo:

```
self.examen->collect(nota = 10)
```

devuelve todos los exámenes con nota igual a diez incluso más de una vez.

13.6.2.6.2 Exist, forAll, isUnique

Suponga el siguiente ejemplo:

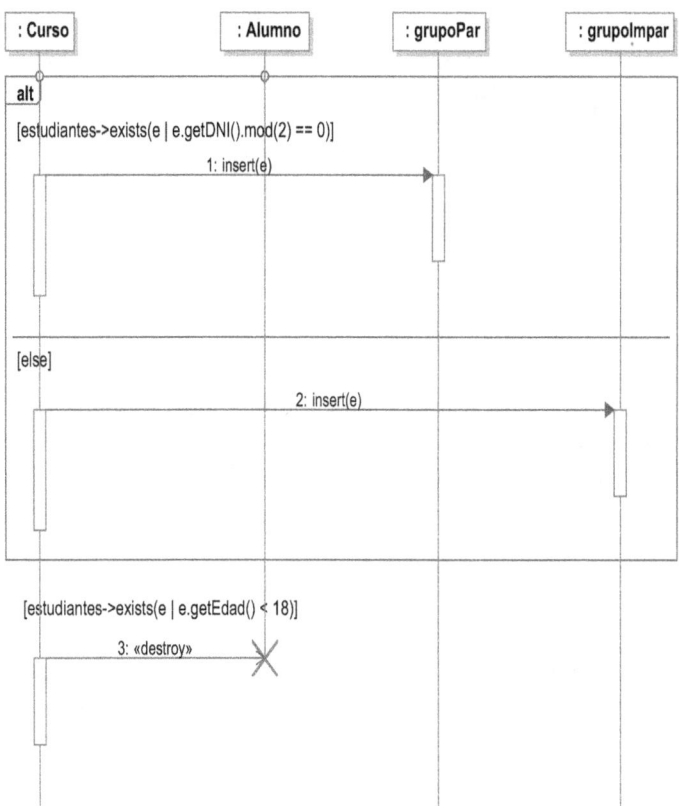

Figura 13.6. Diagrama de secuencias para inclusión de alumno en grupo

En el anterior diagrama de secuencias se muestra el caso de inclusión de un alumno en un grupo u otro dependiendo de la numeración de su DNI. En concreto, cuando el alumno posee un DNI par se le incluye en el grupo de la misma denominación, mientras que si lo posee impar se le incluye en el grupo contrario.

En el primer mensaje del fragmento combinado *alt* muestra la llamada a la iteración OCL *exists*. Lo que realiza esta operación es únicamente recorrer todos los elementos de la colección que cumplan el criterio de guarda y devolver *true*. En este caso accede a la colección de estudiantes de la composición de *Curso* para obtener todos los alumnos con DNI par e insertarlos en la colección de destino. Finalmente, en la última interacción entre *Curso* y *Alumno* se vuelve a invocar la operación *exists* con la finalidad de borrar de la academia todos los alumnos menores de edad.

Otra posibilidad de iteración en colecciones es la operación *forAll*. Dicha operación permite comprobar si todos los elementos de una colección cumplen un determinado criterio. En caso de que todos los elementos de la colección cumplan la condición el operador devolverá *true*.

Por ejemplo supongamos el siguiente caso:

```
context Alumno
inv:
   self.asignaturas->forAll(a | a.horasLectivas = 2)
```

Devolverá cierto si todas las asignaturas tienen dos horas lectivas.

Y si quisiéramos averiguar si todos los nombres de las asignaturas son distintos escribiríamos lo siguiente:

```
context Alumno
inv:
   self.asignaturas->forAll(a1, a2 | a1 <> a2 implies
   a1.nombre <> a2.nombre)
```

Debe considerarse que esta última expresión realiza la comprobación a todos los pares del producto cartesiano de los nombres de las asignaturas.

Por último *isUnique* permite comprobar si la expresión de guarda es única para todos los valores de la variable de iteración. Por ejemplo:

```
context Curso
inv:
   self.estudiantes->isUnique(e | e.DNI)
```

devolverá *true* si el DNI de un alumno no está repetido.

13.7 NAVEGACIÓN

Gracias a la navegación en OCL podemos ir desde un objeto fuente a otro objeto destino mediante el acceso a clasificadores, atributos, operaciones de consulta y asociaciones.

Por ejemplo para acceder a un atributo de la instancia de la clase *Curso* utilizaremos la palabra reservada *self*. De esta forma si quisiéramos acceder al atributo *nivel* utilizaríamos la siguiente expresión:

self.nivel

De igual manera si quisiéramos acceder a un método haríamos lo siguiente:

self.matricularAlumno(edadAlumno)

También podemos utilizar las asociaciones para movernos por el diagrama (si consideramos que estamos en el contexto *Alumno*):

self.asignaturas.nombre

donde *asignaturas* es un conjunto (*Set*) de objetos *Asignatura*, pero al acceder a *nombre* la consulta nos devolverá una colección (*Bag*) de nombres de asignaturas. Es decir:

self.asignaturas (devolverá un *Set* de objetos Asignatura)
self.asignaturas.nombre (devolverá un *Bag* con todos los nombres de asignaturas)

Es importante recordar que con la finalidad de navegar a través de las asociaciones debemos utilizar siempre el operador punto. En general, cuando la multiplicidad de la asociación es mayor que uno, este operador nos devolverá el conjunto de objetos (*Set*) al cual hace referencia, sin embargo si la multiplicidad es 1, este nos devolverá un único objeto.

Por ejemplo si quisiéramos acceder al método *getHorasLectivas()* de la clase *Asignatura* desde una instancia de *Examen* utilizaríamos la siguiente expresión:

self.alumno.asignaturas.getHorasLectivas()

que retorna una colección (*Bag*) de valores devueltos por el método *getHorasLectivas*(). Visto de forma más detallada apreciamos que a partir de un examen se obtiene el alumno que lo ha realizado en forma de *Set* (cardinalidad 1). De ahí se accede al *Set* de asignaturas (cardinalidad *) para finalmente devolver un *Bag* de *Integers* con los resultados concretos de las horas lectivas en esas asignaturas en las que el alumno se encuentra matriculado.

13.8 OCL EN LOS DIAGRAMAS DE ESTADO

La utilidad de OCL también se extiende a otros diagramas UML, especialmente a diagramas de secuencias, actividades y estados.

OCL proporciona una importante operación de comparación para los diagramas de estado:

```
oclInState(x: OclState):Boolean
```

que devuelve un *booleano* indicando si un determinado contexto se encuentra en el estado "x".

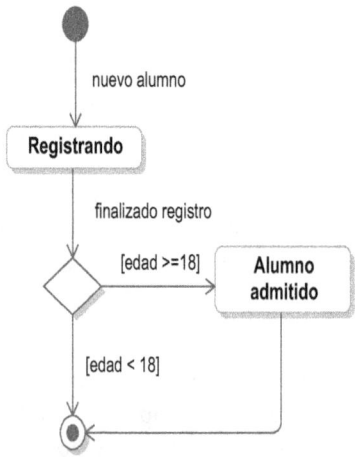

Figura 13.7. Diagrama de estados del proceso de matriculación

En el ejemplo de la figura 13.7 se recogen los estados por los que se transita para matricular a un alumno y que están definidos en el comportamiento de la clase *Curso*. Por tanto, una posible sentencia OCL dentro del contexto de esta clase puede ser la siguiente:

```
context Curso
inv:
   oclInState(AlumoAdmitido) implies (self.edad >= 18)
```

```
context Curso::matricularAlumno(edad:Integer)
post:
   oclInState(Registrando) implies (self.edad >= 18)
```

En el primer contexto de la sentencia OCL se especifica una invariante para la clase *Curso* que debe cumplirse cuando se encuentre en el estado *Alumno admitido*. De igual forma, en el segundo contexto se define una poscondición para la operación *matricularAlumno* en el caso de encontrarse en el estado *Registrando*.

13.9 CASO DE ESTUDIO: AJEDREZ

En este apartado veremos la aplicación práctica del lenguaje de restricciones OCL a algunos casos basados en el modelo del diagrama de clases del juego de ajedrez:

```
package Ajedrez
  context Heuristica
  inv:
     (self.puntuación >= 0.0)
endpackage
```

En este ejemplo el uso de la expresión *inv* permite aplicar una invariante al atributo *puntuación* de la clase *Heurística* ubicada en el paquete *Ajedrez*. Dicha invariante impone la restricción de que el valor de la puntuación sea mayor o igual que cero.

```
package Gestion_juego
context Control_juego::on_destino(x_dest:Integer, y_dest:Integer)
pre:
   (x_dest >= 0) and (y_dest >= 0)
endpackage
```

En este caso se aplica la precondición *pre* a la operación *on_destino()* de la clase *Control_juego* ubicada en el paquete *Gestion_juego*. La precondición impone la restricción de ser mayor o igual que cero a los parámetros del método.

```
package Ajedrez
context Pieza
inv:
   Pieza::allInstances->forAll(p1, p2 | p1 <> p2 implies
   (p1.posicion.fila <> p2.posicion.fila) and (p1.
   posicion.columna <> p2.posicion.columna)
endpackage
```

La invariante utiliza la operación de ámbito de clase *allInstances*[30], que devuelve una colección *Set* con el conjunto de todas las instancias de clase del tipo *Pieza*. Finalmente, la operación *forAll* realiza el producto cartesiano de todos los pares de filas y columnas para comprobar que son distintos entre ellos. En el ejemplo anterior se comprueba que no es posible tener dos piezas en la misma posición.

13.10 CASO DE ESTUDIO: MERCURIAL

En la aplicación Mercurial también podemos imponer restricciones OCL a distintos elementos y clasificadores del modelo de clases:

```
package GestorCliente
context Usuario
inv:
   Usuario::allInstances->isUnique(user | user.login)
endpackage
```

Como en el caso del ajedrez, *allInstances* devuelve un *Set* con el conjunto de todas las instancias del objeto Usuario; mientras que la operación de colección *isUnique* devolverá *true* si el *login* del usuario es único en todas las instancias de *Usuario*.

```
package Interprete
context FacahadaInterprete::interpretaComando(comando:S
tring)
pre:
   (comando.size() > 0) and (comando.size() < 255)
endpackage
```

La precondición impone la restricción al método *interpretaComando()* para que la cadena del parámetro *comando* esté comprendida entre 0 y 255 caracteres.

```
package GestorArchivos
context Fichero
inv:
(self.fichero <> null) implies
(self.nombre.size() <> 0)
endpackage
```

Si un fichero es distinto de *null* en la clase *Fichero* del paquete *GestorArchivos*, implica que debe contener un nombre identificativo que no esté vacío.

---

30 La operación OCL *allInstances()* es estática y devuelve todos los objetos instanciados.

14

INGENIERÍA DIRECTA EN JAVA

"Los límites de mi lenguaje son los límites de mi mundo".

(Ludwig Wittgenstein: *Tractatus*, 5.6)

Entramos en la fase de implementación del ciclo de vida de un proyecto software. Después de entender las nociones de diseño detallado en UML, pasamos a estudiar la parte relacionada con la transformación de los elementos de los diagramas a código Java. Si bien la parte de *ingeniería directa* no es un aspecto tratado expresamente en la especificación de la OMG y en otros libros de esta materia, nosotros haremos hincapié en sus fundamentos. En la práctica dicha transformación depende de cada lenguaje de programación y sus características de orientación a objetos, por lo que es importante que conozca tanto como pueda sus características en dicho ámbito.

En este capítulo veremos cómo aplicar la *ingeniería directa* a cada una de las estructuras estáticas y de comportamiento vistas anteriormente, con la idea de crear código ejecutable siguiendo los preceptos de UML de una forma eficaz y eficiente.

Java es un lenguaje más puramente orientado a objetos que C++ y se presta mejor a la implementación de los diseños realizados en UML. Otros aspectos más puramente orientados a objetos que se han incluido en Java, como las *interfaces*, nos permitirán entender mejor los conceptos aprendidos en temas anteriores. Además, Java tiene una sintaxis más asequible e intuitiva que C++ por lo que se ha decidido comenzar por este lenguaje como modelo pedagógico y de referencia para entender los conceptos clave de la fase de posmodelado.

14.1 DIAGRAMAS DE CLASES

Las clases, como se trató en el capítulo seis, son modelos estáticos que permiten representar un concepto del dominio. Mediante sus atributos y operaciones (métodos) es posible definir una unidad de programa que modelará la estructura y comportamiento de un conjunto de objetos: las instancias de clase. En los siguientes apartados trataremos la conversión de cada una de las estrategias de un diagrama de clases a código Java.

14.1.1 Representación de una clase

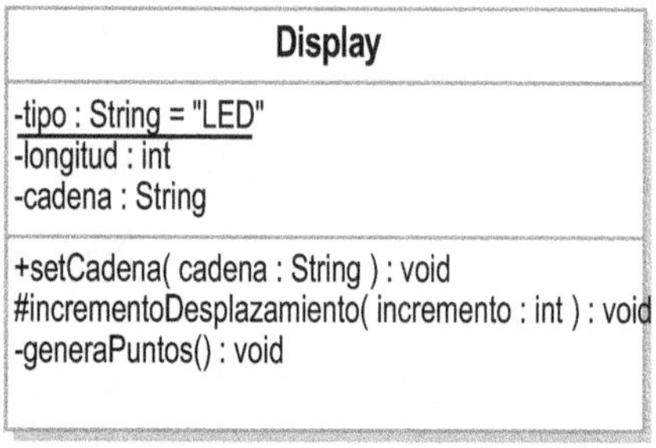

```
┌─────────────────────────────────────────────────┐
│                    Display                      │
├─────────────────────────────────────────────────┤
│ -tipo : String = "LED"                          │
│ -longitud : int                                 │
│ -cadena : String                                │
├─────────────────────────────────────────────────┤
│ +setCadena( cadena : String ) : void            │
│ #incrementoDesplazamiento( incremento : int ) : void │
│ -generaPuntos() : void                          │
└─────────────────────────────────────────────────┘
```

Figura 14.1. Ejemplo de clase en UML

Listado 14.1. Implementación de la clase Display

```java
// Implementación de la clase Display
public class Display
{
   private static String tipo = "LED";
   private int longitud;
   private String cadena;

   // Constructor
   public void Display()
   {
   }

   public void setCadena(String cadena)
   {
      this.cadena = cadena;
      System.out.println(cadena);
   }
```

```
   protected void incrementaDesplazamiento(int incremento)
   {
   }
   private void generaPuntos()
   {
   }
}
```

El listado 14.1 implementa el modelo de clase que se especificó en la figura 14.1. En el código se muestran los atributos privados junto con el constructor de la clase y sus tres métodos *public*, *protected* y *private*[31].

14.1.2 Asociaciones

Con una asociación podemos especificar que una clase tiene visibilidad o referencia a nivel de atributo a otros objetos. Por ejemplo, en las siguientes asociaciones un atributo mantiene una/s referencia/s hacia otro/s objeto/s.

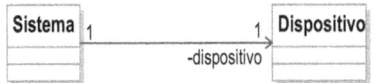

Figura 14.2. Asociación simple

```
class Sistema
{
   private Dispositivo dispositivo;
}
```

Figura 14.3. Asociación con cardinalidad 1..*

```
class Sistema
{
   private Vector<Dispositivo> dispositivos =
   new Vector<Dispositivo>();
}
```

---

31 Nótese que cada uno tiene diferente visibilidad.

Figura 14.4. Asociación con cardinalidad restringida

```
public class Sistema
{
    private Dispositivo dispositivos[] = new Dispositivo[8];
}
```

14.1.3 Herencia

Mediante la herencia podemos aplicar relaciones jerárquicas entre clases, derivando los atributos de la clase padre a las clases descendientes. Java no permite la herencia múltiple entre clases, ya que esta posibilidad está reservada únicamente a las *interfaces*. En el siguiente ejemplo mostraremos el uso de la herencia entre clases mediante la palabra reservada *extends*:

```
public class Barco
{
}
class Mercante extends Barco
{
}
class Crucero extends Barco
{
}
```

Figura 14.5. Herencia

Mientras que la herencia de *interface* se realiza con la palabra reservada *implements*:

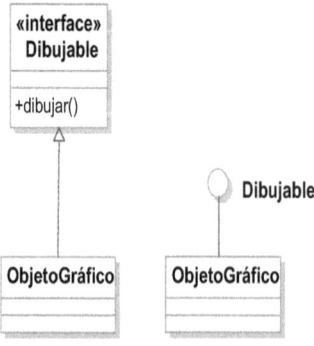

Figura 14.6. Herencia de interface (dos versiones de representación)

Listado 14.2. Implementación de *interface*

```
interface Dibujable
{
   public void dibujar();
}
class ObjetoGrafico implements Dibujable
{
   public void dibujar()
   {
      (...)
   }
}
```

14.1.4 Agregación

La agregación implica una asociación en la que el todo contiene a las partes de forma no estricta, es decir, las partes contenidas pueden ser compartidas por varias partes contenedoras. De igual manera, las partes contenidas tienen su propio ciclo de vida como objetos, por lo que la parte contenedora no es responsable de su gestión.

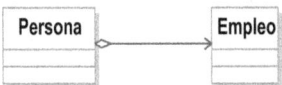

Figura 14.7. Agregación simple

```
public class Persona
{
   private Empleo empleo;
}
```

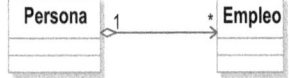

Figura 14.8. Agregación múltiple

Una posibilidad de implementación es mediante un *HashSet*, aunque puede implementarse también con **vectores** para un acceso indexado.

```
public class Persona // Alternativa 1
{
   private Set<Empleo> empleos = new HashSet<Empleo>();
}

public class Persona // Alternativa 2
{
   private Vector<Empleo> empleos = new Vector<Empleo>();
}
```

14.1.5 Composición

Como se explicó en el apartado 6.2.2 la composición implica que el concepto de la parte contenedora no tiene sentido sin las partes contenidas, por ejemplo un automóvil con ruedas, motor y chasis. La parte contenedora es responsable de la gestión del ciclo de vida de las partes contenidas, lo que implica que al destruir el objeto contenedor deben destruirse sus objetos contenidos.

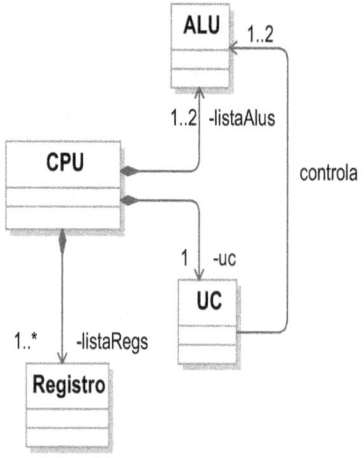

Figura 14.9. Ejemplo de composición

Como la composición es algo restrictiva es preferible decantarse hacia el uso de la agregación en detrimento de la composición.

Al igual que en la agregación, la solución de implementación aquí propuesta no es la única pues podría implementarse también con **vectores**.

Listado 14.3. Implementación de la figura 14.9

```java
// Clase ALU
class ALU
{
   String unidad;
}

// Clase Unidad de Control
class UC
{
   private ALU alus[] = new ALU[2];

   public void setALUs(ALU alu1, ALU alu2)
   {
      alus[0] = alu1;
      alus[1] = alu2;
   }

   public void imprimeTipoALU()
   {
      System.out.println(alus[0].unidad);
      System.out.println(alus[1].unidad);
   }
}

// Clase Registro
class Registro
{
   public String tipo;
}

// Clase CPU
public class CPU
{
   // Crea composiciones
   private UC uc = new UC();
   private Set<ALU> listaAlus = new HashSet<ALU>(2);
   private Set<Registro> listaRegs= new HashSet<Registro>();

   public CPU()
   {
      Registro reg = new Registro();
```

```
        reg.tipo = "PG 1";

        listaRegs.add(reg);

        ALU alu1 = new ALU();
        alu1.unidad = "Suma";

        ALU alu2 = new ALU();
        alu2.unidad = "Resta";

        // Pasa referencias
        uc.setALUs(alu1, alu2);
        uc.imprimeTipoALU();

    }

}
```

14.1.6 Clases abstractas

Las clases abstractas permiten definir un comportamiento y una estructura común para un conjunto de objetos. No se pueden instanciar y deben ser heredadas por otras clases, aunque pueden tener métodos concretos. En UML las identificaremos como clases con un nombre y algunos métodos en cursiva:

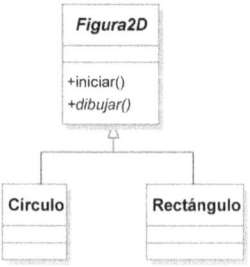

Figura 14.10. Ejemplo de clase abstracta con herencia

En el ejemplo de la figura 14.10 se ha modelado una jerarquía de clases basada en la herencia de la clase abstracta *Figura2D*. Como se puede observar, la clase *Figura2D* está definida con nombre en cursiva y un método virtual también en cursiva. A continuación mostramos cómo implementar el modelo de la figura 14.10:

Listado 14.4. Implementación de la figura 14.10

```java
// Clase abstracta
public abstract class Figura2D
{
   public Figura2D()
   {
   }
   public void iniciar()
   {
   }
   // Método abstracto
   public abstract void dibujar();

}

// Primera clase heredada
class Circulo extends Figura2D
{
   public void dibujar()
   {
      System.out.println("Dibujando círculo");
   }

}

// Segunda clase heredada
class Rectangulo extends Figura2D
{
   public void dibujar()
   {
      System.out.println("Dibujando rectángulo");
   }
}

// Clase principal
class Inicio
{
   public static void main (String[] args) throws java.lang.Exception
   {
      Figura2D figura2d = new Circulo();
      figura2d.dibujar();
   }
}
```

14.1.7 Clases internas

En Java es posible definir clases contenidas dentro de otras clases mediante las llamadas clases internas. Aunque en el capítulo seis no dedicamos un apartado específico para ellas, aquí haremos una referencia a su notación:

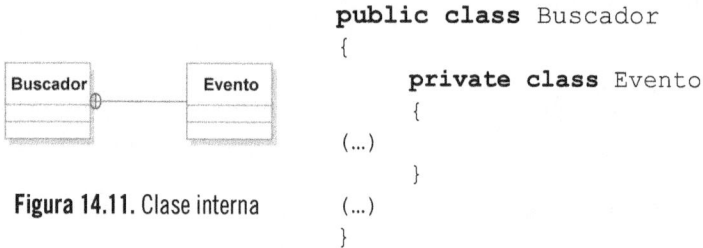

Figura 14.11. Clase interna

14.1.8 Clases asociación

En el capítulo seis definimos la utilización de las clases asociación para tipos de relación muchos-a-muchos, donde una clase intermedia mantiene información de ambas conexiones.

Supongamos la siguiente relación:

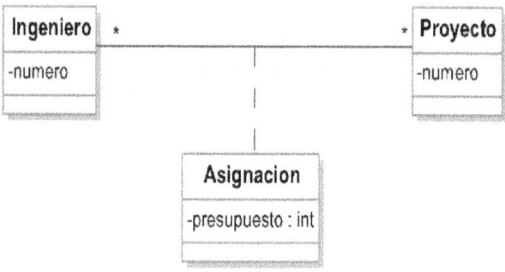

Figura 14.12. Clase asociación

La correspondiente implementación se codificará de la siguiente manera:

Listado 14.5. Implementación de clase *asociación*

```java
import java.util.*;
import java.lang.*;
import java.io.*;

// Clase ingeniero
class Ingeniero
{
   private int numero;
   private HashMap<String, Asignacion> asignaciones = new
          HashMap<String, Asignacion>();

   public Ingeniero(int numero)
   {
      this.numero = numero;
   }

   public boolean setAsignacion(Asignacion asignacion)
   {
      // Evita repetidos
      if (asignaciones.get(asignacion.getId()) ==
      null)
      {
         asignaciones.put
         (asignacion.getId(),asignacion);
         System.out.println("es true" +
         asignacion.getId());
         return true;
      }
      return false;
   }

   public String toString()
   {
       return "Ingeniero " + numero;
   }

   public String getID()
   {
      return "ING" + numero;
   }

   public void imprimeProyectos()
```

```java
   {
      System.out.println(this + "
      con los proyectos: ");

      Iterator i = asignaciones.entrySet().iterator();
      while(i.hasNext())
      {
         Map.Entry entrada = (Map.Entry)i.next();
         System.out.println(((Asignacion)
         entrada.getValue()).getProyecto());
      }
   }

}

// Clase asociación
public class Asignacion
{
   private Ingeniero ingeniero;
   private Proyecto proyecto;
   private int presupuesto;
   private String id;

   public void addRelacion(Ingeniero ingeniero,
   Proyecto proyecto, int presupuesto)
   {
      // Genera clave
      id = ingeniero.getID() +
      proyecto.getID();
      this.ingeniero = ingeniero;
      this.proyecto = proyecto;
      this.presupuesto = presupuesto;
      if (ingeniero.setAsignacion(this))
         proyecto.setAsignacion(this);
   }

   public String getId()
   {
      return id;
   }

   public Proyecto getProyecto()
   {
      return proyecto;
   }
```

```java
    public Ingeniero getIngeniero()
    {
      return ingeniero;
    }

}

// Clase proyecto
class Proyecto
{
    private int numero;
    private HashMap<String, Asignacion> asignaciones
       = new HashMap<String, Asignacion>();

    public Proyecto(int numero)
    {
       this.numero = numero;
    }

    public void setAsignacion(Asignacion asignacion)
    {
       asignaciones.put
       (asignacion.getId(),asignacion);
    }

    public String toString()
    {
        return "Proyecto " + numero;
    }

    public String getID()
    {
       return "PRY" + numero;
    }

    public void imprimeIngenieros()
  {
       System.out.println(this + " con los
       ingenieros: ");

       Iterator i =
       asignaciones.entrySet().iterator();
       while(i.hasNext())
       {
```

```
            Map.Entry entrada =
            (Map.Entry)i.next();
            System.out.println(((Asignacion)
            entrada.getValue()).getIngeniero());
         }
      }


   }



// Clase principal
class Inicio
{

   public static void main (String[] args) throws
   java.lang.Exception
   {
      Ingeniero ingenieros[] = new Ingeniero[3];
      for (int i = 0; i < 3 ; i++)
         ingenieros[i] = new Ingeniero(i);

      Proyecto proyectos[] = new Proyecto[3];
      for (int i = 0; i < 3 ; i++)
         proyectos[i] = new Proyecto(i);

      Asignacion asignaciones[] = new Asignacion[3];
      for (int i = 0; i < 3 ; i++)
         asignaciones[i] = new Asignacion();

      asignaciones[0].addRelacion(ingenieros[0],
      proyectos[1],1000);
      asignaciones[1].addRelacion(ingenieros[1],
      proyectos[0],2000);
      asignaciones[2].addRelacion(ingenieros[1],
      proyectos[1],3000);

      ingenieros[1].imprimeProyectos();
      proyectos[1].imprimeIngenieros();

   }
}
```

Imprimirá:

```
Ingeniero 1 con los proyectos:
Proyecto 1
Proyecto 0
Proyecto 1 con los ingenieros:
Ingeniero 1
Ingeniero 0
```

En el listado anterior se ha mostrado el código que implementa la clase asociación; aunque hay que tener en cuenta evitar claves duplicadas dentro de las referencias al objeto que relaciona a los ingenieros con los proyectos.

14.1.9 Asociación calificada

Mediante la asociación calificada podemos identificar un ítem utilizando una clave a modo de parámetro que se le proporciona a la clase de entrada:

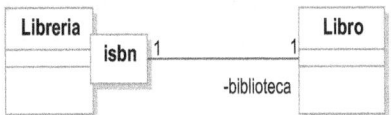

Figura 14.13. Asociación calificada

Listado 14.6. Implementación de calificación

```java
public class Libreria
{
HashMap<Integer,Libro> biblioteca = new
HashMap<Integer,Libro>();

public void addLibro(int isbn, String autor)
{
   Libro libro = new Libro();
   libro.setDatos(autor);
   biblioteca.put(isbn,libro);
}

public String getLibro(int isbn)
{
   Libro libro = biblioteca.get(isbn);
   return libro.getAutor();
}

}
```

En el código podemos ver la utilización de la clave *isbn* en el método *getLibro()* para la localización de objetos libro dentro de la asociación.

14.2 DIAGRAMAS DE SECUENCIAS

Los diagramas de secuencias permiten modelar el comportamiento dinámico de la aplicación. Las interacciones entre objetos muestran el orden de las llamadas a operaciones y los valores que devuelven para llevar a cabo una funcionalidad del sistema. Muchos diagramas de secuencias modelan fragmentos algorítmicos en los que varios objetos intercambian mensajes y argumentos.

14.2.1 Interacción básica

Supongamos el siguiente diagrama del capítulo siete:

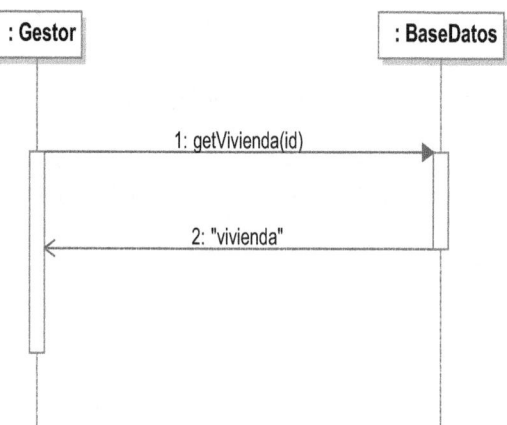

Figura 14.14. Diagrama de secuencias

El correspondiente código equivaldría a:

```
String vivienda = bd.getVivienda(7);
```

Esta llamada estaría ubicada dentro de alguno de los métodos de la clase *Gestor* a lo largo del cauce de ejecución de su caso de uso.

14.2.2 Creación, destrucción, automensajes y recursividad

El siguiente ejemplo muestra un caso de mensaje reflexivo y una secuencia de invocaciones recursivas sobre un objeto que emula un algoritmo.

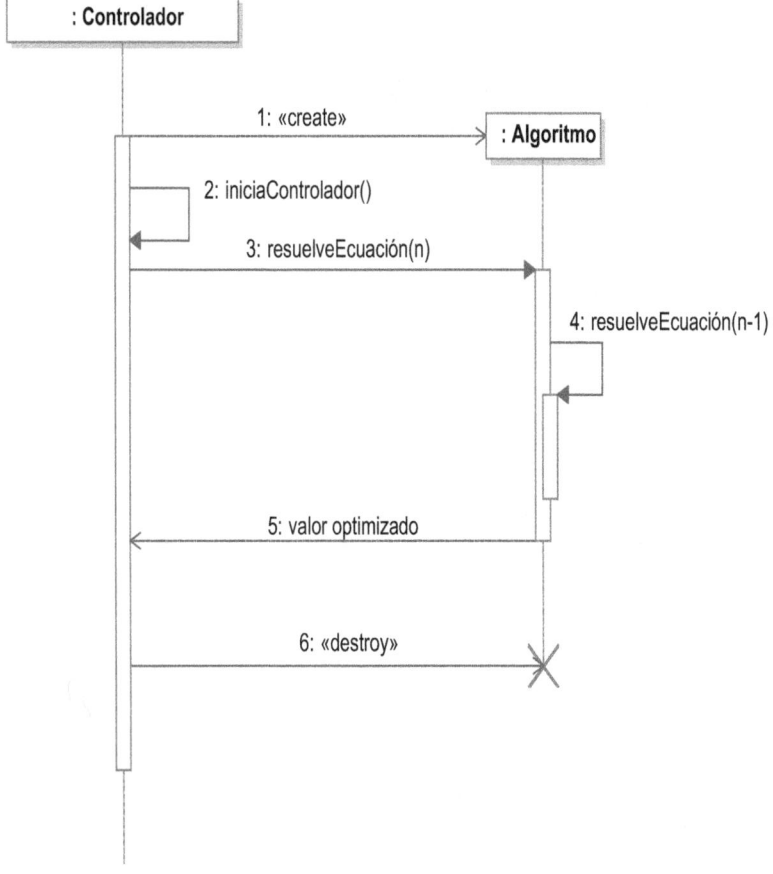

Figura 14.15. Diagrama de secuencias de un controlador que solicita una optimización

Listado 14.7. Implementación del diagrama 14.15

```java
// Inclusión de paquetes

import java.util.*;
import java.lang.*;
import java.io.*;

// Clase algoritmo
class Algoritmo
{
public int resuelveEcuacion(int n)
{
   if (n <= 1)
{
     return 1;
}
else
{
     return n * resuelveEcuacion(n - 1);
}
}
}

// Clase controlador
public class Controlador
{
   public Controlador()
   {
     // Secuencia de llamadas
     iniciaControlador();
   }

   private void iniciaControlador()
   {
     Algoritmo algoritmo = new Algoritmo();
     System.out.println(
     algoritmo.resuelveEcuacion(8));
   }

}
```

Fíjese como en el constructor de *Controlador* se ha especificado la secuencia de creación del objeto *Algoritmo*, seguido de la llamada reflexiva y la invocación al método recursivo de *Algoritmo*.

La destrucción del objeto *Algoritmo* es implícita dentro del constructor del controlador.

14.2.3 Saltos condicionales

Los saltos condicionales se pueden implementar en los diagramas de secuencias UML mediante un fragmento *alt*.

En el siguiente ejemplo mostramos la ejecución de una secuencia basada en los pulsos de un objeto *Timer*. Dependiendo del número de *ticks* se realizará la llamada a un dispositivo o a otro. Finalmente, cuando se superan los cinco segundos se procede a detener el *timer*.

En la figura 14.16 se muestra el diagrama de secuencias que modela este contexto en el que se ha requerido el uso de una región *alt*.

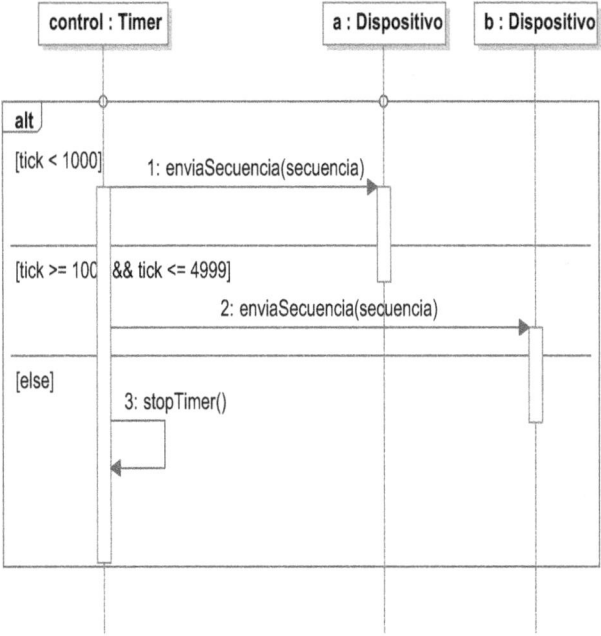

Figura 14.16. Diagrama de secuencias con fragmento condicional

Listado 14.8. Implementación del salto condicional

```java
// Clase dispositivo
class Dispositivo
{
  public void enviaSecuencia(int secuencia)
  {
  }
}

// Clase timer
public class Timer
{
  private int tick;
  private int secuencia;
  private Dispositivo a;
  private Dispositivo b;

  public Timer()
  {
    tick = 0;
    a = new Dispositivo();
    b = new Dispositivo();
    startTimer();
  }

  // Evento del timer. Implementación fragmento ALT
  private void onTimer()
  {
    tick++;
    if (tick < 1000)
       a.enviaSecuencia(secuencia);
    else if (tick >= 1000 && tick <=4999)
       b.enviaSecuencia(secuencia);
    else stopTimer();

  }

}
```

14.2.4 Iteraciones

Examinemos ahora la implementación de un bucle en un diagrama de secuencias. Como vimos en el capítulo siete la manera de aplicar las iteraciones en UML era mediante un fragmento *loop*. Dichos fragmentos *loop* pueden adoptar diversas formas de sentencias iterativas dependiendo de si se trata de un bucle *while*, *for*, *forEach* o *repeat*.

En el siguiente ejemplo se modela un escenario de consulta de una posible biblioteca. Cuando el usuario solicita al sistema una búsqueda, el objeto *MotorBusqueda* realizará una iteración sobre las tuplas devueltas anteriormente por la base de datos. En caso de encontrar una coincidencia con el libro buscado por el lector se devolverá un objeto *Libro*. Para realizar esta última acción se requiere el uso de la cláusula *break* de UML con la finalidad de romper el flujo iterativo (aunque en el listado 14.9 se termina implícitamente mediante *return*).

Finalmente, en caso de no encontrar ninguna coincidencia, el motor de búsqueda del sistema bibliotecario devolverá *null*.

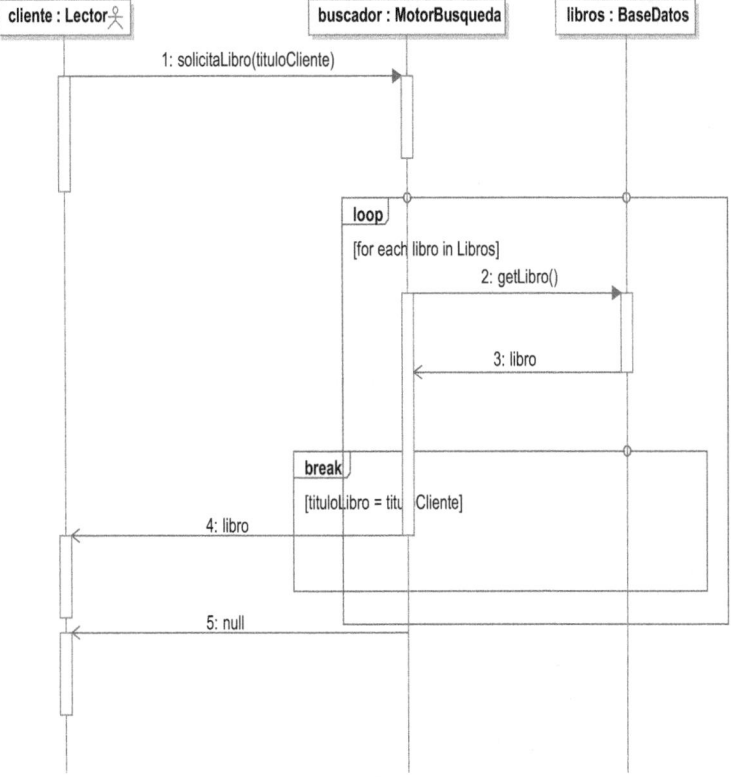

Figura 14.17. Diagrama de secuencias con fragmento iterativo

Listado 14.9. Implementación de la iteración 14.17

```java
// Clase motor de búsqueda

public class MotorBusqueda
{
   // Almacena un registro de tuplas (recordset)
   private Vector<Libro> registroLibros = new
   Vector<Libro>();


// Secuencia del diagrama
public Libro solicitaLibro(String tituloCliente)
{
for (Libro libro : registroLibros) {
   System.out.println("Libro:" + libro.getTitulo());
   if (libro.getTitulo() == tituloCliente)
      return libro; //break
   }
   return null;
  }
 }

// Clase principal
class Inicio
{
   public static void main (String[] args) throws
      java.lang.Exception
   {
   MotorBusqueda motor = new MotorBusqueda();
      if (motor.solicitaLibro("Hiperión") != null)
   System.out.println("Libro encontrado");
      else System.out.println("No encontrado");
   }
 }
```

14.3 DIAGRAMAS DE ESTADO

Los diagramas de estado permiten modelar el comportamiento interno de una aplicación que transita entre diferentes etapas. Los diagramas de estado se utilizan con más frecuencia para controlar la secuencia de fases que se suceden en la vida de un objeto. Para implementar estos diagramas nos serán bastante útiles los patrones de diseño vistos en el capítulo nueve, en concreto el patrón *State*. La asociación de una clase cliente a dicho patrón permite gestionar la máquina de estados que modela el comportamiento del objeto.

En el ejemplo que presentamos en la figura 14.18 se ilustra la secuencia de estados por los que transita un manejador de dispositivo (*driver*) para la lectura de un dato en el puerto de E/S de una controladora. La clase que gestiona la lectura del puerto contiene seis estados exactamente y se inicia con la comprobación del registro de estado. Cuando este registro informa al manejador de la existencia de un dato, pasa a almacenarlo en el *buffer* para lectura por la aplicación de usuario. Solo en el caso de error en la lectura del dato y desbordamiento del *buffer* se procede a detener el autómata.

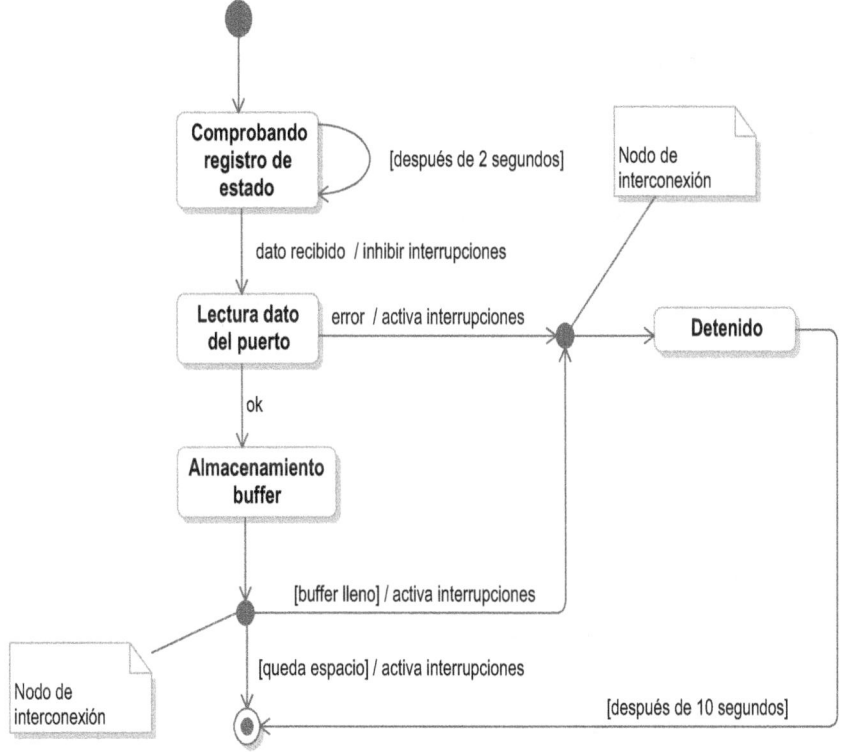

Figura 14.18. Diagrama de estado del procesamiento de un dato por un manejador de dispositivo

Listado 14.10. Implementación del diagrama de estado de la figura 14.18

```java
// Clase de gestión del driver
public class Driver
{
  // Declaración de estados
  private Estado estadoActual;
  private EstInicio estInicio;
  private EstComprobando estComprobando;
  private EstLeyendo estLeyendo;
  private EstAlmacenando estAlmacenando;
  private EstDetenido estDetenido;
  private EstFinal estFinal;


  // Clase abstracta Estado
    abstract class Estado
    {
      public String nombreEstado;

      // Posibles eventos
      public void iniciar()
      {
        checkError("EstInicio");
      }

      public void pasanDosSegundos()
      {
        checkError("EstComprobando");
      }

      public void datoRecibido()
      {
        checkError("EstComprobando");
      }

      public void errorLectura()
      {
        checkError("EstLeyendo");
      }

      public void lecturaOK()
      {
        checkError("EstLeyendo");
```

```java
   }

   public void bufferLleno()
   {
      checkError("EstAlmacenando");
   }
   public void quedaEspacioBuffer()
   {
      checkError("EstAlmacenando");
   }

   public void pasanDiezSegundos()
   {
      checkError("EstDetenido");
   }

   public void imprimeEstado()
   {
      System.out.println(nombreEstado);
   }

   // Comprueba si en estado correcto
   public void checkError(String supuesto)
   {
      if (nombreEstado != supuesto)
         System.out.println("Error estado
         incorrecto");
   }
}

// Implementa los estados concretos
class EstInicio extends Estado
{
   public EstInicio()
   {
      nombreEstado = "EstInicio";
   }

   public void iniciar()
   {
      System.out.println("iniciar()");
      estadoActual = estComprobando;
   }
}
```

```java
// Comprobando registro de estado
   class EstComprobando extends Estado
   {
      public EstComprobando()
      {
         nombreEstado = "EstComprobando";
      }

      public void pasanDosSegundos()
      {
         System.out.println("pasanDosSegundos()");
         estadoActual = estComprobando;
      }

      public void datoRecibido()
      {
         System.out.println("datoRecibido()");
         estadoActual = estLeyendo;
      }
   }

// Lectura dato del puerto
   class EstLeyendo extends Estado
   {
      public EstLeyendo()
      {
         nombreEstado = "EstLeyendo";
      }

      public void errorLectura()
      {
         System.out.println("ErrorLectura()");
         estadoActual = estDetenido;
      }

      public void lecturaOK()
      {
         System.out.println("lecturaOK()");
         estadoActual = estAlmacenando;
      }

   }

// Almacenamiento buffer
   class EstAlmacenando extends Estado
```

```java
{
   public EstAlmacenando()
   {
      nombreEstado = "EstAlmacenando";
   }

   public void bufferLleno()
   {
      System.out.println("BufferLleno()");
      estadoActual = estDetenido;

   }
   public void quedaEspacioBuffer()
   {
      System.out.println("quedaEspacioBuffer()");
      estadoActual = estFinal;

   }
}

// Detenido
class EstDetenido extends Estado
{
   public EstDetenido()
   {
      nombreEstado = "EstDetenido";
   }

   public void pasanDiezSegundos()
   {
      System.out.println("pasanDiezSegundos()");
      estadoActual = estFinal;
   }
}

class EstFinal extends Estado
{
   public EstFinal()
   {
      nombreEstado = "EstFinal";
   }

}

public Driver()
```

```
    {
       estInicio        = new EstInicio();
       estComprobando   = new EstComprobando();
       estLeyendo       = new EstLeyendo();
       estAlmacenando   = new EstAlmacenando();
       estDetenido      = new EstDetenido();
       estFinal         = new EstFinal();

       // Estado inicial
       estadoActual    = estInicio;
    }

    // Eventos que ocurren en el driver
    public void iniciar()
    {
       estadoActual.iniciar();
    }

    public void pasanDosSegundos()
    {
       estadoActual.pasanDosSegundos();
    }

    public void datoRecibido()
    {
       estadoActual.datoRecibido();
       inhibeInterrupciones();
    }

    public void errorLectura()
    {
       estadoActual.errorLectura();
       activaInterrupciones();
    }


    public void lecturaOK()
    {
       estadoActual.lecturaOK();
    }

    public void bufferLleno()
    {
       estadoActual.bufferLleno();
       activaInterrupciones();
```

```
    }

    public void quedaEspacioBuffer()
    {
        estadoActual.quedaEspacioBuffer();
        activaInterrupciones();
    }

    public void pasanDiezSegundos()
    {
        estadoActual.pasanDiezSegundos();
    }

    public void imprimeEstado()
    {
        estadoActual.imprimeEstado();
    }
}
```

Buena parte del código se ha implementado siguiendo las directrices del patrón *State* que nos ha facilitado la construcción de la jerarquía de estados. Durante la ejecución, cada estado concreto se crea estableciendo su identificador, mientras que los métodos se encargan de gestionar los eventos de salida. Finalmente, desde un subsistema externo de gestión del *driver* se llamará a los métodos que emularán los diferentes eventos.

14.4 CASO DE ESTUDIO: MERCURIAL

Como resumen del capítulo de ingeniería directa en Java y con la finalidad de sintetizar todo lo aquí explicado, se implementará el diagrama de secuencias visto en el apartado 7.7 utilizando el modelo estructural y arquitectónico de Mercurial. Dejaremos para el próximo capítulo la implementación en C++ del caso de estudio del ajedrez.

Tal como se definió en el diagrama del apartado 5.4.5, los paquetes que se crearán para nuestra aplicación Mercurial son: *Comunicaciones, Interprete, GestorCliente* y *GestorArchivos*. No obstante, debido a la falta de espacio nos centraremos únicamente en aquellos paquetes relacionados con el diagrama de secuencias para borrar un fichero local (figura 7.18). Empezaremos a desglosar cada uno de los paquetes explicando la función específica de cada una de sus clases e interfaces:

Listado 14.11. Paquete interprete :: clase FachadaInterprete

```java
package mercurial.interprete;

// Inclusión de paquetes
import java.util.*;
import java.lang.*;
import java.io.*;
import mercurial.gestorcliente.*;
import mercurial.gestorarchivos.*;

// Clase de fachada
public class FachadaInterprete
{
   private IGestorCliente cliente;

   public FachadaInterprete()
   {
      cliente = new ClienteProgramador();
   }

   public void entradaTextoSistema()
   {
      // Inicia sesión
      interpretaComando1("init");
      // Borra fichero local
      interpretaComando2("delete a/b/p2.c");
   }


   public void setComando(Comando comando)
   {
   }

   // Inicia sesión
   private void interpretaComando1(String comando)
   {
      // Llama al patrón intérprete
      Comando com1 = new Comando();
      com1.setId(1);
```

```java
      com1.setComando("init");
      cliente.setComando(com1);
   }
   // Borra fichero local
   private void interpretaComando2(String comando)
   {
      // Llama al patrón intérprete
      Comando com2 = new Comando();
      com2.setId(2);
      com2.setComando("delete");
      com2.addParametros("raiz");
      com2.addParametros("a");
      com2.addParametros("b");
      com2.addParametros("p2.c");
      cliente.setComando(com2);
   }

}

// Clase principal
class Inicio
{
   public static void main (String[] args) throws
   java.lang.Exception
   {
      FachadaInterprete interprete = new
      FachadaInterprete();
      // Comienzo de la interacción
      interprete.entradaTextoSistema();
   }
}
```

En el listado 14.11 se muestra la clase principal del paquete *Interprete* que es el responsable de implementar el patrón de diseño con el mismo nombre. Su objetivo es el análisis sintáctico y semántico de las cadenas de texto con comandos CVS. La clase *FachadaInterprete* es el punto de interconexión con el patrón y por donde se reciben los objetos *Comando* con la orden ya desglosada. Una vez recibido el objeto comienza la llamada al subsistema representado en el paquete *GestorCliente*:

Listado 14.12. Paquete GestorCliente :: clase Comando

```java
package mercurial.gestorcliente;

// Inclusión de paquetes

import java.util.*;
import java.lang.*;
import java.io.*;

// Clase comando desglosado
public class Comando
{
   private int id;
   private String comando;
   private Vector<String> parametros = new
           Vector<String>();

   // Identificador
   public void setId(int id)
   {
      this.id = id;
   }

   // Tipo de comandos
   public void setComando(String comando)
   {
      this.comando = comando;
   }

   // Parámetros del comando
   public void addParametros(String parametro)
   {
      parametros.add(parametro);
   }
```

```java
    // Métodos de acceso
    public int getID()
    {
        return id;
    }

    public String getComando()
    {
        return comando;
    }
    public Vector<String> getParametros()
    {
        return parametros;
    }
}
```

Este simple listado muestra la estructura de la clase *Comando* que servirá para intercambiar órdenes entre subsistemas. La clase *Comando* abstrae los elementos ya analizados y desglosados por el patrón *Interpreter*.

Listado 14.13. Paquete GestorCliente :: interface IGestorCliente

```java
package mercurial.gestorcliente;

public interface IGestorCliente
{
    public void setComando(Comando comando);
}
```

El listado 14.13 muestra otro elemento principal del paquete *GestorCliente*. Se trata de la interfaz *IGestorCliente* que permite el desarrollo del subsistema *GestorCliente* así como la intercomunicación entre paquetes y clases heterogéneas.

En el siguiente listado se expondrá la clase base para los roles principales de la aplicación: programador y administrador. La clase *Administrador* no se ha implementado al no ser necesaria en la descripción del diagrama de secuencias. Sin embargo, nos será de utilidad la clase *Usuario* para implementar el rol del programador:

Listado 14.14. Paquete GestorCliente :: clase Usuario

```java
package mercurial.gestorcliente;

// Clase base paquete GestorCliente
public class Usuario implements IGestorCliente
{
   private String login;
   private String password;

   // Comandos básicos
   public void setComando(Comando comando)
   {
      if (comando.getComando() == "init")
         iniciarSesion();
      else if (comando.getComando() == "close")
         cerrarSesion();
   }

   public void iniciarSesion()
   {
      // Conecta con fachada comunicaciones
      System.out.println("Sesión iniciada");
   }

   public void listarFicheros()
   {
   }

   public void cerrarSesion()
   {
      System.out.println("Cerrando sesión");
   }

   public void registarse()
   {
   }
}
```

Listado 14.15. Paquete GestorCliente :: clase ClienteProgramador

```java
package mercurial.gestorcliente;

// Inclusión de paquetes

import java.util.*;
import java.lang.*;
import java.io.*;
import mercurial.gestorarchivos.*;

public class ClienteProgramador extends Usuario
{
   private IDirectorioAbstracto directorioMain;

   public ClienteProgramador()
   {
     // Crea estructura de directorios

     Directorio directorioRaiz = new Directorio();
     directorioRaiz.setNombre("raiz");

     Directorio directorioA = new Directorio();
     directorioA.setNombre("a");
     Directorio directorioB = new Directorio();
     directorioB.setNombre("b");
     Directorio directorioC = new Directorio();
     directorioC.setNombre("c");

     Fichero fichero1 = new Fichero();
     fichero1.setNombre("p2.c");
     Fichero fichero2 = new Fichero();
     fichero2.setNombre("p4.c");

     directorioMain = directorioRaiz;
     // Añade contenido (directorios y archivos) a lista
     directorioRaiz.add(directorioA);

     directorioA.add(directorioB);

     directorioB.add(directorioC);
     directorioB.add(fichero1);

     directorioC.add(fichero2);

   }
```

```java
   // Establecimiento de comandos del programador
   public void setComando(Comando comando)
   {
      // Comandos básicos
      super.setComando(comando);

      if (comando.getComando() == "delete")
      {
         try{
         borrarFichero(comando.getParametros().
         lastElement(), comando.getParametros());
         } catch (Exception ex)
         {
            System.out.println("Fichero no encontrado");
         }
      }
   }

   // Añade fichero remoto
   public void anadirFichero(String fichero,
   Vector<String> pathFichero)
   {
   }


   // Método para borrar un fichero local
   public void borrarFichero(String fichero,
   Vector<String> pathFichero) throws java.lang.Exception
   {
      Iterator i = pathFichero.iterator();
      i.next(); // Salta raíz

      while (directorioMain != null && i.hasNext()
      && directorioMain.getNombre() != fichero)
      {
         System.out.println("Accediendo a: " +
         directorioMain.getNombre());
         directorioMain =
         directorioMain.getItem((String)i.next());
      }

      // Se ha encontrado el fichero
      if (directorioMain != null &&
      directorioMain.getNombre() == fichero)
         ((Fichero)directorioMain).
         deleteFile(directorioMain.getNombre());
      else throw new Exception();
      // Error, no se encuentra fichero
   }
}
```

La clase *ClienteProgramador* es la responsable de implementar los casos de uso relacionados con el rol del programador. De este código nos interesa únicamente el método que se encarga de borrar el fichero local mediante el bucle ya visto en el diagrama de secuencias. Para esta implementación se necesita conocer previamente el patrón *Composite* visto en el capítulo nueve, y que aquí viene representado en el paquete *GestorArchivos* con la interfaz *IDirectorioAbstracto*, *Directorio* y *Fichero*.

Listado 14.16. Paquete GestorArchivos :: interface IDirectorioAbstracto

```java
package mercurial.gestorarchivos;

// Implementación del patrón composite (clase Component)
public interface IDirectorioAbstracto
{
   public String getNombre();
   public void setNombre(String nombre);
   public IDirectorioAbstracto getItem(String siguiente);
}
```

El listado 14.16 muestra la interfaz *IDirectorioAbstracto* que representa a la clase abstracta *Component* vista en el apartado 9.6.2 y sirve de base para la estructura del patrón.

Listado 14.17. Paquete GestorArchivos :: clase Directorio

```java
package mercurial.gestorarchivos;

// Inclusión de paquetes

import java.util.*;
import java.lang.*;
import java.io.*;

// Implementación del patrón composite (clase Composite)
public class Directorio implements IDirectorioAbstracto
{
   private int numFicheros;
   private String nombre;
   private Vector<IDirectorioAbstracto> items =
      new Vector<IDirectorioAbstracto>();
```

```java
    public String getNombre()
    {
       return nombre;
    }

    public void setNombre(String nombre)
    {
       this.nombre = nombre;
    }

    // Añade lista de contenido directorio
    public void add(IDirectorioAbstracto nombre)
    {
       items.addElement(nombre);
    }

    // Obtiene elemento concreto de un directorio
    public IDirectorioAbstracto getItem(String siguiente)
    {
       Iterator i = items.iterator();
       IDirectorioAbstracto buscado = null;

       while (i.hasNext() && (buscado =
          (IDirectorioAbstracto)i.next()).getNombre()
          != siguiente);

       return buscado;
    }
}
```

La clase *Directorio* equivale a la clase concreta *Composite* del esquema del patrón. Permite implementar el contenido de un directorio (directorios hijos y ficheros) en el mismo orden jerárquico de un sistema de archivos. El método *getItem()* permite extraer un elemento concreto dentro del conjunto de hijos de un directorio padre y devolverlo a la iteración de borrado (clase *ClienteProgramador*). El elemento extraído debe coincidir con el ítem actual de la ruta absoluta del archivo.

Listado 14.18. Paquete GestorArchivos :: clase Fichero

```java
package mercurial.gestorarchivos;

// Implementación del patrón composite (clase Leaf)
public class Fichero implements IDirectorioAbstracto
{
   private String nombre;

   public String getNombre()
   {
      return nombre;
   }

   public void setNombre(String nombre)
   {
      this.nombre = nombre;
   }

   public IDirectorioAbstracto getItem(String siguiente)
   {
      return null;
   }

   public void deleteFile(String fichero)
   {
      System.out.println("Borrando fichero: " + fichero);
   }

}
```

Finalmente, la clase *Fichero* implementa los nodos terminales del patrón *Composite*, es decir, los objetos que en teoría representan las clases *Leaf*.

15

INGENIERÍA DIRECTA EN C++

"[...] La mente es su propio lugar y puede hacer en ella un Cielo del Infierno y del Infierno un Cielo [...]".

(John Milton: *El paraíso perdido*, Libro I, v. 253)

Después de implementar los conceptos fundamentales de UML en Java comenzaremos a abordarlos también aquí para el lenguaje de programación C++. Si entendió las explicaciones y los listados de código fuente que se presentaron en el capítulo catorce, la adaptación a C++ le resultará mucho más sencilla. Conviene entender los conceptos clave de UML en un lenguaje más puramente orientado a objetos para así familiarizarse directamente con la asociación *UML – código* sin las complejidades añadidas de la sintaxis.

En este capítulo haremos un recorrido por los diagramas que están más estrechamente relacionados con la ingeniería de un proyecto. Por este motivo, se presentarán al comienzo los ejemplos vistos en el capítulo anterior y su relación con el lenguaje C++. Al final del capítulo se implementará el diagrama de secuencias asociado a una jugada de ajedrez como consolidación de conocimientos.

Aunque C++ no es un lenguaje puramente orientado a objetos, es muy factible para el desarrollo de aplicaciones nativas de alto rendimiento: buscadores a gran escala, lenguajes de alto nivel, motores de bases de datos o aplicaciones gráficas, incluso muchas tecnologías de base se programan en este lenguaje. Esto es debido a que C++ no es un lenguaje interpretado por ninguna máquina virtual y el código que genera es directamente código de la máquina. Además, C++ tiene la gran ventaja del equilibrio entre el nivel hardware y el alto nivel de abstracción, lo que lo hace una herramienta muy versátil y poderosa.

15.1 DIAGRAMAS DE CLASES

Como se vio en el capítulo seis, los diagramas de clases definen un modelo estructural basado en clases, jerarquías y asociaciones que permiten definir una visión estática del sistema. A continuación estudiaremos cada uno de los clasificadores y componentes principales de este diagrama desde una perspectiva de la sintaxis de C++.

15.1.1 Representación de una clase

La clase es la piedra angular de la programación orientada a objetos. Su existencia en cualquier lenguaje facilita en gran medida la construcción de software complejo.

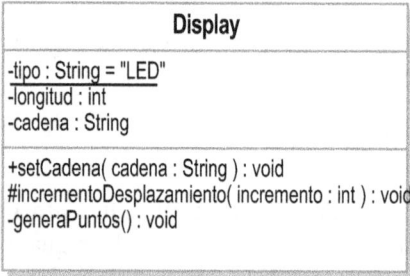

Figura 15.1. Ejemplo de clase en UML

Listado 15.1. Implementación de la clase Display :: fichero *display.h*

```cpp
#ifndef display_h
#define display_h

#include <string>
#include <iostream>

using namespace std;

class Display
{
private:
   static string tipo;
   int longitud;
   string cadena;
public:
   Display();
```

```cpp
      void set_cadena(const string& cadena);
   protected:
      void incrementa_desplazamiento(int incremento);
   private:
      void genera_puntos();
};

#endif
```

Listado 15.2. Implementación de la clase Display :: fichero *display.cpp*

```cpp
#include "display.h"

using namespace std;

string Display::tipo = "LED";

Display::Display()
{
}

void Display::set_cadena(const string& cadena)
{
   this->cadena = cadena;
   cout << cadena << endl;
}

void Display::incrementa_desplazamiento(int incremento)
{
}

void Display::genera_puntos()
{
}
```

El listado 15.1 muestra el código fuente del fichero de cabecera asociado a la clase *Display*. En las secciones *public*, *protected* y *private* se aplican las propiedades de acceso a cada uno de los atributos y operaciones. La implementación del código de la clase se realiza en el fichero *display.cpp* que aparece en el listado 15.2. A diferencia del código Java explicado en el capítulo catorce, la implementación de una clase extensa o subsistema en C++ requiere del uso de dos ficheros (.h y .cpp) para la definición y la implementación respectivamente.

15.1.2 Asociaciones

Para especificar la visibilidad o conocimiento a nivel de atributo de otros objetos en una clase en C++ se requiere el uso de punteros o referencias. Así, para el diagrama de clases siguiente:

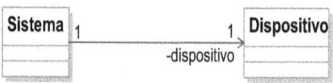

Figura 15.2. Asociación simple

el código correspondería a:

Listado 15.3. Definición de asociación simple (opción referencia)

```cpp
class Sistema
{
private:
   Dispositivo& dispositivo_ref;
public:
   Sistema(Dispositivo& dispositivo);
   void haz_algo_ref();
};
```

Listado 15.4. Definición de asociación simple (opción puntero)

```cpp
class Sistema
{
private:
   Dispositivo* dispositivo_ptr;
public:
   Sistema(Dispositivo* dispositivo);
   void haz_algo_ptr();
};
```

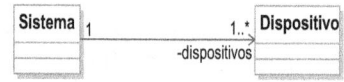

Figura 15.3. Asociación con cardinalidad 1..*

La asociación múltiple requiere de la estructura de datos *vector* de la STL:

Listado 15.5. Definición de asociación múltiple

```
class Sistema
{
private:
   vector<Dispositivo*> dispositivos;
public:
   Sistema();
   ~Sistema();
   void inserta_dispositivo(Dispositivo* dispositivo);
   void imprime_dispositivos();

};
```

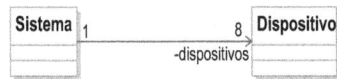

Figura 15.4. Asociación con cardinalidad restringida

Sin embargo, para una multiplicidad limitada se puede recurrir a un *array*:

Listado 15.6 . Definición de asociación con multiplicidad limitada

```
class Sistema
{
private:
   Dispositivo* dispositivos[8];
public:
   Sistema();
void inserta_dispositivo(Dispositivo* dispositivo, int indice);
   void imprime_dispositivos();

};
```

15.1.3 Herencia simple

Por medio de la herencia podemos establecer relaciones jerárquicas entre clases. En el árbol producido por la herencia, las clases base proporcionan o restringen atributos y métodos a sus clases derivadas. Gracias a la herencia es posible la compartición de información y el comportamiento desde las clases base a las clases derivadas. Es así, por tanto, como se puede extender la funcionalidad de las diferentes entidades participantes en una aplicación.

En el siguiente ejemplo se muestra la equivalencia entre la herencia en el diagrama de clases y el código C++:

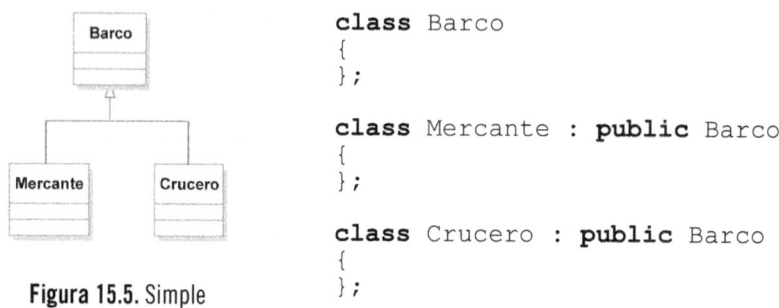

Figura 15.5. Simple

```
class Barco
{
};

class Mercante : public Barco
{
};

class Crucero : public Barco
{
};
```

15.1.4 Herencia múltiple

En C++ es posible indicar que una clase herede de varias clases diferentes al mismo tiempo. A esto se le denomina herencia múltiple, y como dijimos en el capítulo catorce, es una característica de este lenguaje que no posee Java. A este respecto existe mucha controversia sobre la ambigüedad y complejidad para el proyecto que supone esta técnica implementada en lenguajes como C++, Python o Perl. Sin embargo, la utilización de herencia simple y patrones de diseño en vez de la herencia múltiple de clases es una alternativa cada vez más eficaz para el modelado de aplicaciones eficientes.

Figura 15.6. Múltiple

```
class Alumno
{
};

class Investigador
{
};

class Doctorando : public Alumno,
public Investigador
{
};
```

15.1.5 Agregación

La agregación en C++ se implementa mediante la declaración de un vector que mantiene las referencias a los objetos contenidos. La clase contenedora no gestiona el ciclo de vida de los objetos contenidos.

```
class Persona
{
private:
        Empleo* empleo;
};
```

Figura 15.7. Agregación simple

```
class Persona
{
private:
        vector<Empleo*> empleos;
};
```

Figura 15.8. Agregación múltiple

Como puede observarse en el código de la figura 15.8, la implementación de la agregación múltiple se realiza a través de un vector STL.

15.1.6 Composición

En la composición, los objetos mantenidos por el contenedor deben ser eliminados cuando este es destruido, es decir, el objeto contenedor es responsable de la vida de sus objetos compuestos. La composición en C++ puede implementarse tanto con *arrays* como con vectores; aunque es importante no olvidar eliminar los objetos que contienen al borrar el objeto padre.

Supongamos de nuevo el ejemplo explicado en el capítulo catorce:

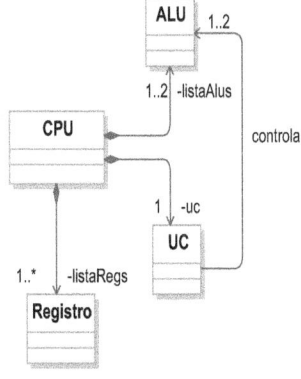

Figura 15.9. Composición

Listado 15.7. Implementación de la composición :: fichero *cpu.h*

```cpp
#ifndef cpu_h
#define cpu_h

#include <vector>
#include <string>
#include <iostream>

using namespace std;

// Clase ALU
class ALU
{
public:
   string unidad;
public:
   ~ALU();
};

// Clase Unidad de Control
class UC
{
private:
   ALU* alus[2];
public:
   ~UC();
   void set_ALUS(ALU* alu1, ALU* alu2);
   void imprime_tipo_ALU();
};

// Clase Registro
class Registro
{
public:
   string tipo;
public:
   ~Registro();
};

// Clase CPU
class CPU
{
   // Crea composiciones
private:
   UC* uc;
   ALU* alus[2];
   vector<Registro*> lista_regs;
```

```cpp
public:
   CPU();
   ~CPU();
private:
   void destruye_componentes();
};

#endif
```

Listado 15.8. Implementación de la composición :: fichero *cpu.cpp*

```cpp
#include "cpu.h"

using namespace std;

// Destructor ALU
ALU::~ALU()
{
   cout << "Destruyendo ALU: " << unidad << endl;
}

void UC::set_ALUS(ALU* alu1, ALU* alu2)
{
   alus[0] = alu1;
   alus[1] = alu2;
}

void UC::imprime_tipo_ALU()
{
   cout << alus[0]->unidad << endl;
   cout << alus[1]->unidad << endl;
}

// Destructor Unidad de Control
UC::~UC()
{
   cout << "Destruyendo UC" << endl;
}

// Destructor de registros
Registro::~Registro()
{
   cout << "Destruyendo registro: " << tipo << endl;
}
```

```cpp
CPU::CPU()
{
   uc = new UC();

   Registro* reg = new Registro();
   reg->tipo = "PG 1";
   lista_regs.push_back(reg);

   reg = new Registro();
   reg->tipo = "PG 2";
   lista_regs.push_back(reg);

   alus[0] = new ALU();
   alus[0]->unidad = "Suma";

   alus[1] = new ALU();
   alus[1]->unidad = "Resta";

   // Pasa referencias
   uc->set_ALUS(alus[0], alus[1]);
   uc->imprime_tipo_ALU();

}

// Elimina composiciones
void CPU::destruye_componentes()
{
   delete uc;

   delete alus[0];
   delete alus[1];

   vector<Registro*>::iterator it;

   for (it=lista_regs.begin();it!=lista_regs.end();it++)
      delete *it;

}

// Destructor CPU
CPU::~CPU()
{
   destruye_componentes();
}

int main()
{
```

```
    CPU* cpu = new CPU();

    delete cpu;

    return 0;
}
```

15.1.7 Clases abstractas e interfaces

Como en Java, las clases abstractas nos permitirán definir un comportamiento heterogéneo para cada clase derivada. En C++, una clase que contiene al menos una función virtual pura se considera una clase abstracta. Cuando se requiera implementar una *interface* de UML en C++ se definirán todos los métodos como funciones virtuales puras, es decir, del siguiente modo:

```
class Interface
{
public:
    virtual void metodo1(parámetros) = 0;
    virtual void metodo2(parámetros) = 0;
                   .                 = 0;
                   .                 = 0;
                   .                 = 0;
};
```

Supongamos de nuevo el ejemplo visto en el apartado 14.1.6 sobre la jerarquía de un modelo de clases para la construcción de figuras:

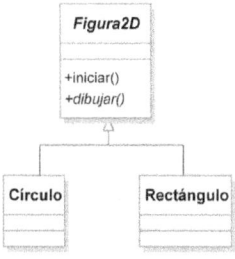

Figura 15.10. Ejemplo de clase abstracta con herencia

La implementación del diagrama de clases de la figura 15.10 supondrá la definición de la clase *Figura2D* con un método virtual puro, lo que la convertirá automáticamente en una clase abstracta. Las clases *Circulo* y *Rectangulo* deberán derivar de la clase base para implementar el comportamiento correcto.

Listado 15.9. Implementación de la figura 15.10 :: fichero *figura2d.h*

```cpp
#ifndef figura2d_h
#define figura2d_h

#include <string>
#include <iostream>

// Clase abstracta
class Figura2D
{
public:
   virtual void iniciar();
   // Método abstracto
   virtual void dibujar() = 0;

};

// Primera clase heredada
class Circulo : public Figura2D
{
public:
   virtual void dibujar();

};

// Segunda clase heredada
class Rectangulo : public Figura2D
{
public:
   virtual void dibujar();
};

#endif
```

Listado 15.10. Implementación de la figura 15.10 :: fichero *figura2d.cpp*

```cpp
#include "figura2d.h"

using namespace std;
```

```cpp
void Figura2D::iniciar()
{
   (...)
}

void Circulo::dibujar()
{
   cout << "Dibujando círculo" << endl;
}

void Rectangulo::dibujar()
{
   cout << "Dibujando rectángulo" << endl;
}

int main()
{
   Figura2D* figura2d = new Rectangulo();
   figura2d->dibujar();

   cin.get();

   delete figura2d;

   return 0;
}
```

15.1.8 Clases asociación

En C++ también es posible la implementación de clases de asociación, en las que existe una clase intermedia que mantiene la correspondencia en una asociación muchos-a-muchos.

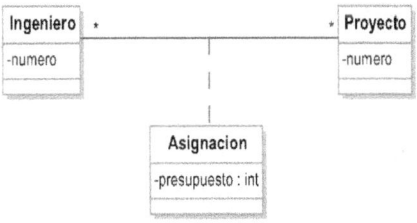

Figura 15.11. Clase asociación

Listado 15.11. Implementación de la clase asociación :: fichero *asignacion.h*

```cpp
#ifndef asignacion_h
#define asignacion_h

#include <string>
#include <map>
#include <iostream>
#include <sstream>

using namespace std;

// Prototipos
class Asignacion;
class Proyecto;

// Clase ingeniero
class Ingeniero
{
private:
   int numero;
   map<string, Asignacion*> asignaciones;

public:
   Ingeniero(int numero);
   bool set_asignacion(Asignacion* asignacion);
   string to_string();
   string get_ID();
   void imprime_proyectos();
};

// Clase asociación
class Asignacion
{
private:
   Ingeniero* ingeniero;
   Proyecto* proyecto;
   int presupuesto;
   string id;

public:
   void add_relacion(Ingeniero* ingeniero, Proyecto* proyecto, int presupuesto);
   string get_ID();
   Proyecto* get_proyecto();
   Ingeniero* get_ingeniero();
};
```

```cpp
// Clase proyecto
class Proyecto
{
private:
   int numero;
   map<string, Asignacion*> asignaciones;

public:
   Proyecto(int numero);
   void set_asignacion(Asignacion* asignacion);
   string to_string();
   string get_ID();
   void imprime_ingenieros();
};

#endif
```

Listado 15.12. Implementación de la clase asociación :: fichero *asignacion.cpp*

```cpp
#include "asignacion.h"

using namespace std;

Ingeniero::Ingeniero(int numero)
{
   this->numero = numero;
}

bool Ingeniero::set_asignacion(Asignacion* asignacion)
{
   // Evita repetidos
   if (asignaciones[asignacion->get_ID()] == NULL)
   {
    asignaciones[asignacion->get_ID()] = asignacion;
    return true;
   }
   return false;
}
string Ingeniero::to_string()
{
   stringstream ss;
   ss << numero;
   return "Ingeniero " + ss.str();
}
```

```cpp
string Ingeniero::get_ID()
{
   stringstream ss;
   ss << numero;
   return "ING" + ss.str();
}

void Ingeniero::imprime_proyectos()
{
   cout << to_string() << " con los proyectos " << endl;

   map<string, Asignacion*>::iterator it =
   asignaciones.begin();
   for (it = asignaciones.begin(); it !=
   asignaciones.end(); it++)
   {
   cout << (*it).second->get_proyecto()->to_string() <<
   endl;
   }
}

void Asignacion::add_relacion(Ingeniero* ingeniero,
Proyecto* proyecto, int presupuesto)
{
   // Genera clave
   id = ingeniero->get_ID() + proyecto->get_ID();
   this->ingeniero = ingeniero;
   this->proyecto = proyecto;
   this->presupuesto = presupuesto;
   if (ingeniero->set_asignacion(this))
   {
      proyecto->set_asignacion(this);
   }
}

string Asignacion::get_ID()
{
   return id;
}

Proyecto* Asignacion::get_proyecto()
{
   return proyecto;
}
```

```cpp
Ingeniero* Asignacion::get_ingeniero()
{
   return ingeniero;
}

Proyecto::Proyecto(int numero)
{
   this->numero = numero;
}

void Proyecto::set_asignacion(Asignacion* asignacion)
{
   asignaciones[asignacion->get_ID()] = asignacion;
}

string Proyecto::to_string()
{
   stringstream ss;
   ss << numero;
   return "Proyecto " + ss.str();
}

string Proyecto::get_ID()
{
   stringstream ss;
   ss << numero;
   return "PRY" + ss.str();
}

void Proyecto::imprime_ingenieros()
{
   cout << to_string() << " con los ingenieros " << endl;

   map<string, Asignacion*>::iterator it =
    asignaciones.begin();
   for (it = asignaciones.begin(); it !=
   asignaciones.end(); it++)
   {
   cout << (*it).second->get_ingeniero()->to_string() <<
   endl;
   }
}

int main()
{
```

```cpp
      Ingeniero* ingenieros[3];
      for (int i = 0; i < 3 ; i++)
      {
         ingenieros[i] = new Ingeniero(i);
      }

      Proyecto* proyectos[3];
      for (int i = 0; i < 3 ; i++)
      {
         proyectos[i] = new Proyecto(i);
      }

      Asignacion* asignaciones[3];
      for (int i = 0; i < 3 ; i++)
      {
         asignaciones[i] = new Asignacion();
      }

      asignaciones[0]->add_relacion(ingenieros[0],
       proyectos[0],1000);
      asignaciones[1]->add_relacion(ingenieros[0],
       proyectos[1],2000);
      asignaciones[2]->add_relacion(ingenieros[0],
       proyectos[2],3000);

      ingenieros[0]->imprime_proyectos();
      proyectos[1]->imprime_ingenieros();

      for (int i = 0; i < 3 ; i++)
      {
         delete ingenieros[i];
      }

      for (int i = 0; i < 3 ; i++)
      {
         delete proyectos[i];
      }

      for (int i = 0; i < 3 ; i++)
      {
         delete asignaciones[i];
      }

      cin.get();
      return 0;
}
```

Imprimirá:

```
Ingeniero 0 con los proyectos
Proyecto 0
Proyecto 1
Proyecto 2

Proyecto 1 con los ingenieros
Ingeniero 0
```

15.1.9 Asociación calificada

C++ nos permite también implementar la asociación calificada. Esta nos facilita la búsqueda de un ítem utilizando un parámetro proporcionado a la clase.

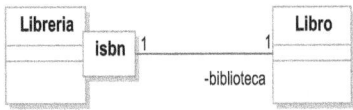

Figura 15.12. Asociación calificada

Listado 15.13. Asociación calificada (implementación):: fichero *libreria.h*

```cpp
#ifndef libreria_h
#define libreria_h

#include <string>
#include <map>
#include <iostream>
#include <stdexcept>

using namespace std;

class Libro
{
private:
   string autor;

public:
   void set_datos(const string& autor);
   string get_autor();
};
```

```cpp
class Libreria
{
private:
   map<int, Libro*> biblioteca;
public:
   ~Libreria();
   void add_libro(int isbn, const string& autor);
   string get_libro(int isbn);
private:
   void borra_libros();
};

#endif
```

Listado 15.14. Asociación calificada (implementación):: fichero *libreria.cpp*

```cpp
#include "libreria.h"

using namespace std;

void Libro::set_datos(const string& autor)
{
   this->autor = autor;
}

string Libro::get_autor()
{
   return autor;
}

void Libreria::add_libro(int isbn, const string& autor)
{
   Libro* libro = new Libro();
   libro->set_datos(autor);
   biblioteca[isbn] = libro;
}

string Libreria::get_libro(int isbn)
{
   Libro* libro = biblioteca[isbn];
   return libro->get_autor();
}

void Libreria::borra_libros()
{
   map<int, Libro*>::iterator it;

   for (it = biblioteca.begin(); it != biblioteca.end();
```

```
        it++)
      delete (*it).second;
}


Libreria::~Libreria()
{
   borra_libros();
}


int main()
{
   Libreria lib;
   lib.add_libro(12345678, "Miguel de Cervantes");
   lib.add_libro(4567890, "Friedrich Hölderlin");
   cout << lib.get_libro(4567890) << endl;
   cin.get();
   return 0;
}
```

15.2 DIAGRAMAS DE SECUENCIAS

Los diagramas de secuencias nos permiten modelar el comportamiento e interacciones entre objetos de un subsistema para llevar a cabo una funcionalidad especificada en los casos de uso.

15.2.1 Interacción básica

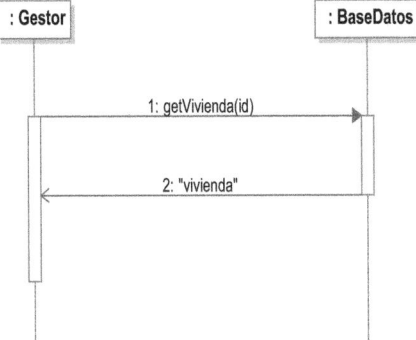

Figura 15.13. Diagrama de secuencias

El correspondiente código C++ asociado al diagrama puede tener dos variantes, según se disponga de un puntero a objeto o del objeto en sí:

```
Vivienda* viv = bd.get_vivienda(7); // Desde el objeto
```

o

```
Vivienda* viv = bd->get_vivienda(7); // Desde el puntero
```

Estas llamadas se ubicarían dentro de algún método de la clase *Gestor*.

15.2.2 Creación, destrucción, automensajes y recursividad

Mostraremos ahora una secuencia de interacción en C++ donde se aprecia la creación, los mensajes reflexivos, la recursividad y la correspondiente destrucción del objeto.

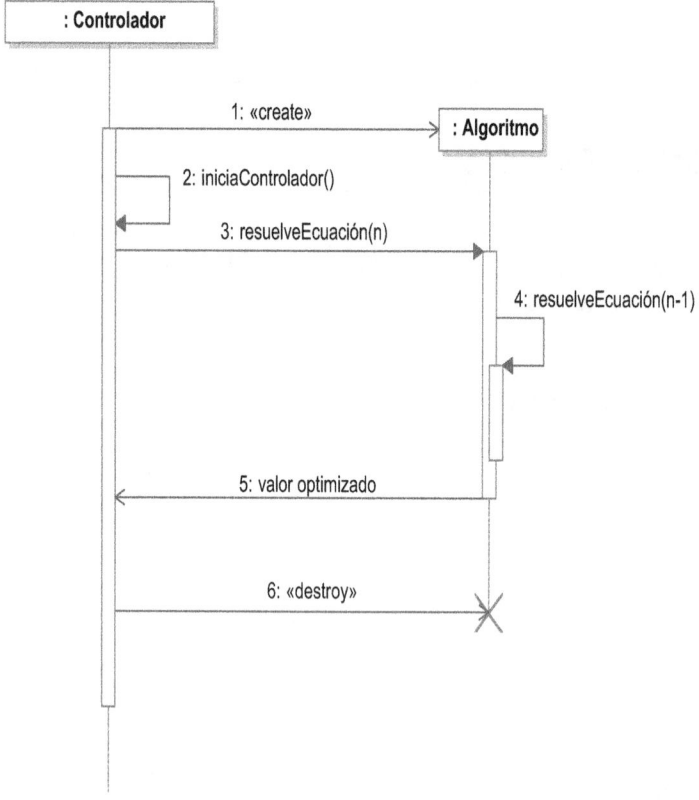

Figura 15.14. Diagrama de secuencias de un controlador que solicita una optimización

Listado 15.15. Implementación de la figura 15.14 :: fichero *recursividad.h*

```cpp
#ifndef recursividad_h
#define recursividad_h

#include <vector>
#include <string>
#include <iostream>

using namespace std;

class Algoritmo
{
public:
   int resuelve_ecuacion(const int n);
};

class Controlador
{
private:
   Algoritmo* algoritmo;
public:
   Controlador();
private:
   void inicia_controlador();
};

#endif
```

Listado 15.16. Implementación de la figura 15.14 :: fichero *recursividad.cpp*

```cpp
#include "recursividad.h"

using namespace std;

int Algoritmo::resuelve_ecuacion(const int n)
{
   if (n <= 1)
   {
     return 1;
   } else
   {
     return n * resuelve_ecuacion(n - 1);
   }
}
```

```
void Controlador::inicia_controlador()
{
   Algoritmo* algoritmo = new Algoritmo();
   cout << algoritmo->resuelve_ecuacion(8);
   delete algoritmo;
}

Controlador::Controlador()
{
   inicia_controlador();
}
```

Puesto que estamos en C++ y hemos usado punteros, la invocación de destrucción del objeto *Algoritmo* debe ser explícita mediante *delete*.

15.2.3 Saltos condicionales

La implementación de los saltos condicionales se modela en UML mediante los fragmentos *alt*. Para ilustrar la ingeniería directa de un caso de sentencia condicional en UML aplicaremos el ejemplo visto en el apartado 14.2.3.

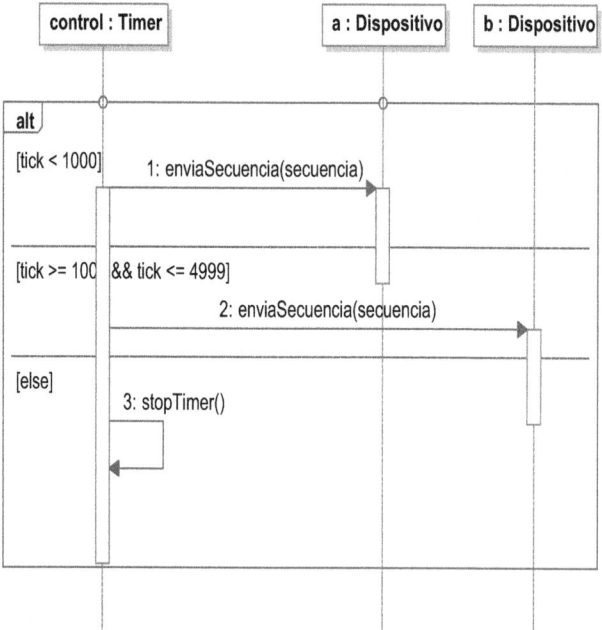

Figura 15.15. Diagrama de secuencias con fragmento condicional

Listado 15.17. Implementación de la figura 15.15 :: fichero *condicional.h*

```cpp
#ifndef condicional_h
#define condicional_h

#include <vector>
#include <string>
#include <iostream>


// Clase dispositivo
class Dispositivo
{
public:
   void envia_secuencia(int secuencia);
};


// Clase timer
class Timer
{
private:
   int tick;
   int secuencia;
   Dispositivo* a;
   Dispositivo* b;

public:
   Timer();
   ~Timer(); // Destrutor
   // Evento del timer
private:
   void on_timer();
};

#endif
```

Listado 15.18. Implementación de la figura 15.15 :: fichero *condicional.cpp*

```cpp
#include "condicional.h"

using namespace std;

void Dispositivo::envia_secuencia(int secuencia)
{
   (...)
}

Timer::Timer()
{
   tick = 0;
   secuencia = 0;
   a = new Dispositivo();
   b = new Dispositivo();
   start_timer();
}

Timer::~Timer()
{
   delete a;
   delete b;
}


void Timer::on_timer()
{
   tick++;
   if (tick < 1000)
   {
      a->envia_secuencia(secuencia);
   }
   else if (tick >= 1000 && tick <= 4999)
   {
      b->envia_secuencia(secuencia);
   }
   else stop_timer();

}
```

15.2.4 Iteraciones

C++ es un lenguaje ideal para iterar, ya que el código queda muy optimizado por el compilador. Al igual que en las sentencias condicionales tratadas en el apartado anterior, los bucles se modelan también mediante un fragmento del tipo *loop*.

Veamos a continuación un ejemplo de un fragmento *loop* con la implementación de la sentencia *forEach*, tal como se vio en el apartado 14.2.4:

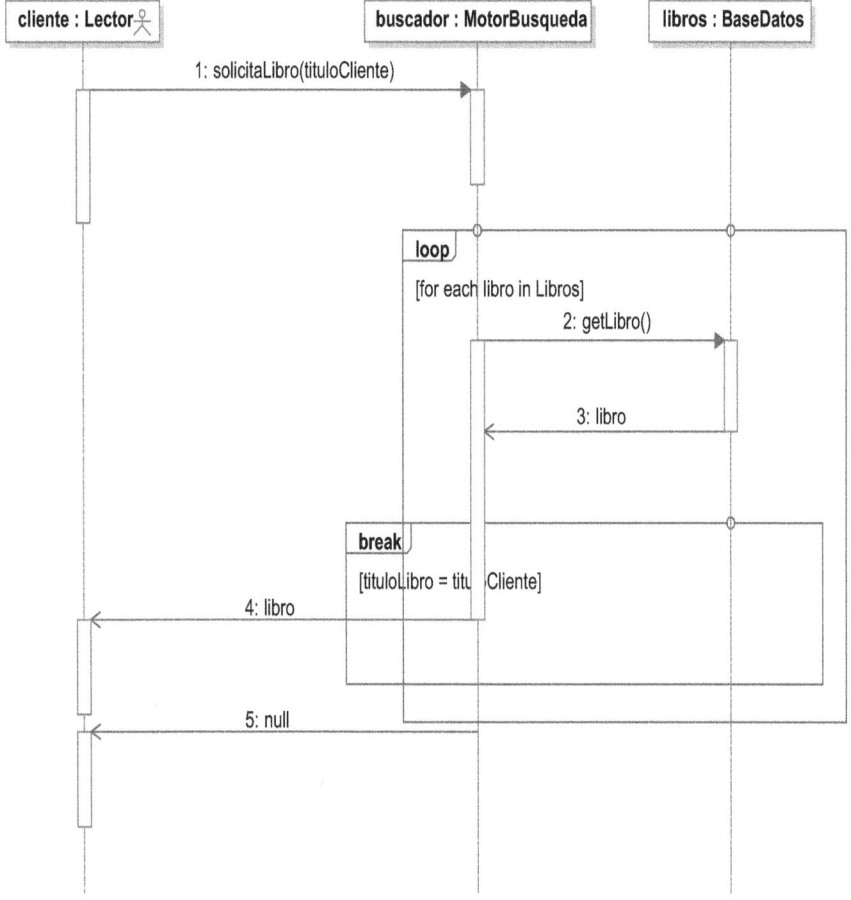

Figura 15.16. Diagrama de secuencias con fragmento iterativo

Listado 15.19. Implementación de iteración de la figura 15.16 :: *busqueda.cpp*

```cpp
Libro* Motor_busqueda::solicita_libro(const string&
   tituloCliente)
{
   vector<Libro*>::iterator it;

   for (it = registro_libros.begin(); it !=
   registro_libros.end(); it++)
   {
      cout << "Libro: " << (*it)->get_titulo() <<
      endl;
      if ((*it)->get_titulo() == tituloCliente)
      {
         return *it; //break
      }
   }
   return NULL;
}


int main()
{

   Motor_busqueda motor;

   if (motor.solicita_libro("Hiperión") != NULL)
   {
      cout << "Libro encontrado" << endl;
   }
   else
   {
      cout << "No encontrado" << endl;
   }

   cin.get();

   return 0;

}
```

En cuanto se ejecuta la guarda del fragmento *break* se procede a devolver el ítem solicitado al objeto actor.

15.3 DIAGRAMAS DE ESTADO

La implementación de un diagrama de estados en C++ es muy similar a la vista anteriormente en Java. Para ello recurriremos al patrón *State* visto en el capítulo nueve sobre patrones de diseño. Su implementación requiere una versión ligeramente modificada de la que se explica en el código fuente de [Gamma95], utilizando clases abstractas y punteros miembro estáticos para mantener las referencias de las instancias de clases.

A modo de ejemplo explicaremos el código asociado al diagrama 15.17 que consta de seis estados: *inicio, comprobando, leyendo, almacenando, detenido* y *final*. Estos seis estados están relacionados con eventos ocurridos en el manejador de un dispositivo (*driver*) que procede a atender la petición de interrupción del hardware. El listado 15.20 recoge el código fuente con la implementación del autómata.

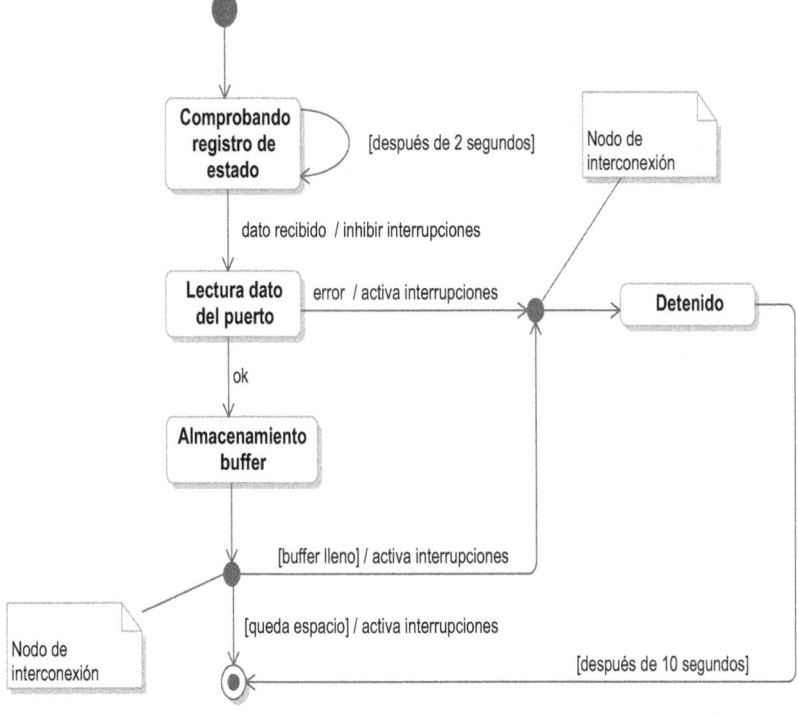

Figura 15.17. Diagrama de estado del procesamiento de un dato por un manejador de dispositivo

Listado 15.20. Implementación del diagrama de estados de la figura 15.17

```cpp
#ifndef estados_h
#define estados_h

#include <vector>
#include <string>
#include <iostream>

using namespace std;

class Driver;

class Estado
{
protected:
   string nombre_estado;
public:
   Estado();
   // Posibles eventos
   virtual void iniciar(Driver* driver);
   virtual void pasan_dos_segundos(Driver* driver);
   virtual void dato_recibido(Driver* driver);
   virtual void error_lectura(Driver* driver);
   virtual void lectura_OK(Driver* driver);
   virtual void buffer_lleno(Driver* driver);
   virtual void queda_espacio_buffer(Driver* driver);
   virtual void pasan_diez_segundos(Driver* driver);
   virtual void imprime_estado(Driver* driver);
   // Comprueba si en estado correcto
   virtual void check_error(const string &supuesto);
protected:
   void cambia_estado(Driver* driver, Estado* estado);
};

// Eventos concretos
class Est_inicio : public Estado
{
private:
   static Estado* instancia;
public:
   Est_inicio();
   static Estado* get_instancia();
   virtual void iniciar(Driver* driver);
};
```

```cpp
class Est_comprobando : public Estado
{
private:
   static Estado* instancia;
public:
   Est_comprobando();
   static Estado* get_instancia();
   virtual void pasan_dos_segundos(Driver* driver);
   virtual void dato_recibido(Driver* driver);
};

class Est_leyendo : public Estado
{
private:
   static Estado* instancia;
public:
   Est_leyendo();
   static Estado* get_instancia();
   virtual void error_lectura(Driver* driver);
   virtual void lectura_OK(Driver* driver);
};

class Est_almacenando : public Estado
{
private:
   static Estado* instancia;
public:
   Est_almacenando();
   static Estado* get_instancia();
   virtual void buffer_lleno(Driver* driver);
   virtual void queda_espacio_buffer(Driver* driver);
};

class Est_detenido : public Estado
{
private:
   static Estado* instancia;
public:
   Est_detenido();
   static Estado* get_instancia();
   virtual void pasan_diez_segundos(Driver* driver);
};

class Est_final : public Estado
{
private:
   static Estado* instancia;
public:
   Est_final();
```

```cpp
        static Estado* get_instancia();
};

// Clase de gestión del driver
class Driver
{
// Declaración de estados
private:
    Estado*estado_actual;
public:
    Driver();
    // Eventos que ocurren en el driver
    virtual void iniciar();
    virtual void pasan_dos_segundos();
    virtual void dato_recibido();
    virtual void error_lectura();
    virtual void lectura_OK();
    virtual void buffer_lleno();
    virtual void queda_espacio_buffer();
    virtual void pasan_diez_segundos();
    virtual void imprime_estado();
    void cambia_estado(Estado* estado);
};

#endif
```

Listado 15.21. Implementación del diagrama de estados de la figura 15.17

```cpp
#include "estados.h"

using namespace std;

Estado::Estado()
{
}

void Estado::iniciar(Driver* driver)
{
    check_error("EstInicio");
}

void Estado::pasan_dos_segundos(Driver* driver)
{
    check_error("EstComprobando");
}
void Estado::dato_recibido(Driver* driver)
```

```cpp
{
   check_error("EstComprobando");
}

void Estado::error_lectura(Driver* driver)
{
   check_error("EstLeyendo");
}

void Estado::lectura_OK(Driver* driver)
{
   check_error("EstLeyendo");
}

void Estado::buffer_lleno(Driver* driver)
{
   check_error("EstAlmacenando");
}

void Estado::queda_espacio_buffer(Driver* driver)
{
   check_error("EstAlmacenando");
}

void Estado::pasan_diez_segundos(Driver* driver)
{
   check_error("EstDetenido");
}

void Estado::imprime_estado(Driver* driver)
{
   cout << nombre_estado << endl;
}

void Estado::check_error(const string& supuesto)
{
   if (nombre_estado != supuesto)
   {
      cout << "Error estado incorrecto" << endl;
   }
}

void Estado::cambia_estado(Driver* driver, Estado* estado)
{
   driver->cambia_estado(estado);
}
```

```cpp
Est_inicio::Est_inicio()
{
   nombre_estado = "EstInicio";
}

Estado* Est_inicio::instancia = NULL;

void Est_inicio::iniciar(Driver* driver)
{
   cout << "iniciar()" << endl;
   cambia_estado(driver, Est_comprobando::get_instancia());
}

Estado* Est_inicio::get_instancia()
{
   if (instancia == NULL)
   {
      return (instancia = new Est_inicio());
   } else return instancia;
}

Estado* Est_comprobando::instancia = NULL;

Est_comprobando::Est_comprobando()
{
   nombre_estado = "EstComprobando";
}

void Est_comprobando::pasan_dos_segundos(Driver* driver)
{
   cout << "pasan_dos_segundos()" << endl;
}

void Est_comprobando::dato_recibido(Driver* driver)
{
   cout << "dato_recibido()" << endl;
   cambia_estado(driver, Est_leyendo::get_instancia());
}

Estado* Est_comprobando::get_instancia()
{
   if (instancia == NULL)
   {
      return (instancia = new Est_comprobando());
   } else return instancia;
}
```

```cpp
Estado* Est_leyendo::instancia = NULL;

Est_leyendo::Est_leyendo()
{
   nombre_estado = "EstLeyendo";
}

void Est_leyendo::error_lectura(Driver* driver)
{
   cout << "error_lectura()" << endl;
   cambia_estado(driver, Est_detenido::get_instancia());
}

void Est_leyendo::lectura_OK(Driver* driver)
{
   cout << "lectura_OK()" << endl;
   cambia_estado(driver, Est_almacenando::get_instancia());
}

Estado* Est_leyendo::get_instancia()
{
   if (instancia == NULL)
   {
      return (instancia = new Est_leyendo());
   } else return instancia;
}

Estado* Est_almacenando::instancia = NULL;

Est_almacenando::Est_almacenando()
{
   nombre_estado = "EstAlmacenando";
}

void Est_almacenando::buffer_lleno(Driver* driver)
{
   cout << "buffer_lleno()" << endl;
   cambia_estado(driver, Est_detenido::get_instancia());

}

void Est_almacenando::queda_espacio_buffer(Driver* driver)
{
   cout << "queda_espacio_buffer()" << endl;
   cambia_estado(driver, Est_final::get_instancia());
}
```

```cpp
Estado* Est_almacenando::get_instancia()
{
   if (instancia == NULL)
   {
      return (instancia = new Est_almacenando());
   } else return instancia;
}

Estado* Est_detenido::instancia = NULL;

Est_detenido::Est_detenido()
{
   nombre_estado = "EstDetenido";
}

void Est_detenido::pasan_diez_segundos(Driver* driver)
{
   cout << "pasan_diez_segundos()" << endl;
   cambia_estado(driver, Est_final::get_instancia());
}

Estado* Est_detenido::get_instancia()
{
   if (instancia == NULL)
   {
      return (instancia = new Est_detenido());
   } else return instancia;
}

Estado* Est_final::instancia = NULL;

Est_final::Est_final()
{
   nombre_estado = "EstFinal";
}

Estado* Est_final::get_instancia()
{
   if (instancia == NULL)
   {
      return (instancia = new Est_final());
   } else return instancia;
}

Driver::Driver()
{
```

```cpp
   // Estado inicial
   estado_actual = Est_inicio::get_instancia();
}

void Driver::iniciar()
{
   estado_actual->iniciar(this);
}

void Driver::pasan_dos_segundos()
{
   estado_actual->pasan_dos_segundos(this);
}

void Driver::dato_recibido()
{
   estado_actual->dato_recibido(this);
   inhibe_interrupciones();
}

void Driver::error_lectura()
{
   estado_actual->error_lectura(this);
   activa_interrupciones();
}

void Driver::lectura_OK()
{
   estado_actual->lectura_OK(this);
}

void Driver::buffer_lleno()
{
   estado_actual->buffer_lleno(this);
   activa_interrupciones();
}
void Driver::queda_espacio_buffer()
{
   estado_actual->queda_espacio_buffer(this);
   activa_interrupciones();
}

void Driver::pasan_diez_segundos()
{
   estado_actual->pasan_diez_segundos(this);
}
```

```cpp
void Driver::imprime_estado()
{
   estado_actual->imprime_estado(this);
}

void Driver::cambia_estado(Estado* estado)
{
   estado_actual = estado;
}

int main()
{
   Driver* driver = new Driver()
   // Comienza transiciones
   driver->imprime_estado();
   driver->iniciar();
   driver->imprime_estado();

   driver->imprime_estado();
   driver->pasan_dos_segundos();
   driver->imprime_estado();

   driver->imprime_estado();
   driver->pasan_dos_segundos();
   driver->imprime_estado();

   driver->imprime_estado();
   driver->dato_recibido();
   driver->imprime_estado();

   driver->imprime_estado();
   driver->error_lectura();
   driver->imprime_estado();

   driver->imprime_estado();
   driver->pasan_diez_segundos();
   driver->imprime_estado();

   delete Est_inicio::get_instancia();
   delete Est_comprobando::get_instancia();
   delete Est_leyendo::get_instancia();
   delete Est_almacenando::get_instancia();
   delete Est_detenido::get_instancia();
   delete Est_final::get_instancia();
   delete driver;

}
```

15.4 CASO DE ESTUDIO: AJEDREZ

Terminaremos el capítulo explicando la implementación de los diagramas de secuencias de los apartados 7.6.1 y 7.6.2 donde se recogen diversos casos de uso asociados a una partida. Para la implementación de las interacciones es necesario definir primeramente las clases que se modelaron en la figura 6.21 con sus atributos y métodos. Este modelo estático nos servirá de base para dar forma al código asociado al modelo dinámico que representan los diagramas de secuencias.

Los diagramas de paquetes vistos en la figura 5.22 nos permitirán organizar el agrupamiento de los ficheros que implementan las clases en unidades lógicas. Así mismo el diagrama de componentes que refleja la figura 5.11 nos orientará con mayor facilidad al establecimiento de las interfaces.

Finalmente, cabe decir que el código aquí expuesto es un simple prototipo de prueba que no implementa íntegramente toda la lógica de negocio que requiere una aplicación de esta envergadura. La idea de partida es, por tanto, aproximar los conceptos de UML a una aplicación real y sin ánimo de entrar en demasiados detalles irrelevantes para el ámbito de este libro.

A continuación se exponen los ficheros de código fuente ordenados por sus correspondientes paquetes:

Listado 15.22. Paquete comunicaciones – fichero de cabecera

```cpp
#ifndef comunicaciones_h
#define comunicaciones_h

#include <iostream>
#include <string>
#include <vector>

using namespace std;

namespace comunicaciones
{
  // Interfaz I_observer
  class I_observer
  {
  public:
    virtual void notifica_mensaje(const string&
    mensaje) = 0;
  };
```

```cpp
// Interfaz I_comunicacion
class I_comunicacion
{
public:
   virtual void enviar_mensaje(const string&
   mensaje) = 0;
   virtual void recibe_mensaje(const string&
   mensaje) = 0;
};

class Notificador
{
private:
   vector<I_observer*> lista_observers;
public:
   void adjunta(I_observer* observer);
   void notifica(const string& mensaje);
};

// Implementa interfaz I_comunicacion
class Fachada_comunicaciones : public I_comunicacion
{
private:
   Notificador notificador;
public:
   void enviar_mensaje(const string& mensaje);
   void recibe_mensaje(const string& mensaje);
   Notificador& get_notificador();
};

}

#endif
```

Listado 15.23. Paquete comunicaciones – código fuente

```cpp
#include "comunicaciones.h"

using namespace comunicaciones;

void Fachada_comunicaciones::enviar_mensaje(const
string& mensaje)
{
```

```cpp
      cout << "Enviando mensaje: " << mensaje << endl;
   }

   void Fachada_comunicaciones::recibe_mensaje(const
   string& mensaje)
   {
      cout << "Frontera_comunicaciones::recibe_mensaje(): "
      << mensaje << endl;
      notificador.notifica(mensaje);
   }

   Notificador& Fachada_comunicaciones::get_notificador()
   {
      return notificador;
   }

   void Notificador::adjunta(I_observer* observer)
   {
      lista_observers.push_back(observer);
   }

   void Notificador::notifica(const string& mensaje)
   {
      vector<I_observer*>::iterator it;

      for(it = lista_observers.begin(); it !=
      lista_observers.end(); it++)
         (*it)->notifica_mensaje(mensaje);

   }
```

En este paquete se implementa el patrón *Observer*, relacionado con las clases que gestionan el envío y notificación a los oyentes de la recepción de mensajes por el *socket*. Dichas clases son piezas clave de la arquitectura cliente/servidor de la aplicación de ajedrez, pues las facilidades de juego en red multijugador así como el registro en el servidor son proporcionadas por ellas. La definición de la interfaz *I_observer* es exportada por el paquete para su implementación en las clases que requieren de notificaciones de recepción de mensajes. Igualmente, la interfaz *I_comunicacion* se implementará en las clases que necesiten de envío de mensajes y gestión de las comunicaciones.

Aunque aquí no se ha implementado, este paquete en concreto está estrechamente relacionado con su homólogo en la parte del servidor. Su función es conectarse a él y gestionar la transmisión de mensajes.

Listado 15.24. Paquete GUI – fichero de cabecera

```cpp
#ifndef gui_h
#define gui_h

#include <iostream>
#include "../comunicaciones/comunicaciones.h"
#include "../ajedrez/ajedrez.h"

using namespace comunicaciones;
using namespace ajedrez;

namespace GUI
{
  // Interfaz I_gui
  class I_gui
  {
  public:
    virtual void on_destino(int x_dest, int y_dest) = 0;
    virtual void on_origen(int x_orig, int y_orig) = 0;
    virtual void on_consejo() = 0;
  };

  // Implementa interfaz I_observer
  class Gui : public comunicaciones::I_observer
  {
  private:
    Tablero& tablero_agr;
  public:
    Gui(Tablero& tablero);
    void notifica_mensaje(const string& mensaje);
    void dibuja_tablero();
    void dibuja_marcador();
    void dibuja_interfaz();
    void alerta();
  };
}

#endif
```

Listado 15.25. Paquete GUI – código fuente

```cpp
#include "gui.h"

using namespace std;
using namespace GUI;

Gui::Gui(Tablero& tablero):tablero_agr(tablero)
{
}

void Gui::notifica_mensaje(const string& mensaje)
{
   cout << "Gui::notifica_mensaje(): " << mensaje <<
    endl;
}

void Gui::dibuja_interfaz()
{
   cout << "Gui::dibua_interfaz()" << endl;
}

void Gui::dibuja_tablero()
{
   cout << "Gui::dibuja_tablero()" << endl;
   tablero_agr.dibuja_tablero();
}

void Gui::dibuja_marcador()
{
   cout << "Gui::dibuja_marcador()" << endl;
}

void Gui::alerta()
{
   cout << "Gui::alerta()" << endl;
}
```

El paquete *GUI* se encarga de definir la interfaz *I_gui* que será implementada en el motor de juego para recibir los mensajes de pulsación del ratón y del teclado. También se define la clase *Gui* que es la encargada de gestionar las funciones de los gráficos del juego y la interfaz de usuario.

Listado 15.26. Paquete Gestion_juego – fichero de cabecera

```cpp
#ifndef gestion_juego_h
#define gestion_juego_h

#include <iostream>
#include "../comunicaciones/comunicaciones.h"
#include "../gui/gui.h"
#include "../ajedrez/ajedrez.h"

using namespace ajedrez;
using namespace GUI;
using namespace comunicaciones;
using namespace std;

namespace gestion_juego
{
  class Time
  {
  };

  // Implementa interfaces I_gui e I_observer
  class Control_juego : public GUI::I_gui, public comunicaciones::I_observer
  {
  private:
    Time tiempo_limite;
    Time tiempo_a;
    Time tiempo_b;
    int turno;
    int fil_orig;
    int col_orig;
    int fil_dest;
    int col_dest;
    GUI::Gui& gui_ref;
    comunicaciones::I_comunicacion& com_ref;
    ajedrez::Jugador_humano& humano_ref;
    ajedrez::IA& ia_ref;
  public:
    Control_juego(GUI::Gui& gui, comunicaciones::I_comunicacion& com, ajedrez::Jugador_humano& humano, ajedrez::IA& ia);
    // Heredadas de I_gui
    void on_destino(int x_dest, int y_dest);
    void on_origen(int x_orig, int y_orig);
    void on_consejo();
    // Heredadas de I_observer
    void notifica_mensaje(const string& mensaje);
```

```cpp
    // Propias
    void aconsejar();
    void inicia_partida();
    void termina_partida();
    void buscar_contrincante();
    void turno_ia();
  private:
    void hacer_movimiento(int fil_orig, int
    col_orig, int fil_dest, int col_dest);
    bool detecta_amenaza(int fila, int columna);
    bool jugada_correcta(int fila, int columna,
    const string& pieza);
    bool mate(int fila, int columna);
    int convierte_xy(int cord) ;
  };
}

#endif
```

Listado 15.27. Paquete Gestion_juego – código fuente

```cpp
#include "gestion_juego.h"

using namespace gestion_juego;

Control_juego::Control_juego(GUI::Gui& gui,
comunicaciones::I_comunicacion& com, ajedrez::Jugador_
humano& humano, ajedrez::IA& ia):gui_ref(gui), com_
ref(com), humano_ref(humano), ia_ref(ia)
{
}

void Control_juego::on_origen(int x_orig, int y_orig)
{
   cout << "Control_juego::on_origen()" << endl;
   cout << "x_orig: " << x_orig << endl;
   cout << "y_orig: " << y_orig << endl;
   // Realiza conversión coordenadas de pantalla a filas
   y columnas
   fil_orig = convierte_xy(y_orig);
   col_orig = convierte_xy(x_orig);

}
```

```cpp
void Control_juego::on_destino(int x_dest, int y_dest)
{
  cout << "Control_juego::on_destino()" << endl;
  cout << "x_dest: " << x_dest << endl;
  cout << "y_dest: " << y_dest << endl;
  fil_dest = convierte_xy(y_dest);
  col_dest = convierte_xy(x_dest);
  hacer_movimiento(fil_orig, col_orig, fil_dest, col_dest);
}

void Control_juego::on_consejo()
{
  cout << "Control_juego::on_consejo()" << endl;
  aconsejar();
}

void Control_juego::notifica_mensaje(const string& mensaje)
{
  cout << "Control_juego::notifica_mensaje(): " << mensaje << endl;
}

void Control_juego::aconsejar()
{
  cout << "Control_juego::aconsejar()" << endl;
  cout << "Aconsejando" << endl;
  cout << "Debe mover la pieza: " <<
  ia_ref.aconsejar()->get_tipo() << endl;
}

void Control_juego::hacer_movimiento(int fil_orig, int col_orig, int fil_dest, int col_dest)
{
  cout << "Control_juego::hacer_movimiento()" << endl;
  cout << "haciendo movimiento desde " << fil_orig <<
   "," << col_orig << " a " << fil_dest << "," <<
  col_dest << endl;
  Pieza* pieza =
  humano_ref.get_contenido(fil_orig,col_orig);
  if (jugada_correcta(fil_dest, col_dest, pieza->get_tipo()))
  {
  humano_ref.mueve_pieza(fil_dest, col_dest, *pieza);
  gui_ref.dibuja_tablero();
  if (mate(fil_dest, col_dest))
     cout << "Se ha dado mate a pieza: " <<
     pieza->get_tipo();
```

```cpp
    else if (detecta_amenaza(fil_dest, col_dest))
      gui_ref.alerta();
  }

}

void Control_juego::inicia_partida()
{
  cout << "Control_juego::iniciando_partida()" << endl;
}

void Control_juego::termina_partida()
{
  cout << "Control_juego::termina_partida()" << endl;
}
void Control_juego::buscar_contrincante()
{
  cout << "Control_juego::buscando_contrincante()" <<
  endl;
}

void Control_juego::turno_ia()
{
  cout << "Control_juego::turno_ia()" << endl;

  Pieza* pieza =
   ia_ref.pensar_jugada(fil_dest,col_dest,"Torre2");
  cout << "IA ha decidio mover la pieza: " <<
  pieza->get_tipo() << endl;
  fil_dest = pieza->get_posicion().fila;
  col_dest = pieza->get_posicion().columna;

  if (jugada_correcta(fil_dest, col_dest,
  pieza->get_tipo()))
  {
  ia_ref.mueve_pieza(fil_dest, col_dest, *pieza);
  pieza = humano_ref.get_contenido(fil_dest, col_dest);
  if (detecta_amenaza(fil_dest, col_dest))
     cout << "La pieza de la IA está siendo
     amenazada" << endl;
     if (mate(fil_dest, col_dest))
     {
     cout << "Jaque al " << pieza->get_tipo()
     << endl;

        if (humano_ref.elimina_pieza(pieza))
          delete pieza;
```

```cpp
            termina_partida();
        }
    }
}

bool Control_juego::detecta_amenaza(int fila, int columna)
{
    cout << "Control_juego::detectando amenaza()" << endl;
    return (((fila == 7) && (columna == 4)) ? true : false);
}

bool Control_juego::jugada_correcta(int fila, int columna,
const string& pieza)
{
    cout << "Control_juego::jugada correcta()" << endl;
    return true;
}

bool Control_juego::mate(int fila, int columna)
{
    cout << "Control_juego::mate()" << endl;
    return (((fila == 7) && (columna == 4)) ? false : true);
}

int Control_juego::convierte_xy(int cord)
{
    cout << "Control_juego::convierte_xy()" << endl;
    return cord / 100;
}
```

Este paquete representa el núcleo principal del juego, donde se centraliza la gestión y la coordinación de las diversas acciones a llevar a cabo durante el progreso de las partidas. Controla, entre otras cosas, el cambio de turno, los tiempos de cada jugador, la verificación de jugadas, el inicio y la terminación de la partida, la coordinación de las jugadas de la IA así como el asesoramiento de jugadas maestras.

Después de la recepción de los mensajes de posición del ratón y su correspondiente conversión a filas y columnas, el código recoge la mayor parte de las interacciones llevadas a cabo en los apartados 7.6.1 (método *hacer_movimiento*) y 7.6.2 (método *turno_ia*). Como nota curiosa de su complejidad, este paquete implementa dos interfaces y mantiene cuatro referencias a diferentes clases del modelo.

Listado 15.28. Paquete Ajedrez – fichero de cabecera

```cpp
#ifndef ajedrez_h
#define ajedrez_h

#include "../comunicaciones/comunicaciones.h"

#include <vector>
#include <map>
#include <string>
#include <iostream>
#include <algorithm>

using namespace std;
using namespace comunicaciones;

namespace ajedrez
{
   class Jugada
   {
   public:
      int fila;
      int columna;
   };

   class Pieza
   {
   private:
      string estado;
      Jugada posicion;
      string tipo;
   public:
      Pieza(const string& nombre);
      void dibuja_pieza();
      void set_posicion(int fila, int columna);
      const Jugada& get_posicion();
      const string& get_tipo();
   };

   class Jugador
   {
   protected:
      int color;
      map<string, Pieza*> mapa_piezas;
      vector<Pieza*> piezas;
   public:
      ~Jugador();
```

```cpp
    void mueve_pieza(int fila, int columna, Pieza& p);
    Pieza* get_contenido(int fila, int columna);
    map<string, Pieza*>* get_mapa_piezas();
    bool elimina_pieza(Pieza* pieza);
private:
    void destruye_piezas();
};

class Jugador_humano : public Jugador
{
private:
    string nombre;
    string password;
    I_comunicacion& com_ref;
public:
    Jugador_humano(I_comunicacion& com);
    void registrarse(const string& nombre, const
    string& password);
    int get_ELO();
};

class Sistema_IA;

class IA : public Jugador
{
private:
    int nivel;
    Sistema_IA* algoritmo_agr;
public:
    IA(Jugador_humano& humano);
    Pieza* pensar_jugada(int fila, int columna,
    string p);
    Pieza* aconsejar();
    void set_algoritmo(Sistema_IA* sistema);
};

class Heuristica
{
private:
    float puntuacion;
public:
    virtual float get_puntuacion() = 0;
};

class Final : public Heuristica
{
public:
    float get_puntuacion();
};
```

```cpp
class Sistema_IA
{
protected:
  Jugador_humano& humano_ref;
  IA& ia_ref;
  Heuristica& heu_ref;
public:
  Sistema_IA(Jugador_humano& humano, IA& ia,
  Heuristica& heu);
  virtual Pieza* aconsejar() = 0;
  virtual Pieza* calcula_jugada(int fila, int
    columna, const string& p) = 0;
};

class Algoritmo_secuencial : public Sistema_IA
{
public:
  Pieza* aconsejar();
  Pieza* calcula_jugada(int fila, int columna,
    const string& p);
};

class Algoritmo_GPU : public Sistema_IA
{
public:
  Algoritmo_GPU(Jugador_humano& humano, IA& ia,
    Heuristica& heu);
  Pieza* aconsejar();
  Pieza* calcula_jugada(int fila, int columna,
  const string& p);
};

// Interfaz I_tablero
class I_tablero
{
public:
  virtual void dibuja_tablero() = 0;
};

// Implementa interfaces I_observer e I_tablero
class Tablero : public I_observer, public I_tablero
{
public:
  void notifica_mensaje(const string& mensaje);
  void dibuja_tablero();
};

}

#endif
```

Listado 15.29. Paquete Ajedrez – código fuente

```cpp
#include "ajedrez.h"

using namespace ajedrez;

Pieza::Pieza(const string& nombre):tipo(nombre)
{
}

void Pieza::dibuja_pieza()
{
   cout << "Pieza::dibuja_pieza()" << endl;
}

void Pieza::set_posicion(int fila, int columna)
{
   cout << "Pieza::set_posicion()" << endl;
   posicion.fila = fila;
   posicion.columna = columna;
}

const Jugada& Pieza::get_posicion()
{
   return posicion;
}

const string& Pieza::get_tipo()
{
   return tipo;
}

Jugador::~Jugador()
{
   destruye_piezas();
}

void Jugador::mueve_pieza(int fila, int columna, Pieza& p)
{
   cout << "Jugador::mueve_pieza()" << endl;
   p.set_posicion(fila, columna);
   p.dibuja_pieza();
}
```

```cpp
// Obtiene la pieza que ocupa la posición fila,columna
Pieza* Jugador::get_contenido(int fila, int columna)
{
   cout << "Jugador::get_contenido()" << endl;

   map<string, Pieza*>::iterator it;

   for(it = mapa_piezas.begin(); it !=
   mapa_piezas.end(); it++)
      if (((*it).second->get_posicion().fila ==
      fila)&& ((*it).second->get_posicion().columna
      == columna))
         return (*it).second;

   return NULL;
}

map<string, Pieza*>* Jugador::get_mapa_piezas()
{
   cout << "Jugador::get_mapa_piezas()" << endl;
   return NULL;
}

void Jugador::destruye_piezas()
{
   vector<Pieza*>::iterator it;

   for (it = piezas.begin(); it != piezas.end(); it++)
      delete *it;
}

bool Jugador::elimina_pieza(Pieza* pieza)
{
   cout << "Jugador::elimina_pieza()" << endl;

   vector<Pieza*>::iterator it = find(piezas.begin(),
    piezas.end(), pieza);

   if (it != piezas.end())
   {
      piezas.erase(it);
      return true;
   } else return false;
}
```

```cpp
Jugador_humano::Jugador_humano(I_comunicacion&
com):com_ref(com)
{
   Pieza* torre2 = new Pieza("Torre2");
   torre2->set_posicion(2,4);
   piezas.push_back(torre2);
   mapa_piezas["Torre2"] = torre2;

   Pieza* peon4 = new Pieza("Peon4");
   peon4->set_posicion(5,3);
   piezas.push_back(peon4);
   mapa_piezas["Peon4"] = peon4;

   Pieza* rey = new Pieza("Rey");
   rey->set_posicion(1,2);
   piezas.push_back(rey);
   mapa_piezas["Rey"] = rey;

}



void Jugador_humano::registrarse(const string& nombre,
const string& password)
{
   cout << "Jugador::registrarse()" << endl;
   this->nombre = nombre;
   this->password = password;
}

int Jugador_humano::get_ELO()
{
   cout << "Jugador::get_ELO()" << endl;
   return 10;
}

IA::IA(Jugador_humano& humano)
{
   Pieza* caballo1 = new Pieza("Caballo1");
   caballo1->set_posicion(3,1);
   piezas.push_back(caballo1);
   mapa_piezas["Caballo1"] = caballo1;
}
```

```cpp
void IA::set_algoritmo(Sistema_IA* sistema)
{
   algoritmo_agr = sistema;
}

Pieza* IA::pensar_jugada(int fila, int columna, string p)
{
   cout << "IA::pensar_jugada()" << endl;
   return algoritmo_agr->calcula_jugada(fila, columna,
    p);
}

Pieza* IA::aconsejar()
{
   cout << "IA::aconsejar()" << endl;
   return algoritmo_agr->aconsejar();
}

float Final::get_puntuacion()
{
   cout << "Final::get_puntuacion()" << endl;
   return 4.3f;
}

Sistema_IA::Sistema_IA(Jugador_humano& humano, IA& ia,
Heuristica& heu):humano_ref(humano), ia_ref(ia),
heu_ref(heu)
{
}

Pieza* Algoritmo_secuencial::aconsejar()
{
   return NULL;
}

Pieza* Algoritmo_secuencial::calcula_jugada(int fila,
int columna, const string& p)
{
   return NULL;
}

Algoritmo_GPU::Algoritmo_GPU(Jugador_humano& humano,
IA& ia, Heuristica& heu):Sistema_IA(humano, ia, heu)
{
}
```

```cpp
Pieza* Algoritmo_GPU::aconsejar()
{
  cout << "Algoritmo_GPU::aconsejar()" << endl;

  return humano_ref.get_contenido(5,3);
}

Pieza* Algoritmo_GPU::calcula_jugada(int fila,
int columna, const string& p)
{
  cout << "Algoritmo_GPU::calcula_jugada()" << endl;

  map<string, Pieza*>* mapa =
  humano_ref.get_mapa_piezas();

  if (heu_ref.get_puntuacion() > 1.3f)
  {
    // Procesa en paralelo
    Pieza* pieza = ia_ref.get_contenido(3,1);
    // Procesa en paralelo
    pieza->set_posicion(1,2);
    return pieza;
  }

  return NULL;
}

void Tablero::notifica_mensaje(const string& mensaje)
{
  cout << "Tablero::notifica_mensaje(): " << mensaje <<
  endl;
}

void Tablero::dibuja_tablero()
{
  cout << "Tablero::dibuja_tablero()" << endl;
}
```

Finalmente, en el paquete *Ajedrez* se engloba la lógica de negocio relacionada con las entidades del juego completo. Incluye la clase que gestiona las piezas para dibujarlas, posicionarlas y mantener su información. También implementa la jerarquía de clases que representa a los jugadores: *los humanos y la inteligencia artificial*. Para esta última se incluye la clase abstracta que define la interfaz para el acceso al algoritmo de cálculo de jugadas y asesoramiento. Esta jerarquía no es más que una aplicación del patrón *Strategy* visto en el capítulo nueve, la cual contiene dos clases heredadas en las que se implementa el algoritmo secuencial y el algoritmo paralelo basado en GPU respectivamente.

Anexo A

PROGRAMACIÓN ORIENTADA A OBJETOS

A.1 BREVE RESEÑA HISTÓRICA

Los comienzos de la Programación Orientada a Objetos se remontan al diseño del lenguaje SIMULA 67 inventado por Krinsten Nygaard y Ole-Johan Dahl en el centro de cálculo noruego de Oslo. Más tarde *Alan Kay*, que era en aquel entonces profesor de la Universidad de Utah, observó las capacidades de SIMULA e ideó una gama de computadoras para la visualización de gráficos para los cuales el lenguaje SIMULA se adecuaba a su programación. Posteriormente planteó esta idea a la compañía Xerox Parc a principios de 1970 donde se construyó el ordenador Dynabook y se implementó la primera versión del lenguaje Smalltalk con el fin de venderlos conjuntamente. La idea inicial de Smalltalk era la de un sistema dinámico en donde todo eran objetos y se permitiera manipularlos mediante mensajes en tiempo de ejecución sobre una máquina virtual.

El auge de la Programación Orientada a Objetos se produjo en los años ochenta cuando Bjarne Stroustrup extendió la estructura del lenguaje C (creado por Dennis Ritchie) para crear C++, el cual poseía muchas de las características de la Programación Orientada a Objetos, pero sin llegar a ser un lenguaje puro en este aspecto. Más tarde, en los años noventa, los ingenieros de Sun junto a James Gosling crearon un lenguaje simplificado de C++ llamado *Java* orientado a la programación en Internet y el vídeo en tiempo real.

Actualmente el éxito de la Programación Orientada a Objetos es indudable y la mayoría de los lenguajes de programación modernos como C#, PHP, Ruby, Haskell, etc., incorporan orientación a objetos.

A.2 CARACTERÍSTICAS DE LA POO

Enunciaremos ahora las principales características de los lenguajes orientados a objetos y en las que ya existe un claro consenso:

- La **modularidad** consiste en subdividir un programa en trozos más pequeños para conseguir un objetivo de forma más sencilla. Se debe dividir de forma que cada parte sea independiente de las demás y que tenga que interactuar lo mínimo posible con el resto, siendo prácticamente autónoma en la labor que realiza para conseguir el objetivo final del programa. A las correspondientes divisiones del programa se les denomina módulos.

- La **abstracción** consigue centrarse en las partes relevantes de una entidad obviando las menos importantes. Consiste básicamente en definir los aspectos esenciales de un objeto del mundo real o un dominio, creando una estructura de agentes que compartan y extiendan su funcionalidad y atributos e interactúen en un sistema mediante mensajes.

- La **encapsulación** permite agrupar las partes de un programa que realizan funciones similares en un mismo conjunto abstracto.

- La **ocultación de información** permite mostrar únicamente al exterior la información necesaria y únicamente exponer al exterior sus funciones públicas (interfaz), mientras que la información que es relevante a nivel interno permanece oculta. Con esta idea en mente es posible cambiar el comportamiento interno de un objeto sin tener que cambiar el comportamiento del resto del programa cliente.

- El **polimorfismo** permite que varios objetos heterogéneos posean un comportamiento diferente. Dicho comportamiento se invoca con un determinado mensaje de llamada compartido bajo el mismo nombre.

- Con la **herencia** es posible crear una jerarquía de clases relacionadas permitiendo que las clases superiores doten o restrinjan acceso a sus atributos. Permite, entre otras cosas, la compartición de la información y el comportamiento desde las entidades superiores a sus descendientes.

- La **sobrecarga** es una característica de la Programación Orientada a Objetos que permite que funciones con comportamiento diferente compartan el mismo nombre. La sobrecarga de operadores en C++ permite añadir un comportamiento a medida a los operadores estándar del lenguaje.

▶ La **recolección de basura** permite no preocuparse por la destrucción de objetos ya que estos se liberan automáticamente por la máquina virtual cuando sus referencias se encuentran desasignadas o se salen del ámbito de declaración.

A.3 CLASES Y OBJETOS

En este apartado se tratarán las piezas básicas de diseño de la Programación Orientada a Objetos y sin las cuales no tendría mucho sentido hablar de ella. El **Objeto** es una de las partes principales de la construcción de una aplicación orientada a objetos, mientras que la **Clase** es la piedra angular de la estructura o la plantilla base para crear dichos objetos. Una clase puede representar una entidad del mundo real, o puede significar una entidad abstracta. Lo importante es conocer la relación recíproca que existe entre la clase y el objeto, pues sin la primera no es posible la instanciación del segundo. Los objetos contienen una serie de propiedades que los caracterizan y que pueden tener diferentes modos de acceso. Además, los objetos pueden comunicarse con otros objetos o pueden cambiar su estado interno por medio de los métodos (funciones miembro en C++). A nivel de clase se denomina a estos conceptos como atributos –cuando representan las características que tendrá el objeto–.

A.4 PROGRAMACIÓN ORIENTADA A OBJETOS EN C++

A.4.1 Clases y objetos

En C++ se puede definir una clase mediante la palabra reservada **class** seguida del nombre de la clase. Para ello suponga que necesitamos crear una clase para almacenar información sobre objetos de un juego de ajedrez:

```cpp
// Definición de la clase
class Pieza
{
private:
    int color;
    int altura;
    int anchura;
    std::string nombre;
```

Después de la definición de la clase Pieza sigue una serie de características que definen el color, el nombre y las dimensiones de la pieza. A estas variables definidas dentro de la clase se les denomina **atributos**. Dichos atributos pueden tener diferentes modos de acceso: *private*, *protected*, *public*, según el modo que queramos otorgar a la clase en cuestión. Con el modificador de acceso *public* permitimos que cualquier objeto acceda a este atributo, mientras que con el modificador *private* evitamos que otros objetos accedan al miembro, y donde únicamente los objetos creados desde su misma clase pueden acceder a él desde dentro de la clase. En el ejemplo los atributos son *private* y esto evitará que sean accedidos desde fuera de la clase[32].

Otra parte fundamental en una clase es el constructor, el cual tiene la siguiente sintaxis:

```
public:
   Pieza()
{
    color = 1;
    altura = 10;
    anchura = 5;
    nombre = "Alfil1";
}
```

Los constructores se definen con el mismo nombre de la clase y generalmente se utilizan para iniciar los atributos del objeto de la clase, una vez reservada la memoria por el sistema operativo.

Otra característica de los objetos en C++ son los métodos o funciones miembro, que permiten comunicarse con el objeto y cambiar el valor interno de los atributos. En el siguiente ejemplo se muestra un método de la clase *Pieza* que permite visualizar el nombre de la misma:

```
// Método para imprimir el nombre
void get_nombre()
{
   std::cout << nombre;
}
```

Los métodos pueden tener argumentos pasados por valor, ya sean punteros o referencias, y devolver valores:

---

32 El modificador de acceso *protected* se explicará en más detalle en el apartado de la herencia.

```cpp
// Método para cambiar el estado
bool cambia_estado(int color, int altura, int anchura,
std::string nombre)
{
   this->color   = color;
   this->altura  = altura;
   this->anchura = anchura;
   this->nombre  = nombre;
   return true;
}
```

Toda función miembro debe estar antepuesta por el nombre de la clase seguida de "::" si se define fuera del ámbito de la definición de la clase, aunque en el ejemplo no ha sido necesario.

Por último existen dos formas de instanciar una clase. Estas pueden ser de forma estática o dinámica. En la primera forma únicamente se necesita declarar la variable especificando su tipo de clase seguido de un nombre:

```cpp
int main()
{
   Pieza pieza;
```

En la segunda forma se escribe de forma similar pero mediante el uso de punteros y la palabra reservada *new*.

```cpp
Pieza* pieza2 = new Pieza();
```

Sin embargo, es importante no olvidar invocar al destructor de la clase de este objeto mediante el uso de la palabra *delete*. Esto provocará que se libere la memoria del objeto reservado en una zona de memoria especial llamada *heap* y se ejecuten las sentencias declaradas dentro del destructor:

```cpp
delete pieza2;
```

Y el destructor definido como:

```cpp
~Pieza()
{
std::cout << "Destruyendo la pieza" << std::endl;
}
```

Fíjese que el destructor viene precedido por "~". En el caso del objeto "pieza1", declarado estáticamente, no es necesario liberarlo mediante *delete* puesto que se libera implícitamente.

Por último exponemos el código completo para la función *main* del ejemplo anterior:

Listado A.1. Construcción y destrucción en C++

```cpp
int main()
{
  Pieza pieza1; // Se instancian los objetos
  Pieza* pieza2 = new Pieza();
  std::cout << "Imprimiendo el nombre de la pieza 1" <<
  std::endl;
  pieza1.get_nombre(); // Llamada a los métodos
  if (pieza1.cambia_estado(2,20,10,"Torre2"))
     std::cout << "Pieza1 cambiada" << std::endl;
  std::cout << "Imprimiendo el nombre de la pieza 1" <<
  std::endl;
  pieza1.get_nombre();
  std::cout << "Imprimiendo el nombre de la pieza 2" <<
  std::endl;
  pieza2->get_nombre();
  delete pieza2; // Se destruye la pieza2
  return 0;
}
```

A.4.2 Herencia

Cuando hablamos de herencia nos viene a la mente la herencia genética transmitida de padres a hijos o la herencia de bienes entre familiares. Nada más lejos de la realidad, la herencia en un lenguaje de programación viene a ser algo similar. Con la característica de la herencia en C++ es posible compartir atributos y métodos de clases padre a clases hijas. A continuación se presenta un ejemplo sencillo de herencia basado en el caso visto anteriormente:

Listado A.2. Herencia en C++

```cpp
#include <string>
#include <iostream>

class Pieza
{
```

```cpp
    private:
        int color;
        int altura;
        int anchura;

    protected:
        std::string nombre;

    public:
        Pieza(int color, int altura, int anchura)
        {
            this->color   = color;
            this->altura  = altura;
            this->anchura = anchura;
        }

        void get_nombre()
        {
            std::cout << nombre << std::endl;
        }

    };

    class Peon : public Pieza
    {
    public:
    Peon(int color, int altura, int anchura):Pieza(color,
    altura, anchura)
        {
            nombre = "Peon7";
        }

        void mueve_escaque(int x, int y)
        {
            std::cout << "Moviendo a posicion: " << x << " "
            << y << std::endl;
        }
    };

    int main()
    {
      Peon peon(3, 10, 5); // Se instancia el objeto
      peon.get_nombre();
      peon.mueve_escaque(7,3);
      return 0;
    }
```

La nueva clase *Peón* hereda las características y el comportamiento definidos en la clase base *Pieza*. Cuando esto ocurre decimos que la clase *Peón* deriva de la clase *Pieza* y hereda el atributo nombre declarado como *protected*. Según el modificador de acceso que especifiquemos a la hora de derivar la clase podemos encontrarnos con los siguientes casos:

Herencia pública (class Peon : public Pieza)		
Modificador en base	Acceso desde clase derivada	Acceso público (a Peón)
Public	SÍ	SÍ
Private	NO	NO
Protected	SÍ	NO

Tabla A.1. Herencia pública

Herencia protegida (class Peon : protected Pieza)		
Modificador en base	Acceso desde clase derivada	Acceso público (a Peón)
Public	SÍ	NO
Private	NO	NO
Protected	SÍ	NO

Tabla A.2. Herencia protegida

Herencia privada (class Peon : private Pieza)		
Modificador en base	Acceso desde clase derivada	Acceso público (a Peón)
Public	SÍ	NO
Private	NO	NO
Protected	SÍ	NO

Tabla A.3. Herencia privada

Para completar la explicación de este ejemplo, fíjese que en el constructor de la clase derivada *(Peón)* hemos realizado una llamada al constructor de la clase base. Esto es así con la finalidad de poder pasar parámetros desde el constructor de la clase derivada a los atributos de la clase base.

En C++ existe la posibilidad de realizar una herencia múltiple en la que una clase hija puede derivar de varias clases padre, al modo siguiente:

```
class A : public B, private C, protected D
    {
        (…)
```

No obstante, para entender mejor esta idea suponga el siguiente código de ejemplo:

Listado A.3. Herencia múltiple en C++

```cpp
// Clase para realizar estadísticas
class Estadistica
{
protected:
   int movimientos;

public:
   Estadistica()
   {
      movimientos = 0;
   }

   void imprime_estadisticas()
   {
      std::cout << "Total movimientos: " << movimientos
      << std::endl;
   }
};

// Hereda de la nueva clase
class Peon : public Pieza, public Estadistica
{
public:
   Peon(int color, int altura, int anchura):Pieza(color,
   altura, anchura)
   {
      nombre = "Peon7";
   }

   void mueve_escaque(int x, int y)
   {
      std::cout << "Moviendo a posicion: " << x << " "
      << y << std::endl;
      movimientos++;
   }
};
```

Se ha creado una nueva clase llamada *Estadistica* que es adaptada por herencia en la clase *Peón*. Según se vio en la tabla A.1, los atributos y los métodos de la clase *Estadistica* son transmitidos a la clase hija, la cual es la responsable de operar con sus atributos y funciones miembro. Para concluir el ejemplo añadimos aquí el código completo de la función *main*:

```
int main()
{
  Peon peon(3, 10, 5); // Se instancia el objeto
  peon.get_nombre();
  peon.mueve_escaque(7,3);
  peon.imprime_estadisticas(); // Método heredado
  return 0;
}
```

A.4.3 Polimorfismo

Como la misma etimología de la palabra indica, el polimorfismo ocurre cuando una cosa puede adoptar múltiples formas. En el caso de la Programación Orientada a Objetos el polimorfismo tiene lugar cuando una función miembro posee el mismo nombre e impone un comportamiento diferente a cada objeto. Esta situación ocurre cuando objetos diferentes, con diferentes contenidos y operaciones, comparten un mismo comportamiento basándose en las características comunes de las funciones virtuales en la clase o clases base.

Para entender la idea de polimorfismo es necesario tener clara la noción de función *virtual* que proporciona la *ligadura dinámica*. Por medio de las funciones virtuales podemos especificar que un determinado método se invocará según el tipo de objeto al que se refiera el apuntador. Las funciones virtuales se añaden como punteros en las llamadas *tablas virtuales* o *vtable* en inglés. Normalmente un compilador crea una tabla virtual separada por cada clase. Estos punteros nos indicarán a qué bloque de código de función debemos llamar cuando se haga referencia a la *vtable*. Cuando se crea un objeto de clase se crea un puntero a dicha tabla (VPTR). Este puntero es un miembro oculto dentro de la clase. Cuando se llama al constructor de la clase se inicia el valor de dicho puntero para apuntar a la correspondiente tabla virtual. Para ilustrar esta idea suponga el siguiente código de ejemplo:

```
class Base // Clase abstracta
{
public:
  int dato_base;
  virtual void mi_funcion() = 0;
};
```

```cpp
class Derivada : public Base
{
public:
    int dato_derivada;
    void mi_funcion()
    {
        std::cout << "Llamada sobrecargada";
    }
};
```

Tal como se muestra en el siguiente código, al invocar una función virtual de un objeto de la clase derivada a través de un puntero de la clase base ocurre lo siguiente:

```cpp
int main()
{
    Derivada derivada;
    Base* base = &derivada;
    base->mi_funcion();
    return 0;
}
Imprimirá:

Llamada sobrecargada
```

No obstante, para entender mejor los conceptos explicados anteriormente se expone a continuación un ejemplo básico de polimorfismo en el que se crea una clase base para Pieza con dos métodos virtuales: uno para mover entre escaques y otro para imprimir información interna de la clase. Por último se heredan tres clases de Pieza: *Peón, Caballo* y *Torre*. Estas tres clases implementarán los métodos virtuales citados anteriormente y dotarán de comportamiento al resto del programa.

Supongamos la siguiente clase base para *Pieza*:

Listado A.4. Polimorfismo en C++

```cpp
#include <string>
#include <iostream>

class Pieza
{
private:
    int color;
    int altura;
    int anchura;
```

```cpp
    protected:
      std::string nombre;
      int x,y;

    public:
      Pieza(int color, int altura, int anchura)
      {
        this->color  = color;
        this->altura = altura;
        this->anchura = anchura;
      }

      void get_nombre()
      {
        std::cout << nombre << std::endl;
      }

      // Mueve pieza a nueva posición
      virtual void mueve_escaque()=0;

      // Imprime los datos de la pieza
      virtual void imprime_datos()
      {
        std::cout << "Color: " << color << std::endl;
        std::cout << "Altura: " << altura << std::endl;
        std::cout << "Anchura: " << anchura << std::endl;
      }
    };
```

Posteriormente se crean las tres clases que heredarán de Pieza y sobrescribirán los métodos virtuales:

```cpp
    class Peon : public Pieza
    {
    private:
      bool amenaza_peon; // Si amenaza a otra pieza
    public:
      Peon(int color, int altura, int anchura):Pieza(color, altura, anchura)
      {
        nombre = "Peon7";
        x = 7;
        y = 2;
        amenaza_peon = false;
      }
```

```cpp
  void mueve_escaque()
  {
    // Movimiento del peón
    y++;
    amenaza_peon = true;
  }

  void imprime_datos()
  {
    std::cout << "¿Se encuentra amenazando?: " <<
    (amenaza_peon ? "SI" : "NO") << std::endl;
    Pieza::imprime_datos();
  }
};


class Torre : public Pieza
{
private:
  bool amenaza_torre; // Si amenaza a otra pieza
public:
  Torre(int color, int altura, int anchura):Pieza(color,
  altura, anchura)
  {
    nombre = "Torre1";
    x = 1;
    y = 1;
    amenaza_torre = false;
  }

  void mueve_escaque()
  {
    // Movimiento de la torre
    y+= 7;
    amenaza_torre = true;
  }

  void imprime_datos()
  {
    std::cout << "¿Se encuentra amenazando?: " <<
    (amenaza_torre ? "SI" : "NO") << std::endl;
    Pieza::imprime_datos();
  }
};
```

```cpp
class Caballo : public Pieza
{
private:
   bool amenaza_caballo; // Si amenaza a otra pieza
public:
   Caballo(int color, int altura, int anchura):Pieza(color, altura, anchura)
   {
      nombre = "Caballo1";
      x = 2;
      y = 1;
      amenaza_caballo = false;
   }

   void mueve_escaque()
   {
      // Movimiento del caballo
      x++;
      y+= 2;
      amenaza_caballo = true;
   }

   void imprime_datos()
   {
      std::cout << "¿Se encuentra amenazando?: " <<
      (amenaza_caballo ? "SI" : "NO") << std::endl;
      Pieza::imprime_datos();
   }
};
```

Si nos fijamos en una de ellas, por ejemplo en la clase *Torre*, es posible distinguir los dos métodos virtuales sobrecargados: *mueve_escaque* e *imprime_datos*. Estos ya no se han especificado con la palabra reservada *virtual* pues es aquí donde se sobrecargan los métodos virtuales definidos en la clase *Pieza*. Para comprender definitivamente el funcionamiento del polimorfismo suponga el siguiente código de ejemplo en la función de entrada *main*:

Listado A.5. Polimorfismo en C++ (*continuación*)

```
int main()
{
   Peon      peon(1, 10, 5);
   Torre     torre(2, 20, 5);
   Caballo   caballo(3, 10, 10);

   Pieza* pieza = &torre;
   // Llamada a mueve_escaque de Torre
   pieza->mueve_escaque();
   // Llamada a imprime_datos de Torre y Pieza
   pieza->imprime_datos();

   // Conversión
   Torre* torre = dynamic_cast<Torre*>(pieza);

   torre->mueve_escaque();
   torre->imprime_datos();

   return 0;
}
```

Primero declaramos tres objetos de las clases *Peon*, *Torre* y *Caballo*, iniciándolos con valores previamente establecidos de color, altura y anchura. Cuando realizamos la llamada a Pieza* pieza = &torre estamos tomando un puntero de la clase base sobre un objeto de la clase derivada. Esto es totalmente factible en Programación Orientada a Objetos. Con dicho puntero es ahora posible invocar al método virtual del objeto derivado. En el caso del ejemplo la primera llamada a *mueve_escaque* hará que se invoque el método en *Torre*, puesto que la función virtual de su tabla está establecida como *Torre::mueve_escaque*. En el segundo caso se invocará a *Torre::imprime_datos* pero con una retrollamada a la función virtual de la clase base. En este caso es una solución mixta a la llamada a la función virtual, pues aunque la entrada en la tabla de métodos virtuales apunta a *imprime_datos* la llamada a *Pieza::imprime_datos* hará que se invoque a su homóloga en la clase base.

Si compilamos y ejecutamos el ejemplo, obtendremos la siguiente salida para el ejemplo anterior:

```
¿Se encuentra amenazando la torre?: SI
Color: 2
Altura: 20
Anchura: 5
```

Otro aspecto de la Programación Orientada a Objetos es la posibilidad de conversión entre punteros de objetos, también conocida en el argot como *cast* o *retipado*. En el caso del ejemplo que nos atañe se ha realizado una conversión del puntero de la clase base *Pieza*, que en realidad apunta a un objeto derivado, a un puntero a un objeto de la clase derivada *Torre*. Fíjese que la llamada a los métodos virtuales con dicho puntero produce la misma salida por pantalla.

```
¿Se encuentra amenazando la torre?: SI
Color: 2
Altura: 20
Anchura: 5
```

A.5 PROGRAMACIÓN ORIENTADA A OBJETOS EN JAVA

A.5.1 Clases y objetos

Las clases y los objetos en Java siguen las mismas ideas conceptuales que en C++. La clase es la parte nuclear en la Programación Orientada a Objetos y permite agrupar los datos (atributos) y funciones (métodos) que operan sobre esos datos dentro de una estructura abstracta y encapsulada. Por otro lado, el objeto es la pieza básica de construcción de las aplicaciones orientadas a objetos y es el resultado de la instanciación de la clase. En Java las clases se definen de forma muy similar a C++, siguiendo el siguiente patrón:

```
[public] class NombreClase {
// Atributos y métodos
}
```

El especificador *public* es opcional y si no se escribe la clase tiene visibilidad por defecto (*package*) y puede ser vista por el resto de clases del paquete.

Una característica importante de los objetos en Java es que todos heredan de la clase *Object*, que es una clase especial que permite realizar operaciones como la copia, conversiones, identificación, etc.

En Java se pueden definir varias clases dentro de un fichero *.java*, pero solo una puede ser *public* y debe nombrarse como el fichero. De no ser así, el compilador generaría una excepción sin llegar a generar el *bytecode*.

Para entender mejor la idea de clase en Java se muestra aquí un ejemplo de definición de la misma:

Listado A.6. Clases y objetos en Java

```java
package ejemplo1;

// Definición de la clase Pieza
class Pieza
{
   private int color;
   private int altura;
   private int anchura;
   protected String nombre;

   public Pieza()
   {
      color = 1;
      altura = 10;
      anchura = 5;
      nombre = "Alfil1";
   }

// Métodos
public boolean cambiaEstado(int color, int altura, int anchura, String nombre)
   {
   this.color = color;
   this.altura = altura;
   this.anchura = anchura;
   this.nombre = nombre;
   return true;
   }

   public void getNombre()
   {
   System.out.println(nombre);
   }
}
```

Como puede apreciarse en el código anterior, prácticamente no hay muchas diferencias con C++ en lo que respecta a la definición de la clase. En la primera línea se define el paquete al que pertenece el fichero principal del mismo. Se definen varios atributos de forma similar a como se realizó en C++ y se especifica el constructor donde de inician los atributos. Después se definen dos métodos (*cambiaEstado* y *getNombre*) para modificar el estado de la pieza y obtener su nombre respectivamente.

En la arquitectura de máquina virtual de Java no existe el concepto de destructor como sucedía en C++. En su lugar el sistema de recolección de basura se encargará de liberar la memoria asignada dinámicamente mediante la cláusula *new*. Por este mismo motivo en el método *cambiaEstado* no ha sido necesario definir el operador de acceso a un componente de puntero de clase (->), en su lugar únicamente ha sido necesario utilizar el operador punto para acceder a los atributos color, altura, anchura y nombre. De esta forma, la creación y la llamada a los métodos se realiza de la siguiente manera:

Listado A.7. Clases y objetos en Java (*continuación*)

```java
public class Ejemplo1
{
public static void main(String[] args)
    {
        // Se instancian los objetos
        Pieza pieza = new Pieza();
        System.out.println("Imprimiendo el nombre de la
        pieza");
      pieza.getNombre(); // Llamada a los métodos
      if (pieza.cambiaEstado(2,20,10,"Torre2"))
    System.out.println("Pieza cambiada");
      pieza.getNombre();
    }
}
```

En el código anterior se muestra la clase *Ejemplo1*, que es la clase que identifica al fichero. La parte importante está en el punto de entrada a la aplicación. En esta se define el método estático *main* que es generado de manera estática en memoria, sin necesidad de reserva dinámica, y es compartido por todas las clases. Este será el comienzo de ejecución de la aplicación y donde se crea el objeto *Pieza*, mediante el operador *new*. Ya no es necesario el uso de punteros en esta sentencia del lenguaje, tal como se ha comentado anteriormente, por lo que no utilizaremos el operador de indirección de C++. Por último las llamadas a los métodos se realizan escribiendo el identificador del objeto seguido del operador punto y finalizando con el nombre del método y sus argumentos.

A.5.2 Paquetes

Los paquetes en Java son unas unidades lógicas asociadas a directorios del sistema y que permiten la agrupación de clases, la ordenación y la evitación de conflictos de nombres. Es posible la importación de un paquete en un programa Java mediante el uso de la directiva *import*. De esta forma, pueden importarse clases como:

import java.util.Vector

Aquí se importa la clase contenedora de utilidad Vector.

Si queremos que un fichero en el que hemos definido varias clases pertenezca a un determinado paquete, debemos especificarlo con la palabra reservada *package*.

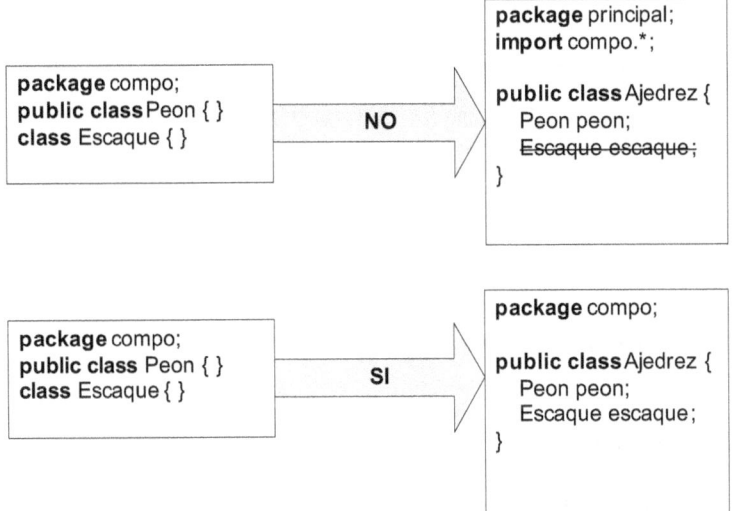

Figura A.1. Ejemplo de importación con paquetes

Es importante agrupar todas las clases que pertenecen al mismo paquete dentro del mismo directorio, así podrán ser accedidas entre ellas. Cuando se invoca a un paquete mediante la directiva *import* realmente a lo que se está haciendo referencia es al fichero *.class* donde se encuentran las clases compiladas.

A.5.3 Herencia

El concepto de herencia no difiere con respecto al de C++. Cuando una clase hija hereda de otra en Java incorpora todas las características de la clase padre. La diferencia más substancial en cuanto a C++ son los especificadores de acceso de *extends*, pues Java carece de restricciones en cuanto al modo de herencia que siempre es del tipo *public*.

Para definir que una clase hereda de otra en Java se utiliza la sintaxis:

class Hija **extends** Padre

En Java no está permitida la herencia múltiple como sí ocurría en C++, por lo que una clase únicamente puede heredar de una sola clase padre. En la sección siguiente veremos que esto sí es posible a nivel de interfaz.

A modo de ejemplo se muestra aquí el código descrito en el apartado A.4.2 pero en versión Java:

Listado A.8. Herencia en Java

```java
package ejemplo2;

class Pieza
{
   private int color;
   private int altura;
   private int anchura;

   protected String nombre;

public Pieza(int color, int altura, int anchura)
{
    this.color = color;
    this.altura = altura;
    this.anchura = anchura;
}

   public void getNombre()
{
    System.out.println(nombre);
}

};
```

```java
// Realización de la herencia
class Peon extends Pieza
{
   public Peon(int color, int altura, int anchura)
   {
     super(color, altura, anchura);
     nombre = "Peon7";
   }

   public void mueveEscaque(int x, int y)
   {
     System.out.println("Moviendo a posicion: "+ x + " " + y);
   }
};


public class Ejemplo2
{
public static void main(String[] args)
   {
     // Se instancia el objeto
     Peon peon = new Peon(3, 10, 5);
     peon.getNombre();
     peon.mueveEscaque(7,3);
   }
}
```

Como se puede apreciar en el ejemplo, la clase *Peón* hereda de *Pieza*, incorporando todos sus atributos y métodos. Por otro lado, en el constructor de la clase Peón se ha realizado la transferencia de parámetros de atributos a la clase padre mediante el uso de la palabra reservada *super*. Esta sentencia es utilizada tanto en constructores como en métodos convencionales para invocar al método inmediatamente superior de cuya clase hereda.

A.5.4 Interfaces

Una característica de Java y de la que carece C++ es la del concepto de *Interfaz*. Esta útil herramienta de la Programación Orientada a Objetos se utiliza para que el sistema o la jerarquía de clases se adapte a unos patrones establecidos por las interfaces, las cuales especifican las características de los métodos que deben heredar las clases hijas. Los métodos de las interfaces carecen de definición, aunque también pueden definir constantes con el uso de la palabra reservada *final*.

La forma de heredar una interfaz es mediante la palabra reservada *implements* de la siguiente forma:

```java
public class Peon extends Pieza implements Grafico
{
  (...)
```

y en el fichero *Grafico.java* tendremos:

```java
import javax.swing.*;

public interface Grafico
{
   public void dibuja(int x, int y, Graphics g);
   public void anima(Graphics g);
}
```

Implementando la interfaz Grafico en *Peon* podemos aplicar una serie de comportamientos comunes a cada una de las piezas del ajedrez. La clase *Peon* está obligada a implementar los métodos de *Grafico*.

A.5.5 Polimorfismo

Para poder aplicar las características del polimorfismo en Java es necesario el uso de las clases abstractas. Estas clases se caracterizan porque permiten definir funciones miembros abstractas que no tienen implementación e imponen un comportamiento predefinido a un conjunto de clases heterogéneas heredadas. Cuando una clase define un método como *abstract* está obligada a definir la clase como *abstract*. Obviamente y dada su naturaleza, las clases abstractas no se pueden instanciar para crear un objeto de ellas.

La sintaxis de las clases abstractas no difiere mucho en cuanto al modo en que se realizan las interfaces. En el siguiente ejemplo se muestra el uso de una clase abstracta para implementar la característica de polimorfismo en el juego del ajedrez:

Listado A.9. Polimorfismo en Java

```java
package ejemplo3;
abstract class Pieza
{
   private int color;
   private int altura;
   private int anchura;

   protected String nombre;

protected int x,y;

   public Pieza(int color, int altura, int anchura)
   {
      this.color = color;
      this.altura = altura;
      this.anchura = anchura;
   }

   public void getNombre()
   {
      System.out.println(nombre);
   }

   // Mueve pieza a nueva posición
   public abstract void mueveEscaque();

   // Imprime los datos de la pieza
   public void imprimeDatos()
   {
      System.out.println("Color: " + color);
      System.out.println("Altura: " + altura);
      System.out.println("Anchura: " + anchura);
   }
};
```

Aquí se define la clase abstracta *Pieza*, que será la que establecerá el comportamiento y las características que heredarán cada una de las figuras hijas. El hecho de crear el método *mueveEscaque* implica un comportamiento común en cada clase heredada para moverla de una posición a otra del tablero. Como se puede apreciar, las clases abstractas proporcionan la capacidad de declarar métodos con código junto con métodos abstractos que carecen del mismo. La diferencia fundamental con respecto a las interfaces es la posibilidad de combinar métodos con código dispuesto para la herencia en compañía de miembros abstractos que permiten aplicar un comportamiento a las clases heredadas.

A continuación se aplicará la herencia a cada una de las figuras concretas.

Listado A.10. Polimorfismo en Java (*continuación*)

```java
class Peon extends Pieza
{
   private boolean amenazaPeon; // Si amenaza a otra pieza

   public Peon(int color, int altura, int anchura)
   {
      super(color, altura, anchura);
nombre = "Peon7";
      x = 7;
      y = 2;
      amenazaPeon = false;
   }

   public void mueveEscaque()
   {
      // Movimiento del peón
      y++;
      amenazaPeon = true;
   }

   public void imprimeDatos()
   {
      System.out.println("¿Se encuentra amenazando el
      peon?: " + (amenazaPeon ? "SI" : "NO"));
      super.imprimeDatos();
   }
};

class Torre extends Pieza
{
private boolean amenazaTorre; // Si amenaza a otra pieza

   public Torre(int color, int altura, int anchura)
   {
super(color, altura, anchura);
      nombre = "Torre1";
      x = 1;
```

```java
      y = 1;
      amenazaTorre = false;
   }

   public void mueveEscaque()
   {
      // Movimiento de la torre
      y+= 7;
      amenazaTorre = true;
   }

   public void imprimeDatos()
   {
      System.out.println("¿Se encuentra amenazando la
      torre?" + (amenazaTorre ? "SI" : "NO"));
      super.imprimeDatos();
   }
};

class Caballo extends Pieza
{
   boolean amenazaCaballo; // Si amenaza a otra pieza

   public Caballo(int color, int altura, int anchura)
   {
   super(color, altura, anchura);
   nombre = "Caballo1";
      x = 2;
      y = 1;
      amenazaCaballo = false;
   }

   public void mueveEscaque()
   { // Movimiento del caballo
      x++;
      y+= 2;
      amenazaCaballo = true;
   }

   public void imprimeDatos()
   {
      System.out.println("¿Se encuentra amenazando el
      caballo?: " + (amenazaCaballo ? "SI" : "NO"));
      super.imprimeDatos();
   }
};
```

En el código anterior se definen los constructores y se concretan los métodos abstractos donde se realiza cada uno de los movimientos dependiendo de si es peón, torre o caballo. Fíjese que en el método *imprimeDatos* no ha sido necesario definirlo virtual como se hizo en C++; Java incorpora este comportamiento por defecto, invocando primero a la clase derivada y posteriormente con el uso de *super* a la clase base, como se muestra a continuación:

Listado A.11. Polimorfismo en Java (*continuación*)

```java
public class Ejemplo3
{
   public static void main(String[] args)
   {
      Peon peon          = new Peon(1, 10, 5);
      Torre torre        = new Torre(2, 20, 5);
      Caballo caballo    = new Caballo(3, 10, 10);

   Pieza pieza = torre;

      // Llamada a mueveEscaque de Torre
      pieza.mueveEscaque();

      // Llamada a imprimeDatos de Torre y Pieza
      pieza.imprimeDatos();

      Torre torre = (Torre)pieza; // Conversión

   torre.mueveEscaque();
   torre.imprimeDatos();

   }
   }
```

En el método *main* del ejemplo anterior se comienza instanciando los tres tipos de piezas que conformarán el programa, iniciándolos con sus respectivos valores. Luego se asigna una referencia del objeto torre al puntero del tipo *Pieza*. Este será el encargado de realizar las llamadas a los métodos sobrecargados *mueveEscaque* e *imprimeDatos*. Por último se realiza una conversión (retipado) desde el puntero del tipo *Pieza* a un puntero del tipo *Torre* y se llama a sus respectivos métodos.

Anexo B

RESUMEN DE NOTACIÓN UML

B.1 DIAGRAMA DE CASOS DE USO

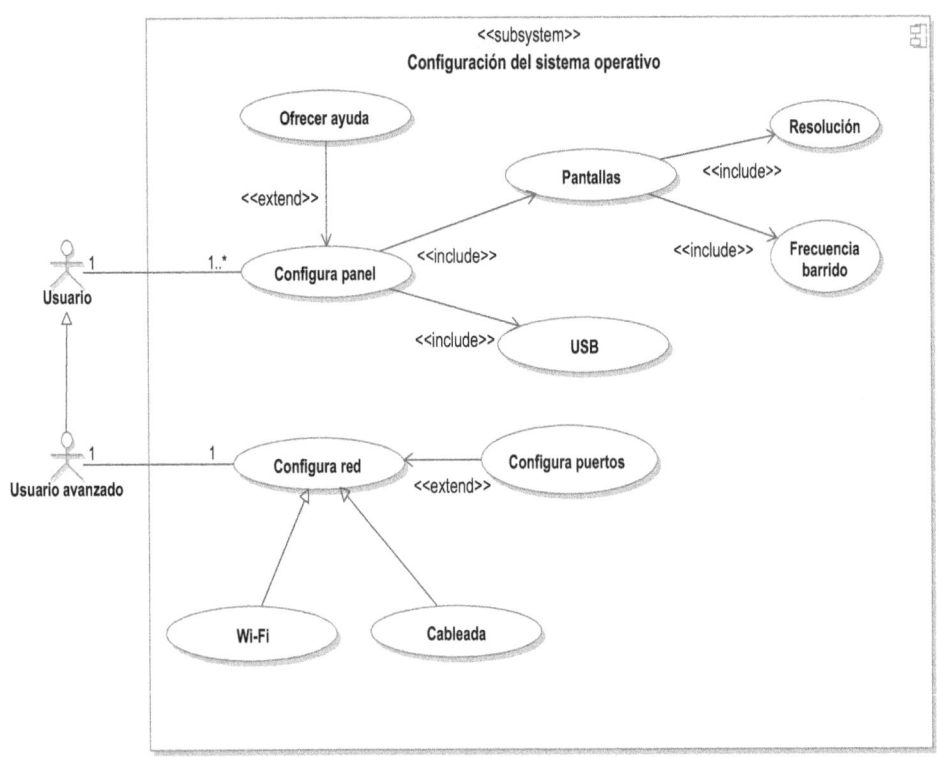

B.2 DIAGRAMA DE ROBUSTEZ

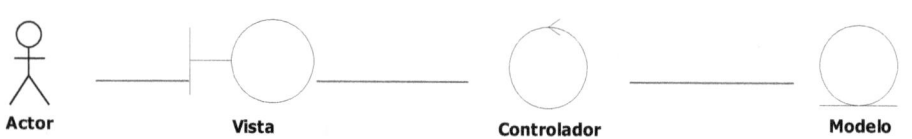

B.3 DIAGRAMA DE COMPONENTES

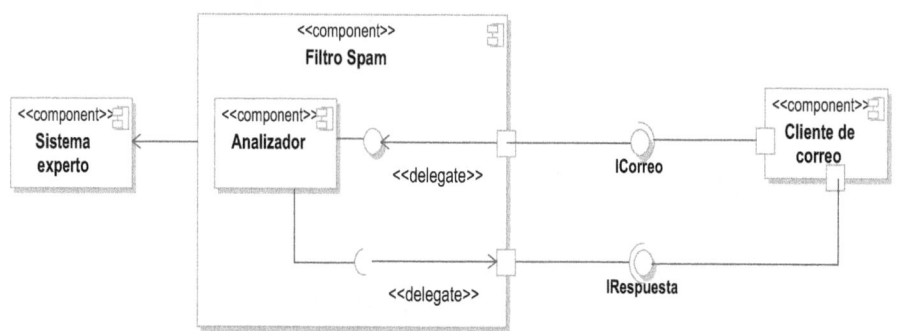

B.4 DIAGRAMA DE DESPLIEGUE

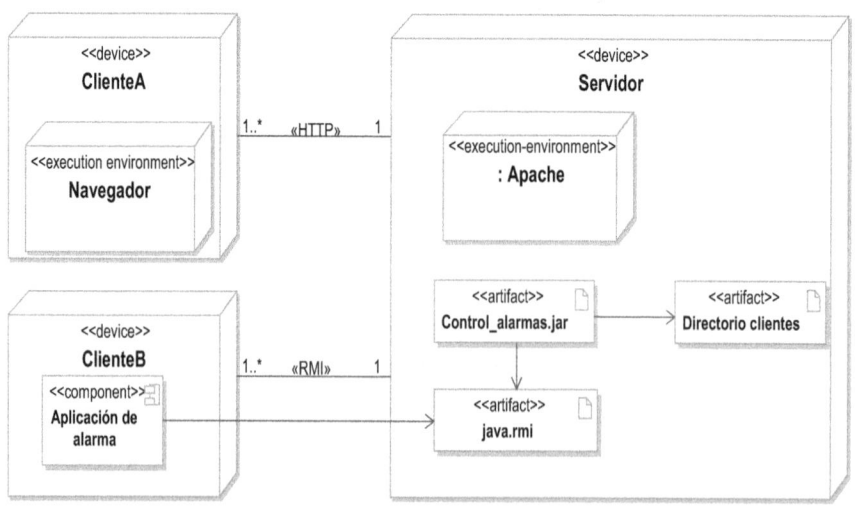

B.5 DIAGRAMA DE PAQUETES

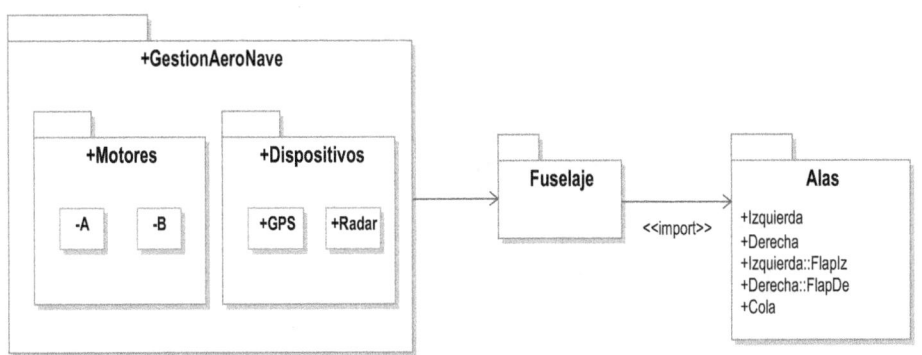

B.6 DIAGRAMA DE CLASES

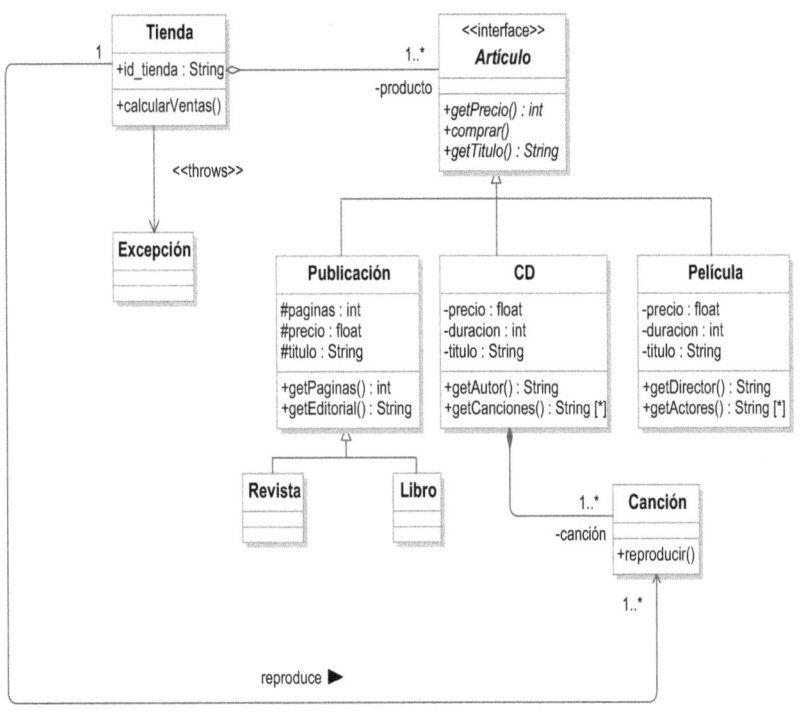

B.7 DIAGRAMA DE SECUENCIAS

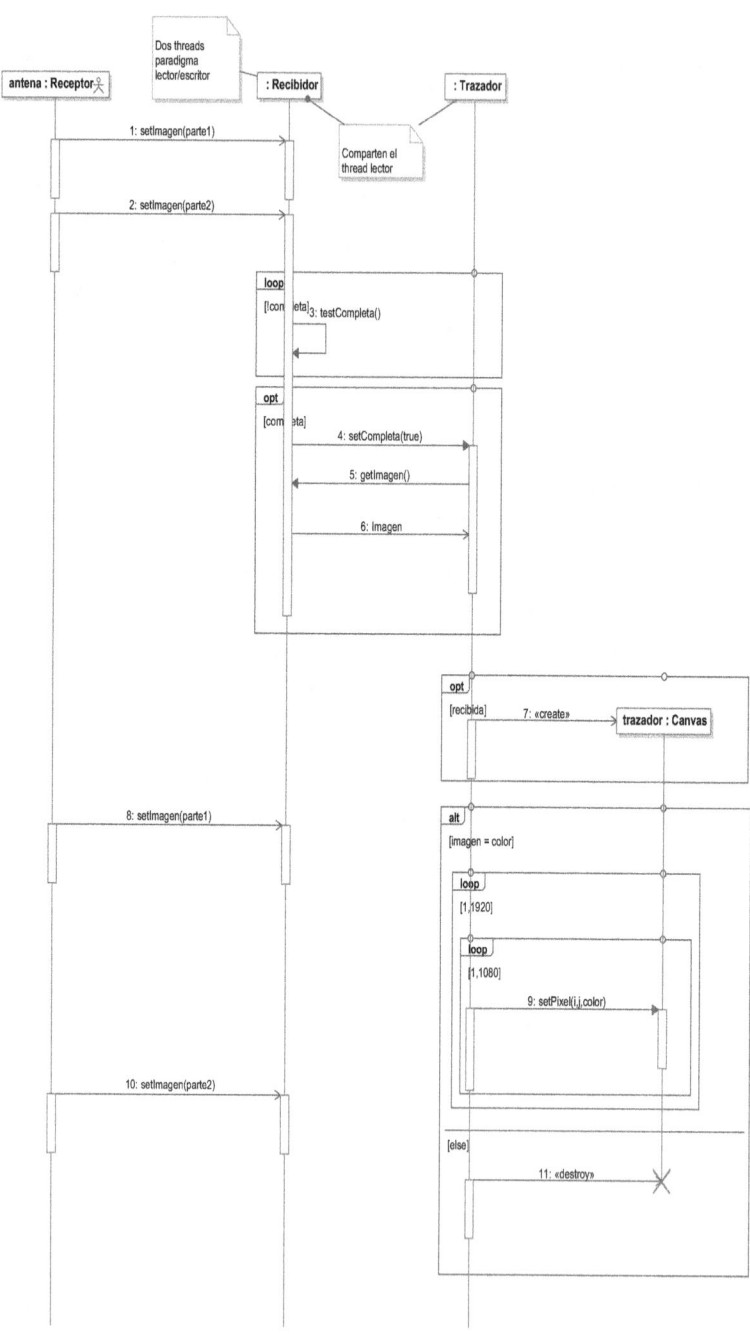

Anexo B. **RESUMEN DE NOTACIÓN UML** 391

B.8 DIAGRAMA DE COMUNICACIÓN

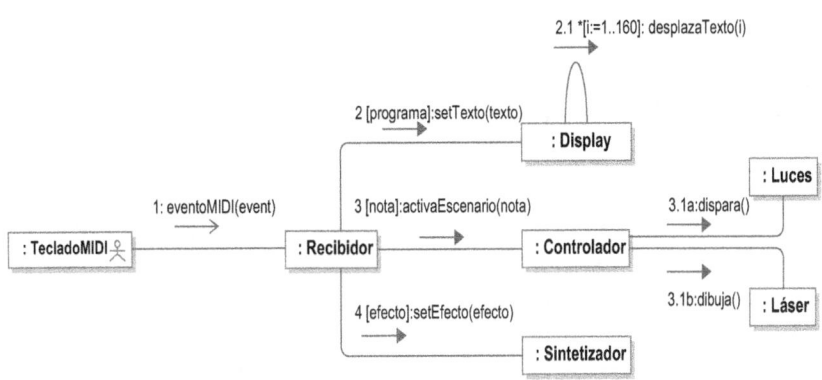

B.9 DIAGRAMA DE ESTADOS

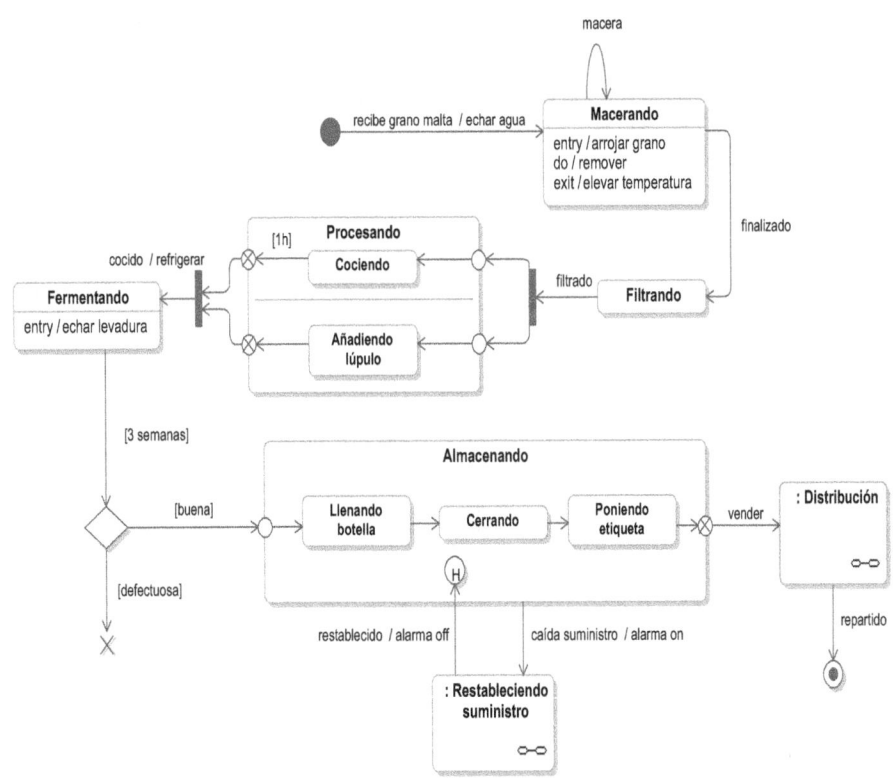

B.10 DIAGRAMA DE ACTIVIDADES

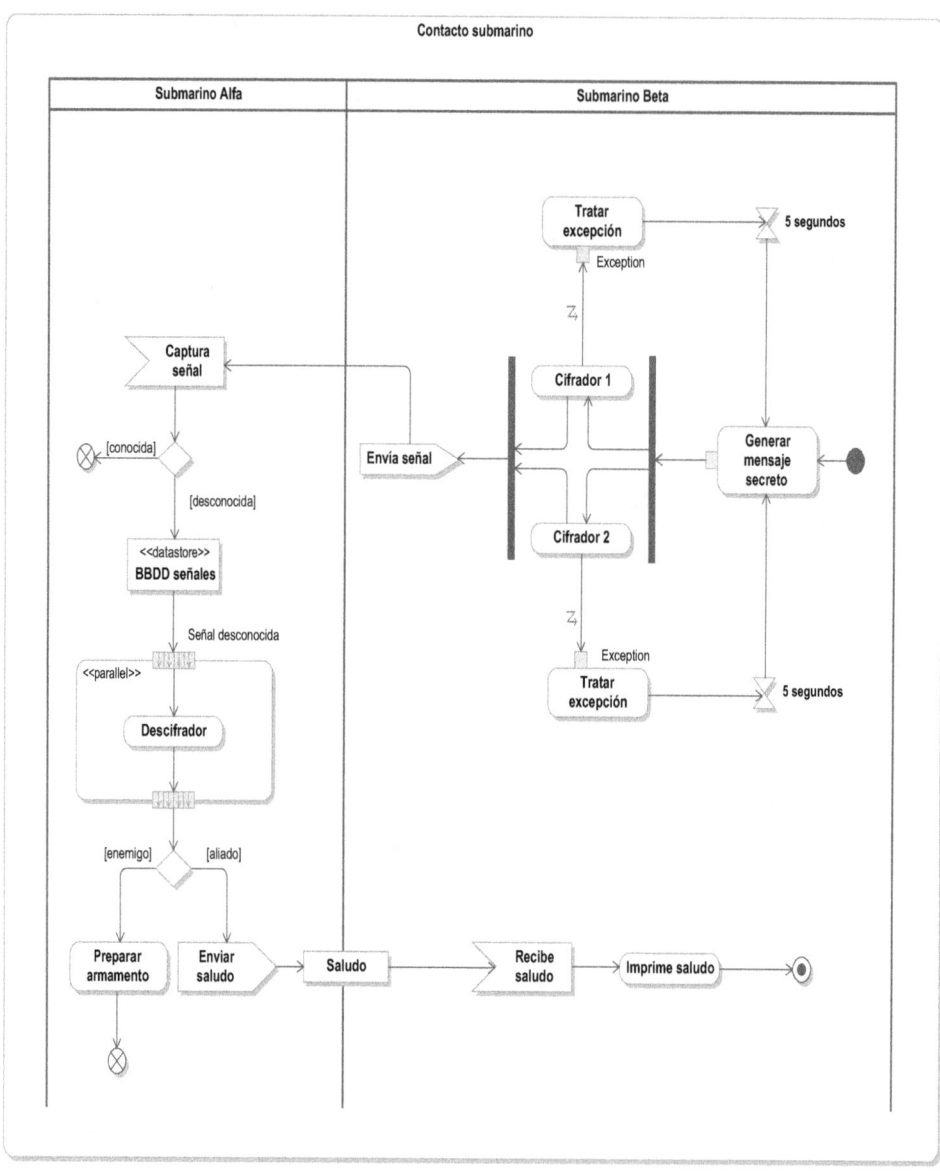

B.11 DIAGRAMA DE ESTRUCTURA COMPUESTA

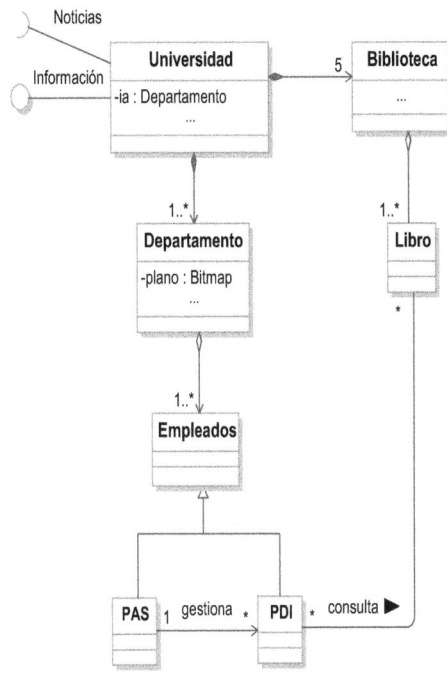

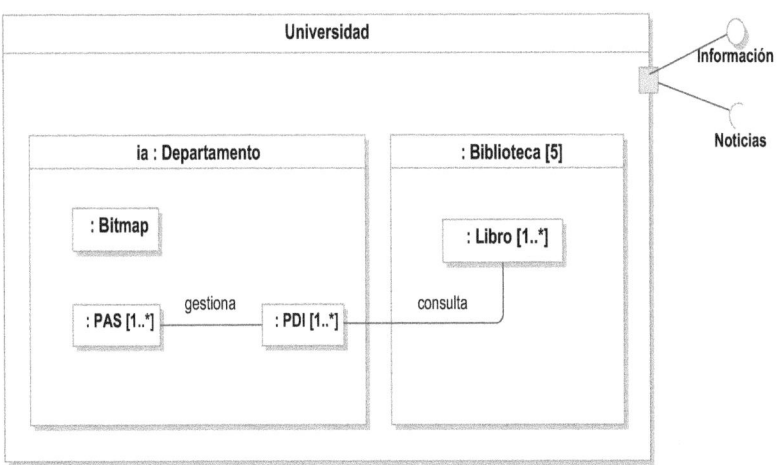

BIBLIOGRAFÍA

[OMG1] *Unified Modeling Language: Superstructure version 2.1.1* (2007).

[OMG2] *Response to the UML 2.0 - OCL RfP (ad/2000-09-03)* (2003).

[Mellor04] Mellor, J. S.; Scott, K.; Uhl, A. & Weise, D.: *MDA Distilled: Principles of Model-Driven Architecture*, Addison-Wesley (2004).

[Fowler03] Fowler, M.: *UML Distilled: A Brief Guide to the Standard Object Modeling Language (3rd Edition)*, Addison-Wesley (2003).

[Nutshell05] Pilone, D.: *UML 2.0 in a Nutshell (2nd Edition)*, O'Reilly (2005).

[Arlow07] Arlow, J. & Neustadt, I.: *UML 2 and the Unified Process: Practical Object-Oriented Analysis and Design (2nd Edition)*, Addison-Wesley (2007).

[Gamma95] Gamma, E.; Helm, R.; Johnson, R. & Vlissides, J.: *Design Patterns: Elements of Reusable Object-Oriented Software*, Addison-Wesley (1995).

[Shalloway04] Shalloway, A. & Trott, J. R.: *Design Patterns Explained: A New Perspective on Object-Oriented Design*, Addison-Wesley (2004).

[Eckel03] Eckel, B.: *Thinking in Patterns: Problem-Solving Techniques using Java* (2003).

[Rose99] Rosenberg, D. & Scott, K.: *Use Case Driven Modelling with UML: a practical approach*, Addison-Wesley (1999).

[Malveau01] Malveau, R.; Thomas, J. & Mowbray, PhD: *Software Architect Bootcamp*, Prentice-Hall (2001).

[Sommerville03] Sommerville, I.: *Software Engineering (8th Edition)*, Addison-Wesley (2006).

[Shaw93] Shaw, G.: *An Introduction to Software Architecture*, World Scientific Publishing Company (1993).

[Meyer00] Meyer, B.: *Construcción de Software Orientado a Objetos (2.ª Edición)*, Prentice Hall (2000).

[Larman02] Larman, C*.: UML y Patrones: Una introducción al análisis y diseño orientado a objetos y al proceso unificado*, Pearson/Prentice-Hall (2002).

[Perdita07] Perdita, S. & Pooley, R.: *Utilización de UML en Ingeniería del Software con Objetos y Componentes (2.ª Edición)*, Pearson/Addison-Wesley (2007).

[Arias07] Arias, C. M.: *Addenda de la asignatura Análisis, Diseño y Mantenimiento del Software*, UNED (2007).

[Cuevas03] Cuevas, A. G.: *Gestión del Proceso Software*, Centro de Estudios Ramón Areces (2003).

[Casas] Casas C. J. y Arenas, F. M.: *OCL (Object Constraint Language)*, Universidad Politécnica de Valencia, Facultad de Informática.

[Minguet03] Minguet, M. J. M. y Ballesteros, H. J. F.: *La Calidad del Software y su Medida*, Centro de Estudios Ramón Areces (2003).

[Martin04] Martín, R. C.: *UML para Programadores Java*, Pearson/Prentice-Hall (2004).

[Joyanes99] Joyanes, A. L.: *Programación en C++: Algoritmos, estructuras de datos y objetos*, Mc-Graw Hill (1999).

[Stroustrup02] Stroustrup, B.: *El lenguaje de Programación C++ (Edición Especial)*, Addison-Wesley (2002).

[Carballeira04] García, S. J. D.; Pérez, M. J. M.; García, S. L. M.; Pérez, C. J. y Carballeira, F. G.: *Problemas resueltos de Programación en Lenguaje C++*, Thomson (2004).

[Jalón00] Jalón, J. G.; Rodríguez, J. I.; Mingo, I.; Imaz, A.; Brazález, A.; Larzabal, A.; Calleja, J. y García, J.: *Aprenda Java como si estuviera en primero*, Escuela Superior de Ingenieros Industriales de San Sebastián, Universidad de Navarra (2000).

[Kurose04] Kurose, F. J. & Ross, K. W.: *Redes de Computadores: Un enfoque descendente basado en Internet*, Pearson/Addison-Wesley (2004).

[Botaro09] Botaro, E. A. y Jiménez, D. J. J.: *Sistemas Operativos: Conceptos Fundamentales*, Servicio de Publicaciones Universidad de Cádiz (2009).

REFERENCIAS WEB

▼ [UMLDiagrams]
UML Diagrams.
http://www.uml-diagrams.org/

▼ [IBM]
Designing a software application by using models.
http://publib.boulder.ibm.com/infocenter/rsdvhelp/v6r0m1/index.jsp?topic=%2Fcom.ibm.xtools.modeler.doc%2Ftopics%2Fcdepend.html

▼ [Abiztar]
Diagrama de Estructura Compuesta.
http://www.milestone.com.mx/articulos/componiendo_lo_descompuesto_diagrama_de_estructura_compuesta.htm

▼ [SparxUML]
UML Tutorial.
http://www.sparxsystems.com/uml-tutorial.html

▼ [CiclosVida]
Modelos de ciclo de vida.
http://ciclodevidasoftware.wikispaces.com/CICLO+DE+VIDA+EN+ESPIRAL

MATERIAL ADICIONAL

El material adicional de este libro puede descargarlo en nuestro portal web: *http://www.ra-ma.es*.

Debe dirigirse a la ficha correspondiente a esta obra, dentro de la ficha encontrará el enlace para poder realizar la descarga. Dicha descarga consiste en un fichero ZIP con una contraseña de este tipo: XXX-XX-XXXX-XXX-X la cual se corresponde con el ISBN de este libro.

Podrá localizar el número de ISBN en la página IV (página de créditos). Para su correcta descompresión deberá introducir los dígitos y los guiones.

Cuando descomprima el fichero obtendrá los archivos que complementan al libro para que pueda continuar con su aprendizaje.

INFORMACIÓN ADICIONAL Y GARANTÍA

- RA-MA EDITORIAL garantiza que estos contenidos han sido sometidos a un riguroso control de calidad.

- Los archivos están libres de virus, para comprobarlo se han utilizado las últimas versiones de los antivirus líderes en el mercado.

- RA-MA EDITORIAL no se hace responsable de cualquier pérdida, daño o costes provocados por el uso incorrecto del contenido descargable.

- Este material es gratuito y se distribuye como contenido complementario al libro que ha adquirido, por lo que queda terminantemente prohibida su venta o distribución.

ÍNDICE ALFABÉTICO

Símbolos

.NET, 80
@pre, 243, 247
<<access>>, 92
<<artifacts>>, 82
<<bind>>, 110
<<component>>, 81
<<create>>, 120
<<datastore>>., 210
<<destroy>>, 120
<<device>>, 86
<<execution environment>>, 86
<<extend>>, 40
<<import>>, 92
<<include>>, 38
<<interface>>, 81, 107
<<iterative>>, 214
<<merge>>, 92
<<multicast>>, 224
<<multireceive>>, 224
<<parallel>>, 214
<<streaming>>, 214
<<throws>>, 109
<<use>>, 81, 92, 109

A

Abs, 243
Abstracción, 20, 27, 28, 33, 59, 60, 80, 106, 114, 153, 167, 174, 175, 305, 362
Abstract, 158, 273, 288, 382, 383
AbstractCreator, 164
AbstractExpression, 176
AbstractFactory, 158, 159, 160
Abstract Factory (factoría abstracta), 158
AbstractProduct, 158, 159, 164
AbstractStrategy, 172
acceso, 56, 90, 92, 97, 99, 116, 154, 160, 249, 250, 253, 260, 297, 307, 360, 362, 363, 364, 368, 378, 380
Access, 92
Acciones, 120, 185
Acoplamiento, 106, 152, 161
Activación, 122
Actores, 31, 32, 33, 34, 43, 49, 50, 55, 56, 71, 72, 121, 211
Actores primarios, 34, 35, 36, 37, 39, 41, 44, 45
Actores secundarios, 34, 45
Agente, 31, 32, 87
Agregación, 64, 65, 104, 105, 165,

166, 229, 269, 270, 311
Alan Kay, 361
Alcance, 65, 68, 97, 99, 111
Álgebra de conjuntos, 253
Algol, 27
Algoritmo, 69, 71, 282, 283, 327, 328, 355, 359, 360
Alt, 128, 129, 130, 259, 283, 328
ALU, 232, 271, 272, 312, 313, 314
Ámbito, 21, 96, 97, 99, 132, 248, 249, 264, 265, 343, 365
Análisis, 16, 21, 26, 396
Anti-patrón, 152
Append, 257
Arquitectura, 21, 29, 30, 73, 75, 76, 77, 78, 79, 84, 87, 94, 152, 153, 154, 155, 345, 378
Arquitectura basada en capas, 77
Arquitectura dirigida por modelos, 27
Arquitecturas formadas por tuberías, 76
Arrays, 215, 311
Artefactos, 26, 86, 88, 89
asBag, 251
Asíncronas, 120
Asociación, 16, 38, 61, 72, 88, 96, 100, 101, 102, 104, 113, 116, 142, 232, 236, 259, 261, 267, 269, 274, 275, 279, 280, 287, 305, 308, 309, 317, 318, 319, 323
Asociación calificada, 279
asOrderedSet, 251
asSequence, 251
asSet, 251
At, 253
ATM, 77
Atributo, 62, 63, 96, 97, 99, 101, 113, 174, 237, 247, 248, 261, 263, 267, 308, 364, 368
Autómatas, 183, 194
Autómatas finitos, 183

B

Bag, 250, 251, 252, 254, 256, 258, 261
Barrera de sincronización, 194, 208
Base de datos, 30, 37, 56, 87, 128, 133, 135, 154, 210, 211, 285
Bass, 75
Bind, 110
Bjarne Stroustrup, 361
BNF, 175, 176
Body, 247
Boehm, 22, 23
Booch, 19
Boolean, 242, 243, 250, 252, 262
Break, 131, 132, 285, 286, 332
Broker, 155
Buffer, 188, 223, 287, 290, 334, 335, 336, 337, 339, 341
Builder, 161, 164
Builder (constructor virtual), 161

C

C, 15, 16, 17, 26, 27, 29, 63, 80, 88, 89, 92, 93, 97, 106, 107, 110, 125, 219, 241, 254, 255, 256, 265, 293, 305, 306, 307, 308, 310, 311, 317, 323, 326, 328, 331, 333, 361, 362, 363, 364, 366, 368, 369, 371, 375, 376, 377, 378, 380, 382, 386, 396
C++, 15, 16, 17, 26, 29, 63, 80, 88, 89, 93, 97, 106, 107, 110, 125, 219, 241, 265, 293, 305, 306, 307, 308, 310, 311, 317, 323, 326, 328, 331, 333, 361, 362, 363, 364, 366, 368, 369, 371, 375, 376, 377, 378, 380, 382, 386, 396
Calidad, 23
Calificación, 101, 248, 279
Capa de acceso a datos, 154
Capa de interfaz, 154
Capa de negocio, 55, 154

Capas, 154
Cardinalidad, 61, 69, 87, 100, 103, 237, 261, 267, 268, 308, 309
Carriles, 211
CASE, 22, 23, 27, 28, 141, 241
Casos de uso, 26, 31, 32, 33, 34, 38, 40, 47, 51, 52, 53, 55, 60, 69, 70, 71, 72, 95, 119, 120, 121, 183, 301, 325, 343
Casting o retipado, 243
Christopher Alexander, 152
Ciclo de vida, 16, 21, 22, 23, 24, 25, 31, 55, 59, 75, 86, 157, 185, 265, 269, 270, 311, 397
Clase, 55, 63, 68, 70, 79, 80, 90, 96, 97, 98, 99, 100, 101, 102, 103, 106, 107, 108, 109, 110, 113, 114, 116, 120, 121, 142, 154, 158, 160, 161, 164, 166, 167, 169, 171, 172, 173, 174, 176, 177, 179, 184, 187, 189, 190, 191, 229, 230, 231, 232, 233, 234, 235, 236, 237, 239, 246, 261, 262, 263, 264, 266, 267, 268, 272, 273, 274, 275, 279, 281, 287, 294, 295, 296, 297, 298, 301, 302, 303, 306, 307, 308, 310, 311, 315, 316, 317, 318, 319, 323, 326, 345, 347, 360, 363, 364, 365, 368, 369, 370, 371, 374, 375, 376, 377, 378, 379, 380, 381, 382, 383, 386
Clase asociación, 102, 274
Clase estructurada, 230, 234
Clases abstractas, 80, 97, 106, 178, 272, 315, 333, 382, 383
Clases internas, 274
Cliente/servidor, 51, 56, 86, 87, 345
Codificación, 22
Código, 308, 344, 347, 349, 356, 374
Colaboraciones, 235
Colecciones, 250
Collect, 258

COM+, 80
Command (comando, orden), 168
Comparación, 200, 251, 262
Component, 165
Composición, 64, 65, 69, 95, 104, 105, 106, 165, 192, 229, 230, 236, 237, 270, 311, 312, 313
Composite, 165
Composite (objeto compuesto), 165
Concat, 243
Concepto, 20, 60, 62, 63, 64, 65, 70, 80, 152, 229, 266, 270, 378, 380, 382
ConcreteBuilder, 161
ConcreteCommand, 168
ConcreteCreator, 164
ConcreteFactory, 158
ConcreteObserver, 170
ConcreteProduct, 164
ConcreteState, 174
ConcreteStrategy, 172
ConcreteSubject, 170
Concurrencia, 123, 128, 143, 192, 196, 198, 206, 208, 222, 226
Concurrentes, 143, 194, 196, 208, 210, 220, 221, 223
Conector, 220, 230
Consulta, 17, 123, 137, 241, 243, 247, 250, 252, 260, 261, 285
Context, 172, 174, 176, 242
Controlador, 144, 156, 281, 282, 283, 326, 327, 328
Conversión, 20, 22, 251, 266, 352, 376, 386
CORBA, 20, 29, 80, 155
Count, 252
CPU, 179, 232, 271, 312, 313, 314, 315
Create, 120
Critical, 133

Código, 16, 20, 22, 29, 30, 33, 42, 78, 88, 106, 110, 123, 160, 192, 208, 242, 249, 265, 266, 267, 279, 280, 293, 301, 305, 307, 310, 311, 326, 331, 333, 343, 352, 366, 369, 370, 371, 377, 378, 380, 383, 386

D

David Harel, 183
DCOM, 155
Def, 248
Delete, 125, 294, 295, 314, 315, 317, 322, 325, 328, 330, 342, 351, 357, 365, 366
Dennis Ritchie, 361
Dependencias, 26, 83, 88, 92, 94, 108, 109
Derive, 249
Despliegue, 86, 87, 88
Destroy, 120
Device, 86, 87
Diagrama de actividad, 26, 119, 203, 204, 206, 210, 216
Diagrama de casos de uso, 26, 43
Diagrama de clases, 26, 51, 95, 96, 107, 110, 112, 114, 115, 117, 142, 171, 177, 230, 231, 232, 237, 245, 263, 266, 308, 310, 315
Diagrama de colaboración, 141, 235, 236
Diagrama de componentes, 26, 79, 80, 81, 83, 87, 89, 94, 114, 343
Diagrama de comportamiento, 31, 119, 186
Diagrama de comunicación, 141, 142, 144, 146
Diagrama de despliegue, 26, 86, 88, 89
Diagrama de estado de comportamiento, 186
Diagrama de estado de protocolo, 186

Diagrama de estados, 184, 190, 191, 197, 200, 202, 203, 333, 334, 336
Diagrama de estructura compuesta, 26, 229
Diagrama de interacción, 26, 119, 120
Diagrama de paquetes, 26, 93, 94
Diagrama de robustez, 26, 51, 55, 121
Diagrama de secuencias, 26, 31, 51, 119, 120, 121, 128, 133, 134, 135, 139, 141, 142, 148, 169, 259, 262, 280, 283, 285, 293, 297, 301, 305, 325, 343
Diagrama de uso de colaboración, 235
Diagrama de Venn, 253
Diagramas asociados al comportamiento, 183
Diferencia, 32, 40, 51, 65, 75, 104, 113, 153, 254, 255, 307, 380, 383
Director, 161
Diseño, 16, 21, 26, 28, 57, 396
Diseño arquitectónico, 24, 75, 86, 89
Diseño detallado, 21, 24, 55, 59, 89, 141, 153, 157, 265
Diseño global o arquitectónico, 21
Diseño orientado a objetos, 151, 396
Dispositivo, 22, 31, 86, 128, 130, 179, 267, 283, 284, 287, 308, 309, 329, 333
Div, 243
DNS, 192
Do, 185, 250
Documentación, 22
Dominio, 21, 28, 29, 30, 31, 59, 60, 62, 65, 66, 67, 70, 72, 73, 84, 95, 96, 100, 111, 119, 152, 172, 178, 266
DSL (Domain Specific Languages o Lenguajes específicos del dominio), 28
Dynabook, 361

E

EJB, 29, 80
Encapsulación, 362
Enlaces, 55, 60, 87, 142
Entidad, 30, 48, 49, 50, 52, 53, 55, 56, 57, 60, 62, 63, 64, 70, 79, 86, 96, 123, 198, 229, 363
Entry, 185
Escenario, 33, 121, 130, 132, 135, 139, 141, 142, 143, 147, 148, 157, 169, 203, 208, 226, 235, 285
Esclavos, 133, 143, 164
Espacio de nombres, 89, 96, 242
Especialización, 52, 63
Estado, 52, 53, 174, 184, 194, 195, 288, 289, 290, 334, 335, 336, 337, 338, 339, 340, 341, 342
Estado compuesto, 192, 193, 197, 198, 200, 201
Estados compuestos ortogonales, 194
Estados compuestos simples, 192
Estereotipo, 29, 81, 86, 92, 107, 109, 110, 114, 210, 214, 224
Estímulo, 120, 122
Estructura conceptual, 45, 95
Estructura de control, 206
Estructura de datos, 71, 72, 78, 116, 166, 309
Estáticos, 99, 266, 333
Evento, 32, 60, 119, 144, 170, 171, 178, 184, 186, 190, 191, 199, 203, 209, 216, 220, 223, 274, 284, 288, 293, 329, 333, 334
Eventos de tiempo, 209
Eventos internos, 185
Excepciones, 109, 216, 219
Excludes, 252
Excludesall, 252
Excluding, 257
Execution environment, 86, 87
Exist, 259
Exit, 185
Expresiones de definición, 247
Expresiones de restricción, 245
Expresión body, 247
Expresión def, 248
Expresión derive, 249
Expresión init, 248
Expresión inv, 245
Expresión let, 249
Expresión post, 246
Expresión pre, 246
Expresión regular, 97, 231
Extend, 38, 40, 42, 52
Extends, 268, 273, 289, 290, 380, 381, 382, 384, 385
Extracción, 257

F

Facade, 167
Facade (fachada), 166
Factory Method (método factoría), 163
FFT, 215
Filtros, 76, 77, 154, 160
First, 253
Flag, 196
Floor, 243
Flujos alternativos, 34, 36
Forall, 259
Fork (bifurcar), 194
Fortran, 27
Fragmento combinado, 128, 130, 259
Frameworks, 26, 28, 152, 153, 159, 170
FTP, 126, 127, 128, 156

G

Generalización, 63, 91, 105, 106, 107
GPL, 42
GPU, 114, 137, 355, 359, 360
GUI, 114, 156, 178, 346, 347, 348, 349

H

Hardware, 26, 29, 32, 33, 86, 160, 305, 333
HashMap, 279
HashSet, 270, 271
Haskell, 361
Herencia, 40, 63, 91, 96, 97, 105, 106, 107, 166, 268, 272, 310, 315, 362, 364, 366, 368, 370, 380, 381, 384
Herencia múltiple, 310
Herencia simple, 310
Historia profunda, 199
Historia superficial, 198, 199, 200
HTML, 192, 208, 216
HTTP, 16, 88, 113, 156, 192, 397

I

IA, 52, 53, 69, 71, 93, 114, 135, 137, 138, 179, 200, 201, 225, 238, 348, 349, 351, 352, 354, 355, 358, 359
Implements, 268, 269, 303, 382
Implies, 243, 260, 262, 263, 264
Import, 92, 282, 294, 296, 379, 382
Include, 38, 39, 45, 52, 306, 307, 312, 313, 316, 318, 319, 323, 324, 327, 329, 330, 334, 336, 343, 344, 346, 347, 348, 349, 353, 356, 366, 371
Includes, 252
IncludesAll, 252
Including, 256
Inclusión / exclusión, 256
IndexOf, 253
Informática, 19
Ingeniería directa, 21, 265, 293, 305, 328
Ingeniero, 20, 24, 95, 151, 152, 183, 318, 319, 320, 321
Init, 248
Inserción, 257
Instancia, 52, 61, 97, 99, 120, 121, 125, 184, 190, 191, 261, 334, 335, 336, 338, 339, 340, 341, 342, 367, 370, 381
Integer, 242, 243, 246, 247, 248, 249, 250, 252, 253, 257, 262, 263, 279
Inteligencia artificial, 20, 52, 93, 179, 238
Interface, 26, 48, 80, 81, 82, 83, 84, 85, 93, 94, 96, 106, 107, 108, 114, 116, 147, 152, 159, 170, 185, 234, 239, 265, 268, 269, 293, 299, 301, 343, 345, 348, 352, 355, 382, 384
Interfaz, 21, 47, 51, 52, 56, 77, 79, 80, 83, 84, 85, 107, 116, 139, 147, 152, 154, 161, 163, 164, 165, 166, 168, 170, 172, 179, 232, 233, 297, 301, 344, 346, 347, 360, 362, 380, 382
Interoperabilidad de tiempo-diseño, 28
Intérprete, 78, 116, 139, 148, 175, 242
Interpreter (intérprete), 175
Intersección, 254, 255
Intersection, 254
Inv, 245
Invocación recursiva, 125
Invoker, 168
IP, 87
IS, 19, 20, 21, 76
isEmpty, 252
isUnique, 259
Iteración, 36, 130, 131, 132, 146, 257, 258, 259, 260, 285, 286, 302, 331, 332

J

Jacobson, 19
James Gosling, 361
Java, 15, 16, 17, 26, 78, 80, 88, 89, 94, 97, 106, 107, 110, 125, 219,

241, 265, 266, 268, 274, 293, 305, 307, 310, 315, 333, 361, 376, 377, 378, 379, 380, 382, 383, 384, 386, 395, 396
JEE, 87
Jerarquía, 69, 72, 97, 106, 113, 114, 116, 148, 166, 174, 180, 272, 293, 315, 360, 362, 382
Join (unir), 194

K
Krinsten Nygaard, 361

L
Last, 253
Leaf, 165
Lenguaje declarativo, 241
Let, 249
Ligadura dinámica, 370
Línea de vida, 121, 122
Linux, 42, 88
Lollipop, 80
Loop, 130, 131, 139, 218, 285, 331
Lógica de negocio, 26, 48, 51, 52, 156, 158, 170, 176, 343, 360

M
Mac OS X, 42
Maestro, 133
MagicDraw, 16, 28
Mainframe, 212
Mantenimiento, 22, 396
Map, 318, 319, 320, 321, 323, 324, 353, 354, 357, 360
Matriz, 198, 212, 232, 233
Max, 243
MDA, 19, 20, 27, 28, 29, 30, 395
Mensaje, 31, 116, 120, 121, 122, 123, 125, 128, 142, 143, 144, 146, 147, 172, 178, 191, 216, 224, 226, 259, 281, 343, 344, 345, 346, 347, 348, 350, 355, 360, 362

Mensajes de creación, 125
Mensajes síncronos y asíncronos, 123
Merge, 92
Método, 19, 29, 96, 97, 99, 113, 116, 122, 123, 125, 139, 141, 148, 163, 164, 169, 170, 171, 173, 174, 175, 180, 181, 246, 247, 261, 263, 264, 272, 280, 283, 301, 302, 315, 326, 352, 364, 370, 375, 378, 381, 382, 383, 386
Min, 243
Minimax, 52, 71, 137
Mod, 243
Modelado, 19, 20, 28, 32, 59, 65, 66, 92, 111, 119, 126, 203, 272, 310
Modelo, 19, 20, 21, 22, 23, 26, 28, 29, 37, 40, 47, 48, 49, 51, 55, 59, 60, 62, 65, 67, 69, 70, 73, 83, 84, 86, 88, 89, 93, 94, 95, 96, 100, 107, 111, 113, 114, 116, 119, 151, 156, 169, 171, 177, 179, 192, 198, 210, 235, 236, 238, 240, 241, 242, 244, 263, 264, 265, 267, 272, 293, 306, 315, 343, 352
Modelo de análisis, 21, 47, 55
Modelo de dominio, 47
Modelo del dominio, 48, 59, 60, 62, 67, 69, 84, 95, 113, 114
Modelo en cascada, 22
Modelo en espiral, 23
Modelo-Vista-Controlador, 51, 55, 156
Modularidad, 362
MP3, 223
Máquinas de estado de comportamiento, 185
Máquinas de estado de protocolo, 185
Máquina virtual, 78, 305, 378
Multicast, 224

Multiplicidad, 61, 83, 87, 100, 103, 114, 261, 309
Multiprocesadores, 212
Multireceive, 224
Multithread, 123

N

Namespace, 89, 306, 307, 312, 313, 316, 318, 319, 323, 324, 327, 330, 334, 336, 343, 344, 346, 347, 348, 349, 353, 356
Navegabilidad, 61, 100, 113
Navegación, 260
Neuronal, 198, 212
New, 125, 267, 268, 270, 271, 272, 273, 279, 282, 284, 286, 292, 294, 295, 296, 314, 315, 317, 322, 324, 328, 330, 338, 339, 340, 342, 358, 365, 366, 378, 381, 386
Nodo de final de actividad, 223
Nodo de final de flujo, 222
Nodos condicionales, 189
Nodos de actividad, 203
Nodos de concurrencia, 208
Nodos de control, 203
Nodos de datos, 210
Nodos de decisión, 206
Nodos de expansión, 214
Nodos de interconexión, 188
Nodos de objeto, 203
Nodos inicial y final, 187
Nodos objeto, 210
NonTerminalExpression, 176
notEmpty, 252

O

Object Management Group, 27
Object-Pascal, 361
Objeto, 43, 50, 51, 52, 53, 55, 56, 57, 64, 75, 93, 97, 98, 100, 101, 102, 103, 106, 121, 122, 123, 124, 125, 128, 130, 131, 133, 135, 137, 139, 142, 143, 144, 146, 147, 148, 155, 160, 161, 164, 165, 168, 169, 171, 172, 173, 174, 178, 179, 180, 181, 183, 192, 202, 203, 210, 212, 214, 224, 226, 230, 244, 250, 251, 252, 253, 260, 264, 267, 270, 279, 281, 283, 285, 287, 295, 311, 326, 328, 332, 362, 363, 364, 365, 367, 370, 371, 375, 376, 378, 381, 382, 386
Objeto de control, 48
Objeto de frontera, 48
Objeto Entidad, 48
Observer, 170
Observer (observador), 170
OclAny, 243
Ocl en los diagramas de estado, 262
OclInState, 262
OCL (Object Constraint Language o lenguaje de restricción de objetos), 241
OclType, 243
Ocultación de información, 362
Ole-Johan Dahl, 361
OMG, 20, 27, 28, 185, 265
OOSE, 19
Operaciones, 98, 120, 251, 252, 253
Operador @pre, 247
Opt, 128, 129, 130
OrderedSet, 250, 251, 253, 254, 255, 256, 257, 258

P

P2P (Peer-to-Peer), 79
Package, 89, 242, 263, 264, 294, 296, 297, 298, 301, 303, 376, 377, 379, 380, 383
Paquete, 26, 89, 90, 91, 92, 93, 94, 96, 97, 114, 223, 242, 263, 264, 282, 293, 294, 295, 296, 297, 301, 343, 345, 347, 352, 360, 376, 377, 379

Paralelismo, 26, 132, 133, 192, 193, 208, 222
Parametrizable, 110
Parte, 16, 59, 141, 230
Particiones, 211
Patrón, 297, 303
Patrones arquitectónicos, 153
Patrones de análisis, 153
Patrones de codificación, 153
Patrones de comportamiento, 167
Patrones de creación, 158
Patrones de diseño, 51, 151, 152, 153, 157, 179, 183, 287, 310, 333
Patrones estructurales, 165
Patrón, 51, 55, 72, 76, 116, 132, 139, 152, 153, 154, 155, 156, 157, 158, 159, 160, 161, 162, 163, 164, 165, 166, 167, 168, 169, 170, 171, 172, 173, 174, 175, 176, 177, 178, 179, 180, 181, 235, 287, 293, 294, 295, 301, 302, 303, 333, 345, 360, 376
Patrón Abstract Factory (factoría abstracta), 158
Patrón Builder (constructor virtual), 161
Patrón Command (comando, orden), 168
Patrón Composite (objeto compuesto), 165
Patrón Facade (fachada), 166
Patrón Factory Method (método factoría), 163
Patrón Interpreter (intérprete), 175
Patrón Observer (observador), 170
Patrón State (estado), 173
Patrón Strategy (estrategia), 172
PCM, 223
Peer-to-peer, 155
Periférico, 22, 32
Perl, 310
PHP, 361

PIM (Platform Indepenent Model), 28
Pin, 212, 219
Pizarra, 78, 154
Plantilla (templates), 110
Poda alfa-beta, 52
Polimorfismo, 106, 362, 370, 371, 374, 382
Polimorfismo, 370, 382
Post, 246
Postcondiciones, 34, 45, 205
Pre, 246
Precondiciones, 34, 45, 205
Preppend, 257
Private, 368
Proceso, 21, 22
Product, 158, 161, 256
Producto cartesiano, 256, 260, 264
Programación genérica, 110
Programación orientada a objetos, 15, 361, 362, 363, 370, 375, 376
Propiedad, 230
Protected, 368
Proxy, 79
Pruebas, 22
Pseudoestados, 192, 198
PSM (Platform Specific Model), 28
Public, 368
Puerto, 82, 83, 166, 185, 187, 230, 231, 232, 233, 234, 239, 287, 290
Python, 310

R

Rational, 19, 28
Real, 223, 243, 249
Realización, 107, 190
Receiver, 168
Recolección de basura, 363, 378
Recursividad, 166, 181, 281, 326, 327
Recursivo, 176, 283

Red de comunicaciones, 87
Redes de Petri, 26, 203
Ref, 133, 135, 308, 348, 349, 350, 351, 354, 355, 358, 359, 360
Reflexiva, 72, 101, 103, 283
Reflexivo, 125, 144, 281
Regiones de expansión, 214
Regiones if, 217
Regiones loop, 218
Región interrumpible, 216
Reject, 258
Repositorios, 42, 78, 116
Requerimientos no funcionales, 86
Requisitos, 16, 21, 22, 23, 24, 26, 31, 34, 47, 59, 60, 73, 75, 84, 93, 95, 114, 205, 246
Responsabilidad, 99, 158, 164, 211
Restricciones, 29, 49, 205, 241, 242, 263, 264, 380
Reutilización, 27, 28, 30, 79, 152, 180
Roles, 100, 116, 164, 235, 238, 239, 240, 297
Round, 243
Royce, 22
RTP (Real-time Transport Protocol), 223
Ruby, 29
Rumbaugh, 19

S

Saltos condicionales, 128, 144, 283, 328
SAP, 77
Sección crítica, 133
Secuencia, 35, 36, 51, 113, 120, 121, 123, 128, 135, 137, 139, 141, 142, 143, 147, 148, 160, 174, 180, 193, 200, 204, 223, 250, 257, 281, 283, 284, 286, 287, 326, 329, 330
Select, 258
Self, 143, 246, 247, 248, 249, 258, 260, 261, 262, 263, 264
Semantic Task Force, 20
Semántica, 43, 51, 55, 57, 64, 65, 68, 69, 96, 100, 105, 114, 129, 141, 142, 202, 203, 206, 229, 241
Sequence, 250, 251, 252, 253, 254, 256, 257, 258
Servicios web (soa)., 30
Set, 250, 251, 254, 255, 256, 258, 261, 264, 270, 271
Símbolo, 64, 80, 99, 103, 104, 189, 212, 229
SIMULA, 361
Síncronas, 120
Sistemas distribuidos, 155
Sistemas en tiempo real, 21
Size, 243, 252
SMTP, 87, 156
SOA, 155
SOAP, 156
Sobrecarga, 362
Socket, 80, 116, 147, 221, 222, 226, 345
Software, 15, 19, 21, 22, 47
Software en tiempo real, 223
SortedBy, 258
StarUML, 16, 28
State, 174
State (estado), 173
STL, 107, 309, 311
Strategy (estrategia), 172
Streaming, 214, 215, 223, 224
String, 116, 178, 180, 181, 232, 243, 247, 248, 264, 266, 271, 273, 279, 280, 286, 288, 289, 294, 295, 296, 297, 301, 303, 377, 378, 380, 381, 383, 386
Subclase, 99, 105, 172
Subject, 170
Submáquinas, 194, 196, 198

SubSequence, 257
Subsistema, 80, 84, 85, 93, 94, 116, 166, 177, 293, 295, 297, 307, 325
SubString, 243
Sum, 252
Sun, 361
Superclase, 105, 114, 165, 174
Superestado, 192, 198, 199
Swimlanes, 211
SymmetricDifference, 255

T

Tabla, 36, 45, 55, 61, 71, 72, 133, 185, 243, 250, 252, 253, 370, 375
Tablas virtuales o vtable, 370
TCP/IP, 77
TerminalExpression, 176
Ternaria, 102
This, 130, 143, 266, 296, 307, 319, 320, 321, 324, 341, 342, 358, 365, 367, 372, 377, 380, 383
Thread, 124, 128
Timer, 32, 128, 130, 283, 284, 329
ToInteger, 243
Tokens, 223
ToLower, 243
ToReal, 243
ToUpper, 243
Transición, 184
Tres Amigos, 19
Tuple, 256

U

UC (unidad de control), 232
UDDI, 156
UDP, 223
UML Partners, 20
Union, 254
Unión, 93, 253, 255
Universidad de Utah, 361
UNIX, 76, 87, 205
URL, 16, 113, 192, 208
Use, 81, 92, 109

V

Vector, 107, 267, 286, 296, 297, 309, 311, 312, 314, 327, 329, 332, 334, 343, 344, 345, 353, 357, 379
Videojuegos, 65, 152
Visibilidad, 83, 90, 97, 98, 99, 100, 267, 308, 376
VPTR, 370

W

Web, 16, 17, 30, 86, 155, 156, 191, 192, 208
Windows, 17, 42, 88
WSDL, 80, 156

X

Xerox, 361
XMI, 28
XML, 28, 88, 156

www.ingramcontent.com/pod-product-compliance
Lightning Source LLC
Chambersburg PA
CBHW082033230426
43670CB00016B/2641